KB082682

영혼에 관하여

정암고전총서 01

영혼에 관하여

ΠΕΡΙ ΨΥΧΗΣ

아리스토텔레스

오지은 옮김

아카넷

정암고전총서는 윤독의 과정을 거쳐 책을 펴냅니다.
아래의 정암학당 연구원들이 『영혼에 관하여』 원고를 함께 읽고
번역에 도움을 주셨습니다.
강철웅, 김유석, 김재홍, 손윤락, 양호영, 유재민, 이창연, 이현정

'정암고전총서'를 펴내며

그리스 · 로마 고전은 서양 지성사의 뿌리이며 지혜의 보고다. 그러나 이를 한국어로 직접 읽고 검토할 수 있는 원전 번역은 여전히 드물다. 이런 탓에 우리는 서양 사람들의 해석을 수동적으로 수용하는 처지를 완전히 극복하지 못하고 있다. 사상의 수입은 있지만 우리 자신의 사유는 결여된 불균형의 문제를 안고 있는 것이다. 이런 상황은 우리의 삶과 현실을 서양의 문화유산과 연관 지어 사색하고자 할 때 특히 심각한 문제를 야기한다. 우리 자신이 부닥친 문제를 자기 사유 없이 남의 사유를 통해 이해하거나 해결하는 것은 거의 불가능하기 때문이다. 우리의 문제에 대한 인문학적 대안이 때로는 현실을 적확하게 꼬집지 못하는 공허한 메아리로 들리는 것도 그런 이유 때문일 것이다.

한 공동체에서 살아가는 사람들이 자신들의 생각과 말을 나누며 함께 고민하는 문제와 만날 때 인문학은 진정한 울림이 있는 메아리가 될 수 있다. 이것은 우리가 우리의 현실을 함께 고민하는 문제의식을 공유함으로써 가능하겠지만, 그조차도 함께 사유할 수 있는 텍스트가 없다면 요원한 일일 것이다. 사유를 공유할 텍스트가 없을 때는 앎과 말과 함이 분열될 위험에 노출될 수 있기 때문이다. 이런 점에서 진정한 인문학적 탐색은 삶의 현실이라는 텍스트, 그리고 생각을 나눌 수 있는 문헌 텍스트와 만나는 이중의 노력에 의해 가능할 것이다.

현재 한국의 인문학적 상황은 기묘한 이중성을 보이고 있다. 대학 강단의 인문학은 시들어 가고 있는 반면 대중 사회의 인문학은 뜨거운 열풍이 불어 마치 중흥기를 맞이한 듯하다. 그러나 현재의 대중 인문학은 비판적으로 사유하는 인문학이 되지 못하고 자신의 삶을 합리화하는 도구로 전락하는 경향이 없지 않다. 사유 없는 인문학은 대중의 욕망을 충족시키기 위해 소비되는 상품에 지나지 않는다. 정암고전총서 기획은 이와 같은 한계상황을 극복할 수 있는 기본적인 토대를 마련하고자 하는 절실한 문제의식에서 시작되었다.

정암학당은 철학과 문학을 아우르는 서양 고전 문헌의 연구와 번역을 목표로 2000년 임의 학술 단체로 출범했다. 그리고 그 첫 열매로 서양 고전 철학의 시원이라 할 『소크라테스 이전 철학자들의 단편 선집』을 2005년도에 펴냈다. 2008년에는 비영리

공익법인의 자격을 갖는 공적인 학술 단체의 면모를 갖추고 플라톤 원전 번역을 완결한다는 목표 아래 지금까지 20여 종에 이르는 플라톤 번역서를 내놓았다. 이제 '플라톤 전집' 완간을 눈앞에 두고 있는 시점에 정암학당은 지금까지의 시행착오를 밑거름 삼아 그리스 · 로마의 문사철 고전 문헌을 한국어로 옮기는 고전 번역 운동을 본격적으로 펼치려 한다.

정암학당의 번역 작업은 철저한 연구에 기반한 번역이 되도록 하기 위해 처음부터 공동 독회와 토론을 통해 이루어진다. 번역 초고를 여러 번에 걸쳐 교열, 비평을 하는 공동 독회 세미나를 수행하여 이를 기초로 옮긴이가 최종 수정하는 방식으로 진행된다. 이같이 공동 독회를 통해 번역서를 출간하는 방식은 서양에서도 유래를 찾기 어려운 시스템이다. 공동 독회를 통한 번역은 매우 더디고 고통스러운 작업이지만, 우리는 이 같은 체계적인 비평의 과정을 거칠 때 믿고 읽을 수 있는 텍스트가 탄생할 수 있다고 확신한다. 이런 번역 시스템 때문에 모든 '정암고전총서'에는 공동 윤독자를 병기하기로 한다. 그러나 윤독자들의 비판을 수용할지 여부는 결국 옮긴이가 결정한다는 점에서 번역의 최종 책임은 어디까지나 옮긴이에게 있다. 따라서 공동 윤독에 의한 비판의 과정을 거치되 옮긴이들의 창조적 연구 역량이 자유롭게 발휘될 수 있도록 노력했다.

정암학당은 앞으로 세부 전공 연구자들이 각각의 팀을 이루어

연구와 번역을 병행함으로써 아리스토텔레스 철학 원전, 키케로 전집, 헬레니즘 선집 등의 번역본을 출간할 계획이다. 그리고 이렇게 출간할 번역본에 대한 대중 강연을 마련하여 시민들과 함께 호흡할 수 있는 장을 열어 나갈 것이다. 공익법인인 정암학당은 전적으로 회원들의 후원으로 유지된다는 점에서 정암고전총서는 연구자들의 의지뿐만 아니라 시민들의 소중한 뜻이 모여 세상 밖에 나올 수 있는 셈이다. 이런 점에서 정암고전총서가 일종의 고전 번역 운동으로 자리매김되기를 기대한다.

정암고전총서를 시작하는 이 시점에 두려운 마음이 없지 않으나, 이런 노력이 서양 고전 연구의 디딤돌이 될 것이라는 희망, 그리고 새로운 독자들과 만나 새로운 사유의 향연이 펼쳐질 수 있으리라는 기대감 또한 적지 않다. 어려운 출판 여건에도 정암고전총서 출간의 큰 결단을 내린 아카넷 김정호 대표에게 경의와 감사의 뜻을 전한다. 끝으로 정암학당의 기틀을 마련했을 뿐만 아니라 앎과 실천이 일치된 삶의 본을 보여 주신 이정호 선생님께 존경의 마음을 표한다. 그 큰 뜻이 이어질 수 있도록 앞으로도 치열한 연구와 좋은 번역을 내놓는 노력을 다할 것이다.

2018년 11월

정암학당 연구자 일동

차례

2권

3권

일러두기

1. 이 책은 W. D. Ross(ed.), *Aristotle De Anima*, Oxford: Clarendon, 1961의 그리스어 원문을 우리말로 옮긴 것이다.
2. 본문 바깥의 표시는 벡커 판(I. Bekker(ed.), *Aristotelis* Opera, Berlin: Reimer, 1831)의 쪽, 단, 행을 가리킨다. 예컨대 402a5는 402쪽, 왼쪽 단, 다섯 번째 줄을 가리킨다.
3. ( )는 일부 내용을 묶어서 전후를 연결해 읽기 위한 표시다. [ ]는 원문에 생략을, 〈 〉는 원문에 삽입을 제안하는 표시다. 이는 모두 로스의 원문을 따랐으며 전체 맥락의 이해를 위해 필요하다고 판단하여 대부분 그대로 두었다.
4. —는 로스가 간단한 첨언이라 판단한 내용을 표시한 것인데, 가독성을 높이기 위해 반드시 필요한 부분을 제외하고 삭제했다.
5. †는 해당 원문의 손상을 표시한 것이다.
6. 대체로 로스의 단락 구분을 따랐으나 일부는 옮긴이가 나눴다.
7. 본문의 제목과 주석 및 작은따옴표는 모두 옮긴이의 것이다.
8. 주석에서 『영혼에 관하여』는 제목 없이 권, 장, 행수만 표기했다, 예컨대 『영혼에 관하여』 1권 3장 407b5행은 1.3, 407b5로 간추려 적었다.

약어

아리스토텔레스의 저서

An. Pr.	Analytica Priora (『분석론 전서』)
An. Post.	Analytica Posteriora (『분석론 후서』)
Cat.	Categoriae (『범주론』)
DA	De Anima (『영혼에 관하여』)
DC	De Caelo (『천체에 관하여』)
De Int.	De Interpretatione (『명제론』)
EN	Ethica Nicomachea (『니코마코스 윤리학』)
GA	De Generatione Animalium (『동물의 발생에 관하여』)
GC	De Generatione et Corruptione (『생성과 소멸에 관하여』)
HA	Historia Animalium (『동물지』)
MA	De Motu Animalium (『동물의 운동에 관하여』)
Met.	Metaphysica (『형이상학』)
Meteor.	Meteorology (『기상학』)
MM	Magna Moralia (『대윤리학』)
PA	De Partibus Animalium (『동물의 부분에 관하여』)
PN	Parva Naturalia (『자연학 소론집』)
De Insomn.	De Insomniis (「꿈에 관하여」)
De Juv.	De Juventute et Senectute (「유년과 노년에 관하여」)
De Mem.	De Memoria et Reminiscentia (「기억과 상기에 관하여」)
De Resp.	De Respiratione (「호흡에 관하여」)

De Sensu. De Sensu et Sensibilibus (「감각과 감각 대상에 관하여」)

De Somn. De Somno et Vigilia (「잠과 깨어 있음에 관하여」)

Phys. Physica (『자연학』)

Protr. Protrepticus (『프로트렙티쿠스』)

Top. Topica (『변증론』)

기타 저서

DK H. Diels and W. Kranz, *Die Fragmente der Vorsokratiker* (『소크라테스 이전 철학자들의 단편』), Berlin: Weidmannsche, 1934.

1권

1장

영혼에 관한 탐구의 학문적 위상, 이 탐구의 어려움

우리는 앎[1]을 아름답고 고귀한 것으로 간주하되, 엄밀성의 측면에서 또는 더 훌륭하기도 하고 더 놀랍기도 한 것들을 대상으로 한다는 측면에서 어떤 앎을 다른 앎보다 더 아름답고 고귀한 것으로 간주하는 만큼, 이 두 측면 모두를 이유로 우리는 영혼에 관한 연구를 높은 위치에 합당하게 놓을 수 있을 것이다.[2] 또한 영혼에 대한 인식은 온갖 진리에 크게 기여하지만, 특히 자연에 관한 진리에 크게 기여하는 것으로 보인다. 왜냐하면 영혼은 말하자면 생물의 원리이기 때문이다.[3] 우리는 영혼의 본성이자 본질을 고찰하고 인식하고자 하고,[4] 그런 다음 그것에 부수하는 모든 것들을 고찰하고 인식하고자 하는데, 후자 중에 어떤 것들은 영혼에 고유한 속성들이라 여겨지고, 또 어떤 것들은 영혼 때문에 생물에게도 있다고 여겨진다.

402a 5 10

하지만 영혼에 관해 어떤 확신을 갖는다는 것은 어느 방면에서든 어느 방식으로든 매우 어려운 일이다. 그 이유는 이렇다. 이 탐구가 다른 많은 탐구들과도 공통되어서, 그러니까 내 말은 이 탐구가 본질이자 무엇임[5]과 관련하는 것이어서, 아마 누군가

15 는 부수하는 고유한 것들에 적용되는 하나의 방법으로서 증명이 있듯[6] 우리가 그 본질을 인식하길 원하는 것들 모두에 적용되는 어떤 하나의 탐구 방법이 있다고 여길 수도 있을 텐데, 이런 경우라면 우리는 그 방법을 찾아야 할 것이다. 하지만 만일 무엇임에 관한 어떤 하나의 공통된 방법이 없다면, 작업하기가 훨씬 더 어려워진다. 왜냐하면 각각에 해당하는 방식이 무엇인지를 파악해

20 야 할 것이기 때문이다. 그런데 그 방식이 증명인지[7] 분할인지[8] 아니면 다른 어떤 방법인지가[9] 분명하다 해도, 무엇에서부터 탐구해 가야 하는가에서 우리는 여전히 많은 난제를 갖고 헤매게 된다.[10] 왜냐하면 수(數)들과 면(面)들처럼 서로 다른 것들에는 서로 다른 출발점들이 있기 때문이다.[11]

아마도 우리는 먼저 영혼이 유(類)들 가운데 어떤 유에 드는지 그리고 무엇인지를 반드시 판가름해야 할 것이다. 그러니까 영

25 혼이 어떤 이것이자[12] 실체인지 혹은 질인지 양인지 혹은 구분된 범주들 중 다른 어떤 것인지, 그리고 나아가 영혼이 가능태로 존재하는 것들에 드는지 아니면 영혼은 오히려 어떤 현실태인지를 말이다.[13] 이 차이는 사소한 것이 아니기 때문이다. 또한 우리는

영혼이 부분으로 나뉘는지 아니면 영혼에는 부분이 없는지 검토해야 하고, 온갖 영혼이 동종적인지 아닌지도 검토해야 하며, 동종적이지 않다면 종에서 차이가 나는지 유에서 차이가 나는지도[14] 검토해야 한다. 사실 요즘 영혼에 관해 논하고 탐구하는 자들은 단지 인간의 영혼에 관해서만 살피는 것 같다. 하지만 우리는 영혼의 정의가 생물의 정의처럼 하나인지, 혹은 영혼의 정의는 말과 개와 인간과 신[15]의 정의처럼 각기 다르고 보편자인 생물은 아무것도 아니거나 아니면 이차적인 것인지를 간과하지 않도록 유의해야 한다.[16] 다른 어떤 공통의 것이 술어가 되어도 이를 유의해야 하기는 마찬가지일 것이다.

더 나아가 여러 영혼들이 있는 게 아니라 영혼의 여러 부분들이 있는 것이라면, 우리는 전체로서의 영혼을 먼저 탐구하든가 그 부분들을 먼저 탐구하든가 해야 한다. 하지만 어떠한 부분들이 본래 서로 다르기 마련인 것들인지 규정하기도 어렵고, 부분들을 먼저 탐구해야 하는지 부분들이 하는 일들을 먼저 탐구해야 하는지 규정하기도 어렵다. 예컨대 지성이라는 부분을 먼저 탐구해야 하는지 사유함을 먼저 탐구해야 하는지, 또는 감각할 수 있는 부분을 먼저 탐구해야 하는지 감각함을 먼저 탐구해야 하는지 말이다. 여타 부분들의 경우에도 이와 마찬가지이다. 그런데 만일 부분들이 하는 일들을 먼저 탐구해야 한다면, 그 일의 대상을 먼저 탐구해야 하는가의 물음이 다시금 생길 수 있다.

402b

그래서 예컨대 감각할 수 있는 부분보다 감각 대상을 먼저 탐구해야 하는가, 또 지성이라는 부분보다 사유 대상을 먼저 탐구해야 하는가의 물음도 생길 수 있다.

그런데 무엇임을[17] 인식하는 것이 실체에 부수하는 것들의 원인을 고찰하는 데 유용한 것 같을 뿐 아니라(수학에서 곧음과 굽

20 음이 무엇인지 또는 선과 면이 무엇인지 인식하는 것이 삼각형 내각의 합이 몇 개의 직각과 같은지를 알아보는 데 유용하듯이), 역으로 실체에 부수하는 것들을 인식하는 것이 무엇임을 아는 데 많은 부분 기여하기도 한다. 왜냐하면 부수하는 것들 전부 또는 대부분에 관해 우리에게 나타나는 바와 일치하게끔 설명할

25 수 있을 때, 이때 우리는 실체에 관해서도 가장 잘 말할 수 있을 것이기 때문이다. 사실 모든 증명의 출발점[18]은 무엇임이므로,

403a 부수하는 것들을 알게 해 주기는커녕 그것들에 관해 쉬운 추측조차 못 하게 하는 정의들은 모두 변증술적으로 또 공허하게 말해진 것들임이 명백하다.

그런가 하면, 영혼의 속성들[19]에도 난제가 있다. 영혼의 속성들 모두가 영혼을 지닌 것과도 공통적인가 아니면 영혼 자체에

5 고유한 어떤 속성도 있는가 하는 난제 말이다.[20] 우리는 이를 반드시 파악해야 하지만, 쉽지 않다. 한편으로 대부분의 경우에 몸 없이는 영혼이 그 무엇도 겪거나 행하지 않는 것으로 보이거니와 이를테면 분노함이나 대담해짐이나 욕망함 또는 감각함 일반

에서 그러한데, 다른 한편으로 특히 사유함은 영혼에 고유한 속성인 것 같다. 하지만 사유함도 일종의 상상이거나 상상 없이는 존재하지 않는다면, 사유함 역시 몸 없이는 존재할 수 없을 것이다. 그래서 만일 영혼이 하는 일들이나 겪는 것들 중에 영혼에 고유한 어떤 것이 있다면 영혼이 분리되는 게 가능할 것이고,[21] 영혼에 고유한 것이 전혀 없다면 영혼은 분리될 수 없을 것이며 오히려 직선과 같은 식으로 존재할 것이다. 직선에는 그것이 직선인 한에서 많은 것들이 부수하거니와, 이를테면 [청동]구와 점에서 접촉한다는 것이 부수한다.[22] 하지만 분리된 직선이라는 것은 그렇게 접촉하지 않을 것이다. 사실 직선은 항상 어떤 물체와 함께 있으므로 분리될 수 없다. 영혼의 모든 속성들도, 예컨대 기개, 온화, 두려움, 연민, 대담함, 나아가 기쁨, 사랑함과 미워함도 몸과 함께 있는 것 같다. 왜냐하면 이것들과 동시에, 몸이 무언가를 겪고 있기 때문이다. 다음의 사실이 이를 알려 준다. 어떤 때 우리는 강하고 뚜렷한 자극이 있어도 전혀 흥분하거나 두려워하게 되지 않지만, 몸이 달아오르고 분노할 때와 같은 그런 상태에 있을 때면 작고 희미한 자극에 의해 움직이곤 한다는 사실 말이다. 나아가 이는 두려운 일이 전혀 일어나지 않는데도 두려워하는 자가 겪는 상태에 들게 되는 경우에서 더욱 분명하다. 이렇다면, 영혼의 속성은 질료에 구현된 형식임이 명백하다.[23] 그래서 그 정의는 예컨대 "분노함이란 이것에 의해 그리고 저것

10 15 20 25

을 위해 바로 이러이러한 몸이나 그 부분이나 그 능력이 하는 어떤 운동이다"와 같다. 이 때문에 영혼에 관한 고찰은, 이는 온갖 영혼에 관한 고찰 아니면 위와 같은 영혼[24]에 관한 고찰인데, 이미 자연학자에게 속한다.

그런데 자연학자와[25] 변증론자가 영혼의 각 속성을 정의하는 30 방식은 차이가 날 것이다. 예컨대 분노란 무엇인가에 대해, 변증론자는 고통을 되돌려 주려는 욕구 또는 그러한 어떤 것이라 정 403b 의할 테고, 자연학자는 심장 주변의 피와 열의[26] 끓음이라 정의할 것이다. 이들 중 한쪽은 질료를, 다른 한쪽은 형상 또는 형식을 제시하고 있다. 왜냐하면 한편으로 이것은[27] 사물 또는 사태의[28] 형식이고, 다른 한편으로 형식이 존재하려면 반드시 바로 이러이러한 질료 안에 존재해야 하기 때문이다.[29] 집의 경우에서 5 처럼 말이다. 집의 형식은 다음과 같은 것, 즉 바람과 비와 폭염에 의한 파괴를 막아 주는 보호처이지만, 집은 돌과 벽돌과 목재라고 어떤 이는 말할 테고, 집은 저것들을 위해 이 재료들에 내재하는 형상이라고 또 다른 이는 말할 것이다.[30] 그럼 이들 중 누가 자연학자인가? 질료는 다루지만 형식은 모르는 자인가, 아니면 형식만 다루는 자인가? 오히려 둘 다로 된 것을 다루는 자가 10 아니겠는가? 그럼 나머지 둘은 각각 어떤 자인가? 혹은 질료에서 분리될 수 없는 속성들을 분리될 수 없는 것들인 한에서 다루는 자가 꼭 누구 하나인 게 아니라, 바로 이러이러한 물체나 이러한

403b

질료가 하는 일들과 겪는 것들 모두를 다루는 자는 자연학자이고, 이렇지는 않은 것들을 다루는 자는 또 다른 사람이어서 이를테면 그것들 중 일부를 다루는 자는 경우에 따라 목수일 수도 있고 의사일 수도 있지만 어쨌든 기술자인 게 아닐까?[31] 또 분리될 수 없는 속성들을 다루기는 하지만 특정한 물체의 것이 아닌 한에서 추상을 통해 다루는 자는 수학자이고,[32] 분리된 것들인 한에서의 속성들을[33] 다루는 자는 제일 철학자가 아닐까? 15

하지만 우리는 이 논의가 시작된 곳으로 돌아가야 한다.[34] 그곳에서 우리는 영혼의 속성들이, 적어도 기개나 두려움〈과 같은 종류의〉 것들인 한, 생물의 자연적 질료에서 분리될 수 없다고[35] 말하고 있었다. 그리고 이는 선이나 면이 분리될 수 없다고 할 때와 같은 의미는 아니다.[36]

2장

영혼에 관한 이전 사람들의 견해 소개

운동과 감각을 중심으로

403b20 영혼에 관해 살펴보면서 우리는 앞으로 논의해 가며 해결해야 할 난제들을 제기해 보는 동시에, 영혼과 관련하여 무언가를 제시했던 이전 사람들의 견해도 반드시 함께 고려해야 한다. 올바른 설명은 취하고, 올바르지 않은 설명이라면 그것을 경계하기 25 위해서 말이다. 그리고 이 탐구는 영혼에 본성적으로 속한다고 가장 잘 여겨지는 것들을 제시해 놓는 일로 시작된다. 영혼이 깃든 것은 영혼이 깃들지 않은 것과 특히 두 가지 측면에서 차이가 난다고 여겨지는데, 그것은 바로 운동과 감각함이다. 우리가 영혼과 관련하여 이전 세대한테 물려받은 것 또한 대략 이 두 가지이다.[37]

어떤 이들은 영혼이 운동을 가장 잘 그리고 제일로 일으키는 30 것이라 말한다. 그들은 자신이 운동하지[38] 않는 것은 다른 것의 운동을 일으킬 수 없다고 생각해서, 영혼은 운동하는 것들에 드는 어떤 것이라고 상정했던 것이다. 이런 이유로 데모크리토스는 영혼이 어떤 불 또는 열이라고 말한다.[39] 왜냐하면 그는 형태들 즉 원자들이 무수한데,[40] 그중 구형의 원자들이 불이고 또 영혼이라 주장하기 때문이다(이 구형의 원자들은 창문을 통해 들어오는 빛줄기 속에서 나타나 보이는, 공기 중의 이른바 티끌 같은 것이라고 한다). 또 그의 주장에 따르면, 원자들로 된 범종자(汎種子) 혼합체는[41] 온 자연의 원소들이고(레우키포스도 마찬가지 주장을 한다), 그 원자 중 구형인 것들이 영혼이며, 그 이유는 이러한 모양들이[42] 모든 것에 가장 잘 미끄러져 들어갈 수 있고 또 자신들도 운동함으로써 나머지 것들의 운동을 가장 잘 일으킬 수 있기 때문이라는데,[43] 여기서 데모크리토스와 레우키포스는 영혼을 동물에게 운동을 주는 것으로 상정하고 있다. 이런 까닭에 이들은 산다는 것의 기준이 호흡이라 주장하기도 한다. 몸을 둘러싸고 있는 외부의 것이[44] 몸을 조이며 구 형태들을 짜낼 때, 즉 자신들이 어느 때도 정지해 있지 않기 때문에 동물에게 운동을 주는 구 형태들을 그 외부의 것이 짜낼 때, 동물이 호흡하는 중에 밖으로부터 또 다른 구 형태들이 안으로 들어와서 보충된다고 하니까 말이다. 밖으로부터 들어온 구 형태들이, 몸을 조이고 응축시키는 그 외부의 것을 저지하는 데 일조함으로써, 동물 안에 있던 구 형태들이 내몰려 나가는 것을 막아준다는 것

이다. 그리고 동물은 이렇게 할 수 있는 한에서 산다고 그들은 주장한다.[45]

피타고라스학파 사람들의 주장에도 동일한 생각이 담겨 있는 것 같다. 이들 중 일부는 영혼이란 공기 중의 티끌들이라 했고, 또 일부는 영혼이란 티끌들의 운동을 일으키는 것이라 했으니, 20 이들 모두 티끌들에 관해 바람 없이 완벽히 고요한 때조차 분명 끊임없이 운동한다고 말한 것이기 때문이다.

영혼은 자신의 운동을 일으키는 것이라 주장하는 자들 역시 동일한 입장으로 모인다.[46] 이들 모두 영혼에 가장 고유한 것은 운동이고, 여타의 모든 것들은 영혼 때문에 운동하지만 영혼은 자신에 의해 운동한다고 상정한 것 같으니까 말이다. 이들이 그렇게 상정한 것은 자신 역시 운동하지 않는 것이 운동을 일으키는 경우를 본 적이 없어서인 것 같다.[47]

25 이와 마찬가지로 아낙사고라스도 영혼은 운동을 일으키는 것이라 주장하고, 지성이 우주의 운동을 일으켰다는 언급을 다른 누군가도 했다면[48] 그 사람 또한 그렇게 주장하는 것이다. 하지만 아낙사고라스의 주장이 데모크리토스의 주장과 완전히 일치하지는 않는다. 왜냐하면 데모크리토스는 영혼과 지성이 단적으로 동일하다고 주장한 반면(그는 나타나는 것이 참된 것이라 했고, 30 이런 까닭에 그는 헥토르가 "딴생각을 하며 쓰러져 있었다"[49] 라는 호메로스의 시구가 훌륭하게 지어진 것이라 했으니, 데모

크리토스는 지성이라는 말을 진리와 관련된 어떤 능력으로 사용하지 않고, 오히려 지성과 영혼이 동일하다고 말하고 있다),[50] 이 점에 관한 아낙사고라스의 입장은 덜 명료하기 때문이다. 여러 곳에서 아낙사고라스는 지성을 훌륭하고 올바르게 있는 것의 원인이라 말하지만, 또 다른 곳에서는 지성이 영혼과 동일하다고 말한다.[51] 왜냐하면 그는 동물이 크든 작든 고등하든 열등하든 모든 동물에게 지성이 있다고 주장하기 때문이다.[52] 하지만 사려[53]라는 의미의 지성만큼은 모든 동물에게 마찬가지로 있는 것으로 보이지 않고, 모든 인간에게 마찬가지로 있는 것으로 보이지도 않는다. 이렇듯 영혼이 깃든 것이 운동한다는 점에 주목했던 자들은 모두, 영혼은 운동을 가장 잘 일으킬 수 있는 것이라 상정했다.

404b

5

다른 한편, 존재하는 것들에 대한 인식함과 감각함에 주목했던 자들은 모두 영혼은 원리라[54] 주장하는데, 이들 중 일부는 원리가 여럿이라 하면서 이 원리들이 영혼이라 주장했고, 다른 일부는 원리가 하나라 하면서 이 원리가 영혼이라 주장했다. 이를테면 엠페도클레스는, 영혼은 온갖 원소들로 이루어진 것이라 했는데,[55] 아래와 같이 말하면서는 또 원소들 각각이 영혼이라 하고 있다.[56]

10

> 왜냐하면 우리는 흙으로써 흙을 보며, 물로써 물을,
> 에테르로써 신적인 에테르를, 불로써 파괴적인 불을,

15 또한 사랑으로써 사랑을, 참담한 불화로써 불화를 보기 때문이네.[57]

그리고 플라톤도 이와 같은 방식으로 『티마이오스』에서 영혼은 원소들로 이루어진 것이라 한다.[58] 왜냐하면 그는 유사한 것에 의해 유사한 것이 인식되고,[59] 사물들이[60] 원리들로 이루어져 있다고 말하기 때문이다. 철학에 관한 논의에서도 이와 마찬가지로 규정되었으니,[61] 생물 자체[62]는 하나의 이데아 자체와 제일 길이, 제일 넓이, 제일 깊이로 이루어져 있고, 다른 것들도 유사한 방식으로 이루어져 있다는 것이다. 나아가 그는 이를 다른 식으로도 규정했거니와, 지성은 하나이고, 앎은 둘이며(앎은 한 지점을 향해 한 길로 나아가니까),[63] 의견은 면의 수(數)이고, 감각은 입체의 수라 한다. 수들은 형상들 자체이자 원리들이라 말해졌지만, 수들은 원소들로 이루어져 있고,[64] 사물 중 어떤 것은 지성에 의해 식별되며 다른 것은 앎에 의해 또 다른 것은 의견에 의해 또 다른 것은 감각에 의해 식별되는데, 이 수들이 사물들의 형상들이라는 것이다.

또한 영혼은 운동도 일으킬 수 있고 위와 같은 식으로 인지도 할 수 있다고 여겨졌기에, 어떤 이들은[65] 양쪽을 엮어서,[66] 자신의 운동을 일으키는 수를 영혼이라고 제시한다.

30 하지만 원리와 관련하여, 그것이 무엇이고 또 몇 개인지에서 견해들 간에 차이가 있다. 원리는 물체적이라 하는 자들의 견해가[67]

비물체적이라 하는 자들의 견해와[68] 특히 차이 나고, 물체적인 것과 비물체적인 것을 섞으며 둘 다를 가지고서 원리들을 제시하는 자들[69]의 견해도 앞의 두 견해와 차이 난다. 또 원리가 몇 개인지와 관련해서도 견해들 간에 차이가 있으니, 어떤 이들은 하나라 하고 다른 이들은 여럿이라 한다. 그리고 이들은 각자의 견해에 부합하게끔 영혼에 대해서도 설명한다. 이들은 본성상 운동을 일으킬 수 있는 것이 제일의 것들에[70] 든다고 불합리하지 않게 상정했는데, 이로부터 어떤 이들은 불이 영혼이라 여겼다. 원소들 가운데 불이 그 입자에서 가장 미세하고 가장 비물체적이며, 나아가 제일로 운동하기도 하고 다른 것들의 운동을 제일로 일으키기도 하기 때문이라고 하면서 말이다. 데모크리토스는 이 점들 각각에 대해[71] 이유를 제시하며 더욱 매끄럽게 설명했다. 그는 영혼과 지성이 동일한데, 지성은 분할될 수 없는 제일의 물체들로 이루어져 있고, 입자의 작음과 형태 때문에 지성이 운동을 일으킬 수 있다고 하니까 말이다. 형태들 중에 구형인 것이 가장 잘 운동한다고 그는 주장하거니와, 지성도 불도 이러하다는 것이다.

그런가 하면, 아낙사고라스가 영혼과 지성이 다르다고 주장한 것 같아도, 앞서도 언급했듯 그는 양자를 단일한 본성으로[72] 취급한다. 그가 무엇보다도 지성을 만물의 원리로 놓았다는 점을 제외한다면 말이다. 이 점에서 어쨌든 그는 존재하는 것들 중 지성만이 단순하고 섞이지 않았으며 순수하다고 말했으니까. 하지만 지성이 우주의 운동을 일으켰다고 주장할 때, 그는 인식함과 운동을 일으킴 모두를 같은 원리로써 설명하고 있다.

또 사람들이 기억해 전하는 바에 따르면, 탈레스 역시 영혼을 20 운동을 일으킬 수 있는 어떤 것으로 상정했던 것 같다. 돌이[73] 철의 운동을 일으킨다는 이유로 돌이 영혼을 지닌다고 그가 정말 말했다면 말이다.

또 디오게네스는,[74] 다른 어떤 이들도 그랬듯,[75] 공기가 영혼이라 했다. 모든 것들 중에 공기가 그 입자에서 가장 미세하고 또 공기가 원리라 생각해서 말이다. 그리고 이 때문에 영혼이 인식도 하고 운동도 일으킨다고 했다. 즉, 한편으로 공기가 제일의 것이고 나머지 것들은 공기로 이루어져 있는 한에서 인식을 하고,[76] 25 다른 한편으로 공기가 가장 미세한 한에서 운동을 일으킬 수 있다는 것이다.

만일 헤라클레이토스가 영혼은 증기라고, 즉 그가 여타의 것들을 구성케 했던 증기라고 정말 주장했다면,[77] 그 역시 영혼은 원리라고 말한 것이다. 그는 증기가 가장 비물체적이고 항상 흐르며, 운동하는 것은 운동하는 것에 의해 인식된다고 했다. 대다수의 사람들처럼 그도 존재하는 것들이 운동 중이라고 생각했던 것이다.

30 알크마이온도[78] 영혼에 관해 이들과 흡사한 방식으로 상정한

것 같다. 그는 영혼이 불사적인 것들과 닮았다는 이유로 영혼이 불사적이라 주장한다. 영혼은 항상 운동하므로 영혼에 불사성이 속한다는데, 이는 신적인 모든 것들, 즉 달과 해와 별들과 하늘 전체도 끊임없이 항상 운동하기 때문이라는 것이다. 405b

그런가 하면, 더 조야한 이론을 펼친 자들 중 히폰과 같은 어떤 이들은 물을 영혼이라고 제시하기까지 한다. 이들의 믿음은 씨에서 비롯된 것 같다. 모든 것들의 씨는 습하다는 이유로 말이다. 실제로 히폰은 피가 영혼이라고 말한 자들을[79] 씨는 피가 아니라는 이유를 대면서 논박했다. 씨가 제일의 영혼이라는 것이다. 5 피가 영혼이라고 말한 자들은 크리티아스와 같은 사람들인데, 이들은 감각함이 영혼에 가장 고유한 것이라 상정하면서, 감각함이 영혼에 속하는 것은 피의 본성 때문이라고 했다.

실상 흙을 제외한 원소들 각각이 자신을 지지하는 판정자를 갖게 되었다. 온갖 원소가 영혼을 구성한다거나 온갖 원소 각각이 영혼이라고[80] 말한 자가 아니라면, 이 중 흙을 영혼이라고 제시 10 하지는 않았다.

이리하여 모든 이들이 영혼을 셋으로써, 말하자면 운동과 감각 그리고 비물체적임으로써 정의한다. 그리고 셋 각각은 원리로 귀착된다. 이런 까닭에, 인식한다는 점에서 영혼을 정의하는 자들은 영혼이 원소이거나 원소들로 이루어진 것이라 하면서, 한 사람을 제외하고는[81] 서로 흡사하게 주장한다. 유사한 것에 15

의해 유사한 것이 인식된다고 말하기 때문이다. 영혼은 모든 것을 인식한다는 이유로 그들은 영혼을 모든 원리로 구성해 놓았던 것이다. 그래서 어떤 하나의 원인이자 하나의 원소를 주장하는 자들, 예컨대 불이나 공기를 주장하는 자들은 영혼도 하나로 놓고, 원리들이 여럿이라 주장하는 자들은 영혼도 여럿이라 한다.[82]
20 그런데 유일하게 아낙사고라스는 지성이 영향 받지 않고, 다른 그 무엇과도 공통의 것을 전혀 갖지 않는다고 말한다. 하지만 지성이 그러하다면 어떻게 그리고 어떤 이유로 사물들을 알게 될 것인지를 그는 언급하지 않았고, 이것이 그가 했던 다른 언급들로부터 드러나는 것도 아니다.[83] 그런가 하면, 반대되는 것들의 쌍을 원리들에 도입한 자들은 영혼도 반대되는 것들로 구성해
25 놓고, 반대되는 것들 중 어느 한쪽만, 예컨대 뜨거운 것 아니면 차가운 것 또는 이와 같은 다른 어떤 것만 원리라 하는 자들은[84] 영혼도 마찬가지로 이 중 어떤 하나로 놓는다. 이런 까닭에 그들은 이름을 따르기도 한다. 즉, 그들 중 일부는 영혼은 뜨거운 것이라 주장하는데, 이는 산다(zēn)라는 이름이 그것(zein) 때문에 생긴 것이라 해서이고, 또 일부는 영혼은 차가운(psychron) 것이라 주장하는데, 이는 호흡과 냉각(katapsyxis) 때문에 영혼(psychē)이 영혼이라 불리게 된 것이라 〈해서〉이다.[85]

이상이 영혼과 관련하여 이전 사람들한테 전해 받은 견해들이
30 고, 왜 그들이 그렇게 주장했는가 하는 이유들이다.

3장

영혼이 자체적으로 움직여진다는 견해 비판
운동을 중심으로

우리는 운동에 관해 먼저 살펴보아야 한다. 왜냐하면 짐작컨대, 영혼은 자신의 운동을 일으키는 것이라거나 일으킬 수 있는 406a 것이라 주장하는 자들이 말하는 그러한 바가 영혼의 본질이라는 것이 거짓일 뿐 아니라, 영혼에 운동이 속한다는 것이 불가능하기 때문이다. 운동을 일으키는 것 자신까지 반드시 움직여져야[86] 하는 것은 아님을 우리는 이전에 언급했다.[87] 그리고 모든 것은 두 가지 방식으로 움직여진다. 즉, 다른 것에 따라 움직여지거나 아니면 자체적으로 움직여진다. 다른 것에 따라 움직여진다고 5 우리가 말하는 것들은 움직여지는 것 안에 있음으로써 움직여지는 것들이고, 그 일례가 선원들이다. 선원들은 배와 마찬가지 방식으로 움직여지지 않는다. 배는 자체적으로 움직여지는 반면, 선원들은 움직여지는 것 안에 있음으로써 움직여지기 때문이다

(이는 부분들의 경우를 보면 명백히 드러난다. 예컨대 발에 고유한 운동은 걸음이고, 걸음은 사람에 고유한 운동이기도 하지만,
10 이 사항이 저 선원들에게는 적용되지 않는다).[88] 움직여진다는 것이 두 가지 방식으로 말해지니, 이제 영혼과 관련하여, 영혼이 자체적으로 움직여지는지, 즉 운동에 참여하는지 살펴보자.

운동은 이동과 변이(變異) 및 감소와 증가, 이렇게 네 종류이므로,[89] 영혼은 이 넷 중 하나에서 또는 여럿에서 또는 모두에서 움직여질 것이다. 그런데 만일 영혼이 부수적이지 않은 방식으
15 로 움직여진다면,[90] 영혼에 운동이 본성적으로 속할 것이다. 하지만 만일 그렇다면, 영혼에 장소도 속할 것이다. 왜냐하면 앞에 언급된 운동들이 모두 장소 안에서 일어나기 때문이다.[91] 또한 만일 자신의 운동을 일으킴이 영혼의 본질이라면, 영혼에 움직여짐이 속하는 방식은, 힘이나 3 완척에[92] 움직여짐이 속하는 것과 같은 부수적 방식이 아닐 것이다. 힘과 3 완척도 움직여지지만, 부수
20 적으로 움직여진다. 왜냐하면 힘과 3 완척이 들어 있는 것, 즉 몸이 움직여지기 때문이다. 이는 힘과 3 완척에 장소가 속하지 않는 이유이기도 한데, 영혼이 정말 본성적으로 운동에 참여한다면, 영혼에 장소가 속할 것이다.

게다가 만일 영혼이 본성적으로 움직여진다면 영혼은 강제로도 움직여질 것이고, 강제로 움직여진다면 본성적으로도 움직여질 것이다.[93] 정지와 관련해서도 동일한 방식이 적용된다. 즉,

영혼은 본성적으로 움직여지면서 향하는 그곳에서 본성적으로 정지해 있기도 할 것이고, 이와 마찬가지로 강제로 움직여지면서 향하는 그곳에서 강제로 정지해 있기도 할 것이다. 그러나 영혼의 강제된 운동과 정지가 어떠한 것일지를 설명하기는 이야기를 꾸며 내고자 하는 이들에게조차[94] 쉽지 않다. 25

더욱이 만일 영혼이 위로 움직여진다면 영혼은 불일 것이고, 아래로 움직여진다면 흙일 것이다. 왜냐하면 그 운동들은 이 물체들에 속하는 것들이기 때문이다. 동일한 설명이 그 사이의 운동들에도[95] 적용된다. 30

또한 영혼이 몸의 운동을 일으킨다는 것은 분명하므로, 영혼은 자신이 움직여지는 바로 그 운동에 있어서 몸의 운동을 일으킨다는 말에 일리는 있다. 하지만 만일 이러하다면, 역으로 몸이 움직여지는 바로 그 운동에 있어서 영혼도 움직여진다는 말 역시 참일 것이다. 그런데 몸은 이동에 있어서 움직여진다. 따라서 영혼 역시 몸에 상응하는 식으로 변화할 것이다.[96] 영혼 전체가 자리를 옮기든가 그 부분들이 자리를 옮기든가 하면서 말이다. 하지만 이럴 수 있다면, 영혼이 밖으로 나갔다가 다시 들어올 수도 있을 것이고, 이로부터 죽은 동물이 다시 일어난다는 결과가 따라 나올 수도 있을 것이다. 406b 5

부수적 방식의 운동에서라면 영혼은 다른 것에 의해서도 움직여질 수 있다.[97] 동물이 강제로 밀릴 수 있기 때문이다.[98] 하지만 자신에 의한 움직여짐을 본질로 갖는 것은, 부수적 방식의 경우를 제외하고는, 다른 것에 의해 움직여지지 말아야 한다. 그 자체로 좋은 것 또는 자신 때문에 좋은 것이 다른 것 때문에 좋을
10 수도 없고 다른 것을 위해 좋을 수도 없듯이 말이다. 그리고 영혼이 정말 움직여진다면, 무엇보다도 감각 대상에 의해 움직여진다고 누군가는 말할 것이다.[99]

또한 영혼이 자신의 운동을 일으킨다 해도 어쨌든 영혼 역시 움직여질 것이고, 따라서 만일 모든 운동이 움직여지는 것의 움직여지는 한에서의 벗어남이라면, 그리고 영혼이 자신의 운동을
15 일으키는 게 부수적이지 않고 오히려 운동이 영혼의 본질에 자체적으로 속한다면, 영혼도 그 본질로부터 벗어나게 될 것이다.[100]

또한 어떤 이들은, 영혼은 자신이 내재하는 몸을 자신이 움직여지는 방식대로 움직인다고 주장한다. 이를테면 데모크리토스가 희극 시인 필리포스와 흡사하게 말했던 바가 그러하다. 필리포스는[101] 다이달로스가 나무로 된 아프로디테에 수은을 부어서
20 아프로디테가 움직여지도록 만들었다고 했는데, 데모크리토스의 주장 역시 이와 마찬가지이다. 왜냐하면 그는 분할될 수 없는 구형의 것들이 어느 때도 머물러 있지 않는 자신들의 본성 때문에 움직여지면서 몸 전체를 끌어당기고 몸 전체의 운동을 일으킨다고 말하기 때문이다. 하지만 우리는 그 구형의 것 자신이 정지도 야기하느냐고 물을 것이고, 정지를 어떻게 야기할지는 말하기

어렵거나 심지어 불가능하다. 일반적으로, 영혼이 동물의 운동을 일으키는 것은 이런 식으로가 아니라 일종의 선택과 사유를 25 통해서인 것으로[102] 보인다.

동일한 방식으로[103] 티마이오스[104] 역시 영혼이 몸의 운동을 일으키는 것을 자연학적으로 설명한다. 영혼은 몸과 엮여 있음으로 말미암아,[105] 그 자신이 움직여짐으로써 몸의 운동도 일으킨다고 하기 때문이다. 데미우르고스는[106] 영혼이 조화에 대한 타고난 30 감각을 지니고 또 우주가 화음 어린 이동으로 운행되도록 하기 위해, 영혼을 원소들로 구성해 놓고 조화로운 수들에 따르는[107] 부분들을 갖추게 하고서, 그 직선형을 원형으로 구부렸다고 한다. 그러고는 그 하나의 원을 두 개의 원들로 분할하여 두 지점에서 서로 만나게 했으며, 그중 하나의 원을 다시 일곱 개의 원 407a 들로 분할했다고 한다. 천구의 이동들이[108] 영혼의 운동들이기라도 한 것처럼 말이다.[109]

우선 영혼이 크기라고 말하는 것은 옳지 않다.[110] 그 이유는 이렇다. 티마이오스는 우주의 영혼이 이른바 지성 같은 그러한 것이기를 바랐음이 분명하다(그가 뜻한 우주의 영혼은 어쨌든 감 5 각 능력으로서의 영혼 같은 것이 아니고, 욕망 능력으로서의 영혼 같은 것도 아니기 때문이다. 이것들의 운동은 원운동이 아니라고 했으니까[111]). 하지만 지성은, 사유가 하나이고 연속적인 바로 그런 식으로 하나이고 연속적이다. 그리고 사유는 사유된 것들이다. 그런데 사유된 것들은 수와 같은 식으로 잇따라 하나이지, 크기와 같은 식으로 하나가 아니다. 그렇기에 지성도 크기와 같은 식으로 연속적이지는 않거니와,[112] 오히려 지성은 부분을
10 갖지 않거나 크기가 연속적인 것과는 다른 어떤 식으로 연속적이다.

만일 지성이 크기라면, 지성은 어떻게 사유할 것인가? 자신의 부분들 중 어느 하나로써? 그런데 이 부분은 크기상의 부분이거나, 점도 부분이라 해야 한다면[113] 점이라는 부분일 것이다. 그럼 만일 지성이 점이라는 부분으로써 사유한다면, 그리고 점들이 무수하다면, 지성은 사유를 결코 완료하지 못할 것임이 명백하다.[114] 반면에 만일 지성이 크기상의 부분으로써 사유한다면, 지성은 동일한 대상을 여러 번 또는 무한 번 사유할 것이다.[115] 하지
15 만 단 한 번에 사유할 수 있음이 분명하다. 또한 지성이 자신의 부분들 중 어느 하나로써 대상에 닿는 것으로 충분하다면, 지성이 원형으로 움직여져야 할 이유 또는 크기를 갖기까지 해야 할 이유가 있는가?[116] 또한 만일 지성이 사유하기 위해 반드시 원 전체로써 닿아야 한다면, 원의 부분들로써 닿음이란 무엇인가? 나아가 어떻게 지성이 부분 없는 것으로써[117] 부분 있는 것을 사유하고, 부분 있는 것으로써 부분 없는 것을 사유하겠는가?

20 또한 지성은 이 원일 수밖에 없다. 지성의 운동은 사유이고 원의 운동은 회전이므로, 사유가 회전이라면, 지성은 원일 것이

기 때문이다. 그 회전이 사유인 원 말이다. 하지만 지성은 무엇을 항상 사유할 것인가(회전이 영원하다면 지성은 항상 사유해야 할 텐데 말이다)? 실은, 실천적 사유에는 경계가 있고(모든 실천적 사유는 다른 것을 위한 것이니까),[118] 이와 마찬가지로 이론적 사유도 규정에 의해 한정된다. 그리고 모든 규정은 정의이거나 증명인데, 증명은 출발점으로부터 진행되며 어떤 의미에서 끝을, 즉 추론이나[119] 결론을 갖고(결론이 나지 않았다면, 그래도 어쨌든 출발점으로 다시 돌아가지 않고 중명사와 대명사를 계속 추가로 취하면서 곧게 나아간다.[120] 반면에 회전은 출발점으로 다시 돌아간다), 정의는 모두 경계 지어져 있다. 25 30

더욱이 만일 똑같은 회전이 여러 번 일어난다면, 똑같은 대상을 여러 번 사유해야만 할 것이다.

게다가 사유는 운동보다는 오히려 일종의 정지해 있음이나 멈춤[121] 같고, 추론도 이와 같은 식이다.

또한 수월하지 않고 오히려 강제된 것은 분명 복되지도 않다.[122] 407b 그런데 만일 운동이 영혼의[123] 본질이 아니라면,[124] 영혼은 본성에 반하여 움직여지게 될 것이다. 풀려날 수 없는 채로 몸과 섞여 있는 것 역시 고달픈 일이고, 더구나 피해야 할 일이다. 사람들이 통상 말하고 또 널리 동의하듯, 몸과 함께 있지 않는 것이 지성에게 더 낫다면 말이다.

그리고 천구가 원운동을 하는 원인마저 명백하지 않다.[125] 그 5

이유는 이렇다. 영혼의 본질이 이 원운동의 원인은 아니다. 영혼은 부수적으로 그렇게 움직여질 뿐이다. 그런데 몸도 원인이 아니다. 오히려 영혼이 몸에게 원인이다. 그렇다고 그게[126] 더 낫다는 언급이 있는 것도 아니다. 신이 영혼을 원운동 하도록 만든 것은 그 때문이어야 했는데 말이다. 즉, 머물러 있는 것보다 움직여지는 것이, 그리고 다른 식으로 움직여지는 것보다 원형으로 움직여지는 것이 영혼에게 더 낫다는 점 때문이어야 했다.[127]

이러한 검토는 또 다른 논의에 더 적합하므로, 지금은 이를 논외로 하자. 하지만 이 설명에서도 영혼에 관한 설명 대부분에서도 다음의 이상한 점이 나온다. 그들은 영혼을 몸에 연결시키고 몸 안에 놓아둘 뿐, 그것이 어떤 이유에서인지 또 몸이 어떤 상태여서인지는 전혀 추가 규정하지 않는다. 하지만 이 추가 규정은 필수적이라 여겨질 수 있다. 왜냐하면 영혼과 몸의 상관성으로 말미암아 한쪽은 영향을 주고 다른 쪽은 영향을 받으며, 한쪽은 움직여지고 다른 쪽은 운동을 일으키는데, 서로 임의적인 것들은 전혀 이렇지 않기 때문이다. 그리고 그들은 영혼이 어떠한 것인지를 주장하려 할 뿐, 영혼을 받아들일 몸과 관련해서는 여전히 아무것도 추가 규정하지 않는다. 피타고라스학파의 이야기대로 임의의 영혼이 임의의 몸속으로 들어갈 수 있다는 듯이 말이다. 각각의 몸은 자신에게 고유한 형상 또는 형태를 지니는 것으로 여겨지는데도, 이들은 마치 목공술이 피리 안으로 들어간다고 하는 것과 흡사한 주장을 하고 있는 것이다. 사실 기술은 자신의 도구들을 사용해야 하고, 영혼은 자신의 몸을[128] 사용해야 하는데 말이다.

4장

영혼이 조화라는 견해, 움직여진다는 견해, 자신의 운동을 일으키는 수라는 견해 비판

운동을 중심으로

영혼에 관한 또 다른 견해도 전수되었으니, 이는 앞에 언급된 견해들 중 어느 것에도 못지않은 신뢰를 많은 이들에게 받고 있는 견해지만, 다른 한편으로는 공공의 자리에서 행해졌던 논의에서조차 마치 감사관들[129] 앞에서 하듯 해명을 해야 했던 견해 407b30 이기도 하다. 이 견해를 가진 사람들은 영혼이 일종의 조화라 말한다.[130] 조화는 반대되는 것들의 융합이나 결합이고,[131] 또 몸은 반대되는 것들로 구성되어 있다는 것이다.

하지만 조화는 혼합된 것들의 어떤 비율 아니면 결합이거니와, 영혼은 이 둘 중 어느 것일 수도 없다.[132] 게다가 운동을 일으 408a 킨다는 점은 조화에 속하는 것이 아닌 반면에, 말하자면 모든 사람들이 무엇보다도 이 점을 영혼에 할당한다. 또한 조화라는 말을 영혼에다 쓰는 것보다는 건강에다, 일반적으로 신체적 탁월성에다 쓰는 것이 더 조화롭다.[133] 이는 영혼이 겪는 것들과 하는 일들을 모종의 조화를 가지고 설명해 보려 할 때 가장 분명히 드러난다. 조화시키기가 어렵기 때문이다.[134] 5

나아가 만일 우리가 두 가지 의미에 주목하면서 조화를 말한다면, 가장 주된 의미는 운동과 위치를 갖는 크기들의[135] 결합으로서, 그것들이 꼭 짜 맞춰져 있어 동류의 다른 어떤 것도 받아들이지 않는 때의 결합이고, 이로부터 나온 또 하나의 의미는 혼합된 것들의 비율이다. 하지만 둘 중 어떤 의미로도 영혼을 조화라 하는 것은 합당하지 않다. 우선 신체 부분들의 결합이 영혼이 10 라는 주장은 너무나 쉽게 반박될 수 있다. 사실 신체 부분들의 결합은 여러 개이고 결합 방식도 다양하다. 그럼 지성은 어떤 부분의[136] 그리고 어떤 방식의 결합이라 상정해야 하는가? 또 감각 능력이나 욕구 능력은? 다음으로 혼합의 비율이 영혼이라는 것도 마찬가지로 이상하다. 사실 살에서 원소들의 혼합과 뼈에서 15 원소들의 혼합은 그 비율이 똑같지 않다. 그러므로 만일 신체의 모든 부분들은 혼합된 원소들로 이루어져 있는데 그 혼합의 비율이 조화이자 영혼이라면, 신체에 많은 영혼들이, 그것도 신체의 매 부분마다 있다는 결론이 나올 것이다.

누군가는 이를 엠페도클레스에게도 물을 수 있을 것이다. 그는 신체의 각 부분이 특정 비율로 되어 있다고 하니까 말이다.[137] 20 그럼 영혼은 그 비율인가 아니면 또 다른 어떤 것으로서 신체 부분들 안에 있게 되는가? 나아가 사랑은 임의적인 혼합의 원인인가 아니면 비율에 따르는 혼합의 원인인가? 후자라면, 사랑은 비율인가 아니면 비율 이외의 또 다른 어떤 것인가?

위 견해들은 이와 같은 난제들을 갖는다. 하지만[138] 영혼이 혼
25 합과 다른 것이라면, 대체 왜 영혼은 살임[139]과 동물 신체의 여타 부분들임이 없어짐과 동시에 없어지는가? 이에 더하여, 영혼은 혼합의 비율이 아니어서 신체 부분들 각각이 영혼을 갖는 게 아니라면, 영혼이 떠날 때 소멸하는 것은 무엇인가?

지금까지 언급된 것들로부터, 영혼은 조화일 수도 없고 회전
30 할 수도 없음이 명백하다. 하지만 부수적으로는, 앞서 말했듯[140] 영혼이 움직여질 수 있고, 자신의 운동을 일으킬 수도 있다. 영혼이 내재하는 몸이 움직여지되, 몸은 영혼에 의해 움직여지는 식으로 말이다.[141] 하지만 이와 다른 식으로는 영혼이 장소상 움직여질 수 없다.

그런데 누군가는 다음과 같은 점들에 주목함으로써 영혼이 움직여지는 게 아닌가 하는 의문을 좀 더 합당하게 가질 수도 있겠
408b 다. 즉, 우리는 영혼이 괴로워하거나 기뻐하거나 대담해지거나 두려워한다고 말하고, 나아가 분노하고 감각하며 사고한다고 말하는데, 이 모든 것들이 운동으로 보인다. 이로부터 누군가는 영
5 혼이 움직여진다고 생각할 수 있을 테지만, 꼭 그래야 하는 것은 아니다. 그 이유는 이렇다. 괴로워함이나 기뻐함이나 사고함이

운동들이라고, 즉 괴로워함 등 각각이 움직여짐이라고[142] 최대한 해 보자. 그렇다 해도, 이 움직여짐이 영혼에 의한 것으로서 예컨대 분노함이나 두려워함은 심장이 특정 방식으로 움직여짐이고, 사고함은 아마도 이런 어떤 신체 부분이나 다른 어떤 신체 부분이 움직여짐이라면, 그리고 그것들 중 일부는 해당 신체 부분이 이동에 있어서 움직여지는 경우이고, 다른 일부는 해당 신체 부분이 변이에 있어서 움직여지는 경우라면(어떤 종류의 부분이 어떤 식으로 움직여지는가 하는 것은 달리 논할 사항이다), 그럼 영혼이 분노한다고 말하는 것은 영혼이 천을 짠다거나 집을 짓는다고 말하는 것과도 유사할 것이다. 실은 영혼이 연민한다거나 배운다거나 사고한다가 아니라, 인간이 영혼으로 인해[143] 그렇게 한다고 말하는 게 아마 더 나을 것이다. 그리고 이는 영혼 안에 운동이 있다는 뜻이 아니라, 운동이 어떤 때는 영혼에까지 이르고 또 어떤 때는 영혼으로부터 온다는 뜻이다. 예컨대 감각은 특정 사물들로부터 오고, 상기는 영혼으로부터 와서 감각기관 내의 운동이나 흔적에 이른다.[144]

하지만 지성은 우리 안에 어떤 실체로서 있게 되는 것 같고, 소멸하지 않는 것 같다. 왜냐하면 지성이 무엇보다도 노령기의 쇠약에 의해 소멸할 수도 있겠지만, 실은 감각 기관의 경우에서와 같은 일이 일어나는 것이기 때문이다.[145] 사실 노인이 젊은이의 것 같은 눈을 얻는다면, 젊은이가 보듯 볼 수 있을 것이다. 그러므로 노령은, 술 취함이나 질병처럼, 영혼이 아니라 영혼이 그 안에 있는 몸이 어떤 영향을 받음에 기인한다. 사유함과 관조함 역시 우리 내부의 다른 무언가가 망가져서 쇠약해지지, 그 자체는[146] 영향 받지 않는다. 그리고 사고함과 사랑함이나 미워함은 지성의[147] 속성이 아니라, 지성을 지닌 바로 그자의, 지성을 지니는 한에서의, 속성이다. 이런 까닭에 그자가 소멸하면 기억하지도 사랑하지도 못한다. 왜냐하면 기억함과 사랑함은 지성에 속해 있었던 것이 아니라 공통인 것에[148] 속해 있었는데, 공통인 것이 사멸했기 때문이다. 아마도 지성은 더 신적인 어떤 것일 테고,[149] 영향 받지 않을 것이다.

이상으로부터 영혼은 움직여질 수 없음이 분명하다. 그리고 아예 움직여지지 않는다면, 자신에 의해서도 움직여지지 않음이 명백하다.

그런가 하면, 위에 언급된 것들 중 단연코 가장 불합리한 것은 영혼이 자신의 운동을 일으키는 수라는 주장이다.[150] 왜냐하면 이렇게 주장하는 자들에게는 한편으로 영혼이 움직여진다는 데에서 귀결되는 일차적인 불가능성이 속하고,[151] 다른 한편으로 영혼이 수라 주장하는 것에서 귀결되는 고유한 불가능성도 속하기 때문이다. 단위에는[152] 부분이 없고 차이도 없는데, 움직여지는 단위라는 것을 어떻게 이해해야 하는가? 무엇에 의해 또 어떤 식으로 움직여진다고? 단위가 운동을 일으킬 수 있고 또 움직여질

수 있으려면, 차이를 가져야만 하는데 말이다.[153]

게다가 그들은 선이 움직여져서 면을 만들고 점이 움직여져서 선을 만든다고 하므로, 단위들의 운동 또한 선들일 것이다. 왜냐 5 하면 점은 위치를 갖는 단위이고, 또 영혼이라는 수는 이미 어딘가에 있으며 위치를 갖기 때문이다.[154]

나아가, 수에서 수나 단위를 빼면 다른 수가 남지만, 식물들과 여러 동물들은 분할된 상태로도 살고 또 종적으로 같은 영혼을 10 지니는 것으로 보인다.[155]

또한 단위들이라고 하든[156] 작은 물체들이라고 하든[157] 아무 차이가 없다고 여겨질 수도 있다. 왜냐하면 우리가 데모크리토스의 작은 구(球)들을 점들로 대체한다면, 그리고 양만 그대로 남긴다면,[158] 운동을 일으키는 것과 움직여지는 것이, 연속적인 것 안에 있듯, 그 양 안에도 있을 것이기 때문이다. 이 사항은 크기에서 또는 그 작음에서 차이가 나기 때문에 귀결되는 것이 아니라, 15 양이기 때문에 귀결되는 것이니까 말이다. 그러므로 그 단위들의 운동을 일으킬 무언가가 반드시 있어야 한다. 그런데 동물 안에서 운동을 일으키는 것이 영혼이라면, 수 안에서 운동을 일으키는 것도 영혼이어야 할 테고, 따라서 이 영혼은 운동을 일으키며 움직여지는 것이 아니라 운동을 일으키는 것이기만 할 것이다. 하지만 이것이 어떻게 단위일 수 있는가? 그러려면 이 단위에 여타 단위들과의 어떤 차이가 있어야 하는데, 단위로서의 점에 20

위치 말고 무슨 차이가 있겠는가?

이번에는 한편으로, 몸 안의 단위들과 점들이 서로 다른 것들이라면, 단위들이 점들과 동일한 곳에 있게 될 것이다. 〈각 단위가〉 점의 자리를 차지할 것이기 때문이다. 그런데 두 개가 동일한 곳에 있다면, 무한 개가 동일한 곳에 있지 말라는 법이 있는가? 그 장소가 분할될 수 없는 것들이라면, 그것들 자체도 분할될 수 없기 때문이다.[159] 다른 한편으로, 몸 안의 점들이 영혼이라는 수라면, 혹은 몸 안의 점들의 수가 영혼이라면, 모든 물체가 영혼을 지니는 것은 아닌 이유는 무엇인가? 사실 점들은 모든 물체 안에, 그것도 무수하게 있다고 여겨지는데 말이다.

나아가 선이 어쨌든 점들로 분할되지 않는다면,[160] 어떻게 점들이 몸에서 분리되거나 풀려날 수 있겠는가?[161]

5장

영혼이 원소들로 이루어져 있다는 견해 비판
감각을 중심으로

앞서 언급했듯,[162] 위 견해는[163] 한편으로 영혼을 그 입자가 미세한 물체로 놓는 자들과 동일한 것을 말하게 되고,[164] 다른 한편으로 데모크리토스가 영혼에 의한 움직여짐을 말할 때 그런 것 409b 처럼 이상한 결론을 고유하게 갖게 된다.[165] 그 이유는 이렇다. 한편으로, 영혼은 감각하는 몸 전체에 있으니, 영혼이 어떤 물체라면, 동일한 곳에 두 개의 물체들이 있을 수밖에 없고, 영혼은 수라고 주장하는 자들에게는 한 점에 여러 점들이 있을 수밖에 없거니와, 그렇지 않다면[166] 모든 물체가 영혼을 가져야만 한다. 차 5 이 나는 어떤 수, 즉 몸 안에 있는 점들과 다른 어떤 수가 생겨나지 않는 한 말이다. 다른 한편으로, 동물이 수에 의해 움직여진다는 결론까지 나오게 된다. 우리의 이전 논의에서[167] 데모크리토스의 견해가 그러하다고 했던 식으로 말이다. 그도 그럴 것이,

10 작은 구들이라 말하는 것이나 큰 단위들이라 말하는 것, 또는 아예 이동하는 단위들이라 말하는 것에 무슨 차이가 있는가? 뭐라 말하든, 그것들이 움직여짐으로써 동물의 운동을 일으킬 수밖에 없는데 말이다. 운동과 수를 한데 엮은 자들에게서는 이 결론들뿐 아니라 이러한 또 다른 결론들도 여럿 나온다. 실로, 그러한 것은 영혼의 정의일 수 없을 뿐 아니라 부수하는 것일 수조차 없
15 다. 이는 우리가 영혼이 겪는 것들과 하는 일들을, 예컨대 헤아림이나 감각이나 쾌락과 고통 및 이런 여타의 것들을 그 규정으로부터 설명하려 시도한다면 명백히 드러난다. 이전에 말했듯,[168] 그 규정에 언급된 것들로부터는 이것들에 대해 짐작하기조차 쉽지 않기 때문이다.

그런데 영혼을 정의하는 방식으로 전수된 것들은 세 가지이다.[169]
20 어떤 이들은 자신의 운동을 일으킴으로 말미암아 운동을 가장 잘 일으킬 수 있는 것을 영혼이라고 제시했고, 또 어떤 이들은 그 입자가 가장 미세한 물체 또는 여타의 것들에 비해 가장 비물체적인 물체를[170] 영혼이라고 제시했다. 이 견해들에 어떤 난점들과 내적인 상충이 있는지, 우리는 거의 다 짚어 보았다. 그러나 어떤 의미에서 영혼이 원소들로 이루어져 있다고 주장되는지를 살펴보는 일은 남아 있다.

25 그들이 그렇게 주장하는 것은 영혼이 존재하는 것들 각각을 감각하고 알도록 하기 위해서이다. 하지만 그 주장으로부터는

많은 불가능한 것들이 나올 수밖에 없다. 그 이유는 이렇다. 그들은 유사한 것에 의해 유사한 것이 알려진다고 가정하고 있다. 마치 영혼이 사물들이라고[171] 가정하고 있는 듯이 말이다. 그러나 원소들만 존재하는 것이 아니라, 원소들로 이루어진 많은 다른 사물들, 아니 오히려 수적으로 무한하다고 할 다른 사물들 또한 존재한다. 그럼 각 사물을 이루고 있는 원소들을 영혼이 인식하고 감각할 수 있다고 해 보자. 영혼은 무엇으로써 복합체를 알거나 감각할 것인가? 이를테면 신이나 인간이나 살이나 뼈가 무엇인지를 말이다. 이는 그 어떤 다른 결합체의 경우에도 마찬가지이다. 왜냐하면 원소들은 결합체들 각각을 아무렇게나 이루고 있는 것이 아니라, 엠페도클레스 자신도 뼈에 대해 다음과 같이 말했듯, 특정 비율과 결합에 따라 이루고 있기 때문이다. 30 410a

또 흙은 자신의 품이 넓은 도가니 속에
여덟 개의 부분 가운데 두 개는 빛나는 네스티스로부터, 5
네 개는 헤파이스토스로부터 흔쾌히 자기 몫으로 받았네.
그래서 흰 뼈들이 되었네.[172]

이러하니, 영혼에 비율들과 결합까지 들어 있지 않을 바에야, 영혼에 원소들이 들어 있다는 것은 아무런 이점도 없다. 왜냐하면 각 원소는 자신과 유사한 것을 알겠지만, 뼈나 인간을 알게

될 그 무엇도 존재하지 않을 것이기 때문이다. 영혼에 뼈나 인간
10 까지 들어 있지 않다면 말이다. 그리고 이것들이 들어 있을 수
없음은 말할 필요조차 없다. 영혼에 돌이나 사람이 들어 있는지
를 그 누가 묻겠는가? 좋은 것과 좋지 않은 것도 마찬가지이고,
여타의 것들에도 동일한 방식이 적용된다.

게다가 존재는 여러 방식으로 말해지거니와, 한편으로는 어떤
이것을[173] 의미하고, 다른 한편으로는 양이나 질 또는 구분된 범
15 주들 가운데 다른 어떤 범주를 의미하는데, 그럼 영혼은 이것들
모두로 이루어져 있을 것인가 아닌가? 하지만 이것들 모두에 공
통되는 원소들이란 존재하지 않는 것으로 여겨진다.[174] 그렇다면
영혼은 실체에 속하는 원소들로만 이루어져 있을 것인가? 그럼
영혼이 여타의 것들 각각은[175] 또 어떻게 인식하는가? 아니면 그
들은 각 부류에 고유한 원소들이자 원리들이 있고, 이것들로 영
20 혼이 구성되어 있다고 말할 것인가? 그렇다면 영혼은 양이면서
질이면서 실체일 것이다. 하지만 양에 속하는 원소들로 이루어
져 있는 것이 실체이기는 한데[176] 양은 아니라는 것은 불가능하
다. 영혼이 모든 원소들로 이루어져 있다고 주장하는 자들에서
는 분명 이 결론들과 이러한 또 다른 결론들이 나온다.

그리고 유사한 것은 유사한 것에 의해 영향 받지 않지만 유사
한 것이 유사한 것을 감각한다거나 유사한 것으로써 유사한 것
25 을 인식한다고 말하는 것 역시 이상하다.[177] 왜냐하면[178] 그들은

감각함을 일종의 영향 받음 또는 움직여짐으로 놓고, 사유함과 인식함도 마찬가지로 놓기 때문이다.

그리고 엠페도클레스처럼, 각각의 것이 물체로서의 원소에 의해, 더구나 유사한 원소에 의해 알려진다고 주장하는 것에는 많은 난점과 껄끄러운 점이 있으니, 방금 언급된 것이[179] 이를 증언해 준다. 사실 동물의 몸에서 단순히 흙으로 되어 있는 모든 것 30 들은, 예컨대 뼈나 힘줄이나 털은 아무것도 감각하지 못하는 것 410b 으로 보이고, 그래서 자신과 유사한 것들도 감각하지 못하는 것으로 보이는데, 그럼에도 위 주장에 따르자면 이런 것들이 감각하게 될 것이다. 게다가 원리들 각각에는 이해보다 무지가 더 많이 속할 것이다. 왜냐하면 각 원리는 하나를 인식할 테지만 많은 것들을 모를 것이며, 사실 여타의 것들 모두를 모를 것이기 때문이다. 그리고 적어도 엠페도클레스에서는 신[180]이 가장 어리석다 5 는 결론도 나온다. 왜냐하면 유일하게 신은 원소들 가운데 하나를, 즉 불화를 알지 못할 테고, 죽기 마련인 것들은 모두를 알 것이기 때문이다. 죽기 마련인 것들 각각은[181] 모든 원소들로 이루어져 있으니까 말이다. 그리고 일반적으로, 모든 것들은[182] 원소이거나 아니면 하나의 원소로 또는 여러 원소들로 또는 모든 원소들로 이루어져 있는데, 존재하는 모든 것들이 영혼을 갖지는 않는 것은 어떤 이유에서인가? 그 모든 것들이 어떤 하나를 또는 10 몇몇을 또는 모두를 인식함이 필연적일 텐데 말이다.

410b

또한 누군가는 원소들을 단일하게 만드는 것이 대체 무엇인가 하는 문제도 제기할 수 있겠다. 원소들은 어쨌든 질료 같고, 원소들을 결속시키는 그것이, 그게 무엇이든, 가장 주도적인 것이기 때문이다. 그런데 영혼보다 더 강력하며 영혼을 다스리는 어떤 것이 있다는 것은 불가능하고, 지성에 대해 이러한 어떤 것이 있다는 것은 훨씬 더 불가능하다. 지성이 본성상 가장 손위이고 주도적이라 함이 합당한데, 그들은 원소들이 존재하는 것들 중 제일이라 말하고 있는 것이다.

영혼이 존재하는 것들을 알게 되고 감각한다는 점 때문에 영혼은 원소들로 이루어져 있다고 말하는 자들, 그리고 영혼은 운동을 가장 잘 일으키는 것이라 말하는 자들, 이들 모두 온갖 영혼에 관해 말하고 있는 것은 아니다. 그 이유는 이렇다.[183] 감각하는 것들 모두가 운동을 일으킬 수 있는 것은 아니다(동물들 중 일부는[184] 장소상 고착되어 있는 것으로 보인다. 영혼이 동물의 운동을 일으키는 것은 운동들 가운데 오직 장소상의 운동에 있어서라고 여겨지는 데도 말이다[185]). 지성과 감각 능력을 원소들로 이루어져 있게 하는 자들에서도 상황은 마찬가지이다. 왜냐하면 [이동과] 감각에는 참여하지 않지만 식물도 사는 것으로 보이고, 또 동물들 중 다수는 사고를 지니지 않는 것으로 보이기 때문이다. 그런데 누군가가 이 점들은 비켜 가면서 지성을 영혼의 어떤 부분으로 놓고 감각 능력도 마찬가지로 놓는다면, 그렇게 놓아도 그는 온갖 영혼에[186] 관해 보편적으로 말하고 있는 것도 아니고, 그 어떤 하나의 영혼 전체에[187] 관해 말하고 있는 것도 아닐 것이다. 오르페우스의 것이라 불리는 시들에 담긴 설명도 이 상황에 놓인다. 그 설명에 따르면 호흡하는 중에 영혼이 바람에 실려 우주로부터 안으로 들어온다는데, 이는 식물에게 30 일어날 수 없는 일이고, 모든 동물이 호흡하는 것은 아니라면[188] 411a 몇몇 동물에게도 일어날 수 없는 일이기 때문이다. 위와 같이 상정한 자들은 이 점을 간과했던 것이다. (영혼을 원소들로 이루어져 있게 해야 한다 해도, 온갖 원소들로 이루어져 있게 할 필요는 없다. 왜냐하면 반대되는 것들의 쌍에서 한쪽이 자신과 상대쪽 모두를 식별하기에 충분하기 때문이다. 예컨대 우리는 곧은 5 것으로 곧은 것 자신과 굽은 것 모두를 인식한다. 자막대기는[189] 둘 다의 식별자인 것이다. 굽은 것은 자신의 식별자도 아니고 곧은 것의 식별자도 아니지만 말이다.[190])

그리고 어떤 이들은 영혼이 우주 전체 안에 섞여 들어 있다고 말하는데, 아마 이런 이유에서 탈레스도 만물이 신들로 가득 차 있다고 생각했을 것이다. 하지만 여기에는 난점들이 있다. 영혼 10 이 공기 안에 또는 불 안에 있을 때에는 동물을 낳지 못하고 혼합물 안에 있을 때 낳는 것은 어떤 이유에서인가? 영혼은 공기나 불 안에 있는 게 더 낫다고 여겨지는데도 말이다.[191] (또 누군가는 공기 안에 있는 영혼이 동물 안에 있는 영혼보다 더 낫고 더 불사적인 것은 또 어떤 이유에서냐고 따질 수도 있을 것이다.) 하지만 이렇게 하나 저렇게 하나 이상하고 터무니없는 결론이 나온다.
15 즉, 불이나 공기를 동물이라 말하는 것은 매우 터무니없고, 영혼이 내재하는데도 동물이라 말하지 않는 것은 이상하다.

그런데 그들은 전체가 자신의 부분들과 동종적이라는 이유로 영혼이 불이나 공기 안에 있다고 상정한 것 같으니, 따라서 그들은 필히 영혼도 자신의 부분들과 동종적이라고 말해야 한다. 동물을 둘러싸고 있는 것의 일부가 취해져 동물 안에 들어와 있게
20 됨으로써[192] 동물이 영혼이 깃든 것으로 된다면 말이다. 하지만 분산된 공기는 동종적인 반면에 영혼은 자신과 같은 부분들로 되어 있지 않다면, 공기 안에 영혼의 어떤 부분은 있고 다른 부분은 있지 않을 것임이 명백하다. 그러므로 영혼은 자신과 같은 부분들로 되어 있든가, 아니면 영혼이 우주 전체의 모든 부분에 내재하는 것은 아니든가 할 수밖에 없다.[193]

25 위에 언급된 것들로부터, 영혼이 원소들로 이루어져 있기 때문에 영혼에 인식함이 속하는 것은 아니라는 점, 그리고 영혼이 움직여진다는 것 역시 제대로 된 주장도 옳은 주장도 아니라는 점이 분명하다.

하지만 인식함이 영혼에 속하며, 감각함과 의견 가짐도, 나아가 욕망함과 바람, 일반적으로 욕구들도 그러하고, 또 장소상의 운동
30 이 영혼에 의해 동물들에게서 일어나며, 나아가 성장과 완숙[194]과

쇠퇴도 그러하므로, 우리는 다음을 묻게 된다. 이것들 각각은 전체로서의 영혼에 속하는가? 즉, 우리는 온 영혼으로 사유도 하고 감각도 하고 움직이기도 하며 여타의 것들 각각을 하기도 하고 겪기도 하는가? 아니면 우리는 영혼의 각기 다른 부분들로 각기 다른 것들을 하거나 겪는가?[195] 그리고 산다는 것은 영혼의 부분들 중 어떤 하나에 놓여 있는가, 여럿 또는 모두에 놓여 있는가? 아니면 산다는 것의 원인은 또 다른 어떤 것인가?[196]

어떤 이들은 영혼이 부분으로 나뉘고, 어떤 부분은 사유하고 다른 부분은 욕망한다고 주장한다.[197] 그럼, 영혼이 본래 부분으로 나뉘기 마련이라면, 대체 무엇이 영혼을 결속시키는가? 적어도 몸은 확실히 아니다. 왜냐하면 오히려 반대로 영혼이 몸을 결속시킨다고 여겨지기 때문이다. 어쨌든 영혼이 나가면 몸은 흩어지고 썩으니 말이다. 그럼, 또 다른 어떤 것이 영혼을 단일하게 만든다면, 그것이야말로 영혼일 것이다. 하지만 이 경우, 우리는 다시금 그것 역시 단일한지 아니면 여러 부분으로 되어 있는지를 탐구해야 할 것이다. 한편, 그것이 단일하다면, 왜 곧바로 영혼부터 단일하다고 하지 않는가? 다른 한편, 그것이 부분으로 나뉜다면, 이 논의는 그것을 결속시키는 것이 무엇인지를 다시금 탐구할 것이고, 이런 식으로 무한히 나아갈 것이다.

그런가 하면, 영혼의 부분들에 대해서도 누군가는, 그 각각은 몸 안에서 어떤 힘을 지니느냐고 물을 수 있겠다. 전체로서의 영혼이 온몸을 결속시킨다면, 영혼의 부분들도 제각기 몸의 어떤 부분을 결속시킨다고 하는 게 알맞을 것이라 해서 말이다. 하지만 이는 불가능한 것 같다. 그 이유는 이렇다. 지성이 몸의 어떠한 부분을 어떻게 결속시킬 것인가 하는 것은 꾸며 내기조차 어렵다. 또 식물, 그리고 동물 가운데 어떤 곤충들은 분할된 채로도 사는 것으로 보인다. 수적으로는 아니라도 종적으로 같은 영혼을 갖고 있는 듯이 말이다.[198] 부분들 양쪽 다 제각기 얼마간의 시간 동안 감각을 지니고 장소상 운동하기 때문이다. 그런데 이를 계속하지 못해도 이상할 것이 없다. 이 양쪽은 자신들의 본성을 보존하기 위한 기관들을 갖고 있지 않으니까 말이다. 하지만 영혼의 부분들은 양쪽 어디에든 덜할 것 없이 모두 내재한다.[199] 그리고 양쪽 영혼들은 서로 간에도 동종적이고 전체 영혼과도 동종적이다.[200] 즉, 영혼의 부분들이 분리될 수 없으므로[201] 양쪽 영혼들은 서로 간에 동종적이고, 전체 영혼이 분할될 수 없으므로[202] 양쪽 영혼들은 전체 영혼과 동종적이다. 그런데 식물 안에 있는 원리도 영혼의 일종인 것 같다. 유일하게 이 원리를 동물과 식물이 공유하기 때문이다. 그리고 이 원리는 감각 능력이라는 원리에서 분리되어 있지만,[203] 이 원리 없이는 그 무엇도 감각을 지니지 못한다.

2권

1장

가장 공통된 규정

이것으로 이전 사람들에 의해 전수된 영혼에 관한 견해들이 412a3
언급되었다고 하자. 그리고 처음부터 하듯 다시 돌아가, 영혼이
무엇이며 영혼에 대한 가장 공통된 규정이[204] 무엇일지 가려내려 5
해 보자.

우리는 있는 것들의 어떤 한 부류를 실체라 말한다. 실체라는
말로 우리가 뜻하는 한 가지는 질료인데, 이는 그 자체로는 어떤
이것이 아니다. 다른 한 가지는 형태이자 형상이고,[205] 이에 따라
서 비로소 무언가가 어떤 이것이라 말해진다. 그리고 세 번째는
그 둘로 이루어진 것이다. 그런데 질료는 가능태이고, 형상은 현 10
실태이다. 그리고 후자는 두 가지 방식으로 말해지니, 하나는 앎
과 같은 식으로, 다른 하나는 관조함과 같은 식으로 말해진다.[206]

그런데 실체들이라 여겨지는 것은 무엇보다도 물체들이고,[207]

물체들 중에서도 자연적 물체들이다.[208] 왜냐하면 자연적 물체들이 여타 것들의 원리들이기 때문이다.[209] 그런데 자연적 물체들 중 어떤 것들은 생(生)을 지니지만,[210] 어떤 것들은 지니지 않는다. 그리고 생이라는 말로 우리는 자신을 통한 영양(營養)[211]과
15 성장 및 쇠퇴를 뜻한다. 따라서 생을 지니는 모든 자연적 물체는 실체일 텐데, 결합체[212]로서의 실체일 것이다. 하지만 이 실체는 물체이면서 이러이러한 물체, 즉 생을 지니는 물체이므로, 이 물체가 영혼은 아닐 것이다.[213] 왜냐하면 이 물체는 기체에 대해 말해지는 것들에[214] 들지 않고, 오히려 기체 또는 질료로서 있기 때
20 문이다. 그러므로 필히 영혼은 가능태로 생을 지니는 자연적 물체의 형상으로서의 실체여야 한다.[215] 그런데 이 실체는 현실태이다. 그러므로 영혼은 이러한[216] 물체의 현실태이다. 그런데 현실태가 두 가지 방식으로 말해지니, 앎과 같은 식으로 말해지거나 관조함과 같은 식으로 말해진다. 그렇다면 영혼은 앎과 같은 식의 현실태임이 분명하다. 왜냐하면 잠도 깨어 있음도 영혼이 있
25 음을 함의하는데, 깨어 있음은 관조함에 유비되는 반면, 잠은 앎을 소유하지만 활성화하지는 않음에 유비되기 때문이다. 그런데 동일한 사람을 놓고 보면, 앎이 발생에서[217] 앞선다. 이런 까닭에 영혼은 가능태로 생을 지니는 자연적 물체의 첫 번째 현실태이다.[218]

412b 그리고 이러한 물체는 기관을 갖춘 물체일 것이다.[219] (식물의

부분들 역시 기관이다. 아주 단순한 기관이기는 하지만 말이다. 이를테면 잎은 껍질의 덮개이고, 껍질은 열매의 덮개이다. 그리고 뿌리는 입에 유비된다. 둘 다 영양분[220]을 빨아들이기 때문이다.) 이러하니 온갖 영혼에 공통되는 어떤 것을 말해야 한다면, 그것 5 은 기관을 갖춘 자연적 물체의 첫 번째 현실태일 것이다.

이런 까닭에 영혼과 몸이 하나인지는 물을 필요가 없다. 밀납과 문양이 하나인지 물을 필요도 없고, 일반적으로 각 사물의 질료와 그 질료의 형상[221]이 하나인지 물을 필요도 없듯이 말이다.[222] 왜냐하면 하나와 있음이 여러 의미로 말해져도, 그 주된 의미는 현실태이기 때문이다.[223]

이리하여 영혼이 무엇인지가 보편적으로 언급되었다. 즉, 영혼 10 은 형식에 따르는 실체이다. 그리고 이는 바로 이러이러한 물체의 본질이다. 마치 어떤 도구가, 예를 들어 도끼가, 자연적 물체라 할 때와 같은 식으로 말이다. 이 경우, 도끼의 실체는 도끼임일 것이고, 도끼임이 도끼의 영혼일 것이다. 그런데 만일 이 영혼이 분리되어 있다면, 이름만 같은 방식으로가 아니고서는 그것은 더 이상 도끼가 아닐 것이다. 하지만 지금 사례는 어디까지나 도 15 끼이거니와, 영혼은 그러한 물체의 본질이고 형식인 게 아니라, 바로 이러이러한 자연적 물체, 즉 운동과 정지의 원리를 자신 안에 지닌[224] 물체의 본질이고 형식이다.

지금 언급된 것을 우리는 부분들의 경우에서도 고찰해야 한다.

412b

만일 눈[225]이 생물이라면, 시력[226]이 생물의 영혼일 것이다. 시력
20 이 형식에 따르는 눈의 실체이기 때문이다. 반면에 눈은 시력의
질료이고, 만일 시력이 떠난다면, 돌로 된 눈이나 그려진 눈처럼
이름만 같은 방식을 제외하고는, 그것은 더 이상 눈이 아닐 것이
다. 이제 우리는 부분들에서의 이 점을 살고 있는 몸 전체에 적
용해야 한다. 왜냐하면 부분이 부분과[227] 맺고 있는 것과 유비적
25 인 관계를 감각 전체가, 감각할 수 있는 그러한 것인 한에서의[228]
몸 전체와 맺고 있기 때문이다. 그런데 살게끔 가능태로 있는
것은[229] 영혼을 잃어버린 것이 아니라 영혼을 지니고 있는 것이다.
반면에 씨[230]와 열매[231]는 가능태로 이러이러한 물체이다.[232] 그렇
413a 다면 깨어 있음은 쪼갬과 봄과 같은 식으로 현실태이고, 영혼은
시력과 도구의 능력과 같은 식으로 현실태이다. 그리고 몸은 가
능태로 있는 것이다. 그러나 눈동자와 시력이 눈이듯, 이 경우
에도 영혼과 몸이 생물이다. 그러므로 영혼이, 또는 만일 영혼
5 이 본래 부분으로 나뉘기 마련이라면 영혼의 어떤 부분들이, 몸
에서 분리될 수 없음은 불분명하지 않다. 왜냐하면 몸의 어떤
부분들의 현실태는 이 부분들 자체의 것이기 때문이다. 그럼에
도 영혼의 적어도 어떤 부분들이[233] 그 어느 몸의 현실태도 아님
으로 인해 분리될 수 있음을 막는 것은 전혀 없다. 또한 영혼이
몸의 현실태인 것이 선원과 배의 관계와 같은 식인지, 명백하지
않다.[234]

413a

그럼 이로써 영혼에 관해 대략적으로 규정했고 밑그림을 그려 10
보았다고 하자.

2장

생(生)의 여러 형태들과 그 원인으로서 영혼 능력들

불명료하지만 더 분명한 것들로부터[235] 명료하고 이성에 따라 더 잘 알려지는 것이 나오므로, 우리는 영혼에 관해 그런 식으로[236] 다시 다루어 보려 해야 한다. 왜냐하면 정의하는 말은, 대다수의 정의들이 말하고 있는 것처럼 사실을[237] 명백히 보여야 할 뿐 413a15 아니라, 그 원인을 포함하고 나타내기도 해야 하기 때문이다.[238] 그런데 실상을 보면 정의에 해당하는 말들이 결론과 비슷하다.[239] 예를 들어, 테트라고니스모스란 무엇인가?[240] 이변 직사각형과 같은 넓이의 등변 직사각형을 만드는 것이다.[241] 하지만 이러한 정의는 결론의 말이다. 반면, 테트라고니스모스란 비례 중항을 찾는 것이라고 말하는 자는 사태의[242] 원인을 말하고 있다.[243]

20 그럼 이제 우리는, 영혼이 깃든 것은 산다는 점에서 영혼이 깃들지 않는 것과 구분된다고 말하고, 이를 검토의 출발점으로 삼

는다. 그런데 산다는 것이 여러 방식으로 말해지니, 어떤 것 안에 다음 중 어느 하나만 있어도 우리는 그것이 산다고 말한다. 이를테면 지성, 감각, 장소에서의 운동과 정지, 나아가 영양에서의 운동, 쇠퇴, 성장 말이다. 25

이런 까닭에 식물도 모두 산다고 여겨진다. 왜냐하면 분명 식물은 이러한 능력이자 원리를 자신 안에 지니고, 그것을 통해 반대되는 장소들로 성장하기도 하고 쇠퇴하기도 하기 때문이다. 식물이 위로는 성장하는데 아래로는 성장하지 않는 경우는 없고, 오히려 양쪽으로 마찬가지로 또 모든 방향으로 성장하며,[244] 영양분을 취할 수 있는 한 늘 영양 활동을 하며 내내 사는 것들은 다 이러하니까 말이다. 30

그리고 이 일은[245] 다른 일들에서 분리될 수 있지만, 죽기 마련인 것들에서 다른 일들은 이 일에서 분리될 수 없다.[246] 이는 식물의 경우에 분명하다. 왜냐하면 식물에게는 영혼의 다른 능력이 전혀 없기 때문이다. 그렇다면 이 원리 때문에, 사는 것들에게 산다는 것이 속한다. 반면, 동물이 동물인 것은 일차적으로 감각 때문이다. 왜냐하면 우리는 움직이지 않거나 자리를 바꾸지 않는 것들도[247] 감각을 지니면 동물이라 부르지, 산다고만 하지는 않기 때문이다. 그리고 모든 동물에게 일차적으로 있는 감각은 촉각이다. 그런데 영양 능력이 촉각을 비롯한 모든 감각들에서 분리될 수 있듯, 바로 그렇게 촉각이 다른 감각들에서 분리 413b 5

될 수 있다.[248] (식물도 공유하는 영혼의 이러한[249] 부분[250]을 우리는 영양 능력이라 부른다.) 그리고 분명 모든 동물은 촉각이라는 감각을 지닌다. 이 경우들 각각이 이러한 것은 어떤 이유에서인지를 우리는 나중에[251] 이야기할 것이다.

지금은 이만큼만 이야기된 것으로 하자. 즉, 영혼은 앞서 언급된 일들의 원리이고, 다음과 같은 것들로, 즉 영양 능력, 감각 능력, 사고 능력, 운동으로 한정된다.[252] 그런데 이 능력들 각각이 영혼인가 아니면 영혼의 부분인가, 부분이라면 규정에서만 분리될 수 있는가 아니면 장소에서도 분리될 수 있는가 하는 것은 이 능력들 중 몇몇과 관련해서는 알기 어렵지 않으나, 다른 몇몇의 경우에는 난점이 있다. 그 이유는 이렇다. 식물들의 경우, 그것들의 어떤 부분들은 서로 분할되고 분리된 채로도 분명히 산다.[253] 이 부분들에 깃든 영혼이 각 식물 안에서 현실태로는 하나였지만 가능태로는 여럿이었던 듯이 말이다. 그리고 영혼의 또 다른 상이한 능력들과 관련해서도[254] 그러하다는 것을 우리는 곤충들의 경우 잘린 것들에서 본다. 잘린 부분들 각각이 감각도 지니고 장소상의 운동도 지니니까 말이다. 그런데 감각을 지닌다면, 상상과 욕구도 지니는 것이다. 왜냐하면 감각이 있는 곳에는 고통과 쾌락도 있고, 이것들이 있는 곳에는 필연적으로 욕망도 있기 때문이다. 지성 또는 관조적 능력과 관련해서는 아직 아무것도 분명하지 않지만, 이것은 영혼의 남다른 부류인 것 같고,

오직 이것만이, 영원한 것이 가멸적인 것에서 분리될 수 있는 식으로, 분리될 수 있는 것 같다. 하지만 영혼의 나머지 부분들은 어떤 이들이 말하는 대로 분리될 수는 없음이[255] 앞의 언급들에서 분명하다. 그런데 규정에 있어서 이 부분들이 다름은 분명하다. 감각함이 의견 가짐과 다르므로 감각 능력임과 의견 갖는 능력 30 임도 다르고, 앞서 언급된 여타 부분들 각각의 경우에도 마찬가지이기 때문이다. 나아가 생물 중 몇몇에는 이 부분들이 모두 있고, 어떤 생물에는 그중 일부가 있으며, 또 다른 생물에는 하나만 있다(이 점이 생물들 간의 차이를 낳는다). 어떤 이유로 이러 414a 한지는 나중에[256] 살펴보아야 한다. 감각들과 관련해서도 상황은 이와 흡사하다. 어떤 생물은 감각들 모두를 지니고, 어떤 생물은 일부를[257] 지니며, 또 어떤 생물은 가장 필수적인 하나만, 즉 촉각만 지니기 때문이다.

그런가 하면, 우리가 그것으로 인해 살고 감각하는 바로 그것은 두 가지 방식으로 말해진다. 우리가 이것으로 인해 무언가를 5 아는 바로 이것처럼 말이다(이것은 한편 앎을 의미하고, 다른 한편 영혼을 의미한다. 우리는 둘 중 어느 하나로 인해서든 무언가를 안다고 말하기 때문이다). 또 이와 마찬가지로 우리는 한편 건강으로 인해 건강하고, 다른 한편 몸의 어떤 부분이나 몸 전체로 인해 건강하다.[258] 이 중에 앎과 건강은 어떤 형태나 형상이고 형식이며, 받아들일 수 있는 것의 활동[259] 같은 것이다. 알 수 있 10

는 것의 활동, 건강할 수 있는 것의 활동 같은 것 말이다(왜냐하면 무언가에 영향을 줄 수 있는 것들의 활동은, 무언가에 영향을 받고 어떤 상태로 놓이는 것 안에 있다고 여겨지기 때문이다). 그런데 영혼은 우리가 일차적으로 그것으로 인해 살고 감각하며 사고하는 바로 그것이다. 이러하므로 영혼은 어떤 형식이고 형상이지, 질료나 기체가 아닐 것이다. 왜냐하면 이전에 언급했듯 실체가 세 가지 방식으로 말해져서,[260] 그중 하나는 형상이고 다른 하나는 질료이며 또 하나는 둘 다로 이루어진 것인데, 여기서 질료는 가능태이고 형상은 현실태이며 둘 다로 이루어진 것은 영혼이 깃든 것이므로, 몸이 영혼의 현실태인 게 아니라 영혼이 특정 몸의 현실태이기 때문이다.

이런 까닭에, 영혼이 몸 없이 존재하는 것도 아니고 영혼이 곧 어떤 몸인 것도 아니라 여기는 자들은[261] 영혼에 대해 제대로 상정하고 있는 것이다. 영혼은 몸이 아니라 몸의 어떤 것[262]이고, 이 때문에 영혼은 몸에, 그것도 이러한 종류의 몸에 내재한다. 어느 몸이든 아무 영혼이나 받아들이는 것으로 보이지 않음에도 이전 사람들이[263] '어떤 종류의 어떤 몸 안에'인지를 전혀 추가 규정하지 않은 채 영혼을 몸에다 끼워 맞추던 식으로 그렇게 영혼이 내재하는 게 아닌 것이다. 규정에 따라도 이런 결론이 나온다. 본래 각각의 것의 현실태는 그 가능태로 주어져 있는 것 안에, 즉 그 고유한 질료 안에 있게 되기 마련이기 때문이다.

414a

그렇다면 이상의 논의로부터 영혼은 이러한 것일 가능성을 지닌 것의 어떤 현실태이고 형식임이 분명하다.

3장

영혼 능력들의 질서, 가장 적합한 규정 탐색의 필요성

우리가 이전에 말한 대로,[264] 영혼의 능력들 중 앞서 언급된 것
414a30 들이 어떤 생물에게는 모두 있지만, 어떤 생물에게는 그중 일부가 있고, 몇몇 생물에게는 하나만 있다. 우리가 말한 능력들이란 영양 능력, 감각 능력, 욕구 능력, 장소상의 운동을 일으키는 능력, 사고 능력이다.[265] 식물에게는 영양 능력만 있고, 다른
414b 생물에게는 이것뿐 아니라 감각 능력도 있다. 그런데 감각 능력이 있다면, 욕구 능력도 있는 것이다. 왜냐하면 욕구는 욕망이거나 기개이거나 바람이고, 모든 동물이 감각들 중 적어도 하나 즉 촉각은 지니는데, 감각이 있는 생물에게는 쾌락과 고통도 있고
5 쾌락적인 것과 고통스러운 것도 있으며, 이것들이 있는 생물에게는 욕망도 있기 때문이다. 욕망은 쾌락적인 것에 대한 욕구이니까 말이다. 나아가 동물은 먹이에 대한 감각을 지니거니와, 사실

414b

촉각이 먹이에 대한 감각이다. 사는 것들은 모두 건조한 것과 습한 것 및 뜨거운 것과 차가운 것으로 영양분을 공급받는데, 촉각이 이것들에 대한 감각인 것이다. 다른 대상들에[266] 대한 감각으로서는 촉각은 부수적이지만 말이다. 사실 소리도 색깔도 냄새도 영양에 전혀 기여하지 않는 반면, 맛은 감촉되는 것들 중 어떤 하나이다. 배고픔과 갈증은 욕망이니, 배고픔은 건조하고 뜨거운 것에 대한 욕망이고,[267] 갈증은 습하고 차가운 것에 대한 욕망인데, 맛은 이것들의 양념 같은 어떤 것이다. 하지만 이와 관련된 사항은 나중에[268] 명료히 해야 하고, 지금은 이만큼이 언급된 것으로 하자. 즉, 사는 것들 가운데 촉각을 지니는 것들에게는 욕구도 있다. 상상과 관련해서는 명백하지 않거니와, 이는 나중에 살펴보아야 한다.[269] 그런데 어떤 것들에게는 이 능력들에 더해 장소상의 운동을 일으키는 능력도 있고, 다른 것들에게는, 예컨대 인간에게는, 그리고 인간 같은 또 다른 어떤 것이나 인간보다 더 고귀한 어떤 것이 존재한다면 그것에게 역시, 사고 능력도 지성도 있다.[270]

그렇다면 영혼에도 도형에도 하나의 규정이 동일한 방식으로 있을 수 있음이 명백하다. 왜냐하면 거기서도 삼각형 및 삼각형에 잇따르는 것들[271]과 별도인 도형이란 존재하지 않고, 여기서도 앞서 언급된 영혼들과 별도인 영혼이란 존재하지 않기 때문이다. 그런데 모든 도형들에 들어맞겠지만 그 어느 도형에도 고유하지 않을 공통된 규정이 도형들의 경우에서 나올 수 있고,[272] 이는 앞서 언급된 영혼들의 경우에서도 마찬가지이다. 이런 까닭에, 이 경우들에서든 다른 경우들에서든,[273] 존재하는 그 어느 것에도 고유하지 않을 테고 불가분적인 적합한 종에 해당되지도 않을 공통된 규정을, 그러한 적합한 종에 해당될 규정은 무시한 채로 찾는 것은 우스운 일이다.[274] (영혼에 적용되는 사항들도 도형들에 관련된 것과 흡사하다. 도형들의 경우에도 영혼이 깃든 것들의 경우에도, 앞서는 것이 그에 잇따르는 것 안에, 예컨대 삼각형이 사각형 안에, 영양 능력이 감각 능력 안에, 가능태로 항상 있기 때문이다.)[275] 따라서 우리는 저마다의 영혼이 무엇인지, 예컨대 식물의 영혼은 무엇이고 인간의 또는 짐승의 영혼은 무엇인지 개별적으로 탐구해야 한다.

415a 또 우리는 어떤 이유에서 그것들이 잇따르는 식으로 있는지 검토해야 한다. 실제로 감각 능력은 영양 능력 없이 존재하지 않지만, 식물의 경우 영양 능력은 감각 능력에서 분리되어 있다. 다시, 촉각 능력 없이는 그 어떤 다른 감각도 없지만, 촉각은 다른 감각들 없이도 있다. 동물들 중 여럿은 시각도 청각도 냄새에 대한 감각도 지니지 않으니까 말이다. 또한 감각할 수 있는 것들 중에서도 어떤 것들은 장소상의 운동을 일으키는 능력을 지니지만, 다른 것들은 그렇지 않다. 마지막으로 매우 적은 수가 헤아림과 사고를 지닌다. 가멸적인 것들 중 헤아림이 있는 것들에

게는 나머지 능력들도 모두 있지만, 나머지 능력들 각각이 있는 10
것들 모두에게 헤아림이 있는 것은 아니고, 어떤 것들에게는 상
상조차 없으며,[276] 또 어떤 것들은 상상으로만[277] 사니까 말이다.
그런데 관조적 지성에 관한 것은 달리 논할 사항이다.[278]

이러하므로 이 능력들 각각에 관한 규정이 영혼에 관한 가장 적합한 규정이기도 함은 명백하다.[279]

4장

영양 능력과 영양분

415a15 이 능력들에 대한 검토를 행하려는 자는 필히, 이 능력들 각각이 무엇인지를 파악해야 하고, 그러고 나서 따라붙어 있는 것들[280] 및 여타의 것들에 대해 그런 식으로 탐구해야 한다. 하지만 이 능력들 각각이 무엇인지, 이를테면 사유 능력이나 감각 능력이나 영양 능력이 무엇인지 말해야 한다면, 사유함이 무엇이고 감각함이 무엇인지를 더 먼저 말해야 한다. 왜냐하면 활동들과 행 20 동들이 능력들보다 정의에서 앞서기 때문이다.[281] 그러나 만일 이러하다면, 그런데 또 활동들과 행동들보다 그 대상들을 더 먼저 고찰해 두어야 한다면, 동일한 이유로 그 대상들을 먼저, 이를테면 영양분과 감각 대상과 사유 대상을 먼저 규정해야 할 것이다.[282]

따라서 우리는 영양분과 생식(生殖)에 관해 먼저 논해야 한다.

왜냐하면 영양혼[283]은 다른 생물들에게도 있고, 영혼의 일차적이고도 가장 공통된 능력이며, 이것으로 인해 모든 생물들에 산다 25 는 것이 속하기 때문이다. 이것이 맡는 일은 생식함과 영양분을 사용함이다. 사실 영원한 것과 신적인 것에 가능한 한 참여하기 위해 자신 같은 또 다른 것을 낳는 일, 그러니까 동물이 동물을 낳고 식물이 식물을 낳는 일은, 완전한[284] 그리고 불구이거나 저절로[285] 생겨나지 않은 모든 생물들에게 가장 자연적인 일이다. 모든 것들이 그것을[286] 욕구하고, 본성적으로 하는 모든 일들을 415b 그것을 위해 하니까 말이다(어떤 것을 위한다고 할 때의 어떤 것은 두 가지이니, 하나는 무엇을 위한다고 할 때의 무엇이고, 다른 하나는 누구를 위한다고 할 때의 누구이다).[287] 가멸적인 것들 중 그 무엇도 수적으로 하나인 똑같은 것으로 존속할 수 없기에 영원한 것과 신적인 것을 끊임없이 공유할 수 없으므로, 저마다 5 참여할 수 있는 한, 어떤 것은 더 그리고 다른 것은 덜, 영원한 것과 신적인 것을 공유하고, 그 자신이 존속하는 게 아니라 자신 같은 것이, 즉 수적으로 하나가 아니라 종적으로 하나인 것이 존속한다.[288]

영혼은 살고 있는 몸의 원인이자 원리이다. 그런데 원인과 원리는 여러 가지 방식으로 말해지고, 이와 마찬가지로 영혼도 구분되는 세 가지 방식으로 원인이다.[289] 즉, 영혼은 운동이 비롯되는 10 것으로서, 무엇을 위한다고 할 때의 무엇으로서, 그리고 영혼이 깃든 몸의 실체로서 원인이다.

영혼이 실체로서 원인임은 명백하다. 왜냐하면 실체는 모든 것들에게 존재의 원인인데, 사는 것들에게 존재한다는 것은 산다는 것이고, 산다는 것의 원인이자 원리는 영혼이기 때문이다. 더구나 현실태가 가능태로 있는 것의 형식이다.

15 그런데 영혼은, 무엇을 위한다고 할 때의 무엇으로서도 원인임이 분명하다. 왜냐하면 지성이 무언가를 위해 작용하듯, 자연도 동일한 방식으로 작용하거니와 그 무언가가 자연의 목적인데, 영혼이 본성상 생물들 안의 이러한 무언가이기 때문이다. 모든 자연적인 몸들은, 동물들의 몸처럼 그렇게 식물들의 몸도, 영혼을 위해 존재하는 듯하니, 그 몸들은 영혼의 도구들인 것이다. 20 어떤 것을 위한다고 할 때의 어떤 것은 두 가지, 즉 무엇을 위한다고 할 때의 무엇과 누구를 위한다고 할 때의 누구이다.[290]

하지만 또 영혼은 장소상의 운동이 제일로 비롯되는 것이기도 하다. 이 능력이 사는 것들 모두에게 있지는 않지만 말이다.[291] 그런데 변이와 성장 역시 영혼으로 인해 일어난다. 왜냐하면 감각은 25 일종의 변이인 것으로 여겨지는데, 영혼을 지니지 않는 그 어떤 것도 감각을 하지 못하고, 성장과 쇠퇴 관련해서도 이와 마찬가지이기 때문이다. 영양 활동을 하지 않고서는 그 무엇도 본성적으로 쇠퇴하지도 성장하지도 않는데, 생을 지니지 않는 그 무엇도 영양 활동을 하지 않으니까 말이다.

그런가 하면, 엠페도클레스가 다음을 추가했을 때, 즉 식물이 뿌리 내리며 아래로 성장하는 것은 흙이 본성상 그리로 이동하 416a 기 때문이고, 식물이 위로 성장하는 것은 불이 그런 식으로 이동하기 때문이라 했을 때, 그는 제대로 말한 게 아니다. 그 이유는 이렇다. 그는 위와 아래를 제대로 파악하지도 못하고 있다(왜냐하면 각 사물의 위·아래와 우주에 있어서의 위·아래가 동일하지 않기 때문이다. 기관들이 그 기능에 따라서 다르거나 같다고 5 말해야 한다면, 오히려 식물의 뿌리는 동물의 머리에 해당하니까 말이다).[292] 이에 더하여, 불과 흙이 반대 방향으로 이동할 때 이것들을 결속시키는 것은 무엇인가? 무언가 막는 것이 없다면, 이것들은 흩어져 버릴 텐데 말이다. 그러나 있다면, 이는 영혼일 것이고, 성장함과 영양 활동의 원인일 것이다. 그런데 어떤 이들은[293] 불의 본성이 영양과 성장의 단적인 원인이라 여긴다. 10 사실 물체들 [또는 원소들] 중 유일하게 불은 영양 활동을 하고 성장하는 것으로 보이니,[294] 이런 까닭에 누군가는 식물 안에서도 동물 안에서도 이 일을 수행하는 것이 불이라 상정할 수도 있겠다. 하지만 불은 어떤 의미에서 보조적인 원인이지, 적어도 단적인 원인은 확실히 아니며, 단적인 원인은 오히려 영혼이다. 왜냐 15 하면 불은, 탈 것이 있는 한, 무한히 성장하는 반면, 자연적으로 구성되어 있는 모든 생물들의 크기와 성장에는 한도와 비율이 있고, 이 한도와 비율은 영혼에 속하지 불에 속하는 게 아니며,

질료에 속한다기보다는 오히려 형식에 속하기 때문이다.

그런데 영양을 맡는 것과 동일한 영혼 능력이 생식도 맡으므로, 20 우리는 필히 영양분[295]에 관해 먼저 규정해야 한다. 동일한 이 능력이 영양 기능에 의해 여타 능력들과 구별되기 때문이다.[296]

반대되는 것이 반대되는 것의 영양분이라 여겨지는데, 반대되는 것들 모두가 모두에게 영양분이지는 않고, 그것들 중 서로로부터 생겨날 뿐 아니라 서로로부터 성장도 하는 것들만이 그러하다고 여겨진다. 왜냐하면 많은 것들이 반대되는 것들로부터 25 생겨나지만, 그 모두가 양은 아니기 때문이다. 건강한 것이 병든 것으로부터 생겨나는 경우처럼 말이다.[297] 그러나 저것들조차[298] 동일한 방식으로 서로에게 영양분이라 보이지는 않거니와, 물은 불에게 영양분이지만[299] 불은 물에게 영양분을 공급하지 않는다. 그러므로 특히 단순 물체들의 경우에는[300] 반대되는 한쪽이 영양분이고 다른 한쪽은 영양분을 공급받는 것이라 여겨진다. 그런 30 데 또 난점이 있다. 그 이유는 이렇다. 어떤 이들은[301] 유사한 것이 유사한 것에 의해 영양분을 공급받고, 성장함도 이와 같은 식이라 말한다. 하지만 앞에 언급했듯,[302] 다른 이들은 거꾸로, 반대되는 것이 반대되는 것에 의해 영양분을 공급받는다고 여긴다. 유사한 것은 유사한 것에 의해 영향 받지 않지만, 영양분은 변화하고 소화되어야 한다는 이유로 말이다.[303] 아닌 게 아니라, 모든 경우들에서 변화는 대립되는 것 또는 사이의 것을 향해 일어난다.[304]

게다가 영양분은 영양분을 공급받는 것에 의해 영향 받지만, 영 35
양분을 공급받는 것은 영양분에 의해 영향 받지 않는다.[305] 목수 416b
가 재료에 의해 영향 받는 게 아니라, 재료가 목수에 의해 영향
받는 것처럼 말이다. 목수는 단지 비활동 상태로부터 활동 상태
로 변화할 뿐이다.

그런데 영양분이 마지막에 보태지는 것인가 아니면 처음에 보
태지는 것인가 하는 점에[306] 차이가 있다. 만일 둘 다인데 후자는 5
소화되지 않은 것이고 전자는 소화된 것이라면, 우리는 영양분
에 대해 양측[307]의 방식 모두로 말할 수 있을 것이다. 즉, 소화되
지 않은 것인 한에서는 반대되는 것이 반대되는 것에 의해 영양
분을 공급받고, 소화된 것인 한에서는 유사한 것이 유사한 것에
의해 영양분을 공급받는다고 말이다.[308] 따라서 양측 다 어떤 식
으로는 올바르게, 어떤 식으로는 올바르지 않게 주장하고 있음
이 분명하다.

그리고 생에 참여하지 않는 그 무엇도 영양분을 공급받지 않
으므로, 영양분을 공급받는 것은 영혼이 깃든, 영혼이 깃든 것인 10
한에서의, 몸일 것이다. 따라서 영양분도 영혼이 깃든 것에 관계
되어 있으며, 이 관계는 부수적이지 않다.

그런가 하면, 영양분임과 성장케 하는 것임은 다르다. 한편으
로, 영혼 깃든 것이 어떤 양인 한에서, 영양분은 성장케 하는 것
이다.[309] 다른 한편으로, 영혼 깃든 것이 어떤 이것이자 실체인 한

416b

에서, 영양분은 영양분이고(영혼 깃든 것은 자신의 실체를 보존 15 하고, 영양분을 공급받는 그때까지 존재하기 때문이다) 또 발생을 유발하는 것이다. 영양분을 공급받는 그것의 발생이 아니라, 영양분을 공급받는 그것 같은 것의 발생 말이다. 왜냐하면 그것의 실체는 이미 있고, 무엇이든 자신이 자신을 낳는 게 아니라 자신을 보존하기 때문이다. 따라서 영혼의 이러한 원리는, 이 원리를 지니고 있는 것을 그러한 것으로 보존하는 능력이고, 이 능력의 발휘에 영양분이 조달된다. 이런 까닭에, 영양분이 결여되 20 면 그것은 존재할 수 없다.[310] [그리고 셋, 즉 영양분을 공급받는 것, 그것으로 영양 공급을 받는 바로 그것, 영양 활동을 하는 것이 있으니, 영양 활동을 하는 것은 첫 번째 영혼이고, 영양분을 공급받는 것은 이 영혼을 지닌 몸이며, 그것으로 영양 공급을 받는 바로 그것은 영양분이다.]

그런데 모든 것들을 목적에 따라 칭하는 것이 마땅하고, 여기 25 서의 목적은 자신 같은 것을 낳는 일이므로, 첫 번째 영혼은 자신 같은 것을 낳는 능력일 것이다. 〈그리고 셋, 즉 영양분을 공급받 25a 는 것, 그것으로 영양 공급을 받는 바로 그것, 영양 활동을 하는 25b 것이 있으니,[311] 영양 활동을 하는 것은 첫 번째 영혼이고, 영양분을 공급받는 것은 이 영혼을 지닌 몸이며, 그것으로 영양 공급을 25c 받는 바로 그것은 영양분이다.〉[312] 그런데 그것으로 영양 공급을 받는 바로 그것은 두 가지이다. 이것으로 배를 조종하는 바로 이것이 손이기도 하고 키이기도 하듯이 말이다. 손은 운동을 일으키며 움직여지고,[313] 키는 움직여지기만 한다. 그런데 모든 영양분은 필히 소화될 수 있어야 하고, 뜨거운 것이 소화를 수행한다. 이런 까닭에, 영혼이 깃든 것들은 모두 열을 갖는다.[314]

이리하여 영양분이 무엇인지 개략적으로 언급되었다. 하지만 30 이는 이후 영양분에 관한 적합한 논의에서[315] 명료해져야 한다.

5장

감각에 대한 일반적 설명 1

이상의 것들이 규정되었으니, 이제 감각 전체에 관해 공통되게 논하도록 하자. 앞서 언급되었듯,[316] 감각은 움직여짐과 영향 받음에서 생긴다. 왜냐하면 감각은 일종의 변이라 여겨지기 때

416b35 문이다.[317] 어떤 이들은[318] 유사한 것이 유사한 것에 의해 영향 받

417a 는다고도 말하는데, 우리는 이것이 어떻게는 가능하고 어떻게는 불가능한지를 영향 줌과 영향 받음에 관한 보편적 설명에서[319] 언급한 바 있다.

하지만 왜 감각 기관들[320] 자체에 대한 감각까지는 일어나지

5 않는가 하는 난제가 있다. 즉, 불과 흙 및 여타 원소들이 감각 기관들 안에 있고, 이 원소들은 자체적으로 또는 그것들에 부수하는 것들을 통해[321] 감각의 대상이 되는데도, 왜 감각 기관들은 외부의 것들이 없으면 감각을 산출하지 못하는가 하는 난제 말이다.

이렇다면, 감각할 수 있는 것[322]은 활성태로 있는 게 아니라 단지 가능태로 있음이 명백하고, 이런 까닭에 저 감각이 일어나지 않는 것이다. 마치 태울 수 있는 것이 없으면, 탈 수 있는 것이 자체적으로 스스로 타지 못하는 것처럼 말이다. 만일 아니라면, 그것은 자신을 태울 것이고, 현실태로 있는 불을 전혀 필요로 하지 않게 되고 말 것이다.

그런데 우리는 감각함을 두 가지 의미로 말하므로(우리는 가능태에서 듣고 보는 자도, 그가 어쩌다 잠들어 있어도, 듣고 본다고 말하고, 이 활동을 이미 하고 있는 자도 듣고 본다고 말한다), 감각 역시 두 가지 의미로 말해질 수 있으니, 하나는 가능태로서이고, 다른 하나는 활성태로서이다. 감각 대상 또한 마찬가지로, 가능태로 있는 것을 의미하기도 하고, 활성태로 있는 것을 의미하기도 한다. 10

그렇다면 먼저, 영향 받음과 움직여짐이 활동함과 동일한 것처럼 말해 보자.[323] 다른 곳들에 언급되었듯, 운동은 일종의 활동이기 때문이다. 미완성적인 활동이기는 하지만 말이다.[324] 그런데 모든 것은, 영향 줄 수 있고 활성태로 있는 것에 의해 영향 받고 움직여진다. 이런 까닭에, 앞서 말했듯,[325] 유사한 것에 의해 영향 받는다는 한 가지 의미가 있고, 유사하지 않은 것에 의해 영향 받는다는 다른 의미가 있는 것이다. 유사하지 않은 것이 영향 받지만, 영향 받고 나면 유사하기 때문이다. 15 20

417a

가능태와 현실태 관련해서도 구분이 이루어져야 한다. 지금껏 우리는 이것들에 관해 단순하게 말해 왔기 때문이다. 사실, 인간은 아는 존재자들 즉 앎을 갖는 존재자들의 부류에 든다는 이유로 우리가 인간을 아는 자라 부르는 그러한 의미의 아는 자가 있고, 25 문법적인 앎을 가진 자를 비로소 우리가 아는 자라 부르는 그러한 의미의 아는 자가 있다. 그리고 양자 각각이 동일한 방식으로 가능한 자인 게 아니라, 전자가 가능한 자인 것은 그의 유(類) 또는 질료가 그러한 것이기 때문이고, 후자가 가능한 자인 것은 그가 원하면, 외부로부터의 어떤 것이 막지 않는 한, 관조할 수 있기 때문이다. 반면, 이미 관조하고 있는 자는 현실태로 있으면서 바로 이 A를 주된 의미에서 아는 자이다. 그렇다면, 먼저의 30 두 사람 모두가 가능태상의 아는 자〈로서, 활성태상의 아는 자로 되지만,〉[326] 하나는 배움을 통해 변이하고, 반대되는 소유상태[327]로부터 여러 차례 변화하는 반면, 다른 하나는 이와 다른 방식으로, 417b 즉 산술적인 앎이나 문법적인 앎을 갖고 있으나 활성화하지는 않음으로부터 활성화함에로 변화한다.

영향 받음도 단순한 게 아니라, 한편으로는 반대되는 것에 의한 일종의 소멸이지만, 다른 한편으로는 현실태로 있는 것에 의한, 가능태로 있는 것의 보존이자 가능태가 현실태와 관계 맺고 5 있는 그런 식으로 유사한 것의 보존이다. 앎을 갖고 있는 자가 관조하게 되는데, 이는 변이함이 아니거나(이는 자신에로의 이행이

417b

자 현실태에로의 이행이니까), 변이의 남다른 부류이기 때문이다.[328] 이런 까닭에, 어떤 이가 사려할 때, 사려하는 그자가 변이한다고 말하는 것은 옳지 않다. 어떤 이가 집을 지을 때, 집 짓는 그자가 변이한다고 말하는 것이 옳지 않듯이 말이다. 그렇다면 사유하거나 사려하는 자와 관련하여[329] 가능태로 있음으로부터 현실태로 이끄는 것에게는[330] 가르침이 아닌 다른 별칭이 주어지는 것이 마땅하다. 그리고 현실태로 있으며 가르칠 수 있는 자에 의해 가능태로 있음으로부터 배우고 앎을 획득하는 자가 영향 받는다고 말해져서도 안 되거나, 아니면 변이에 두 가지 방식이 있다고, 즉 결여적인 상태로의 변화와 소유상태나 본성에로의 변화가 있다고 해야 한다.[331]

그런데 감각할 수 있는 것의 경우, 그 첫 번째 변화는[332] 낳는 자에 의해 이루어지고, 낳아졌을 때 그것은 감각함을,[333] 마치 앎을 지니듯,[334] 이미 지닌다. 그리고 활성태상의 감각함은 관조함과 마찬가지로 말해지는데, 차이는 있다. 전자의 경우에는 활성태로 되게 해 줄 수 있는 것들이, 즉 시각 대상과 청각 대상 및 나머지 감각 대상들도 마찬가지로, 외부에 있다는 점에서 말이다. 활성태상의 감각은 그 대상이 개별자들이지만, 앎은 그 대상이 보편자들이며, 보편자들은 어떤 식으로 영혼 자체 안에 있다는 것이 그러한 차이의 이유이다. 이런 까닭에, 사유함은 우리가 원할 때마다 우리 자신에게 달려 있지만, 감각함은 우리 자신

25 에게 달려 있지 않다. 감각 대상이 필히 주어져 있어야 하기 때문이다. 감각되는 것들을 다루는 학문들에서도[335] 상황은 마찬가지이다. 감각 대상들이 개별자들이고 외부의 것들이라는 동일한 이유에서 말이다.

그러나 이 사항들에 관해 명료히 하기에 적절한 때가 나중에[336] 또 있을 것이다. 지금은 이만큼을 규정한 것으로 하자. 즉, 가능 30 태로 있다고 말해지는 것은 단순한 게 아니라, 그것은 한편 아이가 장군일 수 있다고 할 때의 의미로 말해지고, 다른 한편 나이가 찬 사람이 장군일 수 있다고 할 때의 의미로 말해지는데, 감각할 418a 수 있는 것은 후자 같은 식이다. 하지만 이 의미들의 차이를 드러내는 이름이 없으므로, 이것들이 다르다는 것과 어떻게 다른지가 규정되었음에도, 우리는 영향 받음과 변이함을 주된 이름들인 것처럼 사용할 수밖에 없다.[337] 그리고 앞에 언급되었듯,[338] 감각할 수 있는 것은 현실태로 이미 있는 감각 대상과 가능태에 5 서 비슷한 것이다. 그러므로 감각할 수 있는 것은 대상과 유사하지 않은 것으로 있을 때 영향 받고, 영향 받았을 때 대상과 유사해져 있으며 대상 같은 것으로 있다.

6장

감각 대상의 종류

자체적 대상(고유 대상, 공통 대상)과 부수적 대상

각각의 감각과 관련하여 우리는 먼저 감각 대상들에 관해 논의해야 한다.[339] 감각 대상은 세 가지로 말해지는데, 우리는 이 중에 둘이 자체적으로 감각된다고 하고, 하나는 부수적으로 감각된다고 한다. 그리고 앞의 둘에서, 하나는 각각의 감각에 고유한 반면, 다른 하나는 모든 감각들에 공통된다. 418a10

고유하다는 말로 내가 뜻하는 것은 다른 감각에 의해 감각될 수 없는 대상이자 해당 감각이 착오를 범할 수 없는 대상이다.[340] 예컨대 시각이 색깔을 대상으로 하고, 청각이 소리를, 미각이 맛을 대상으로 하며, 촉각은 상이한 여러 가지를 대상으로 하지만,[341] 어쨌든 각각의 감각이 이것들을 식별한다. 그리고 각각의 감각은 '색깔이다'라는 데서도 '소리다'라는 데서도 착오를 범하지 않고, 색깔 있는 그것이 '무엇이다'라거나 '어디에 있다'에서, 혹은 15

소리 내는 그것이 '무엇이다'라거나 '어디에 있다'에서 착오를 범한다. 그러므로 이러한 대상들이[342] 각각의 감각에 고유하다고 말해진다.

반면에 운동, 정지, 수, 형태, 크기는 공통된다고 말해진다.[343] 이러한 대상들은 그 어떤 하나의 감각에도 고유하지 않고, 모든[344] 감각들에 공통되기 때문이다. 실제로 어떤 운동은 촉각에 의해서도 시각에 의해서도 감각될 수 있다.[345]

20 그런가 하면, 어떤 것은 부수적 감각 대상이라 말해지는데, 예컨대 저 흰 것이 디아레스의 아들이라고 한다면 이 경우에서 그러하다. 디아레스의 아들은 부수적으로 감각되거니와, 이는 감각되는 그것이 저 흰 것에 부수하기 때문이니까 말이다. 이러한 것인 한에서의 감각 대상에 의해서는, 감각하는 것이 아무 영향도 받지 않는 이유 또한 여기에 있다.[346]

그리고 자체적 감각 대상들 중에 고유한 것들이 주된 감각 대상들이고, 이 대상들이야말로 각 감각의 본질이 본래 향해 있기 25 마련인 것들이다.

7장

시각 대상, 매체, 시각

시각의 대상은 보이는 것이고, 보이는 것은 색깔 그리고 설명을 통해 이야기될 수는 있지만 이름은 못 갖고 있게 된 것이다. 후자로써 우리가 뜻하는 바는 가면서 명백해질 것이다.[347] 사실 보이는 것은 색깔이고,[348] 색깔은 자체적으로 보이는 사물의 표면에 있는 것이다.[349] 여기서 '자체적으로'는 '정의에서'를 뜻하는 게 아 418a30 니라, '보임의 원인을 자신 안에 갖고 있기 때문에'를 뜻한다.[350] 그런데 모든 색깔은 활성태상의 투명한 것에 운동을 일으킬 수 418b 있거니와,[351] 이것이 색깔의 본성이다. 바로 이런 까닭에, 색깔은 빛[352]이 없으면 보이지 않고, 항상 빛 속에서라야 각 사물의 색깔이 보인다. 그러므로 우리는 먼저 빛에 관해, 그것이 무엇인지 말해야 한다.

투명한 무언가는 확실히 존재한다. 투명하다는 말로 내가 뜻

5 하는 것은, 보이기는 하지만 단적으로 말해 자체적으로 보이는 것이 아니라,[353] 다른 것의 색깔[354] 때문에 보이는 것이다. 공기와 물 그리고 고체들 중 여럿이[355] 이러하다. 이것들은 물인 한에서 또는 공기인 한에서 투명한 게 아니라, 똑같은 어떤 본성이[356] 물과 공기 둘 다에 그리고 저 위의 영원한 물체에[357] 내재함으로 인해서 투명하다. 그리고 이것의 활성태, 즉 투명한 것의 투명한 10 것인 한에서의 활성태가 빛이다. 그런데 빛이 있는 곳에는 어둠도 가능태로 있다. 그리고 빛은 투명한 것의 색깔 같은 것이다. 즉, 투명한 것이 불에 의해 또는 이런 어떤 것으로서 이를테면 저 위의 물체에[358] 의해 현실태로 투명하게 있을 때의 색깔 같은 것 말이다.[359] 저 위의 물체에도 불에 있는 것과 하나이고 똑같은 무언가가 있기 때문이다.

이리하여 투명한 것이 무엇이고 빛이 무엇인지가 언급되었다. 15 즉, 빛은 불도 아니고, 일반적으로 물체도 아니며, 그 어느 물체로부터의 유출물도 아니라[360](이 경우에도 빛은 어떤 물체일 테니까), 불 또는 이런 어떤 것이 투명한 것에 와 있음[361]이다. 그 이유는 이렇다. 두 물체가 동일한 곳에 동시에 있을 수도 없고, 또 빛은 어둠에 반대된다고 여겨지기도 한다. 그런데 어둠은 그 20 러한 상태[362]가 투명한 것에 결여됨이다. 따라서 빛은 불 또는 이런 어떤 것의 와 있음이라는 게 명백하다.

그리고 엠페도클레스의 다음 언급은, 만일 다른 누군가가 다음과 같이 언급했다면 이자의 것도, 옳지 않다. 우리가 알아채지 못하는 동안, 빛이 이동해서, 땅을 둘러싸고 있는 것[363]과 땅 사이에 어느 순간 있게 된다는 언급 말이다.[364] 왜냐하면 이는 이치의 명증성에 반할 뿐 아니라 현상에도 반하기 때문이다. 미세한 거리에서는 알아채지 못할 수 있다 해도, 동쪽부터 서쪽에 이르기까지 알아채지 못한다 함은 지나치게 큰 요구이다.[365] 25

색깔 없는 것이 색깔을 받아들일 수 있고, 소리 없는 것이 소리를 받아들일 수 있다. 그리고 색깔 없는 것은 투명한 것, 그리고 어두운 것이 그러하다고 여겨지듯 안 보이는 것이나[366] 간신히 보이는 것이다. 그런데 사실 후자도[367] 투명한 것이다. 현실태로 투명한 때가 아니라 가능태로 투명한 때의 투명한 것 말이다. 왜냐하면 똑같은 본성이[368] 어떤 때는 어둠이고 어떤 때는 빛이기 때문이다. 30

그런가 하면, 모든 것들이 빛 속에서 보이는 것은 아니고, 저마다의 본연의 색깔만 빛 속에서 보인다. 왜냐하면 어떤 것들은 빛 속에서 보이지 않고 어둠 속에서 감각을 유발하거니와, 이를테면 불 같은 모습으로 환하게 나타나는 것들(이들에는 하나로 칭할 이름이 없다), 예컨대 버섯[369]이나 뿔[370] 또는 물고기의 머리와 비늘과 눈알이 그러한데, 이들 중 그 무엇의 본연의 색깔도 보이지 않기 때문이다. 어떤 이유로 이들이 어둠 속에서[371] 보이는지는 다른 논의거리이다. 419a 5

지금은 이만큼이 분명하다. 즉, 빛 속에서 보이는 것은 색깔이고 (이런 까닭에 빛 없이는 색깔이 보이지 않는다. 활성태상의 투명
10 한 것에 운동을 일으킬 수 있음, 이것이 바로 색깔임이라 했으니까 말이다[372]), 투명한 것의 현실태가 빛이다. 그리고 이에 대한 분명한 표지가 있다. 즉, 누군가 색깔을 가진 사물을 눈 자체에다 댄다면, 색깔이 보이지 않을 것이다. 색깔이 투명한 것에, 예컨대 공기에 운동을 일으키고, 이 투명한 것에 의해, 이것이 연속적이
15 라면,[373] 감각 기관이 움직여지는 게 실상인 것이다.[374] 이에 대해 데모크리토스가, 만일 사이의 것이 허공으로 된다면 개미가 하늘에 있어도 정확히 보일 것이라 생각하면서 했던 말은[375] 옳지 않다. 이는 불가능하기 때문이다. 봄은 감각할 수 있는 것이 어떤 영향을 받을 때 일어나는 일이니까 말이다. 이러하니, 감각할 수 있는 것이 보이는 색깔 자체에 의해 영향 받을 수는 없으므
20 로, 사이의 것에 의해 영향 받는다는 게 당연히 남는다. 따라서 사이에 무언가가 반드시 있어야 한다. 만일 사이의 것이 허공으로 된다면, 정확히 보이기는커녕 아예 아무것도 보이지 않을 것이다.

이리하여 어떤 이유로 색깔은 필히 빛 속에서 보이는지가 언급되었다. 하지만 불은 둘 다에서, 즉 어둠 속에서도 빛 속에서도 보이는데, 그럴 수밖에 없다. 왜냐하면 투명한 것이 투명하
25 게 되는 것은 불에 의해서이기 때문이다.[376] 그리고 동일한 설명

이 소리와 냄새에도 적용된다. 즉, 이것들 중 그 무엇도 감각 기관과 접촉하고 있을 때에는 감각을 유발하지 못한다. 냄새와 소리에 의해 매체[377]가 움직여지고, 매체에 의해 해당 감각 기관이 움직여지는 게 실상인 것이다. 소리를 내고 있는 것이나 냄새를 내고 있는 것을 누군가 감각 기관 자체에다 댈 때에는, 이것들은 아무 감각도 유발하지 못할 것이다. 그런데 촉각과 미각의 경우 30 도 마찬가지이다. 그래 보이지는 않지만 말이다. 어떤 이유에서인지는 나중에 명백해질 것이다.[378]

그런가 하면, 소리의 매체는 공기이지만, 냄새의 매체에는 이름이 없다. 사실 공기와 물에는 다음과 같은 어떤 공통의 성질이 있다. 색깔에 투명한 것이 관계되어 있듯이 냄새를 갖는 것에 관계되어 있는 것으로서, 공기와 물 모두에 들어 있는 어떤 성 35 질 말이다. 왜냐하면 수중 동물도 냄새에 대한 감각을 갖는 것으로 보이기 때문이다.[379] 하지만 인간을 비롯하여 육상 동물 중에 419b 호흡하는 것들은 모두, 호흡하지 않을 때에는 냄새를 맡을 수 없다. 이 사항들에 관해서도 그 이유는 나중에[380] 언급될 것이다.

8장

청각 대상, 매체, 청각

419b5 이제 소리와 청각에 관해 먼저 규정하도록 하자. 소리는 두 가지이니, 하나는 어떤 활성태로서의 소리이지만, 다른 하나는 가능태로서의 소리이다.[381] 왜냐하면[382] 우리는 푹신한 것 또는 모(毛)와 같은 어떤 것들이 소리를 갖는다고 말하지 않고, 다른 것들이, 예컨대 청동을 비롯하여 딱딱하고 매끄러운 것들이 소리를 갖는다고 말하는데, 후자가 소리를 낼 수 있어서(소리를 낸다는 것은 자신과 청각 기관[383] 사이에 소리를 활성태로 산출해 준다는 것이다) 그렇게 말하는 것이기 때문이다. 그런데 활성태상 10 의 소리는 항상, 무언가와 관계하고 있는 무언가의 것이고 무언가 안에서 난다.[384] 왜냐하면 소리를 유발하는 것이 타격이기 때문이다. 하나가 있을 때에는[385] 소리가 날 수 없는 이유 또한 여기에 있다. 치는 것과 쳐지는 것이 다르고, 따라서 소리를 내는

것은 무언가와 관계하며 소리를 내기 때문이다. 그런데 또 이동 없이는 타격이 생기지 않는다. 하지만 앞서 말했듯,[386] 소리는 임의의 것들에 대한 타격이 아니다. 타격을 받으면, 모(毛)는 소리를 전혀 산출하지 않으나, 청동이나 매끄럽고 오목한 것들은 소리를 산출하기 때문이다. 청동이 소리를 산출하는 것은 매끄럽기 때문이고, 오목한 것들이 그러는 것은 첫 타격 후에, 움직여지게 된 것[387]이 밖으로 나갈 수 없자, 반사를 통해 많은 타격들을 일으키기 때문이다. 또한 소리는 공기 안에서 들리고, 물 안에서도 약하지만 들린다. 그러나 소리에서 주요한 것은 공기가 아니고 물도 아니다. 오히려 딱딱한 것들 서로에 대한 타격 그리고 공기에 대한 타격이 생겨야만 하는 것이다. 그리고 이는 공기가 타격 받아도 머물러 있고 흩어지지 않을 때 일어나는 일이다. 이런 까닭에 공기는 빠르고 격하게 타격 받을 경우에 소리를 낸다. 때리는 것의 운동이 공기의 분산을 앞질러야만 하는 것이다. 빠르게 이동하고 있는 모래 더미나 모래 회오리를 누군가가 치려 할 때처럼 말이다.[388]

그런데 경계를 지어 주며 분산되는 것을 막는 용기 때문에 공기가 하나 되어 있는 와중에 공기가 마치 공처럼[389] 되밀쳐질 때마다, 반향이 생긴다. 그리고 반향은, 항상 명료하지는 않지만, 항상 생기는 것 같다. 빛의 경우에서와 같은 일이 소리의 경우에도 확실히 일어나기 때문이다. 실제로 빛은 항상 반사된다(그렇

419b

지 않다면, 모든 곳에 빛이 있는 게 아니라, 해가 비추는 곳 외에는 어둠이 있게 되고 말 것이다).[390] 빛이 반사되는 방식이 항상, 물이나 청동 및 다른 어떤 매끄러운 것들로부터 반사되는 식, 그래서 우리에게 빛을 한정하게 해 주는 그림자를 만드는 식인 것은 아니지만 말이다.[391]

그런가 하면, 들음에서 허공이 주요하다고 하는 말에 일리는 있다. 왜냐하면 공기는 허공처럼 보이는데, 들음을 유발하는 것이 공기이기 때문이다. 연속적이고 하나인 채로 움직여질 때의 공기 말이다. 하지만 공기는 쉽게 부스러지기 때문에, 타격 받은 것

420a 이 매끄러운 경우가 아니라면, 공기는 소리 나게끔 하지 않는다.[392] 반면, 타격 받은 것이 매끄러운 때에는 그 표면 때문에 공기가 즉시 하나로 된다. 왜냐하면 매끄러운 것의 표면이 하나이기 때문이다.[393]

그렇다면 청각 기관까지의 연속성으로 인해 하나로 있는 공기에 운동을 일으킬 수 있는 것이 소리를 낼 수 있다. 그런데 청각 기관에는 그것과 함께 생긴 공기가 있다.[394] 그리고 청각 기

5 관이 공기 중에 있음으로 인해,[395] 기관 바깥 공기가 움직여질 때 기관 내 공기가 움직여진다. 바로 이런 까닭에, 동물이 모든 곳으로 듣는 것은 아니고,[396] 이 공기가 모든 곳을 통과해 가는 것도 아니다.[397] †움직여질 부분이자 영혼이 깃든 그 부분조차†[398] 자신의 모든 곳에 이 공기를 지니는 것은 아니니까 말이다.

420a

공기 자체는 쉽사리 분산되기 때문에 소리가 없다. 하지만 분산이 차단되고 있을 때, 이때 공기의 운동이 소리이다.[399] 그런데 귓속 공기는 움직여질 수 없도록[400] 붙박이로 있으니, 이는 운동[401]의 모든 차이들을 정확하게 감각하기 위해서이다. 그리고 이 때문에 우리는 물 안에서도 듣거니와, 귀와 함께 생긴 공기 자체에까지 물이 들어가지 않아서 그렇다. 귀[402]의 나선 구조 때문에 물은 귀에도 안 들어간다. 이런데도 물이 들어가 버린 때라면, 듣지 못한다. 또 눈동자 표면의 막이 손상되듯 고막이 손상되어도 듣지 못한다. 하지만 마치 뿔에서처럼 귀에 울림이 있다는 것이 듣는가 못 듣는가의 표지는 아니다.[403] 왜냐하면 귓속 공기는 본연의 어떤 운동으로 항상 움직이지만, 소리는 다른 물체의 것이지 귀에 고유한 것이 아니기 때문이다. 이 때문에 텅 비고 울림이 있는 것으로써 듣는다고 사람들은 말한다. 우리는 공기를 가둬 지니고 있는 것으로써 들으니까 말이다.[404]

그런가 하면, 쳐지는 것이 소리를 내는가, 치는 것이 소리를 내는가? 아니면 둘 다인데 다른 방식으로 내는 것인가?[405] 사실 소리는, 누군가 매끄러운 것들을 두드릴 때 이것들로부터 튀는 것들이 하는 방식으로 움직여질 수 있는 것의 운동이다. 앞서 언급되었듯,[406] 쳐지거나 친다고 해서 모든 것들이 소리를 내는 것은 물론 아니다. 바늘이 바늘을 칠 때처럼 말이다. 쳐지는 것이 판판해야 하거니와, 그래야 공기가 한 덩어리로 튀고 진동한다.

420a

그리고 소리 내는 것들의 차이는 활성태상의 소리에서 명백히 드러난다. 왜냐하면 빛 없이는 색깔들이 보이지 않듯, 소리 없이는 날카로운 것과 둔중한 것도 들리지 않기 때문이다.[407] 그런데 이 명칭들은 은유에 따라 촉각 대상들로부터 취해진 것들이다.[408] 30 왜냐하면 날카로운 것은 감각의 운동을 짧은 시간에 많이 일으키지만, 둔중한 것은 긴 시간에 적게 일으키기 때문이다.[409] 날카로운 것이 빠르고 둔중한 것이 느린 게 아니라, 전자의 경우에는 빠름 때문에 그러한 운동이 일어나고 후자의 경우에는 느림 때 420b 문에 그러한 운동이 일어나는 것이다.[410] 그리고 이는 촉각에서의 날카로운 것과 뭉뚝한 것에 유비되는 것 같다. 날카로운 것은 말하자면 찌르고, 뭉뚝한 것은 말하자면 미는데, 이는 운동을 일으키는 시간이 전자의 경우에는 짧고 후자의 경우에는 길기 때문이며, 그래서 전자는 부수적으로 빠르고 후자는 부수적으로 느린 것이니까 말이다.

5 그럼 이로써 소리에 관해 규정한 것으로 하자. 그런가 하면, 목소리는 영혼 깃든 것이 내는 소리의 일종이다. 왜냐하면 영혼이 깃들지 않은 그 무엇도 목소리를 내지 못하고, 아울로스와 리라 및 영혼이 깃들지 않은 여타 사물들 가운데 음역과 선율과 조음(調音)이 있는 사물들이 목소리를 낸다고 이야기되는 것은 유사성에 따라서이기 때문이다. 사실 목소리에도 이것들이[411] 있으니, 그렇게 이야기될 만하다. 그런데 동물들 중에도 다수

는 목소리를 갖지 않는다. 예컨대 무혈 동물이 그렇고, 유혈 동 10
물들 중에 물고기도 그렇다(이 또한 합당하다. 소리는 공기의 어
떤 운동이기 때문이다). 목소리를 낸다고 이야기되는 물고기, 예
컨대 아켈로오스 강 속의 물고기는 아가미 또는 이런 어떤 다른
부분으로 소리를 내는 반면에,[412] 목소리는 동물이 아무 부분으
로나 내는 소리가 아닌 것이다. 모든 소리는 무언가가 무언가를 15
어떤 것 안에서 칠 때 나고,[413] 이 어떤 것이 공기이므로, 공기를
들이마시는 동물만이 목소리를 내는 게 합당할 것이다. 왜냐하
면 이미 들이쉬어진 공기를 자연은 두 가지 일에 사용하기 때문
이다. 자연은 혀를 미각에도 사용하고 조음에도 사용하거니와,
이 중 미각은 필수적인 것이고(이런 까닭에 미각은 더 많은 동물
들에게 있다), 표현은 잘 삶을 위한 것인데, 이런 식으로 자연은 20
숨 또한 내적인 열과 관련하여 필수적인 것으로서도 사용하고
(그 이유는 다른 곳에서[414] 언급될 것이다), 잘 삶이 있게끔 목소
리와 관련해서도 사용한다.

호흡의 도구는 목구멍이고,[415] 이 부분은 허파를 위한 것이다.
사실 육상 동물은 허파 부분으로 인해서 다른 동물에 비해 더 많 25
은 열을 지닌다.[416] 그리고 호흡을 필요로 하는 것이 무엇보다 심
장 주변 부위이기도 하다.[417] 이런 까닭에 필히 공기가 들이쉬어
져 안으로 들어와야만 하는 것이다. 그래서 목소리는, 들이쉬어
진 공기의, 그 부분들 안에[418] 깃든 영혼에 의한, 기관(氣管)이라

불리는 것에 대한 타격이다(앞서 언급했듯, 동물이 내는 모든 소
30 리가 목소리는 아니고—혀로도 소리를 낼 수 있고 기침하는 자
들처럼 낼 수도 있으니까—, 치는 것이 영혼 깃든 것이면서 어떤
상상을 동반하는 것이어야 한다. 실로 목소리는 의미를 갖는 어
떤 소리이기 때문이다). 들이쉬어진 공기의 기침에서와 같은 소
421a 리가 목소리는 아닌 것이다. 오히려 들이쉬어진 공기를 가지고
서 그것이[419] 기관(氣管) 내 공기를 기관(氣管)에다가 친다.[420] 이에
대한 표지는, 들이쉬거나 내쉬면서는 목소리를 낼 수 없고, 숨을
참고 있어야 낼 수 있다는 것이다. 숨을 참고 있는 자가 이 공기
를 가지고서 운동을 일으키기 때문이다. 물고기가 목소리를 내
5 지 못하는 이유 또한 분명하다. 목구멍이 없기 때문이다. 그리고
이 부분이 없는 것은 공기를 들이마시거나 들이쉬지 않기 때문
이다. 어떤 이유로 그러한지는 또 다른 논의거리이다.[421]

9장

후각 대상, 매체, 후각

후각[422]과 후각 대상은 앞서 언급된 것들만큼 잘 규정되지 않는다. 왜냐하면 냄새가 어떠한 것인지는 소리나 색깔이 어떠한 것인가 하는 것처럼 명백하지가 않기 때문이다. 그 이유는, 우리가 이 감각을 정확한 것으로 지니지 않고, 오히려 많은 동물들의 421a10 것보다 열등한 것으로 지닌다는 데 있다. 실제로 인간은 냄새를 변변찮게 맡거니와, 고통스러운 것이나 쾌락적인 것이 아니라면 그 어떤 후각 대상도 감각하지 못하는데, 이 감각 기관이 정밀하지 않아서 그렇다. 단단한 눈알을 가진 동물들은[423] 색깔을 변변찮게 감각한다는 것, 그리고 이들에게는 두려운 것과 두렵지 않 15 은 것을 제외하면 색깔들의 차이가 명확하지 않다는 것이 합당한데, 후각과 관련해서는 인간 부류 또한 이러하다.

후각은 미각과 유비적 관계에 있는 것 같고, 맛의 종류들도 냄새의 종류들과 마찬가지 관계에 있는 것 같다. 하지만 우리는 미각을 더 정확한 것으로 지니는데, 이는 미각이 일종의 촉각이고[424]
20 촉각은 인간이 지닌 가장 정확한 감각이기 때문이다. 다른 감각들의 경우에는 인간이 여러 동물들에 뒤지지만, 촉각에 있어서는 인간이 다른 동물들과 무척 다르게 정확하다. 이런 까닭에 인간이 동물들 가운데 가장 명민하다. 이에 대한 표지는, 다른 어떤 기관도 아닌 촉각 기관에 따라 인간 부류 내에도 잘 타고난
25 자와 못 타고난 자가 있다는 것이다. 살이[425] 단단한 자들은 사고에 있어서 못 타고난 반면, 살이 무른 자들은 잘 타고났기 때문이다.

어떤 맛은 달고 어떤 맛은 쓰듯, 냄새도 그러하다. 어떤 것들은 상응하는 냄새와 맛을, 이를테면 달콤한 냄새와 달콤한 맛을 갖는 반면에 또 어떤 것들은 그 반대이기는 하지만 말이다.[426]
30 그와 마찬가지로[427] 냄새 역시 싸하거나 떫거나 시거나 느끼하다. 하지만 앞에 언급했듯, 냄새들은 맛들처럼 아주 명확하지가 않기
421b 때문에, 자신의 이름들을 사물들의 유사성에 따라 맛들로부터[428] 취했으니, 달콤함은 사프란이나 꿀의 냄새이고, 싸함은 백리향[429]이나 그런 것들의 냄새이며, 다른 이름들의 경우에도 똑같은 식이다.

청각을 비롯한 감각들 각각에서 어떤 감각은 들리는 것과 안
5 들리는 것을, 또 어떤 감각은 보이는 것과 안 보이는 것을 대상

으로 하듯, 후각도[430] 맡아지는 것과 안 맡아지는 것을 대상으로 한다.[431] 어떤 것은 냄새를 갖는 게 전적으로 불가능해서 안 맡아지고, 또 어떤 것은 적거나 흐릿한 냄새를 가져서 안 맡아진다. 맛이 안 나는 것 또한 마찬가지로 설명된다.[432]

후각[433] 역시 공기나 물과 같은 매체를 통해 일어난다. 물속에 사는 동물들도, 유혈 동물이든 무혈 동물이든 마찬가지로, 공기 10 중에 사는 동물들이 하듯 냄새를 감각하는 것으로 보이기 때문이다. 그들 중 어떤 것들은 냄새에 끌리게 되어 멀리서부터 먹이를 향해 오니까 말이다. 이런 까닭에 어떤 난제가 나타난다. 만일 다 같이 냄새를 맡는데, 인간은 들이쉬고 있을 때 냄새를 맡지, 들이쉬는 게 아니라 내쉬고 있거나 숨을 참고 있을 때에는, 멀 15 리서든 가까이에서든, 냄새 나는 것이 콧구멍 안에 놓여 있다 해도, 맡지 못한다면 말이다. 또 감각 기관 자체에 닿게 놓인 것은 감각되지 못한다는 점은 모든 동물들에게 공통되지만, 들이쉬지 않고서는 감각할 수 없다는 점은 인간에게 고유하거니와, 이는 시도해 보면 명백히 드러난다. 그래서 무혈 동물들은, 이들은 호 20 흡하지 않으므로, 우리가 언급한 감각들 말고 또 다른 어떤 감각을 지닐 수도 있다.[434] 하지만 이는 불가능하다. 이들이 감각하는 것이 냄새라면 말이다. 왜냐하면 악취든 향기든 맡아지는 것에 대한 감각은 후각이기 때문이다. 게다가 분명 이들도, 인간을 파괴하는 냄새, 이를테면 역청이나 유황이나 이런 것들의 강렬한 25

냄새에 의해 파괴된다.[435] 그렇다면 필히, 무혈 동물들은 냄새를 맡지만 들이쉼으로써 맡는 것은 아니어야 한다.

또한 인간에게 이 감각 기관은 다른 동물들의 것과 차이 나는 것 같다. 인간의 눈이 단단한 눈알을 지닌 동물들의 것과 차이 나듯이 말이다. 왜냐하면 인간의 눈은 보호막이자 마치 싸개와 30 같은 것으로서의 눈꺼풀을 갖고 있으며, 이것을 움직이거나 당겨 올리지 않으면 보지 못하지만, 단단한 눈알을 지닌 동물들은 이런 것을 전혀 갖지 않고, 오히려 투명한 것[436] 안에 있게 되는 것들을 곧바로 보기 때문이다.[437] 그렇다면 눈이 이러하듯 냄새 맡 422a 을 수 있는 감각 기관 역시, 어떤 동물들의 경우에는 덮여 있지 않지만, 공기를 들이마시는 동물들의 경우에는 덮개를, 즉 들이쉴 때 혈관들과 통로들이 팽창하면서 열리는 덮개를 갖는 것 같다. 그리고 이 때문에, 호흡하는 동물은 물속에서[438] 냄새를 맡지 5 못한다. 반드시 들이쉬면서 냄새를 맡아야 하는데, 물속에서는 그렇게 할 수 없기 때문이다.

냄새는 건조한 것에 관련되어 있고(맛이 습한 것에 관련되어 있듯이), 냄새 맡을 수 있는 감각 기관은 가능태에서 그러한 것이다.[439]

10장

미각 대상, 매체, 미각

미각 대상은 감촉되는 어떤 것이다. 그리고 이는, 미각 대상이 외적 물체인 매체를 통해 감각되지 않는[440] 이유이다. 촉각도[441] 그렇지 않으니까 말이다. 그리고 맛이 담긴 물체, 즉 맛이 나는 것은 질료로서의 습한 것 안에 있는데, 이 습한 것이 감촉되는 어떤 것이다. 422a10

이런 까닭에, 우리가 물속에 있다 해도 달콤한 것이 물속으로 던져지면 그것을 감각할 테지만, 우리에게 이 감각은 매체를[442] 통해 일어나는 게 아니라, 음료의 경우처럼 달콤한 것이 습한 것과 혼합됨으로써 일어날 것이다. 반면, 색깔은 이런 식으로 혼합됨으로써 보이는 게 아니고, 유출물들로 인해 보이는 것도 아니다. 15

이러하니 미각에는 매체가 전혀 없다. 하지만 그래도 시각 대상이 색깔인 것처럼 미각 대상은 맛이다. 그런데 습기 없이는 그 무엇도 맛에 대한 감각을 유발하지 못하거니와, 이를 유발하는 것은 습기를 활성태로 또는 가능태로 지니는 것이다. 짠 것처럼 말이다. 그 자체가 잘 녹기도 하고, 혀를 윤습하게[443] 만들기도 하기 때문이다.

20 시각은 보이는 것과 안 보이는 것 둘 다를 대상으로 하고(어둠은 안 보이지만, 시각이 어둠도 식별한다), 나아가 지나치게 환한 것도 대상으로 한다(이것도 안 보인다. 어둠과는 다른 방식으로 안 보이지만 말이다). 이와 마찬가지로 청각 또한 소리와 고요 둘 다를 대상으로 하고, 이 중에 전자는 들리지만 후자는 안 들리 25 며, 시각이 저 환한 것을 대상으로 하듯 청각 또한 거대한 소리도 대상으로 한다(미미한 소리가 안 들리듯, 거대하고 난폭한 소리도 어떤 방식으로는 안 들린다). 그런데 안 보인다고 말해지는 것에는 다른 경우들에서 불가능한 것처럼 전적으로 안 보이는 것도 있고, 발 없는 동물이나 핵 없는 과실처럼[444] 본래 갖기 마련인 것을 갖지 못하거나 형편없게 가져서 안 보이는 것도 있다.[445] 30 이렇듯,[446] 미각 역시 맛이 나는 것과 안 나는 것 둘 다를 대상으로 하고, 또 후자는 적거나 흐릿한 맛인 것 또는 미각을 망치는 것이다.[447] 그런데 마셔지는 것과 안 마셔지는 것이 출발점이라 여겨진다[448](미각은 어떤 식으로 양자 모두를 대상으로 한다. 후자에 대한 미각은 흐릿하거나 엉망이고, 전자에 대한 미각은 본성에 따른다[449]). 그리고 마셔지는 것은 촉각과 미각에 공통된다.[450]

그런가 하면, 맛이 나는 것이 습하므로, 이것을 감각할 기관은 422b
현실태로 습해서도 안 되고 습해지는 게 불가능해서도 안 된다.
왜냐하면 미각은, 미각 대상인 한에서의 미각 대상에 의해 어떤
영향을 받기 때문이다. 그러므로 다음이 필연적이다. 맛을 볼 수
있는 감각 기관이, 즉 자신을 보존하는 채로 습해질 수 있는 것
이지만 습해져 있지는 않은 것이 습해진다. 이에 대한 표지는, 혀 5
가 몹시 건조한 때에도 과도하게 습한 때에도 맛을 감각하지 못
한다는 것이다. 혀가 과도하게 습해지는 것은 습한 첫 번째 것[451]
과의 접촉 때문이다. 누군가 강렬한 맛을 먼저 본 후에 다른 것
을 맛볼 때처럼, 또는 아픈 자들은 쓴 습기로 가득 찬 혀로 감각
하기 때문에 그들에게 모든 것이 쓰게 나타나는 것처럼 말이다.

색깔의 경우에서처럼 맛의 종류들로도 다음과 같은 것들이 있 10
다. 한편, 반대되는 순수한 맛들, 그러니까 달콤한 맛과 쓴 맛이
있다. 그리고 다른 한편, 달콤한 맛에 인접하여 느끼한 맛이, 쓴
맛에 인접하여 짠 맛이 있으며, 또 이것들 사이에 싸한 맛, 떫은
맛, 아린 맛, 신 맛이 있다. 대략 이것들이 맛의 상이한 종류들로
보인다. 결론적으로 맛을 볼 수 있는 것[452]은 가능태에서 그러한 15
것이고,[453] 이것을 현실태로 만들 수 있는 것이 미각 대상이다.

11장

촉각 대상, 매체, 촉각

촉각 대상과 촉각에는 동일한 설명이 적용된다. 즉, 촉각이 하나의 감각이 아니라 여럿이라면, 촉각 대상도 필히 여럿이어야 한다. 그런데 난제가 있다. 촉각은 여럿인가 하나인가, 또 촉각 능력의 기관은 무엇인가, 살 또는 다른 동물들의 경우[454] 살에 상응하는 것인가 아닌가, 아니라면 이것은[455] 매체이고 그 안쪽에 있는 다른 어떤 것이 첫 번째 감각 기관인가[456] 하는 난제 말이다. 왜냐하면 각각의 감각은 반대되는 것들 한 쌍을, 이를테면 시각은 흼과 검음을, 청각은 날카로움과 둔중함을, 미각은 씀과 달콤함을 대상으로 하는 것으로 보이는 반면, 감촉되는 것 속에는 반대되는 것들의 쌍이 많이 들어 있기 때문이다. 뜨거움과 차가움, 건조함과 습함, 단단함과 무름 및 이런 여타의 것들 말이다.[457] 그런데 적어도 이 난제에 대해서는 일종의 해결책이 있으니, 이는 여타 감각들의 경우에도 반대되는 것들의 쌍이 여럿 이라는 것이다.[458] 예컨대 목소리 속에는 날카로움과 둔중함뿐 만 아니라, 큼과 작음, 매끄러움과 거칢 및 이런 다른 것들도 들어 있다. 색깔의 경우에도 또 다른 이런 상이한 종류들이 있다. 하지만 청각에서 기체가 소리인 것처럼 그렇게 촉각에서 기체인 하나의 것이 무엇인지는 명백하지 않다.[459] 30

촉각 기관은 안쪽에 있는지 아닌지, 아니라면 살이 곧 이 기관 인지와 관련하여, 대상들이 살에 닿음과 동시에 감각이 일어난 다는 것은 아무런 표지도 되지 못한다고 여겨진다. 왜냐하면 사실 막과 같은 것을 만들어 살에다 팽팽히 두른다 해도 마찬가지로, 대상과 접촉했을 때 그것은 곧바로 감각을 알릴 텐데, 그래도 촉각 기관이 그것에 있지 않음은 명백하기 때문이다(그것이 살과 본성적으로 합쳐진다고 하면, 감각은 훨씬 더 빨리 전달되겠지만 말이다).[460] 그러므로 몸의 이러한 부분은,[461] 마치 공기가 우리를 빙 둘러 우리에 본성적으로 붙어 있다고 할 때와 같은 그런 식으로 있는 것 같다.[462] 공기가 그렇게 붙어 있다면 우리는 소리와 색깔과 냄새를 어떤 하나의 기관으로[463] 감각한다고 여겼을 것이고, 또 시각과 청각과 후각이 어떤 하나의 감각이라고 여겼을 것이라는 뜻에서 말이다. 그런데 이 운동들이 그것을 통해 일어나는 바로 그것은 실상 구분되어 있기 때문에,[464] 앞서 언급된 감각 기관들이 다른 것들임은 분명히 드러난다.[465] 하지만 촉각의 423a 5 10

경우, 이는 현재 명백하지 않다. 사실 영혼 깃든 몸이 공기로 또는 물로 구성되어 있을 수는 없다. 즉, 어떤 고체가 있어야 한다. 그렇다면 영혼 깃든 몸은 흙과 이것들[466]의 혼합물이라는 게 남는다. 살 또는 살에 상응하는 것이 그러한 것으로 있고자 하듯이
15 말이다.[467] 따라서 본성적으로 붙어 있는 이 물체가[468] 감촉할 수 있는 것[469]의 매체임이 필연적이고, 이 매체를 통해 여럿의 감각들이 일어난다. 여럿의 감각들이 일어남을 명백히 보여 주는 것은 혀에서의 촉각이다. 우리는 맛을 감각하는 것과 동일한 부분으로 온갖 촉각 대상들을[470] 감각하니까 말이다. 그러니 만일 여
20 타의 살도 맛을 감각한다면, 미각과 촉각이 하나의 똑같은 감각이라 여겨졌을 것이다. 하지만 실상은 맞바꿀 수 없기 때문에, 미각과 촉각은 둘이다.[471]

그런가 하면, 누군가 다음의 난제를 제기할 수도 있겠다. 모든 물체가 깊이를 갖고, 깊이는 세 번째 크기이다.[472] 그리고 두 물체들 사이에 어떤 물체가 있을 때 앞의 둘이 서로 접촉하는 것은 불
25 가능하다. 그리고 습한 것은, 또한 젖은 것도, 물체 없이는 존재할 수 없고, 필히 그것이 물이거나 물을 지닌 것이어야 한다. 그런데 물속에서 서로 접촉해 있는 물체들은, 그 가장자리들이[473] 건조하지 않으므로, 필연적으로 자신들 사이에 물을 지닌다. 그 표면들을[474] 가득 채우고 있는 물 말이다. 만일 이상이 참이라면, 물속에서 그 물체들이 서로 접촉하는 것은 불가능할 테고, 동일

한 방식으로 공기 중에서도 이는 불가능할 것이라는 난제 말이다 (왜냐하면 물이 물속 물체들과 맺고 있는 관계를 공기가 공기 중 30 의 물체들과 마찬가지로 맺고 있기 때문이다. 그런데 이를 더 못 알아채는 것이 우리이다. 젖은 것이 젖은 것과 접촉하고 있는지를 더 못 알아채는 것이 수중 동물들이듯 말이다).[475] 423b

그렇다면 감각은 온갖 것들에 대해 유사하게 일어나는가, 아니면 다른 것들에 대해 다르게, 즉 미각과 촉각은 접촉함으로써 일어나지만 여타 감각들은 멀리 떨어져서 일어난다고 지금 여기고들 있듯 그렇게 일어나는가? 그렇게 일어나지 않는다. 오히려 우리는 단단한 것도 무른 것도 다른 것을 통해[476] 감각한다. 소리 5 내는 것과 보이는 것과 맡아지는 것을 감각할 때 그러하듯이 말이다. 다만 우리가 후자들은 멀리서 감각하는 반면, 전자들은 가까이에서 감각하는 까닭에 이를[477] 알아채지 못할 뿐이다. 전자들의 경우에는 이를 알아채지 못하지만, 우리는 어쨌든 모든 것들을 중간의 것[478]을 통해 감각한다. 그리고 이전에도 이야기했듯, 막이 끼어들어 있음을 알아채지 못하는 채로 막을 통해 온갖 촉각 대상들을 감각한다 하더라도, 우리의 상황은 물속이나 공 10 기 중에서의 지금 상황과 마찬가지일 것이다. 지금 우리는 대상들 자체와 접촉한다고, 즉 중간의 것을 전혀 통하지 않는다고 여기고 있다는 뜻에서 말이다. 하지만 감촉되는 것은, 보이는 것이나 소리 내는 것과 다음에서 차이가 난다. 즉, 매체가 우리에

게 어떤 영향을 줌으로써 우리는 후자들을 감각하는 반면, 감촉
15 되는 것들을 우리는 매체에 의해 감각하는 게 아니라 매체와 동
시에 감각한다. 방패를 통해 타격 받은 사람처럼 말이다. 방패가
타격 받고 나서 그를 친 게 아니라, 그와 방패가 동시에 타격 받
는 일이 일어난 것이기 때문이다.

일반적으로 살과 혀는 공기와 물이 시각과 청각 및 후각과 관계
맺고 있는 식으로 그렇게, 공기와 물 각각이 그러하듯,[479] 해당 감
20 각 기관과 관계 맺고 있는 것 같다. 그리고 감각 기관 자체가 대상
과 접촉하고 있다면, 저 경우에도[480] 이 경우에도[481] 감각이 일어
나지 않을 것이다. 어떤 흰 물체를 눈의 표면에다 댄다면 그럴 것
이듯 말이다. 이로써, 촉각 대상을 감각할 수 있는 것은 안쪽에[482]
있다는 점 또한 명백하다. 왜냐하면 여타 감각들에 적용되는 사
항이 촉각에도 그런 식으로 적용될 것이기 때문이다. 즉, 우리는
25 감각 기관에 닿게 놓인 것들은 감각하지 못하지만, 살에 닿게 놓
인 것은 감각하므로, 결국 살은 감촉할 수 있는 것의 매체이다.

물체의 물체인 한에서의 차별적 성질들은 감촉되는 것들이다.
차별적 성질들로 내가 뜻하는 것은 원소들을 규정해 주는 것들,
즉 뜨거움과 차가움, 건조함과 습함이고, 이것들에 관해서는 이
30 전에 원소들에 대한 논의에서 언급한 바 있다.[483] 그런데 이것들
을 감촉할 수 있는 감각 기관, 즉 촉각이라 불리는 감각이 첫 번
째로[484] 내재하는 곳은 가능태에서 그러한 부분이다.[485] 왜냐하면

감각한다는 것은 어떤 영향을 받는다는 것이고, 따라서 영향을 주는 것이, 가능태에서 자신 같은 저 기관을 활성태로서의 자신 같은 그러한 것으로 만들기 때문이다. 이런 까닭에 우리는 우리와 유사한 정도로 뜨겁거나 차가운 것 또는 단단하거나 무른 것을 감각하지 못하고 넘어서는 정도의 것들을 감각하는데, 이는 감각이 감각 대상들 속 반대되는 것들의 쌍에 대해 어떤 중간[486] 같은 것이어서 그렇다. 그리고 이 때문에 감각이 대상들을 식별한다. 중간인 것이[487] 식별을 할 수 있기 때문이다. 중간인 것이 극단들 각 쪽과 관련하여 다른 각 쪽으로 되니까 말이다. 그리고 흼과 검음을 감각하려는 것은[488] 활성태에서는 둘 중 어느 하나여서도 안 되고 가능태에서는 둘 다여야 하듯(다른 경우들 또한 이렇다), 촉각의 경우에도 감각하려는 것은 뜨거워져 있어도 차가워져 있어도 안 된다. 나아가 어떤 식으로는 시각이 보이는 것과 안 보이는 것 둘 다를 대상으로 한다고 했듯, 마찬가지로 나머지 감각들도 대립되는 것들을 대상으로 하며, 이렇게 촉각도 감촉되는 것과 감촉되지 않는 것 둘 다를 대상으로 한다. 그리고 감촉되지 않는 것에는, 공기가 그렇게 되어 있듯 촉각 대상들의 차별적 성질을 아주 미미하게 갖는 것도 있고, 파괴적인 것들처럼[489] 감촉되는 것을 넘어서는 정도의 것들도 있다. 이상이 개별 감각들에 대한 개략적 언급이다.

12장

감각에 대한 일반적 설명 2

우리는 모든 감각과 관련하여 보편적으로 다음을 파악해야만 한다. 감각은[490] 감각되는 형상들을 그 질료 없이 받아들일 수 있는 것이다. 이를테면 밀랍이 도장 반지의[491] 문양을 철이나 금 없이 받아들이듯 말이다. 그런데 밀랍이 금이나 청동으로 된 문양을 취하되, 금이나 청동인 한에서 취하는 것은 아니듯, 각 대상에 대한 감각 또한 마찬가지로 색깔이나 맛이나 소리를 가진 것들에 의해 영향 받되, 그것들이 각각 무엇이라 말해지는 한에서가 아니라 그러한 것들인 한에서,[492] 비율[493]에 따라 영향 받는다. 첫 번째 감각 기관은[494] 이러한 능력이 내재하는 곳이다. 그렇다면 기관과 능력은 동일한 것인데, ~임에서 다르다.[495] 왜냐하면 감각하는 것은 어떤 크기일 테지만, 감각할 수 있는 것임도 감각도 확실히 크기가 아니라 어떤 비율이고 또 감각하는 것의 능력

424a 20

25

이기 때문이다.

이로부터, 감각되는 것을 넘어서는 정도의 것들이 대체 왜 감각 기관을 파괴하는지도 분명히 드러나고(운동이 감각 기관에게 30 너무 세면, 비율—이것이 감각이라고 했다—이 해체되기 때문이다. 현들이 과격하게 퉁겨지면 화음도 음조도 해체되듯이 말이다), 식물이 영혼으로서의 어떤 부분을[496] 지니고 또 접촉되는 것들에 의해 어떤 영향을 받음에도(식물이 차가워지기도 하고 뜨거워지기도 하니까) 대체 왜 감각은 못하는지도 분명히 드러난다. 그 이유는 식물이 중간[497]을 갖지 않고, 감각 대상의 형상 424b 을 받아들일 수 있는 그러한 원리도 갖지 않으며, 오히려 그 질료와 함께 영향 받는다는 데 있다.

그런가 하면, 냄새를 맡을 수 없는 것이 냄새에 의해, 또는 볼 수 없는 것이 색깔에 의해 영향 받을 수 있는지 누군가 물을 수 있겠고, 여타 감각들에도 마찬가지로 물을 수 있겠다. 그런데 맡 5 아지는 것이 냄새라면, 냄새는, 이것이 무언가에 영향을 준다면, 후각에 영향을 준다. 따라서 냄새를 맡을 수 없는 것들은 그 무엇도 냄새에 의해 영향 받을 수 없다(다른 감각들의 경우에도 동일한 설명이 적용된다).[498] 그리고 감각할 수 있는 것들조차, 저마다 감각할 수 있는 한에서가 아니라면, 그렇게 영향 받을 수 없다.[499] 동시에 이는 다음과 같은 식으로도 명백히 드러난다. 즉, 빛과 10 어둠도 소리도 냄새도 물체에 아무런 영향을 주지 못하고, 이것들을 담고 있는 것들이 물체에 영향을 준다. 천둥이 동반된 공기가 나무를 쪼개듯이 말이다.[500] 하지만 감촉되는 것과 맛은 물체에 영향을 준다. 만일 아니라면, 영혼이 깃들지 않은 것은 무엇에 의해 영향 받거나 변이하겠는가?[501] 그렇다면 저것들도 영향을 줄 것인가?[502] 혹은 모든 물체가 냄새나 소리에 의해 영향 받을 수 있는 것은 아니고, 영향 받는 물체들은 공기처럼 일정치 않으며 머물러 있지 않는 것들인가(공기는 어떤 영향을 받은 듯 냄새를 내기 때문이다)?[503] 그렇다면 냄새 맡음이란, 이것이 어떤 영향을 받음 이상의 것이라면, 무엇인가? 냄새 맡음은 감각함이지만, 공기는 영향 받고 나서 감각되는 것으로 재빠르게 변하는가?[504]

3권

1장

제6의 감각은 없다

다음의 논의로부터 우리는 다섯 감각들 말고 또 다른 감각은 존재하지 않는다고 확신할 수 있을 것이다(내가 다섯이라 하는 것은 시각, 청각, 후각, 미각, 촉각이다).[505] 해당 감각이 촉각인 모든 대상에 대한 감각을 우리는 실제로 갖고 있다(감촉되는 것의 감촉되는 것으로서의 모든 성질들이 우리에게 촉각으로 감각되니까). 그리고 만일 어떤 감각이 빠져 있다면, 필히 어떤 감각기관 역시 우리에게 빠져 있어야 한다. 그런데 우리가 직접 접촉해서 감각하는 대상들은 촉각으로 감각되거니와 촉각을 우리는 마침 갖고 있고, 우리가 직접 접촉하지 않고 매체들을 통해 감각하는 대상들은 단순 물체들로써,[506] 그러니까 내 말은 예컨대 공기로써 또는 물로써 감각되거니와 이와 관련해서는 다음과 같다. 만일 부류상 서로 다른 여러 대상들이 하나의 매체를 통해

424b22 25 30

감각된다면, 그러한 감각 기관을[507] 가진 자는 필연적으로 둘 다를 감각할 수 있을 것이고(감각 기관이 공기로 이루어져 있고 또 공기가 소리와 색깔 둘 다의 매체라면 그럴 것이듯 말이다), 만일
425a 여러 단순 물체들이 동일한 대상의 매체라면, 예컨대 공기도 물도 색깔의 매체라면(둘 다 투명하니까), 둘 중 어느 하나만 갖는 자도 둘 다를 매체로 하는 대상을 감각할 것이다. 그런데 감각 기관들은[508] 단순 물체들 중 오직 그 둘로, 즉 공기로 또는 물로
5 이루어져 있다(동공은 물로, 청각 기관은 공기로, 후각 기관은 물과 공기 중 어느 하나로[509] 이루어져 있으니까). 불은 감각 기관들 중 어느 것에도 없거나 아니면 모든 기관들에 공통되고(어느 것도 열 없이는 감각할 수 없으니까),[510] 흙은 어느 것에도 없거나 아니면 무엇보다도 촉각 기관에 고유하게 섞여 있다.[511] 이런 까닭에 물로 또는 공기로 된 것 외에는 그 어떤 감각 기관도 존재하지 않는다는 게 남을 것이다.[512] 그런데 이 감각 기관들을[513] 몇몇 동물들이 실제로 갖고 있다.

10 이러하므로 불완전하지 않고 불구도 아닌 동물들에 의해 온갖 감각들이 소유되고 있다(분명 두더지조차 피부 밑에 눈을 갖고 있다). 따라서 또 다른 어떤 물체가 존재하지 않는다면,[514] 그리고 이 세상 그 어느 물체의 것도 아닌 성질이 존재하지 않는다면, 그 어떤 감각도 빠져 있을 수 없을 것이다.[515]

또한 우리가 각각의 감각으로써 부수적으로[516] 감각하는 공통

대상들, 예컨대 운동, 정지, 형태, 크기, 수[517]에 대한 어떤 고유 감각 기관이 존재할 수도 없다.[518] 왜냐하면 우리는 이 모든 것들을 운동으로써[519] 감각하고(예컨대 우리는 크기를 운동으로써 감각하고, 그래서 형태도 이렇게 감각한다. 형태는 일종의 크기이기 때문이다. 또 우리는 정지해 있는 사물을 움직여지지 않고 있음으로써 감각하고, 수를 연속에 대한 부정으로써[520] 감각한다), 그것도 고유 대상들로써 감각하기 때문이다(각각의 감각이 한 가지 대상을 감각하니까). 따라서 운동과 같은 공통 대상들 중 그 어느 것에도 고유 감각이 존재할 수 없음은 명백하다. 만일 존재한다면, 우리가 공통 대상들을 감각하는 방식은[521] 지금 시각으로 달콤함을 감각하는 것과 같은 식이 될 것이다. 하지만 이는 우리가 둘 다에[522] 대한 감각을 마침 갖고 있어서, 둘이 함께 주어졌을 때 이 감각을 통해 동시에 알아보기에 일어나는 일이다. 만일 그런 식이 아니라면,[523] 우리는 공통 대상들을 부수적 방식(예컨대 우리는 클레온의 아들을 클레온의 아들이기 때문에 감각하는 게 아니라 희기 때문에 감각하는데, 이 흰 것에 클레온의 아들임이 부수한다) 말고는 그 어떤 식으로도 감각하지 못할 것이다. 하지만 우리는 공통 대상들에 대한 공통 감각을[524] 이미 갖고 있으며, 이 감각은 부수적이지 않다.[525] 그러므로 공통 대상들에 대한 고유 감각은 존재하지 않는다. 만일 존재한다면, 우리는 앞서 언급된 [클레온의 아들을 우리가 보는] 방식 말고는 그

425a

어떤 식으로도 공통 대상들을 감각하지 못할 것이기 때문이다.

30 감각들은 서로의 고유 대상을 부수적으로 감각하고, 이는 그것들이 그것들인 한에서가 아니라 하나인 한에서[526] 하는 일이며, 425b 동일한 것에 대해, 이를테면 쓸개즙에 대해 쓰고 노랗다는 감각이 동시에 생겨나는 때마다 하는 일이다(왜냐하면 둘 다 하나라고[527] 말하는 일이 어쨌든 확실히 또 다른 감각에 속하지는 않기 때문이다). 이런 까닭에 착오를 범하기도 하거니와,[528] 무언가가 노랗다면 우리는 그것을 쓸개즙이라 생각하는 것이다.

그런가 하면, 무엇을 위해 우리는 단 한 개의 감각이 아니라 5 여러 감각들을 지니는지 누군가 물을 수도 있겠다.[529] 이는 동반되는[530] 공통 대상들을, 이를테면 운동과 크기와 수를 간과하는 일이 적도록 하기 위해서가 아닐까? 만일 시각만 존재한다면, 그리고 시각이 흼을 대상으로 한다면, 우리는 공통 대상을 더욱 간과할 것이고, 색깔과 크기가 서로에 함께 동반됨으로 말미암아[531] 모든 것들을 동일한 것으로 여길 것이기 때문이다. 하지만 실상 10 공통 대상들은 다른 감각의 대상에도 들기 때문에, 이는 그것들이 각기 다른 어떤 것임을 명백하게 해 준다.[532]

2장

감각함에 대한 감각, 통각

우리가 보고 있다는 것이나 듣고 있다는 것을 우리는 감각하므로, 보고 있다는 것을 시각으로 감각하거나 아니면 또 다른 감각으로[533] 감각하거나 할 수밖에 없다. 하지만 그럼 동일한 감각이 시각 그리고 시각의 기체[534]인 색깔을 대상으로 할 것이다. 그래서 결국 동일한 것을 대상으로 하는 두 개 감각들이 있거나, 아니면 자신이 자신을 대상으로 할 것이다.[535] 게다가 만일 시각에 대한 감각이 또 다른 것이라면, 그런 식으로 무한히 가거나[536] 아니면 어떤 감각은 자신을 대상으로 할 테니,[537] 결국 우리는 이것이 첫 번째 감각의 경우라고 해야 한다.[538] 425b15

그런데 난제가 있다. 시각으로 감각함은 봄이고, 보이는 것은 색깔 또는 색깔을 가진 사물이라면, 보고 있는 것을 어떤 것이 보고 있다 할 때, 보고 있는 첫 번째 것도 색깔을 가질 것이기 때문

20 이다.[539] 그렇다면 시각으로 감각한다는 것은 한 가지가 아님이 분명하다. 실제로 우리는 보고 있지 않을 때조차 시각으로 어둠도 빛도 식별하거니와, 똑같은 방식으로 식별하는 것은 아니니까 말이다. 게다가 보고 있는 것 역시 어떤 식으로는 색깔을 띤다. 왜냐하면 감각 기관은 저마다 감각 대상을 그 질료 없이 받아들
25 일 수 있기 때문이다. 감각 대상들이 사라졌을 때에도 감각들과 상상들은 감각 기관들 안에 남아 있는 이유 또한 여기에 있다.[540]

그런가 하면, 감각 대상의 활동과 감각의 활동은 하나의 같은 것이다. 이 활동들의 ~임은 동일하지 않지만 말이다. 내 말은, 이를테면 활성태상의 소리와 활성태상의 청각이 그렇다는 것이다. 왜냐하면 청각을 가진 것이 듣고 있지 않을 수 있고, 소리를
30 가진 것이 항상 소리 내고 있는 것은 아니기 때문이다. 들을 수 있는 것이 활동하고 있고 소리 낼 수 있는 것이 소리 내고 있을 때, 바로 이때 활성태상의 청각과 활성태상의 소리가 동시에 생
426a 겨나 있거니와, 이것들 중 전자를 들음이라 부르고 후자를 소리 냄이라 부를 수 있을 것이다. 그런데 만일 운동이(영향 줌도 겪음도) 움직여지는 것 안에 있다면, 소리도[541] 활성태상의 청각도 필히 가능태상의 것 안에 있어야 한다. 왜냐하면 영향 줄 수 있
5 고 운동을 일으킬 수 있는 것의 활동이 영향 받는 것 안에서 일어나기 때문이다. 이런 까닭에, 운동을 일으키는 것이 필히 움직여져야 하는 것은 아니다. 그렇다면 소리 낼 수 있는 것의 활동

은 소리 또는 소리 냄이고, 들을 수 있는 것의 활동은 청각 또는 들음이다. 청각이 두 가지이고, 소리 역시 두 가지이니까 말이다. 여타 감각들과 감각 대상들에도 동일한 설명이 적용된다. 왜냐하면 영향 줌도 영향 받음도 영향 주는 것 안에 있는 게 아니라 영향 받는 것 안에 있듯, 그렇게 감각 대상의 활동도 감각할 수 있는 것의 활동도 감각할 수 있는 것 안에 있기 때문이다. 그런데 어떤 경우에는 이 활동들이 예컨대 소리 냄과 들음이라 칭해지지만, 다른 경우에는 어느 한쪽에 이름이 없다. 시각의 활동은 봄이라 불리지만 색깔의 활동에는 이름이 없고, 맛볼 수 있는 것의 활동은 맛봄이라 불리지만 맛의 활동에는 이름이 없으니까 말이다. 그리고 감각 대상의 활동과 감각할 수 있는 것의 활동이 ~임에서는 다르지만 하나이므로, 그런 식으로 말해지는[542] 청각과 소리는 동시에 소멸하거나 보존됨이 필연적이고, 맛과 맛봄도 그러하며, 다른 것들도 마찬가지이다. 반면, 가능태상에서 말해지는 것들의 경우에 이는 필연적이지 않다.[543] 하지만 이 점에 대해 이전의 자연학자들은[544] 시각 없이는 흰도 검음도 전혀 존재하지 않고 미각 없이는 맛도 존재하지 않는다고 생각해서 제대로 말하지 못했다. 그들은 어떤 측면에서 옳게, 다른 측면에서는 옳지 않게 말했던 것이다. 감각과 감각 대상은 두 방식으로, 그러니까 한편 가능태상에서, 다른 한편 활성태상에서 말해지는데, 그들이 했던 말은 후자에는 적용되고 전자에는 적용되지 않기 때문이다. 그럼에도 그들은 단순하지 않게 말해지는 것들에 대해 단순하게 말했던 것이다.

목소리가 일종의 화음이라면, 그리고 목소리와 청각이 하나인 어떤 식이 있[고 하나의 같은 것이 아닌 다른 식이 있]다면, 그런데 화음이 비율이라면, 필히 청각도 일종의 비율이어야 한다. 이 때문에 날카로운 것이든 둔중한 것이든 과도한 것 각각이 청각을 망치기도 한다. 이와 마찬가지로 맛들 중에 과도한 것도 미각을 망치고, 색깔들 중에 심하게 환한 색과 어두침침한 색도 시각을 망치며, 냄새들 중에 달콤하든 쓰든 강렬한 냄새도 후각을 망치니, 감각이 일종의 비율이라서 그렇다. 이런 까닭에, 혼합되지 않은 순수한 것들이어도, 예컨대 신 것이나 달콤한 것이나 짠 것이어도, 비율에 맞춰진 때라면 쾌적하거니와, 사실 그것들이 쾌적한 것은 이때이다. 하지만 일반적으로는 혼합된 것이, 그러니까 화음이 날카로운 것이나 둔중한 것보다 더 쾌적하고, 가열될 수 있거나 냉각될 수 있는 것이 촉각에 더 쾌적하다.[545] 감각은 비율이다. 그리고 과도한 것들은 이 비율을 해체하거나 망친다.

각각의 감각은 기체로서의[546] 감각 대상을 갖고, 감각 기관인 한에서의 감각 기관에 내재하며, 기체로서의 감각 대상의 차이들을 식별한다. 예컨대 시각은 흼과 검음을, 미각은 달콤함과 씀을 식별하며, 나머지 감각들의 경우도 마찬가지로 그러하다. 하지만[547] 또 우리는 흼과 달콤함을 비롯한 감각 대상들 각각을 그 각각에 견주어 식별하기도 하므로, 그것들에 차이가 있다는 것도 우리는 무언가로써 감각한다. 물론 감각으로써 감각할 수 밖에 없다. 그것들이 감각되는 것들이기 때문이다.[548] 이를 통해 15 살은 맨 끝의 감각 기관[549]이 아니라는 점도 명백히 드러난다. 살이 맨 끝의 감각 기관이라면, 식별하는 것 자신이 접촉해 있는 채로 그 식별을 해야 하고 말 것이기 때문이다.[550]

달콤함이 흼과 다름을 분리된 것들로써 식별한다는 것 또한 실로 가능하지 않다. 오히려 달콤함과 흼 모두가 어떤 하나의 것[551]에 명백해져야만 한다. 왜냐하면 그런 식으로 나는 달콤함을, 너는 흼을 감각한다 하더라도 달콤함과 흼은 서로 다름이 명백할 수 20 있게 되어 버릴 것이기 때문이고,[552] 또한 다르다고 말하는 것이 (실제로 달콤함은 흼과 다르니까)[553] 하나의 것이어야만 하기 때문이다. 그러므로 다르다고 말하는 것은 동일한 것이다. 결과적으로 이 동일한 것은 자신이 말하는 대로 그렇게 사유도 하고 감각도 한다.

분리된 것들에 대한 식별을 분리된 것들로써 할 수 없음은 이리하여 명백하고, 또 분리된 시간에 할 수도 없음은 다음에서 명백하다. 동일한 것이 좋음과 나쁨은 다르다고 말하는 경우에서 25 처럼 그렇게, 동일한 것이 이쪽은 다르다고 말하고 있는 그때 그것은 저쪽도 다르다고 말하고 있다(이 "그때"는 부수적이지 않다. 부수적이라 함은 이를테면 내가 "그것들은 다르다"고 지금 말하고 있지만 "그것들은 지금 다르다"고 말하고 있지는 않는 경우에 해당한다. 하지만 앞서 언급된 동일한 것은 "그것들이 다르다"고 지금 말하고 있기도 하고 "그것들이 지금 다르다"고 말하고 있기도 하다). 그러므로 이는 동시적이다. 결과적으로 이는 분리되지 않는 것이, 그것도 분리되지 않는 시간에 하는 일이다.

30 하지만 그래도 동일한 것이 분할되지 않는 한에서, 그것도 분할되지 않는 시간에, 반대되는 운동들에서 동시에 움직여진다는 것은 불가능하다.[554] 달콤한 것이라면 감각이나 사유의 운동을 특

427a 정 방식으로 일으킬 것이고, 쓴 것은 반대 방식으로, 그리고 흰 것은 또 다른 방식으로 일으킬 것이기 때문이다. 그럼 식별하는 것은[555] 수에서는 분할되지 않고 분리되지 않음과 동시에 ~임에서는 분리되어 있는가? 확실히, 분할되는 것이 분할된 것들을 감각하는 어떤 식이 있고, 그것이 분할되지 않는 것인 한에서 그

5 렇게 하는 다른 식이 있다. 그것은 ~임에서 분할되지만, 장소와 수에서는 분할되지 않기 때문이다.

아니면 다음의 이유로 이는 불가능할까?[556] 동일하고 분할되지 않는 것이 가능태에서는 반대되는 것들 둘 다일 수 있다. ~임에서는 그렇지 않아도 말이다. 하지만 활성화됨으로써는 그것이 분할되는데, 동시에 희기도 하고 검기도 할 수는 없으니, 결과적으로 흰 것과 검은 것의 형상들에 의한 그것의 영향 받음 역시, 감각과 사유가 이러한 것이라면,[557] 동시적일 수 없다.

하지만 그것은 어떤 이들이 점이라 부르는 것과 유사하다. 하나 10 이면서 둘인 한에서[558] 바로 그렇게 〈분할되지 않기도 하고〉 분할되기도 하는 것 말이다. 그렇다면 식별하는 것은 분할되지 않는 것인 한에서는 하나이고 또 동시에 식별하지만, 분할되는 것으로 있는 한에서는 동일한 표지를[559] 동시에 두 번 사용한다. 그러므로 한편, 경계를 두 번 사용하며 둘이자 분리된 것들을 식별하는 한에서 그것은 어떤 식으로 분리되어 그렇게 하고 있다. 다른 한편, 하나로서의 경계를 사용하는 한에서 그것은 하나를 그리고 동시에 식별하고 있다.

동물이 감각할 수 있다고 말해지게끔 해 주는 원리에 관해서 15 는 이 방식으로 규정한 것으로 하자.

3장

감각과 사유의 구분, 상상

사람들은 무엇보다도 두 가지 차별성을 가지고서, 즉 장소상의 운동을 그리고 사유함과 사려함과 감각함을 가지고서 영혼을 정의한다. 그런데 사유함도 사려함도 일종의 감각함 같은 것 427a20 이라 여겨지고(왜냐하면 양쪽 모두에서[560] 영혼이 존재하는 것들 중 무언가를 식별하고 알아보기 때문이다), 적어도 옛 사람들은 사려함과 감각함이 동일하다고 말한다. 엠페도클레스가 "인간들에게 꾀는 그들 곁에 와 있는 것만큼 자라나거늘"이라 했고,[561] 다른 곳에서는 "바로 그것에서부터 그들에게 사려도 항상 달리 25 일어나네"라고 했듯이 말이다.[562] "그러한 것이 사유이니"라는[563] 호메로스의 말도 저 언급들과 같은 취지를 담고 있다. 우리가 초반의 논의에서 규정했듯,[564] 이들은 모두 사유함을 감각함처럼 물체적인 것으로 상정하고, 감각도 사려도 유사한 것에 대해 유사

한 것으로써 하는 일이라 상정했던 것이다(그러나 이들은 착오 427b
를 범함에 대해서도 함께 설명했어야 했다. 왜냐하면 동물들에게는 착오를 범함이 더 고유하고,[565] 영혼이 더 많은 시간 동안 그 상태로 지내기 때문이다. 이런 까닭에, 어떤 이들이 말하듯[566] 나타나는 모든 것들이 참이거나, 아니면 유사하지 않은 것과의 닿음은 착오이거나[567] 할 수밖에 없다. 이 닿음은 유사한 것을 유사한 5
것으로써 알아보는 것과 반대이니까 말이다. 하지만 반대되는 것들에 대한 착오도 동일한 착오이고, 반대되는 것들에 대한 앎도 동일한 앎이라 여겨진다[568]).

감각함과 사려함이 동일하지 않음은 분명하다. 왜냐하면 전자는 동물들 모두가 공유하는 반면, 후자는 소수가 공유하기 때문이다. 그렇다고 감각함과 사유함이 동일한 것도 아니다. 사유함에는 옳게 하는 것과 옳지 않게 하는 것이 있는데—옳게 사유함은 사려와 앎과 참인 의견이고, 옳지 않게 사유함은 이것들의 10
반대들이다—, 이러한 사유함이 감각함과 동일한 것도 아니라는 말이다. 왜냐하면 감각은 고유 대상들에 대해 항상 참이고,[569] 모든 동물에게 있는 반면, 사고는 틀리게 할 수도 있으며, 이성까지 지니는 것은 아닌 그 어떤 동물에게도 사고함은 없기 때문이다. 사실 상상은 감각과도 다르고 사고와도 다른데, 감각 없이 15
는 상상이 일어나지 않고, 또 상상 없이는 상정이[570] 없다. 상상은 상정과도 동일하지 않음이 분명하다. 왜냐하면 이 겪음은[571]

우리가 원할 때마다 우리에게 달려 있지만(우리는, 기억 체계 속에 어떤 것들을 배치하며 상들을 만들어 내는 자들이 하듯, 무언
20 가를 눈앞에 만들어 낼 수 있다[572]), 의견을 갖는 것은 우리에게 달려 있지 않기 때문이다. 거짓을 말하거나 참을 말하거나 할 수밖에 없으니까 말이다.[573] 게다가 우리는 어떤 것이 무섭다거나 두렵다는 의견을 가질 때마다 즉시 그에 상응하게 겪고,[574] 덤벼볼 만하다는 의견을 갖는 때에도 마찬가지인 반면, 상상에 있어서는 우리는 마치 그림 속에서 무서운 것들이나 덤벼볼 만한 것
25 들을 보고 있는 것 같은 그런 식으로 있다. 또한 상정 자체에도 차이 나는 종류들이, 즉 앎과 의견과 사려 및 이것들의 반대들이 있는데,[575] 이 종류들의 차이는 또 다른 논의거리로 두자.

사유함과 관련하여, 사유함은 감각함과 다르므로, 그런데 또 사유함에는 한편 상상이 포함되고 다른 한편 상정이 포함된다고 여겨지므로,[576] 우리는 상상에 관해 규정하고 나서 상정에 관해
428a 그렇게 논의해야 한다. 만일 상상이 그것에 따라 우리에게 어떤 심상이 생겨난다고 우리가 말하는 바로 그것이라면, 그리고 우리가 은유적으로 이렇게 말하는 게 아니라면, 〈그렇다면〉 상상은 그것들로 인해 우리가 식별하고 참을 말하거나 거짓을 말하는 바로 그것들 가운데 어떤 하나의 능력 또는 소유상태일까? 그런데 그러한 것들은 감각, 의견, 앎, 지성이다.

5 상상이 감각은 아니라는 것은 다음과 같은 점들로부터 명백히

드러난다. 감각은 시각과 봄처럼 능력이거나 활동인데, 둘 중 어느 것이든 없을 때조차 무언가가 나타난다. 잠 속에서의 어떤 것들처럼 말이다.[577] 다음으로, 감각은 항상 곁에 있지만,[578] 상상은 그렇지 않다. 만일 감각과 상상이 활성태에서 동일하다면, 상상이 모든 짐승들에게 있을 수도 있겠지만, 그렇지 않아 보인다. 10
상상은 예컨대 개미나 벌에게는 있지만,[579] 애벌레에게는 없다. 그다음으로, 감각들은 항상 참이지만, 상상의 경우에는 대부분 거짓인 상상들이 생긴다. 또 다음으로, 우리가 감각 대상과 관련하여 정확하게 활동하고 있을 때에는 그 대상이 우리에게 사람으로 나타난다고 말하지 않으니, 이렇게 말하는 때는 오히려 참인지 거짓인지에 있어 우리가 명증하게 감각하지 못하고 있을 15
때이다. 또한 앞서[580] 언급한 것처럼, 눈을 감고 있는 자들에게도 시각적인 것들이 나타난다.[581]

그렇다고 상상이 앎이나 지성처럼 늘 참을 말하는 것들 가운데 어느 하나인 것도 전혀 아닐 것이다. 거짓인 상상도 있기 때문이다.

그렇다면 상상이 의견인지를 살펴보는 일이 남아 있다. 참인 의견도 거짓인 의견도 생기니까 말이다. 하지만 의견에는 확신 20
이 따르고(의견을 갖는 자가 의견을 갖는 바를 확신하지 않을 수는 없기 때문이다), 또 확신은 그 어떤 짐승에게도 없으나 상상은 많은 짐승들에게 있다. 게다가 모든 의견에는 확신이 동반되고, 확신에는 설득됨이, 설득에는 이성이 동반되는데, 상상은 어떤 짐승들에게 있지만 이성은 그렇지 않다.[582]

25 그렇다면 상상은 감각을 수반하는 의견일 수도 없고, 감각을 통한 의견일 수도 없으며, 의견과 감각의 조합일 수도 없음이 분명하다.[583] 이는 앞에 언급한 점들 때문이기도 하고, 또 의견은 감각의 대상이기도 한 것을, 이것이 있다면, 대상으로 삼을 뿐, 이것 말고는 다른 무엇도 대상으로 삼지 않게 될 것이기 때문이기도 하다. 그러니까 내 말은, 흰 것에 대한 의견과 흰 것에 대한 30 감각의 조합이 상상이게 될 것이라는 뜻이다. 좋은 것에 대한 의견과 흰 것에 대한 감각의 조합이 상상인 것은 확실히 아니니까 428b 말이다. 그럼 나타난다는 것은 우리가 감각하는 바로 그 대상에 대해 부수적이지 않게 의견을 갖는다는 것이 될 것이다. 하지만 실은, 우리가 그것들과 관련하여 참인 상정을 지니고 있는 바로 그것들은 이와 동시에 거짓되게 나타나기도 한다. 예컨대 태양은 한 발 너비로 나타나지만, 우리는 태양이 우리가 거주하는 땅 5 보다[584] 크다고 확신하고 있다. 그럼 사태는 그대로이고, 우리가 망각하지도 달리 설득되지도 않았는데, 우리가 지녀 온 우리 자신의 참인 의견을 버렸다는 결론이 나오거나, 그렇지 않고 그 의견을 여전히 지닌다면, 동일한 의견이 참이기도 하고 거짓이기도 할 수밖에 없다는 결론이 나온다. †하지만 거짓이 되는 것은 사태가 바뀌었음을 우리가 간과했을 때이다.†[585] 그러므로 상상

은 의견과 감각 중 어느 하나도 아니고, 이것들로 이루어진 것도 아니다.

그러나 어떤 것이 움직여질 때 이것에 의해 다른 것이 움직여 10 질 수 있는데, 상상은 일종의 운동이라 여겨지고, 감각 없이 일어나는 게 아니라 감각하는 자들에게 그리고 감각이 대상으로 삼는 것들에 대해 일어난다고 여겨진다. 그리고 감각의 활동에 의해 운동[586]이 일어날 수 있거니와, 이 운동은 감각과 유사할 수밖에 없다. 이러하므로 이 운동은 감각 없이는 가능하지 않을 것 15 이고, 감각하지 않는 것들에게 있지도 않을 것이며, 이 운동을 지니는 자는 이 운동에 따라 많은 것들을 하기도 하고 겪기도 할 것이다. 그리고 이 운동에는 참인 것도 있고 거짓인 것도 있을 것이다. 이 마지막 귀결의 이유는 이렇다. 고유 대상들에 대한 감각은 참이거나 최소한의 거짓을 포함한다. 둘째로, 〈고유 대상 20 들에 부수하는〉 것들의 부수함에 대한 감각이 있는데,[587] 여기서 비로소 틀릴 수 있다. 어떤 것이 희다는 데서는 틀리지 않고, 그 흰 것이 이것인가 다른 어떤 것인가에서 틀리니까 말이다.[588] 셋째로, 공통 대상들(말하자면 운동이나 크기)에 대한 감각이 있고, 이것들은 고유 대상들이 속해 있는 바인 부수적인 것들을[589] 따르는데, 바로 이 공통 대상들과 관련하여 감각에서의 착오가 25 비로소 가장 많이 생긴다.

감각의 활동에 의해 일어나는 운동은 이 세 가지 감각들에서 비롯된 것으로서 차이가 날 것이다. 즉, 첫 번째 운동은[590] 감각이 와 있는 동안 참인 반면에, 다른 운동들은 감각이 와 있든 사라졌든 거짓일 수 있으며 감각 대상이 멀리 있을 때 특히 그렇다.

30 지금껏 언급된 사항들이 상상 말고는 그 어떤 것에도 적용되지 않는다면(그리고 이 점이 우리가 주장한 바이다), 상상은 활성태상의 감각에 의해 일어나는 운동일 것이다. 그런데 시각이야말로 감각이므로,[591] 상상(phantasia)이라는 이름도 빛(phaos)으로부터 취해졌다. 빛 없이는 볼 수 없기 때문이다. 그리고 상상들이 안에 머물러 있고 감각들과 유사하기 때문에,[592] 동물은 상상들에 따라 많은 것들을 행하거니와, 어떤 동물, 예컨대 짐승들은 지성을 지니지 않음으로 인해, 또 어떤 동물, 예컨대 인간들은 그 지성이 때때로 격정이나 질병이나[593] 잠으로 덮임으로 인해 그렇게 행한다.

429a, 5

상상과 관련하여 그것이 무엇이고 또 무엇으로 말미암는지는 이만큼으로 논의되었다고 하자.

4장

사유 대상, 지성, 사유

영혼이 그것으로써 인식도 하고 사려도 하는 영혼의 바로 그 부분과 관련하여, 그것이 분리될 수 있든, 크기에서가 아니라 규정에서 분리될 수 있든, 우리는 그것이 어떤 차별성을 갖는지, 그리고 사유함이 대체 어떻게 일어나는지 검토해야 한다. 429a10

만일 사유함이 감각함 같은 것이라면, 사유함은 사유 대상에 의한 일종의 영향 받음이거나 아니면 그러한 다른 무엇일 것이다. 그렇다면 그것은[594] 영향 받지 않지만[595] 형상을 받아들일 수 있어야 하며, 가능태에서 이 형상 같은 것이지만 이 형상은 아니어야 하고, 감각 능력이 감각 대상들과 맺고 있는 것과 유사한 관계를 지성이 사유 대상들과 맺고 있어야 한다. 그렇다면 지성은, 모든 것들을 사유하므로,[596] 아낙사고라스가 말하듯,[597] 모든 것들을 지배하기 위해서는, 즉 모든 것들을 알아보기 위해서는 필히 15

20 섞이지 않은 것이어야 한다.[598] (섞인 것이라면, 다른 것이 안에 함께 나타나 방해와 차단을 일으키기 때문이다[599]). 따라서 필히 지성에는 이 본성, 즉 가능적이라는 것 외에는 그 어떤 본성도 없어야 한다.[600] 그렇다면 영혼에서 이른바 지성은(지성으로 내가 뜻하는 것은 영혼이 그것으로써 사고하고 상정하는 바로 그것이다) 사유하기 이전에는 활성태에서 그 어떤 존재자도 아니다.
25 지성이 몸과 섞여 있다는 말이 합당하지 않은 이유 또한 여기에 있다. 만일 그렇다면 지성이 어떤 질적인 것이 되어 이를테면 차갑거나 뜨겁거나 할 테고, 감각 능력에서처럼 지성에 어떤 기관이 있을 테니까 말이다. 하지만 실제로는 지성에 아무 기관도 없다. 그리고 영혼은 형상들의 장소라고 하는 사람들은,[601] 이 영혼이 전체로서의 영혼이 아니라 사유혼[602]이라는 것과 이 형상들이 현실태에서의 형상들이 아니라 가능태에서의 형상들이라는 것을 제외하면, 제대로 말하고 있다.

그런가 하면, 감각 능력이 영향 받지 않는다는 것과[603] 사유 능
30 력이 영향 받지 않는다는 것은 유사하지 않음이 감각 기관들과 감각의 경우에서 분명히 드러난다. 격렬한 감각 대상으로부터는[604]
429b 감각이 감각할 수 없으니, 예컨대 거대한 소리로부터는 소리를 감각할 수 없고, 강렬한 색이나 냄새로부터는 보거나 맡을 수 없다. 하지만 지성은 격렬한 어떤 사유 대상을 사유했을 때, 그보다 덜한 대상들을[605] 덜 사유하는 게 아니라 오히려 더 쉽게[606] 사유한다.

429b

왜냐하면 감각 능력은 몸 없이는 존재하지 않지만, 지성은 분리될 수 있기 때문이다. 그리고 활성태상에서 아는 자가 그러하다고 말해지는 식으로 지성이 사유 대상들 각각으로 된 때(이는 자신을 통해 활동할 수 있을 때 일어나는 일이다), 이때에도 지성은, 배우거나 알아내기 이전과 유사한 식으로는 아니지만, 어떤 식으로는 가능태로 있다.[607] 또한 이때 지성 자신이 자신을 사유할 수 있다.[608]

그런데 크기와 크기임이 다르고,[609] 물과 물임도 다르므로(다른 많은 것들의 경우에도 이렇지만, 모두는 아니다. 어떤 것들의 경우에는[610] 양자가 같다), 살임과 살을 우리는 각기 다른 능력으로 식별하거나 아니면 다른 식으로 있는 능력으로 식별한다. 왜냐하면 살은 질료 없는 것이 아니라, 오목코처럼[611] 이것 안의 저것이기 때문이다. 그렇다면 우리는 뜨거운 것과 차가운 것을 비롯하여 살이 그것들의 특정 비율인 바로 그것들을 감각 능력으로 식별하는 반면, 살임은 다른 능력으로 식별하는데, 이 다른 능력은 분리될 수 있거나 아니면 꺾인 선이 펴졌을 때 자신과 관계하는 식으로 있다.[612] 이번에는 추상을 통해 존재하는 것들의 경우로, 곧은 것은 오목코와 같은 식으로 있다.[613] 연속성을 수반하기 때문이다.[614] 하지만 그 본질은, 곧음과 곧은 것이 다르다면, 다른 어떤 것이다. 그 본질을 둘이라 하자.[615] 그렇다면 우리는 이것을 또 다른 능력으로 혹은 또 다른 식으로 있는 능력으로 식별한다.

결국 일반적으로, 대상들이[616] 질료에서 분리될 수 있는 식으로 그렇게, 지성을 둘러싼 것들도 분리될 수 있다.[617]

그런데 만일 아낙사고라스가 말하듯 지성이 단순하고 영향 받지 않으며 그 무엇과 그 어떤 공통의 것도 갖지 않는다면, 그리고 사유함이 일종의 영향 받음이라면, 지성이 어떻게 사유할 것
25 인가 하는 난제가 생길 수 있다. 왜냐하면 양쪽에 공통되는 어떤 것이 있는 한에서 한쪽이 영향을 주고 다른 쪽이 영향을 받는다고 여겨지기 때문이다.[618] 나아가 지성 자신도 사유될 수 있겠는가 하는 난제 또한 생길 수 있다. 왜냐하면 만일 지성 자신이 사유되는 게 지성 말고 다른 것으로 인해서가 아니라면, 그런데 사유되는 것은 형상에 있어서 하나라면, 여타의 것들이 지성을 지니게 될 테고, 만일 지성 말고 다른 것으로 인해서라면, 지성 자신을 여타의 것들처럼 사유되게 해 주는 무언가가 지성에 섞여 있게 될 것이기 때문이다.[619]

30 혹은 다음과 같지 않을까?[620] 공통되는 어떤 것에 따르는 영향 받음이 앞서[621] 구분되었거니와, 사유하기 이전이라면 지성은 현
430a 실태에서는 그 무엇도 아니지만 가능태에서는 어떤 식으로 사유 대상들이다.[622] 지성이 가능태에서 이렇다는 것은 마치 그 안에 현실태로 쓰인 것이 전혀 없는 서판(書板)에서와 같으니,[623] 바로 이것이 지성의 경우에 해당한다. 또한 지성 자신도 그것의 사유 대상들처럼 사유될 수 있다. 왜냐하면 질료 없는 것들의 경우

에는 사유하고 있는 것과 사유되고 있는 것이 동일하기 때문이다. 관조적인 앎과 그렇게[624] 알려지는 것은 동일하니까 말이다. (지성 5 이 늘 사유하지는 않는 이유는 검토해 보아야 한다.)[625] 반면, 질료를 갖는 것들 안에는 사유 대상들 각각이 가능태로 있다. 따라서 질료를 갖는 것들은 지성을 지니지 않을 것이고(왜냐하면 지성은 질료 없이 그러한 것들일 수 있는 가능성이기 때문이다), 지성은 사유될 수 있음을 지닐 것이다.[626]

5장

능동 지성과 수동 지성

430a10 그런데 온 자연에는 한편 각각의 유에게 질료인 어떤 것이 있고(이것은 가능태에서 그 모든 것들이다),[627] 다른 한편 그 모든 것들을 만든다는 점에서 원인이자 작자(作者)인 또 다른 것, 즉 재료에 관계하는 기술처럼 되어 있는 것이 있으므로, 영혼에도[628] 이 차이들이 있음이 필연적이다. 그리고 실제로, 한편 모든 것들이 된다는 점에서 그러한[629] 지성이 있고, 다른 한편 모든 15 것들을 만든다는 점에서 그러한[630] 지성, 즉 빛과 같은 어떤 상태로서의 지성이 있다. 어떤 방식으로는 빛 역시 가능태로 있는 색깔들을 활성태로 있는 색깔들로 만드니까 말이다. 그리고 이 지성은 그 본질에 있어 활동으로서, 분리될 수 있고 영향 받지 않으며 섞이지 않는다. 왜냐하면 만드는 것이[631] 영향 받는 것보다, 그리고 원리가 질료보다 언제나 더 고귀하기 때문이다. [활성태

상의 앎은 그 대상과[632] 동일하다. 그리고 가능태상의 앎은 한 사 20
람에서는 시간적으로 앞서지만, 일반적으로는 시간적으로도 앞
서지 않는다.[633]][634] 이 지성은 어떤 때 사유하고 다른 때 사유하
지 않고 그러지 않는다. 그리고 분리되었을 때 이 지성은 오로지
바로 그것인 바이고, 이 지성만이 불사적이며 영원하다(하지만
우리는 기억하지 못한다.[635] 왜냐하면 이 지성은 영향 받지 않는
반면, 영향 받는 지성은 가멸적이기 때문이다). 그리고 이것 없 25
이는 그 무엇도 사유하지 못한다.[636]

6장

분할될 수 없는 것들에 대한 사유

분할될 수 없는 것들[637]에 대한 사유는 거짓이 존재하지 않는 것에 해당하는 반면, 거짓도 참도 존재하는 것에는 사유된 것들을 하나인 것처럼 놓는 어떤 결합이 이미 있다.[638] 엠페도클레스가 "여기서 많은 것들의 목 없는 머리들이 돋아났고"[639] 그러고 나서 사랑으로 결합된다고 말했듯이 그렇게 그것들도, 예컨대 통약 불가능함[640]과 대각선도, 분리되어 있다가 결합된다. 그리고 과거의 것들이나 미래의 것들에 대한 사유라면, 우리는[641] 시간을 덧붙여 생각하며 결합한다. 실로 거짓은 항상 결합 속에 있다. 흰 것은 희지 않다고 진술한다 해도, 흰 것과 희지 않음을 결합했으니까 말이다.[642] 그런데 이 모든 것들을 분할이라 할 수도 있다.[643] 하지만 어쨌든 클레온이 하얗다는 것뿐 아니라 하얬다거나 하얄 것이라는 것도 거짓이거나 참이다. 그리고 이 각각의

430a30 430b 5

430b

경우에서 하나를 만드는 것, 그것은 지성이다.

그런데 분할될 수 없는 것이 두 가지, 즉 가능태에서 아니면 활성태에서 분할될 수 없는 것이므로, 우리가 길이를 사유할 때 〈처럼, 분할될 수 있는 것을〉 분할될 수 없는 것〈인 한에서〉 사유하지 못하도록 막는 것은 전혀 없고(길이는 활성태에서 분할될 수 없으니까),[644] 분할될 수 없는 시간 속에서 그렇게 하지 못하도록 막는 것도 전혀 없다. 시간은 길이와 마찬가지로 분할될 수 있고 분할될 수 없고 하니까 말이다.[645] 그러므로 절반 각각의 시간 속에서 우리가 무엇을 생각하고 있는지 이야기할 수 없다. 분할이 행해지지 않았다면, 절반 각각은 가능태로 말고는 존재하지 않기 때문이다. 반면에 절반 각각을 분리해서 사유하고 있다면 우리는 시간도 함께 분할하고 있거니와, 이 경우 시간은 마치 길이들인 듯하다. 그리고 길이를 두 절반들 모두로 이루어진 것으로서 사유하고 있다면, 우리는 둘 다에 걸친 시간 속에서 사유하고 있다. [그리고 양에서가 아니라 종적으로 분할될 수 없는 것을 우리는 분할될 수 없는 시간 속에서 그리고 영혼의 분할될 수 없는 것으로써 사유한다.][646] 하지만 우리가 사유하는 대상도 우리가 그 속에서 사유하는 시간도 부수적으로 분할될 수 있지, 그것들인 한에서 분할될 수 있는 게 아니다. 〈그것들인〉 한에서는 오히려 분할될 수 없다. 왜냐하면 그것들에도 분할될 수 없는, 그러나 아마도 분리될 수 있지는 않은,[647] 어떤 것이, 즉 시

간도 길이도 하나이게 해 주는 어떤 것이 내재하기 때문이다. 이
20 는 연속적인 모든 것에서, 시간에서나 길이에서나, 마찬가지이다.
20a 〈그리고 양에서가 아니라 종적으로 분할될 수 없는 것[648]을 우리
20b 는 분할될 수 없는 시간 속에서 그리고 영혼의 분할될 수 없는
것으로써[649] 사유한다.〉

그런가 하면, 점과 모든 분할[650] 및 이런 식으로 분할될 수 없는 것은 결여가 명백히 드러나는 식으로 그렇게 드러난다.[651] 다른 경우들에 대한 설명, 예컨대 나쁨이나 검음을 어떻게 알아보느냐에 대한 설명 또한 마찬가지이다. 왜냐하면 이것들을 우리는 반대되는 것을 가지고서 어떤 식으로 알아보기 때문이다.[652] 그런데 알아보는 것은 가능태에서, 반대되는 그것이어야 하고, †반대되는 그것은 알아보는 것 안에 가능태로 있어야 한다.†
25 하지만 만일 무언가에는 반대되는 게 전혀 없다면, 그 무언가는 자신을 인식하고 그 자신이 활동이며 분리될 수 있다.[653]

진술은,[654] 부정 진술도 그렇듯, 어떤 것에 대해 어떻다 하고, 모두 참이거나 거짓이다. 반면에 지성은 모든 경우에서 이렇지는 않거니와, 본질상의 무엇임[655]을 대하는 지성은 참이고, 어떤 것에 대해 어떻다고 하지 않는다. 그러나 고유 대상에 대한 봄은
30 참이지만 그 흰 것이 사람인가 아닌가에 대한 봄이 항상 참은 아니듯, 질료 없는 것들도 그와 같은 식이다.[656]

7장

추구와 회피, 통각, 사유와 심상

활성태상의 앎은 그 대상과 동일하다. 그리고 가능태상의 앎 431a
은 한 사람에서는 시간적으로 앞서지만, 일반적으로는 시간적으로도 앞서지 않는다.[657] 왜냐하면 생겨나는 것들은 모두 현실태로 존재하는 것으로부터 생겨나기 때문이다. 그런데 감각 대상은 감각할 수 있는 것을 가능태의 존재로부터 활성태로 만드는 게 분명하다.[658] 왜냐하면 감각할 수 있는 것이 영향 받지 않고 변이하지 5
도 않기 때문이다.[659] 이런 까닭에 이는 운동과 다른 종류이다.[660] 운동은 미완성적인 것의 활동인 반면, 단적인 활동 즉 완성된 것의 활동은 또 다른 것이니까 말이다.[661] 그렇다면 감각함은 단순 발언이나 사유와 유사하다.[662] 하지만 어떤 것이 쾌락적이거나 고통스러울 때면, 영혼은[663] 마치 긍정 진술을 하거나 부정 진술을 하듯 추구하거나 회피한다. 그리고 쾌락이나 고통을 느낀다는 10

것은 좋은 것이나 나쁜 것을 그러한 것들인 한에서 대하며[664] 감각할 수 있는 중간을 가지고서[665] 활동한다는 것이다. 활성태상의 회피와 욕구는 동일한 것이고,[666] 욕구 능력과 회피 능력 역시 다르지 않거니와, 욕구 능력과 회피 능력은 서로 간에도, 또 감각 능력과도 다르지 않다. 이것들의 ~임은 다르지만 말이다.[667]

15 사고혼[668]에는 심상들이 감각 인상들처럼 있고, 이 영혼이 좋다거나 나쁘다고 진술할 때 혹은 부정 진술을 할 때면, 이 영혼은 회피하거나 추구한다. 이런 까닭에 영혼은 심상 없이는 결코 사유하지 못한다.

공기가 동공을 이러이러하게 만들고 동공이 또 다른 것을 그렇게 만들며 청각도 그런 식이지만, 맨 끝은 하나요,[669] ~임에서
20 는 여럿이어도 하나의 중간이듯 ….[670] 달콤함과 뜨거움에 어떤 차이가 있는지를 우리가[671] 무엇으로써 판별하는지는 앞서도[672] 언급되었지만, 다음과 같은 식으로도 설명되어야 한다. 그 무엇은 어떤 하나이되, 경계와 같은 식으로 하나이다.[673] 그리고 이것들은 유비적으로 또 수적으로 하나인 것들로서, 저것들이 서로 맺고 있는 것과 같은 관계를 〈그 한쪽이〉 다른 한쪽과 맺고 있다.[674] 사실 동류가 아닌 것들을 어떻게 식별하는지 묻는 것이나 흼과
25 검음처럼 반대인 것들을 어떻게 식별하는지 묻는 것이 무슨 차이가 있는가? 그러니 A흼이 B검음과 맺고 있는 것과 같은 관계를 [이것들이 서로 맺고 있는 것과 같은 관계대로] C가 D와 맺

고 있다고 하면, 결국 교차되기도 할 것이다. 이제 만일 CD가 하나에 속해 있는 것들이라면 다음과 같을 것이고, AB도 그러할 것이다. 즉, 한편으로 하나의 같은 것이고, 다른 한편으로 ~임에서는 같은 것이 아닐 것이다. 저것들 또한 마찬가지이다.[675] A가 431b 달콤함이고 B가 흼이어도 똑같은 설명이 적용될 것이다.

사유 능력은 심상들 안의 형상들을 사유하거니와, 저것들의 경우에[676] 추구될 것과 회피될 것이 이 능력에 의해 규정되듯, 감각 바깥에서도 이 능력은 심상들과 연관될 때면 움직여진다.[677] 예컨대 우리가 봉화를 '불이다' 하고 감각하며 봉화의 운동을 5 공통 감각[678]으로써 보고 있을 때 '적이다' 하고 알아보지만, 다른 때 우리는 영혼 안의 심상들이나 사유된 것들을 가지고서, 마치 보고 있는 듯이, 미래의 것들을 현재의 것들에 비추어 헤아리고 숙고한다. 그리고 저기서처럼[679] 쾌락적인 것이라거나 고통스러운 것이라 말하는 때면 여기서도[680] 우리는 회피하거나 추구하고, 일반적으로 하나를[681] 행할 것이다. 행동이 따르지 않는 것, 즉 10 참인 것이나 거짓인 것도 좋은 것이나 나쁜 것과 동일한 부류에 든다.[682] '단적으로'와 '누군가에게'라는 점에서만큼은 다르지만 말이다.[683]

그리고 추상을 통해 말해지는 것들을 사유 능력은 다음과 같은 식으로 〈사유한다.〉 오목코를 오목코인 한에서가 아니라 오목함인 한에서 분리시켜 사유한다면 오목함이 들어 있는 살 없이 15

사유했을 그런 식으로 말이다. 사유 능력은 그런 식으로 수학적 대상들을 사유하거니와, 이 대상들은 분리되어 있지 않음에도, 사유 능력이 이 대상들을 〈이 대상들인 한에서〉 사유할 때면 분리되어 있는 것들로서 사유하고 있다.

일반적으로 활성태상의 지성은 그 대상들이다. 지성 자신이 크기에서 분리되어 있지 않은 채로 분리되어 있는 무언가를 사유할 수 있는가 없는가에 대해서는 나중에 검토해야 한다.[684]

8장

영혼은 존재하는 모든 것들이다

이제 영혼에 관해 언급한 것들을 간추려서, 어떤 식으로 영혼은 존재하는 모든 것들이라고 다시 한 번[685] 말하자. 왜냐하면 존재하는 것들은 감각되는 것들이거나 아니면 사유되는 것들인데, 어떤 식으로 앎은 알려지는 것들이고 감각은 감각되는 것들이기 때문이다. 하지만 어떤 식으로 이러한지를 탐구해야 한다. 431b20

앎과 감각은 해당 대상들에 상응하게 나뉜다. 즉, 가능태의 앎과 감각은 가능태의 해당 대상들에, 현실태의 앎과 감각은 현실태의 해당 대상들에 상응하게 나뉜다. 그리고 영혼의 감각 능력과 앎의 능력은 가능태에서 해당 대상들이다.[686] 즉, 앎의 대상이요, 감각 대상이다. 그런데 이 능력들은 사물들 자체이거나 아니면 그 형상들이거나 할 수밖에 없다. 물론 사물들 자체는 아니다. 왜냐하면 영혼 안에 돌이 있는 게 아니라 돌의 형상이 있는 25

432a 것이기 때문이다. 따라서 영혼은 마치 손과 같다. 손은 도구들의 도구이고,[687] 지성은 형상들의 형상이며, 감각은 감각되는 것들의 형상이기 때문이다.

그런데 보기에도 그렇듯, 감각되는 크기들과 따로 분리되어서
5 는 그 어떤 대상도 존재하지 않으므로, 사유 대상들은, 추상을 통해 말해지는 것들도 감각되는 크기들의 소유상태와 성질인 모든 것들도,[688] 감각되는 형상들에 내재한다. 이런 까닭에 아무것도 감각하지 않고서는 전혀 배우지도 이해하지도 못할 것이고, 관조할 때조차 필히 어떤 심상을 동시에 주시하고[689] 있어야 한다. 실로 심상들은, '질료 없이'라는 점을 제외하면,[690] 마치 감각인상들 같다.[691]

10 그런데 상상은 진술[692]이나 부정 진술과 다르다. 왜냐하면 참인 것이나 거짓인 것은 사유된 것들의 조합이기 때문이다. 하지만 사유된 첫 번째 것들은[693] 심상들과 무슨 차이가 있을 것인가? 혹은 다음이 아닐까?[694] 사유된 첫 번째 것들[695] 역시 심상들은 아니지만, 심상들 없이는 존재하지 않는다.

9장

이동 능력의 후보들, 결정의 어려움

그런데 동물의 영혼이 두 능력에 따라, 즉 사고와 감각의 기능 432a15 인 식별 능력으로써 그리고 또 장소적 운동에 있어 운동을 일으킴으로써 정의되었으므로,[696] 감각과 지성에 관해서는 위와 같은 만큼으로 규정된 것으로 하고, 운동을 일으키는 것에 관하여 그것이 대체 영혼의 무엇인지를 검토해야 한다. 즉, 그것이 크기에서 아니면 규정에서 분리될 수 있는 어떤 하나의 영혼 부분인지 20 혹은 영혼 전체인지, 그리고 만일 어떤 부분이라면 통상 말해지는 것들과 우리가 앞서 언급한 것들 이외의 특이한 어떤 것인지 혹은 그것들 가운데 어떤 하나인지를 검토해야 한다.

하지만 영혼의 부분들을 어떤 식으로 논해야 하는가, 그리고 부분들이 얼마나 많다고 해야 하는가에서 곧장 난제가 생긴다. 왜냐하면 어떤 방식으로는 부분들이 한정되지 않는 것으로 보

25 이지,[697] 일부 사람들이 구분해서 주장하는 것들인 헤아리는 부분과 기개를 발하는 부분 및 욕망하는 부분만 있다거나 또 일부 사람들이 주장하는 것들인 이성을 지닌 부분과 비이성적 부분만 있는 것으로 보이지가 않기 때문이다.[698] 사실 그들이 그 부분들을 분리할 때 의거하는 차이들에 따르자면, 그 부분들이 갖는 것보다 더 큰 간격을 갖는 다른 부분들도 분명 있거니와, 이 부분들은 우리가 지금껏 언급한 것들이다. 즉, 영양 활동을 하는 부분이 있는데, 이것은 식물에게도 모든 동물에게도 있는 부분
30 이다. 또 감각하는 부분도 있는데, 이것은 비이성적인 것으로 놓기도 이성을 지닌 것으로 놓기도 쉽지 않은 부분이다. 나아가 상
432b 상하는 부분도 있는데, 이것은 ~임에서 여타의 모든 부분들과 다르지만, 영혼의 부분들이 분리되어 있다 친다면 그것들 가운데 무엇과 동일하고 무엇과 다른지가 큰 난제가 되는 부분이다. 또 이 부분들에 더하여 욕구하는 부분도 있으며, 이것은 규정에서도 능력에서도 모든 것들과 다르다고 여겨질 수 있을 부분이다.
5 그리고 이 부분을 찢는 것은 실로 이상하다. 왜냐하면 헤아리는 부분에서는 바람이, 비이성적 부분에서는 욕망과 기개가 일기 때문이며, 영혼이 세 부분이라면 그 각각에 욕구가 있을 것이기 때문이다.[699]

그럼 이제 우리의 논의가 대상으로 삼았던 바, 장소에 있어서 동물의 운동을 일으키는 것은 무엇인가? 사실 성장과 쇠퇴에서

의 운동은 모두에게 있으므로, 이 운동은 모두에게 있는 부분, 즉 10
생식하고 영양 활동을 하는 부분이 일으킨다고 여겨질 수 있다.
그리고 들이쉼과 내쉼 그리고 잠과 깨어 있음에 관해서는 나중
에 살펴보아야 한다.[700] 이것들에도 큰 난제가 있기 때문이다.
오히려 우리는 장소적 운동과 관련하여, 어딘가로 나아가는 운
동에 있어서[701] 동물의 운동을 일으키는 것이 무엇인지를 검토해
야 한다.

영양 능력은 아님이 명백하다. 왜냐하면 어딘가로 나아가는 15
운동은 항시 무언가를 위한 것이기도 하고 상상과 욕구를 동반하
기도 하기 때문이다. 욕구하거나 회피하지 않고 있다면 그 어떤
동물도 강제에 의해서가 아닌 한 움직여지지 않으니까 말이다.
게다가 만일 그렇다면, 식물들 역시 어딘가로 나아가는 운동을
일으킬 수 있게 되고, 이 운동을 위한 도구적인 어떤 부분을 갖
게 되고 말 것이다.[702]

이와 마찬가지로 감각 능력도 아니다. 왜냐하면 동물들 중에 20
는 감각을 지니지만 내내 고착되어 있으며 움직여지지 않는 많
은 것들이 있기 때문이다. 그렇다면,[703] 만일 자연은 그 무엇도
헛되게 행하지 않고 불구인 동물과 불완전한 동물의 경우를 제
외하고는 필수적인 그 어떤 것도 빠뜨리지 않는다면, 그런데 저
러한 동물들은[704] 완전하고 불구가 아니라면(생식을 할 수 있고
완숙과 쇠퇴를 가진다는 것이 그 표지이다), 결국 저러한 동물 25

들이 어딘가로 나아가기 위한 도구적 부분들도 갖게 되고 말 것이다.

그렇다고 이 운동을 일으키는 것이 헤아리는 능력이나 이른바 지성인 것도 아니다. 왜냐하면 관조적 지성은 행해질 수 있는 것을 전혀 관조하지 않고, 회피될 것과 추구될 것에 관해 아무 말도 하지 않는 반면,[705] 항시 이 운동은 무언가를 회피하고 있거나 무언가를 추구하고 있는 자가 하는 것이기 때문이다. 하지만 관 30 조적 지성은, 그러한 어떤 것을 관조하고 있을 때조차 회피하거나 추구하라고 직접 명령하지 않는다. 예컨대 두렵거나 쾌락적인 어떤 것을 종종 사고하면서도, 두려워하라고 명령하지는 않 433a 는 것이다. 비록 심장이 움직여지고, 그것이 쾌락적이라면 다른 어떤 부분이 움직여지지만 말이다.[706] 게다가 무언가를 회피하거나 추구하라고 지성이[707] 지시하고 사고가 말하는데도, 우리는 움직여지지 않고 오히려 욕망에 따라 행동한다. 자제하지 못하는 자가 그러하듯이 말이다. 그리고 일반적으로, 우리는 의술을 5 지닌 자가 치료하지 않는 것을 보는데, 이는 앎에 부합하게 행동함에서 주요한 것이 앎이 아니라 다른 어떤 것이어서 그렇다.

그렇다고 이 운동에서 욕구가 주요한 것도 아니다.[708] 왜냐하면 자제하는 자들은 욕구하고 욕망하면서도, 욕구하는 바를 행하는 게 아니라[709] 지성을 따르기 때문이다.

10장

이동 능력으로서 욕구

하지만 이것들 둘, 즉 욕구 아니면 지성이 운동을 일으킨다는 것만큼은 분명하다. 상상을 일종의 사유로 놓는다면 말이다.[710] 433a10 왜냐하면 많은 사람들이 앎에 반하여 상상들을 따르고, 다른 동물들에게는 사유가 없고 헤아림도 없지만 상상은 있기 때문이다. 그러므로 이것들, 즉 지성과 욕구 둘 다[711] 장소에서 운동을 일으킬 수 있는데, 이 지성은 무언가를 위해 헤아리는 지성이자 실천적인 지성이고, 목적에서 관조적 지성과 차이가 난다. 그런데 욕 15 구도 모두 무언가를 위한 것이다. 욕구가 대상으로 삼는 것, 바로 이것이 실천적 지성의 출발점이고, 그 끝은 행동의 출발점이기 때문이다.[712] 따라서 이것들 둘, 즉 욕구와 실천적 사고가 운동을 일으키는 것들로 보이는 좋은 이유가 있다. 욕구 대상이 운동을 일으키고, 그로 인해 사고가 운동을 일으키는데, 이는 욕구

대상이 사고의 출발점이기 때문이니까 말이다. 상상 또한, 운동을
20 일으킬 때, 욕구 없이는 운동을 일으키지 못한다. 그렇다면 운동
을 일으키는 것은 어떤 하나, 즉 욕구 능력[713]이다. 만일 지성과 욕
구, 이 둘이 운동을 일으킨다면, 이것들은 어떤 공통의 형상에[714]
따라 운동을 일으키게 되고 말 것이기 때문이다. 하지만 실상,
지성은 분명 욕구 없이는 운동을 일으키지 못하는 반면(바람은
욕구이니, 누군가 헤아림에 따라 움직여지고 있다면 바람에 따
25 라서도 움직여지고 있는 것이니까), 욕구는 헤아림에 반해서도
운동을 일으킨다. 욕망이 욕구의 일종이기 때문이다. 지성은 모든
경우에 옳지만, 욕구와 상상은 옳을 수도 있고 옳지 않을 수도 있
다. 이런 까닭에 항시 욕구 대상이 운동을 일으킨다. 그런데 이 대
상은 좋은 것 아니면 좋아 보이는 것이고, 좋은 것 모두가 아니라
30 행해질 수 있는 좋은 것이다. 그리고 행해질 수 있는 것은 다르게
도 될 수 있는 것이다.[715]

그러므로 영혼의 이러한 능력, 이른바 욕구가 운동을 일으킴
433b 이 분명하다. 그리고 영혼을 부분들로 나누는 자들에게는, 능력
들에 따라 나누고 분리한다면, 매우 많은 부분들이 있게 되거니
와, 영양 활동을 하는 부분, 감각하는 부분, 사유하는 부분,[716]
숙고하는 부분, 나아가 욕구하는 부분이 그것이다. 왜냐하면 이
것들은 욕망하는 부분과 기개를 발하는 부분이 상이한 것보다 더
5 상이하기 때문이다. 그런데 서로 반대되는 욕구들이 일고, 이는

이성과 욕망들이 반대될 때마다 벌어지는 일이며, 시간에 대한 감각을 갖는 자들에게서 생기는 일이다(지성은 미래 때문에 저항하라 하는 반면, 욕망은 당장의 것 때문에 추구하라[717] 하기 때문이다. 당장 쾌락적인 것이 단적으로 쾌락적인 것으로 또 단적으로 좋은 것으로 나타나서 이러한데, 이는 미래를 보지 못해서 10 이니까). 이러하므로 종적으로는 운동을 일으키는 것이 하나, 즉 욕구 능력인 한에서의 욕구 능력일 것이고—그런데 모든 것들 중 첫 번째는 욕구 대상일 것이다. 왜냐하면 욕구 대상은 움직여지지 않은 채, 사유됨으로써 또는 상상됨으로써,[718] 운동을 일으키기 때문이다—, 수적으로는 운동을 일으키는 것들이 여럿일 것이다.[719]

그런가 하면, 셋이 있는데, 하나는 운동을 일으키는 것이고, 두 번째는 이것이 무언가를 가지고서 운동을 일으키는 바로 그 무언가이며, 나아가 세 번째는 움직여지는 것이다. 운동을 일으키는 것은 두 가지이니, 하나는 움직여지지 않는 것이고, 다른 하나는 15 운동을 일으키며 움직여지는 것이다. 움직여지지 않는 것은 행해질 수 있는 좋은 것이고,[720] 운동을 일으키며 움직여지는 것은 욕구 능력이며(왜냐하면 움직여지는 것은[721] 욕구하는 한에서 움직여지고, 활성태의 욕구는 일종의 운동이기 때문이다[722]), 움직여지는 것은 동물이다. 그리고 욕구가 운동을 일으킬 때 도구로 삼는 것,[723] 이것이 비로소 물체적인 것이다. 이런 까닭에 이것에

20 관해서는 몸과 영혼의 공통적인 일들을 통해 고찰해야 한다.[724] 그래도 지금 요약해서 말하자면, 도구적으로 운동을 일으키는 것은 동일한 것이 시초이자 끝인 곳에, 이를테면 경첩 관절에 있다. 왜냐하면 여기서는 볼록한 것과 오목한 것이 끝이고 시초이며(이 때문에 후자가 정지해 있고 전자가 움직여진다), 규정에서는
25 다르지만 크기에서는 분리될 수 없기 때문이다.[725] 모든 것은 밀기와 당기기에 의해 움직여지니까 말이다.[726] 이런 까닭에, 원의 경우에서처럼, 무언가는 머물러 있어야 하고, 그것으로부터 운동이 시작되어야 한다.[727]

이러하니 일반적으로, 앞서 언급되었듯, 욕구할 수 있는 바로 그러한 한에서의 동물이 자신의 운동을 일으킬 수 있다. 하지만 상상 없이는 욕구할 수 없다. 그리고 모든 상상은 이성적이거나[728]
30 아니면 감각적이다. 그러므로 후자는 다른 동물들도 공유한다.

11장

불완전한 동물의 이동, 감각적 상상과 숙고적 상상

하지만 불완전한 동물들,[729] 즉 촉각으로만 감각하는 동물들과 관련해서도 운동을 일으키는 것이 무엇인지, 이들에게 상상이, 또 욕망이 있을 수 있는지 없는지를 검토해야 한다. 사실 이 동물들에게 고통과 쾌락이 내재함은 분명하다. 그런데 고통과 쾌락이 내재한다면, 욕망도 내재함이 필연적이다. 하지만 어찌 이 동물들에게 상상이 내재할 수 있겠는가? 혹은 다음이 아닐까? 이 동물들이 불특정하게 움직여지듯,[730] 그것들[731] 역시 이 동물들에게 내재하되 그처럼 불특정하게 내재한다.

434a

5

그렇다면 감각적 상상은, 앞서 언급했듯,[732] 다른 동물들에게도 있는 반면, 숙고적 상상은 헤아릴 수 있는 동물들에게 있다 (왜냐하면 이것을 할지 저것을 할지는 이미 헤아림이 맡는 일이기 때문이다. 그리고 필연적으로 하나를 가지고서 잰다. 우리는[733]

더 큰 것을 추구하기 때문이다. 그래서 우리가 여럿의 심상들로
10 부터 하나의 것을 만들어 낼 수 있는 것이다[734]). 그리고 이것이
저 동물들에게[735] 의견이 없어 보이는 이유이다. 즉, 저 동물들에
게는 추론에서 생기는 상상이 없[는데, 이 상상이 의견을 지니]
기 때문인 것이다.[736] 이런 까닭에 욕구에는 숙고 능력이 없다.[737]
그리고 어떤 때는 이 욕구가 저 욕구를, 또 어떤 때는 저 욕구가
이 욕구를 이기고 운동을 일으키거니와, 자제하지 못함이 발생
할 때마다 마치 공이 〈공에게〉 하듯[738] 이 욕구가 저 욕구를 이기
고 운동을 일으킨다. 그러나 본성적으로는 늘 상위의 욕구가 더
15 지배적이고 이것이 운동을 일으킨다. 그래서 이제 이동에 있어
서의 움직여짐이 세 가지이다.[739] 하지만 아는 능력은[740] 움직여지
지 않고, 오히려 머물러 있다.

그런가 하면, 보편적인 것에 대한 상정[741]과 명제가 있고 개별
적인 것에 대한 상정과 명제가 있으므로(전자는 이러이러한 사
람은 그러그러한 것을 행해야 한다고 말하고, 후자는 이것은 그
러그러한 것이고 나는 이러이러한 사람이라고 말하니까), 보편
적인 것에 대한 의견이 아니라 개별적인 것에 대한 의견이 운동
20 을 일으키거나, 아니면 둘 다 운동을 일으키되 전자는 더 정지해
있는 채로 일으키고 후자는 그렇지 않은 채로 일으킨다.[742]

12장

영혼 능력들의 목적론적 질서

살고 있고 영혼을 지니는 것이라면 모두, 발생에서부터 소멸에 이르기까지, 영양혼을 필연적으로 지닌다. 왜냐하면 발생한 것은 필연적으로 성장과 완숙과 쇠퇴를 갖는데, 이것들은 영양분 없이는 불가능하기 때문이다.[743] 그러므로 영양 능력은 자라고 434a25 쇠퇴하는 것들 모두에 반드시 내재해야 한다. 하지만 감각이 사는 것들 모두에 반드시 내재해야 하는 것은 아니다. 왜냐하면 몸이 단순한 생물들이[744] 감각을 가질 수도 없고, [이것 없이는 아무 동물도 존재할 수 없으며,][745] 형상들을 그 질료 없이 받아들이지 못하는 생물들이[746] 감각을 가질 수도 없기 때문이다. 하지 30 만 동물은 필히 감각을 가져야 하고, 〈이것 없이는 아무 동물도 30a 존재할 수 없다.〉 자연이 그 무엇도 헛되게 행하지 않는다면 말이다. 왜냐하면 자연적인 모든 것들은 무언가를 위해 있고, 그렇지 않은 것들이라도 무언가를 위한 것들에 딸려 생긴 바일 것이기 때문이다.[747] 어딘가로 나아갈 수 있으나 감각을 갖지 않는 몸
434b 이라면, 모두 소멸할 것이고 완성에 이르지 못할 것이다. 이것이 자연의 일인데 말이다.[748] (왜냐하면 어떻게 영양분을 공급받겠는가? 고착되어 지내는 것들에게는 그것들이 태어난 곳으로부터 영양 공급이 있지만,[749] 고착되어 지내지 않는 몸이면서 발생하는[750] 몸이 영혼과 식별하는 지성을 갖는데 감각을 갖지 않을 수는 없는 것이다. ―그렇다고 발생하지 않는 몸이 그럴 수 있는 것도
5 아니다.[751] 무슨 까닭에 감각을 갖지 않겠는가?[752] 영혼에 아니면 몸에 더 좋아서일 텐데, 실상은 어느 쪽도 아니다. 감각을 갖지 않는다 해서 영혼이 더 잘 사유할 것도 아니고 몸에 더 잘될 것도 없기 때문이다.) 이러하다면, 고착되어 지내지 않는 그 어떤 몸도 감각 없이 영혼을 지니지는 않는다.

또한 감각을 갖는다면, 그 몸은 단순한 것이거나 아니면 혼합
10 된 것이어야 한다. 그런데 단순할 수는 없다. 단순하다면 촉각을 갖지 않을 텐데, 촉각은 필수적으로 가져야 하기 때문이다. 이는 다음에서 명백히 드러난다. 동물은 영혼이 깃든 물체이고, 물체는 모두 접촉되는 것이며, 접촉되는 것은 촉각으로 감각되는 것이므로, 동물이 자신을 보존하려면 동물의 몸은 필히 감촉할 수
15 있는 것이기도 해야 한다.[753] 왜냐하면 여타 감각들, 이를테면 후각과 시각 및 청각은 다른 것들을 통해[754] 감각하지만, 무언가와

접촉하고 있는 것이 감각을 갖지 않는다면 어떤 것들은 회피하고 또 어떤 것들은 취하고 할 수가 없을 테고, 만일 이러하다면 동물이 자신을 보존하는 것은 불가능할 것이기 때문이다.

이런 까닭에 미각도 일종의 촉각 같은 것이다. 미각은 먹이를 대상으로 하는데, 먹이가 접촉되는 물체이니까 말이다. 하지만 소리와 색깔과 냄새는 영양분을 공급하지 않고, 성장도 쇠퇴도 20 야기하지 않는다. 따라서 미각도 일종의 촉각임이 틀림없거니와, 이는 접촉되고 영양분을 주는 것에 대한 감각이 미각이기 때문이다.

이러하니, 이 감각들은[755] 동물에게 필수적이고, 촉각 없이는 동물이 존재할 수 없음이 분명한 반면, 여타 감각들은 잘 살기 위한 것이고, 또 동물들 중 아무 부류에나 있는 것이 아니다. 여타 감각들은 오히려 특정 동물들에게, 이를테면 어딘가로 나 25 아갈 수 있는 부류에게 반드시 있어야 한다. 이들이 자신을 보존하려면, 접촉하면서뿐만 아니라 멀리서부터도 감각해야 하기 때문이다. 그리고 멀리서부터의 감각은, 다음과 같다면 일어날 수 있을 것이다. 즉, 매체가 감각 대상에 의해 영향 받아 움직여지고 또 매체에 의해 동물이 영향 받아 움직여짐으로써 동물이 매체를 통해 감각할 수 있다면 말이다. 왜냐하면 장소에서 운동을 30 일으키는 것이 어느 지점까지 변화를 야기하고, 다른 것을 민 것이 그 다른 것으로 하여금 또 무언가를 밀게 하는데, 이 운동은 중간의 것을 통해 일어나며, 운동을 일으키는 첫 번째 것은 밀지 만 밀리지 않고, 마지막 것은 밀리기만 할 뿐 밀지 않는 반면, 중간 것은, 여럿의 중간 것들이 있지만,[756] 밀리기도 하고 밀기도 하
435a 듯, 변이의 경우도 이와 같은 식이기 때문이다. 동일한 장소에 머물러 있으면서 변이한다는 점을 제외한다면 말이다. 예컨대 누군가 무언가를 밀랍에 담근다면, 그것을 담근 데까지 밀랍이 움직여질 것이다. 돌은 전혀 움직여지지 않겠지만, 물은 멀리까지
5 움직여질 것이다. 그런데 공기가 가장 많이 움직여지고[757] 영향을 주며 영향을 받는다. 공기가 머물러서 하나로 있다면 말이다.[758]

이런 까닭에 반사와 관련해서도, 시각이 나가서 반사된다고 하는 것보다 공기가 형태와 색깔에 의해, 공기가 하나로 있는 바로 그 지점까지, 영향 받는다고 하는 게 더 낫다. 그런데 공기는 매끄러운 것[759]의 표면에서 하나로 있고, 그렇기에 공기가 다시
10 금 시각의 운동을 일으킨다. 마치 밀랍 안의 문양이 경계에까지 전해지듯이 말이다.[760]

13장

영혼 능력들의 목적론적 질서에 부합하는 몸

동물의 몸이 단순한 것일 수 없다는 점, 그러니까 내 말은 예컨대 불로 된 것이라거나 공기로 된 것일 수 없다는 점은 분명하다. 왜냐하면 촉각 없이는 여타의 그 어떤 감각도 지닐 수 없는데 (앞서 언급했듯,[761] 사실 영혼이 깃든 물체는 모두 감촉할 수 있다), 흙 이외의 다른 원소들이 감각 기관들을 이룰 수 있지만[762] 그 기관들은 모두 다른 것을 통해 즉 매체를 통해 감각함으로써 감각을 산출하는 반면, 촉각은 대상들과 접촉함에 의한 것이고[763] 이런 까닭에 촉각이라는 이름도 갖는 것이기 때문이다. 여타 감각 기관들도 접촉으로써 감각하지만, 다른 것을 통해 감각한다.[764] 그리고 촉각만이 자신을 통해 감각하는 것으로 보인다.[765] 따라서 동물의 몸은 이러한 원소들 중 어느 하나일 수 없을 것이다.[766] 435a15 20

동물의 몸은 흙으로 된 것일 수도 없을 것이다.[767] 왜냐하면 촉각은 접촉되는 모든 것들에 대해 중간 같은 것이고,[768] 그 기관은 흙의 차별적 성질인 것들뿐 아니라[769] 뜨거움도 차가움도 또 접촉되는 다른 모든 것들도 받아들일 수 있기 때문이다. 그리고
25 그 때문에 우리는 뼈나 털이나 이와 같은 부분들로써는 감각하지 못하는데, 이것들이 흙으로 되어 있어서 그렇다. 또 그 때문
435b 에 식물은 아무 감각도 갖지 않거니와, 식물이 흙으로 되어 있고, 촉각 없이는 다른 어떤 감각도 있을 수 없으며, 촉각 기관은 흙으로 된 것도 아니고 여타 원소들 중 어느 하나로 된 것도 아니어서 그렇다.

그러므로 이 감각만큼은 동물들이 결여하면 죽을 수밖에 없음
5 이 분명하다. 동물이 아닌데 이 감각을 지닐 수도 없고, 동물이라고 이 감각을 제외한 다른 감각을 필수적으로 지녀야 하는 것도 아니기 때문이다. 그리고 여타 감각 대상들은, 이를테면 색깔이나 소리나 냄새는 그 과도함으로써 동물이 아니라 감각 기관
10 들만 파괴하고(소리와 동시에 밀기나 타격이 생기는 것과 같은 부수적인 경우가 아니라면 말이다),[770] 보이는 것들이나 냄새에 의해 다른 것들이 움직여지면 이 다른 것들이 접촉을 통해 파괴를 낳는 반면에(맛 또한 그것이 접촉하는 것으로 되는 일이 동시에 일어나는 바로 그러한 한에서 파괴를 낳는다),[771] 뜨겁거나 차갑거나 단단한 것과 같은 촉각 대상들의 과도함은 동물을 없
15 애 버리는 이유가 여기에 있다. 어떤 감각 대상이든 그 과도함은

감각 기관을 없애 버리고, 그래서 촉각 대상도 촉각을 없애 버리는데, 바로 이 촉각으로 동물이 한정되기 때문이다. 촉각 없이는 동물이 존재할 수 없음을 우리가 보인 바 있으니까 말이다.[772] 이런 까닭에 촉각 대상들의 과도함은 그 감각 기관뿐 아니라 동물까지 파괴하거니와, 동물이 촉각만큼은 필수적으로 지녀야 해서 그렇다.

그리고 앞서 언급되었듯,[773] 동물이 여타 감각들을 지니는 것 20 은 존재하기 위해서가 아니라 잘 존재하기 위해서이다. 이를테면 동물은 공기나 물속에서, 일반적으로 투명한 것 속에서 지내므로 보기 위해 시각을 지니고, 먹이 안에 든 것을 감각하고 욕망하며 움직이기 위해 쾌락적인 것과 고통스러운 것으로 말미암아 미각을 지니며, 무언가가 자신에게 신호가 되도록 하기 위해 청각을 지[니고, 다른 동물에게 어떤 신호를 주기 위해 혀를 지] 25 닌다.[774]

주석

1 '앎'으로 옮긴 원어는 eidēsis이다. 이 용어는 아리스토텔레스 저서 전체를 통틀어 여기에 단 한 번 등장한다. 학문적인 앎 일반을 포괄적으로 가리키는 것으로 보이고, 몇 줄 아래 402a5에 나오는 '인식(gnōsis)'과 사실상 같은 뜻으로 쓰였다.

2 우선 『형이상학』에 따르면, 학문은 크게 이론 철학과 실천 철학과 제작학으로 나뉜다. 이론 철학에는 신학(제일 철학)과 자연학과 수학이 속하고, 실천 철학에는 윤리학과 정치학 등이 속하며, 제작학에는 시학과 수사학 등이 속한다. 이론 철학에서 실천 철학으로 또 제작학으로 갈수록 그 대상의 가변성이 커지고, 그래서 엄밀성도 덜하다. 이러한 구도에서 아리스토텔레스는 영혼에 관한 탐구 일부를 자연학에 포함시킨다(Met. 6.1, 1026a5~6). 그가 자연학에 포함시키지 않은 나머지 일부는, 몸과 무관하게 영혼 자체에만 고유한 어떤 속성이 있다고 할 때(DA 1.1, 403a4)의 그 속성(예: 사유함)에 대한 탐구 등인데, 이는 신학(제일 철학)이 할 일이겠다(PA 1.1, 641a18~641b10 참조). 이제 본문으로 오면, 여기서도 마찬가지로 그는 영혼에 관한 탐구를 이론 철학에 위치시키고 있다. 그리고 이론 철학 중에서도 자연학에 포함시키고 있음이 본문의 바로 다음

문장에 나타난다. 나아가 영혼에 관한 탐구 일부만큼은 자연학에 포함시키지 않으려는 그의 의중 또한 잠시 후 유보적 표현을 통해 나타날 것이다(403a28).

3 '생물'로 옮긴 원어는 to zōion이다. 선배 철학자들이 이 단어를 쓸 때는 대체로 동물만 가리켰지만, 아리스토텔레스는 식물도 포함시켜 생물 일반을 가리키곤 한다. 앞으로 '생물'과 '동물' 중에 맥락에 맞는 번역을 택할 것이다. 그리고 영혼에 관한 탐구가 자연에 관한 진리에 크게 기여하는 이유는 이렇다: 모든 생물은 어떤 원리를 갖고 있기에 종(種)마다 나름의 방식으로 살아가는데, 이러한 삶의 원리가 영혼이다. 그리고 이 원리를 가지고서 생물이 살아가며 하는 일들은 대체로 변화/운동과 정지로 가시화된다. 그런데 모든 자연적 존재자들의 변화/운동과 정지를 소재로 삼아 그 원리인 자연(본성, physis)을 탐구하는 학문이 바로 자연학이다. 따라서 영혼에 관한 탐구는 자연학적 진리에 크게 기여한다.

4 '본성(physis)'과 '본질(ousia)'이 이렇게 연달아 나올 때 동의어로 쓰이곤 하기 때문에(Met. 1019a2, 1053b9, 1064b11; Phys. 2.1, 193a9; DC 2.4, 286b11 등), 여기에서도 그러리라 추측할 수 있다. 어떤 것의 본질은 그것의 정체성(identity)이고, 이를 표현하는 말이 곧 정의(horismos, horos, 좁은 의미의 logos)이다(An. Post. 2.10, 93b29 참조).

5 '무엇임(to ti esti)'은 'X는 무엇인가?'의 대답으로서, 본질일 수도 있고 유(genos)일 수도 있다(Cat. 5 참조). 단, 이곳의 무엇임은 본질을 뜻한다고 보아야 한다. 왜냐하면 잠시 후 402a14~17에서 본질과 무엇임이 교체되며 쓰이기 때문이다.

6 '증명(apodeixis)'은 추론(syllogismos)의 한 종류로서, 어떤 참인 전제들로부터 어떤 결론이 필연적으로 도출됨을 보이는 것이다. 예를 들어 우리는 삼각형과 평행선 등에 대한 참된 정의들로부터 삼각형 내각의 합은 이직각이라는 결론이 필연적으로 도출됨을 보일 수 있다. 여기서 그 결론이 '부수하는 고유한 것들'에 속한다(Met. 5.30, 1025a31~32 참조). 한편, 우리가 이러한 증명을 수행하려면 참인 전제들부터 갖고 있어야

하는데, 이 전제들 가운데 핵심인 것이 정의이다. 그래서 우리는 정의부터 찾아야 한다. 앞 단락의 후반부에서 아리스토텔레스가 "우리는 영혼의 본성이자 본질부터 알고자 한다"고 말한 이유가 여기에 있다. 그런 다음에야 증명을 통해 '부수하는 고유한 것들'을 도출할 수 있다는 것이다. 쉽게 말해, 영혼이 무엇인지부터 알아야, 분리 가능 여부에 대한 답도 도출할 수 있다. 이 밖에 증명으로서의 추론과 변증술적 추론(dialektikos syllogismos) 및 쟁론적 추론(eristikos syllogismos)의 비교로 An. Post. 1.2와 Top. 1.1 참조.

7 사실 이는 아리스토텔레스가 인정하지 않는 방법이다. '부수하는 고유한 것들'이 본질이나 정의로부터 증명되지, 본질이나 정의 자체는 증명되지 않는다(Met. 6.1, 1025b14; 11.1, 1059a30~31).

8 유를 종들로 나눠서, 더 이상 나뉠 수 없는 최하위 종까지 가는 방법을 뜻한다.

9 로디에(Rodier)는 일례로 '귀납(epagōgē)'을 꼽는다(1900, p.11; An. Post. 2.19, 100b3~4).

10 13~14세기의 주석가 소포니아스는 이를 다음과 같이 좁게 해석한다(Sophonias, 1883, 4.37): 어떤 유(genos)와 종차(diaphora)로 이루어진 정의로부터 증명해 가야 하는가에서 우리는 헤매게 된다. '방식'이 분명하다 해도, 정의의 '내용'을 확정하기 어려워 헤매게 된다는 해석이다. 한편, 힉스는 '무엇'을 귀납을 위한 개별자들로 볼 가능성도 열어 놓는다(Hicks, 1907, p.182).

11 소포니아스의 풀이는 여전히 다음과 같다(Sophonias, 1883, 4.37~5.2): 이곳의 '출발점(archē)들'은 정의를 이루는 '유'와 '종차'를 뜻한다(Met. 3.3, 998b5; Top. 1.8, 103b15~16 참조). 예컨대 수들과 면들은 유부터가 다르다. 수들은 불연속적인 양(to diōrismenon poson)에 들고, 면들은 연속적인 양(to syneches poson)에 들기 때문이다(Cat. 6, 4b22~24 참조).

12 '어떤 이것(tode ti)'은 '소크라테스'처럼 구체적 개별자(제1실체)를 의미

할 때도 있지만(Cat. 5, 3b10 이하), '사람'처럼 형상(제2실체)을 의미할 때도 있다(Met. 5.8, 1017b24~26). 여기서는 후자를 뜻한다.

13 '현실태'로 옮긴 entelecheia는 아리스토텔레스의 신조어다. 이 용어가 enteles(complete, full)와 echein(to have, to be)의 조합에서 나왔을 것이라 추측되는 만큼(Diels, 1916, p.202), 그 뜻은 '완성 상태, 완전한 상태, 목적/끝에 도달해 있는 상태'라 할 수 있다. 그래서 현대의 일부 연구자들은 'fulfillment'를 공식적인 번역어로 택한다(Makin, 2006; Beere, 2009). 그런데 이 번역이 어원을 잘 드러내는 것은 맞지만 때로는 독해를 더 어렵게도 만들기 때문에, 가능태와 짝으로 잘 읽히도록 옮긴이는 전통적인 번역어(현실태, actuality)를 택한다. 이 밖에 15세기의 인문학자 바르바루스(Barbarus)가 entelecheia를 'Perfectihabies'로 번역하여 완성/완전성을 표현했다가 사탄의 가르침을 받은 자로 간주되어 당대 사람들에게 비난받았다는 이야기도 전해진다(Diels, 1916, p.200; 라이프니츠, 『단자론』, §48 참조). 아리스토텔레스의 또 다른 신조어 energeia에 관해서는 2.2, 414a9~10 주석 259 참조.

14 테미스티오스의 해석처럼(Themistius, 1899, 3.17~18), '동종적이지 않다면 종에서만 차이가 나는지, 아니면 유에서까지 차이가 나는지도 검토해야 한다'라고 풀이할 수 있겠다.

15 아리스토텔레스가 신을 말, 개, 인간과 함께 묶어 서술한 것은, 그가 신도 '생(zōē)을 지닌다'고 여겼기 때문이다(Met. 12.7, 1072b26). 물론 그렇다고 신이 영양 활동이나 성장을 한다는 의미로 생을 지니는 것은 아니니(2.1, 412a14~15), 그가 엄격한 뜻에서 함께 묶어 생물이라 하지는 않았을 것이다. 어쩌면 그는 '지성'과의 유비를 염두에 두고서 의도적으로 이렇게 말했을 수 있다. 왜냐하면 지성 역시 여타 영혼들(또는 영혼의 여타 부분들)과 큰 차이를 갖지만 그래도 영혼이라 불리기 때문이다(3.4, 429a28의 '사유혼(hē noētikē [psychē])' 참조).

16 지금은 그저 문제를 제기하는 단계이므로 logos를 '정의'로 옮기지만, 앞으로는 맥락에 따라 정의보다 넓은 의미에서 '규정'이라고도 옮길 것이다.

맥락에 따라 달리 옮겨야 하는 이유는 이렇다: 2.3에서 아리스토텔레스는 온갖 영혼에 적용되는 하나의 logos가 있을 수 있다고 주장할 것이다(414b20~21). 단, 이렇게 주장될 logos는 엄격한 의미의 정의가 아니다. 즉, 보편자인 영혼에 대한 logos는 진정한 정의가 아니고, 보편자인 영혼도 진정한 정의 대상이 아니라 이차적인 것이다. 오히려 식물의 영혼/짐승의 영혼/인간의 영혼과 같은 종별 영혼에 대한 logos야말로 진정한 정의이다(414b25~33 참조).

17 '무엇임(to ti esti)'은 402a13에서처럼 본질을 뜻한다.

18 여기서 '출발점'은 402a22의 '출발점'과 달리 증명의 전제로서 본질 또는 정의를 뜻한다.

19 이 "속성(pathos)들"에는 영혼이 하는 모든 일들(ta erga), 예컨대 욕구하고 감각하는 일이나 사유하는 일 등도 포함되고(403a3~8), 영혼이 몸과 함께 겪어 갖게 되는 감정적 상태들도 모두 포함된다(403a24).

20 '영혼을 지닌 것'은 복합체인 생물을 가리킨다. 그리고 이 난제에 대한 한 가지 의견이 402a9~10에 소개된 바 있다. 그곳에서 아리스토텔레스는 영혼에만 고유한 속성이 있는 것 같다는 의견을 소개했는데, 이어질 논의에서는 그렇지 않을 수도 있다는 가능성까지 열어 놓을 것이다.

21 분리되는 것이(chōrizesthai) 가능하다거나 분리될 수 있다(chōrstē)는 표현들은 독립적으로 존재할 수 있음을 의미한다. 그리고 이곳 논의에는 영혼이 부분들로 나뉠 수 있음이 암묵적으로 전제되어 있다. 결국 이 문장은 다음을 뜻한다: 만일 영혼의 부분 중에 몸을 꼭 필요로 하는 부분도 있지만 단독으로 무언가를 행하거나 겪을 수 있는 부분도 있다면, 후자만큼은 몸으로부터 독립적으로 존재할 수 있다.

22 로스(Ross, 1961)가 청동을 생략하자고 제안한 이유는, 청동으로 된 현실의 구는 직선과 '점'에서 접촉하는 게 아니라 '면'에서 접촉하기 때문이다.

23 유원기를 따라 logos를 '형식(formula)'으로 옮겼다(2001, 75쪽 참조).

24 즉 그 속성이 질료 안에 구현되어 있는 형식인 그러한 영혼.

25 여기서 '자연학자'는 형상과 형식은 무시한 채 오직 질료만 가지고 영혼

의 속성을 정의하는 자로서, 아리스토텔레스가 인정하는 바람직한 자연학자가 아니다. 그가 인정하는 자연학자의 모습은 403b8~9에 언급된다.

26 열을 언급하는 이 부분(kai thermou)은 기원후 5세기에 삽입된 것이라는 보고가 있다(Polansky, 2007, p.57, n.46 참조).

27 '이것'은 변증론자가 제시하는 바를 가리킨다.

28 '사물 또는 사태'로 옮긴 원어는 한 단어 pragma이다. 이 책에서 '사물'은 무생물뿐 아니라 생물도 포함한다.

29 이는 앞에 소개된 것처럼 두 가지 방식의 정의가 제시되는 이유를 알려주는 문장으로 보인다.

30 세 가지 정의 방식 중에 첫 번째는 형상만 제시하는 방식이고, 두 번째는 질료만 제시하는 방식이며, 세 번째는 둘 다 제시하는 방식이다. 참고로 로스(Ross, 1961)는 hou를 삽입하여 'to eidos 〈hou〉 heneka tōndi'로 읽자고 제안했는데, 여기서는 삽입 없이 읽었다.

31 자연학자와 기술자라는 두 부류 모두 질료에서 분리될 수 없는 속성들을 분리될 수 없는 것으로 간주하며 탐구한다. 하지만 관심사에는 차이가 있다. 예를 들어 나무의 뿌리를 놓고서 자연학자는 그것이 나무의 생장에서 어떤 기능을 하고 땅으로부터 어떤 영향을 받는지에 관심을 기울이지만, 의사는 그것에 관심이 없고 그 뿌리가 어떤 약효를 내는가에 관심을 둔다는 것이다.

32 예를 들어 둥긂은 항상 어떤 물체에 들어 있는데, 수학자는 그 물체가 지닌 여러 자연적 성질들(예: 뜨거움이나 차가움)을 배제하는 식으로 둥긂을 추상하여 탐구한다. '추상(aphairesis)'에 관한 자세한 설명은 Met. 11.3, 1061a28 이하 참조.

33 이는 영혼에만 고유한 어떤 속성이 있다고 할 때의 그 속성(예: 사유함)으로 보인다(Bodéüs, 1993, p.87, n.3 참조).

34 즉 403a28로 돌아가야 한다. 403a29부터 아리스토텔레스는 논점을 다소 벗어나서 자연학자, 기술자, 수학자, 제일 철학자의 탐구 방식이 어디까지 비슷하고 어디서부터 다른지 이런저런 생각을 펼쳐 보았는데,

이제 이 논의를 접고 원래 논의로 돌아가자고 제안한다.

35 로스(Ross, 1961)가 넣은 houtōs achōrista를 택하지 않고, 필사본 SUΘΦ[lc]의 achōrista를 택했다.

36 이 마지막 문장은 다음과 같이 이해된다: 선이나 면과 같은 수학적 대상들은 자연적 질료에서 실제로 분리될 수 없지만, 사고를 통해 추상될 수는 있으므로 특정 종류의 물체와 무관하게 다루어질 수 있다. 수학자는 예컨대 머리가 둥근 것인지 공이 둥근 것인지 등과 무관하게 둥긂을 논할 수 있다. 반면, 기개나 두려움과 같은 영혼의 속성들은 특정 종류의 물체(예: 바로 이러이러한 신체)와의 연관성을 항상 지니고, 이 연관성은 사고를 통해서도 항시 고려된다.

37 이후 영혼이 가장 비물체적(asōmatōtaton)이라는 선배 철학자들의 생각이 하나 더 소개되는데(1.2, 405b11), 이를 고려해 '대략'이라고 언급한 것이다. 본문에 언급된 선배 철학자들의 생각은 그들이 직접 주장한 것이라기보다, 그들의 공통된 생각이라고 아리스토텔레스가 추론해 낸 사항으로 보인다.

38 원어는 kinoumenon이다. 사실 아리스토텔레스의 운동론에서 kinoumenon을 비롯하여 kineisthai에 상응하는 표현들은 모두 엄격히 말해 피동(被動), 즉 '움직여짐'을 뜻한다. 그리고 기동(起動), 즉 '(~의) 운동을 일으킴'을 뜻하는 용어는 kinoun을 비롯하여 kinein에 상응하는 표현들이다. 그의 운동론에서 kineisthai에 상응하는 표현들이 피동을 뜻하는 이유는 이 표현들이 항상 '~에 의해(hypo)'를 달고 다니기 때문이다(대표적인 곳으로 Phys. 7.1, 241b34; 8.4, 256a2~3 참조). 그런데 기동과 피동의 구분이 명확해지는 것은 선배 철학자 중 플라톤부터이므로(결정적인 곳으로 『파이드로스』, 245c~246a 참조. 또한 관련 있는 곳으로 『에우튀프론』, 10a 참조), 지금 본문에서 논의되고 있는 소크라테스 이전 철학자들에게까지 이 구분을 적용하는 것은 무리다. 지금 아리스토텔레스는 자신의 생각을 적극적으로 밝히고 있는 것이 아니라 통념을 소개하고 있고, 그중에서도 소크라테스 이전 철학자들의 견해를 살피고

있기 때문에, 옮긴이는 kineisthai에 상응하는 표현들을 되도록 중립적으로 '운동한다'라고 옮겼다. 하지만 아리스토텔레스의 생각이 본격적으로 제시되는 1.3부터는 '움직여진다'라고 대부분 옮길 것이다.

39 데모크리토스가 영혼도 불처럼 운동성이 크다고 여겨서 이 둘을 연결한 것으로 보인다. 하지만 이는 추정일 뿐, 데모크리토스가 실제 이렇게 말했는지를 확인할 전거는 없다. 아리스토텔레스는 여러 선배 철학자의 견해를 비판적으로 소개하고 있는데(1.2~1.5), 그 견해 중 일부는 이 책을 통해 전해질 뿐 다른 전거를 찾기 어렵다는 점에 유의해야 한다. 그리고 아리스토텔레스가 전하는 선배 철학자들의 견해 중에도 그들의 단편적인 몇몇 주장을 통해 아리스토텔레스가 추론한 것이 여럿 있다. 그가 자신의 추론임을 밝히는 구절이 있긴 하지만(일례로 404a24~25) 밝히지 않은 곳도 많아서 마치 선배 철학자들이 실제 말한 것처럼 오해될 소지가 있다. 전수된 사상의 검토 과정에서 아리스토텔레스가 보여준 접근 방식이 공정한가에 대한 연구자들의 비판 목소리가 크다. 특히 소크라테스 이전 철학자들의 학설 소개 일반에 나타나는 아리스토텔레스의 불공정한 태도에 대한 지적과 강력한 비판으로 하이델(Heidel, 1906), p.345 참조.

40 데모크리토스에게 '형태(schēma)'와 '원자(atomon)'는 동의어이다. 형태(원자)의 가짓수도 무수히 많고 개수도 무수히 많다는 뜻이다(GC 1.1, 314a21~23 참조).

41 데모크리토스의 '범종자 혼합체(panspermia)'에 대한 설명으로 Phys. 3.4, 203a19 이하 참조.

42 즉 구형의 원자들이. 형태(schēma)와 마찬가지로 '모양(rhysmos[=rhythmos])' 역시 원자를 가리킨다.

43 여타 형태의 원자와 달리, 구형의 원자는 각이 없기 때문에 운동 중에 장애물에 부딪힐 가능성이 가장 낮다. 결국 자신들의 운동이 저지당할 가능성이 가장 낮으므로 가장 큰 운동성을 갖는다(DC 3.8, 306b34 이하 참조).

44 몸 주변의 공기를 가리킨다.

45 호흡을 통해 체내외 압력의 평형이 유지되고, 이로 인해 동물이 영혼 원자들의 총량에서 손실을 겪지 않는 채로 살아간다는 뜻이다.

46 플라톤과 제자들을 지칭한다. 플라톤에 의하면, 오직 영혼만이 '자신에 의해 운동하는 것(to hyph' heautou kinoumenon)'이다(『파이드로스』, 245e). 달리 표현하면, 오직 영혼만이 '자신의 운동을 일으킴(to heauto kinein)'이라는 특징을 갖는다(『법률』, 10, 896a). 이는 영혼의 본질(ousia)이자 정의(logos)이고, 또 영혼의 이름(onoma)이라 표현되기도 한다(『파이드로스』, 245e). 이러한 플라톤의 생각을 제자들이 이어받았는데, 특히 크세노크라테스는 스승의 사상을 응용하여 영혼을 '자신의 운동을 일으키는 수(數)'로 규정했다고 한다. 크세노크라테스와 관련한 내용은 404b27~30에 언급된다.

47 1.3에서 아리스토텔레스는 영혼에 운동이 속한다는 것은 불가능한 일이라 말하면서, 영혼은 다른 것에 의해서든 자신에 의해서든 운동하지 않는다고 주장할 것이다. 운동하는 것은 어디까지나 장소를 갖는 가시적 사물이나 몸인데, 영혼은 장소를 갖지 않기 때문에, 영혼은 자신에 의해서조차 운동하지 않는다는 것이다. 결국 아리스토텔레스의 입장은, 영혼은 부동의 상태에 있으면서 몸의 운동을 일으킨다는 것으로 정리될 수 있다. 이런 방식의 영혼의 기동은 눈으로 관찰되는 게 아니기 때문에 사람들이 이를 파악하지 못했다는 것이 이 문장의 의미로 이해된다.

48 클라조메나이 출신의 헤르모티모스라는 사람을 가리키는 것으로 추정된다(Met. 1.3, 984b19 참조).

49 『일리아스』, 23.698 참조. 정확히 말해 이 시구의 주어는 헥토르가 아니라 에우리알로스이다. 이 시구는 에페이오스에게 얻어맞아 기절하다시피 쓰러져 있는 에우리알로스의 상태를 묘사한 것인데, 이렇듯 아직 죽지는 않은 채 쓰러져 있는 자의 의식 속에 이것저것이 나타나는 상태를 호메로스가 allophronein(to think of other things)이라 표현했으며, 데모크리토스가 이 표현을 칭찬했다는 것이다. 이어서 아리스토텔레스는 데모

크리토스가 왜 이렇게 칭찬했을지, 그 이유를 추론하고 있다. 호메로스가 이런 상태를 정신이 완전히 나간 상태로 묘사하지 않고 일말의 정신은 있다고 풀이할 수 있을 만한 단어를 골라 썼다는 게 그 이유이다.

50 사실 데모크리토스는 사유와 감각을 구분했고(DK68B11), 영혼이 하는 일에 사유와 감각 모두를 포함시켰던 것 같기 때문에, 그가 영혼을 지성하고만 동일시했을 리 없어 보인다. 또 위에 서술된 것처럼 데모크리토스는 '산다'고 표현될 수 있는 동물의 특징으로 호흡을 꼽았기 때문에, 영혼과 지성의 동일시가 정말 그 자신의 것인지는 더더욱 의심스럽다. 그러므로 위 언급은 데모크리토스 자신의 주장이 아니라 아리스토텔레스의 추론으로 보아야 옳겠다. 여기서 아리스토텔레스가 말하고자 한 것은, 적어도 인식론에 한정해서 데모크리토스의 몇몇 단편적 주장들을 종합해 보면 영혼과 지성이 동일하다고 말해야 한다는 결론이 논리적으로 따라 나온다는 점이다. 그 추론의 이유는 괄호 안에 들어 있는데, 이를 정리하면 다음과 같다: 나타나는 것(to phainomenon)이 참된 것(to alēthes), 즉 진리(alētheia)이다. 한편, 쓰러져 있는 사람에게도 무언가가 나타나고, 이 무언가를 그는 자신이 아직 지니고 있는 영혼으로 본다. 즉, 그의 영혼이 그에게 나타나는 것을 본다. 다른 한편, 그의 지성이 진리를 본다. 그런데 앞에서 나타나는 것이 진리라 했다. 따라서 영혼과 지성은 동일하다.

51 지성이 영혼과 동일하다는 이 언급도 아낙사고라스 자신의 주장이 아니라 아리스토텔레스의 추론이고, 이 추론의 이유는 바로 다음 문장에 나온다.

52 아낙사고라스의 견해에 대한 아리스토텔레스의 소개로 Met. 1.3, 984b8~23도 참조.

53 아리스토텔레스에 따르면, 감각함은 모든 동물에 속하지만 사려함(to phronein)은 소수의 동물에만 속한다(3.3, 427b6~7).

54 이하에서 아리스토텔레스는 원리(archē)와 원소(stoicheion)를 동의어로 쓴다. 단, 원리/원소는 물체적인 것일 수도 있고, 비물체적인 것일 수도 있다. 전자의 예로는 엠페도클레스의 4원소(물, 불, 공기, 흙)나 데모크리

토스의 원자를 꼽을 수 있다. 그리고 후자의 예로는 플라톤의 존재, 동일성, 타자성을 꼽을 수 있고, 플라톤(또는 크세노크라테스)의 이데아 수(數)를 꼽을 수도 있다. 플라톤의 원리에 대해서는 곧이어 언급될 것이고, 물체적인 것과 비물체적인 것의 구분에 대한 좀 더 자세한 논의는 404b31 이하에 나올 것이다.

55 이는 엠페도클레스 자신의 주장이 아니라, 그의 언급들에 대한 아리스토텔레스의 추론으로 보인다. 일단 엠페도클레스는 '인식'을 설명할 때 심장 주변의 피가 맡는 역할을 중요시했고(DK31B105), 피를 4원소의 가장 완벽한 혼합물로 간주했다고 한다(DK31A86). 이러한 언급들을 바탕으로 아리스토텔레스는 엠페도클레스가 '영혼'을 4원소의 혼합물로 간주했을 것이라 추론하고 있다.

56 이것도 아리스토텔레스의 추론이고, 이로써 그는 엠페도클레스 견해의 비일관성도 지적하고 있다. 피에 대한 언급을 따르자면 4원소의 혼합물을 영혼이라 해야 하고, 또 아래 언급을 따르자면 4원소 각각이 전부 영혼이라 해야 한다는 비일관성 말이다.

57 이 인용문의 번역은 김인곤 외(2005), 415쪽을 따랐다.

58 이는 플라톤의 견해에 대한 아리스토텔레스의 추론인 것 같고, 이렇게 추론한 이유는 바로 다음 문장에 나타나 있다. 그리고 이곳의 "원소"는 존재(ousia)와 동일성(hē tautou physis)과 타자성(hē tou heterou physis)을 가리키는 것으로 보인다(Hicks, 1907, p.222; Polansky, 2007, p.72). 데미우르고스가 이 셋을 혼합하여 우주의 영혼을 만들어 냈다는 대목(『티마이오스』, 34c~35b)을 두고 하는 말일 것이다.

59 이를 아리스토텔레스는『티마이오스』의 37a~c에서 읽어 낸 것으로 보인다.

60 "사물들(ta pragmata)"은 인식 대상들을 가리킨다. 인식 대상들이 원리들로 이루어져 있으니, 유사성의 원리에 따라, 그 대상을 인식하는 영혼도 그러해야 한다는 게 플라톤의 견해라는 것이다.

61 "철학에 관한 논의"는 기록되지 않은 플라톤의 교설들(agrapha dogmata)을 가리킬 수도 있고(Phys. 4.2, 209b14~15 참조), 아리스토텔레스

의 소실된 대화편인 『철학에 관하여』를 가리킬 수도 있다(Phys. 2.2, 194a36). 만일 후자라면, 이는 아리스토텔레스가 그 대화편에서 자신이 플라톤 이론을 언급했던 것을 상기시키는 상황일 것이다. 한편, 이곳 404b18부터 404b27에 언급되는 모든 내용은 사실 플라톤의 것이 아니라 크세노크라테스의 것이라는 해석도 있고, 일부만 플라톤의 것이라는 해석도 있다(분분한 해석의 소개로 Ross, 1961, p.177 참조). 그러나 어쨌든 아리스토텔레스는 이 견해를 플라톤에게 돌리고 있다.

62 이곳의 "생물 자체"는 우주를 뜻한다. 일례로 『티마이오스』의 30b에서 플라톤은 "이 우주(kosmos)는 영혼이 깃든 지성적 생물(zōion)"이라고 주장한다.

63 앎이 '한 점에서 다른 한 점을 향해 한 길로 곧게 나아가는 직선'에 비유되고 있다.

64 이데아를 구성하는 요소들로 꼽히는 것은 "하나(to hen)", 그리고 큼과 작음처럼 "확정되지 않는 둘(ahoristos dyas)"이다(Met. 13.7, 1081a14~16 참조).

65 이는 크세노크라테스를 가리킨다(Ross, 1961, p.179; Plutarch, 1895, 1012d 참조). 아리스토텔레스와 동시대를 살았던 크세노크라테스는 플라톤의 제자로, 스페우시포스를 이어 아카데미의 수장을 맡았던 인물이다.

66 영혼의 기동(起動)은 '자신의 운동을 일으킴'이라는 개념으로 설명하고 영혼의 인식은 '수' 개념으로 설명함으로써 두 노선을 동시에 취했다는 뜻이다.

67 탈레스, 데모크리토스와 레우키포스, 디오게네스, 히폰, 크리티아스, 헤라클레이토스를 가리킨다.

68 플라톤과 크세노크라테스를 가리킨다.

69 엠페도클레스와 아낙사고라스를 가리킨다. 엠페도클레스는 원리로 4원소와 함께 사랑과 불화를 꼽았고, 아낙사고라스는 씨들(spermata)과 함께 지성을 꼽았다.

70 404b10에 언급된 원리(들)을 뜻한다.

71 ① 가장 미세하고 가장 비물체적이라는 점에 대해, 그리고 ② 제일로 운동하기도 하고 다른 것의 운동을 제일로 일으키기도 한다는 점에 대해.

72 "단일한 본성(mia physis)"은 단일한 본체, 더 쉽게는 단일한 것을 뜻한다. 이렇게 아리스토텔레스는 physis로 thing을 뜻하기도 한다(일례로 Met. 10.1, 1052b12 참조).

73 자석을 가리킨다.

74 아폴로니아 출신의 디오게네스(BC 5c)를 가리킨다.

75 대표적으로 아낙시메네스를 꼽을 수 있겠다.

76 유사한 것이 유사한 것을 알아본다는 생각이 여기에 전제되어 있다.

77 영혼이 젖은 것들로부터 증발되어 나온다는 언급이 전해지긴 하지만(DK22B12), 헤라클레이토스는 비유적 표현을 자주 사용했던 철학자라서, 그가 정말 영혼을 증기로 간주했는지는 알 수 없다.

78 크로톤 출신의 알크마이온으로, 기원전 5세기의 의사이자 자연학자이다.

79 404b11~12의 주석 55에 적었듯이 엠페도클레스가 정말 영혼은 피라고 말한 것 같지 않지만, 어쨌든 아리스토텔레스가 여기서 가리키는 자들은 엠페도클레스와 크리티아스(405b6)이다.

80 이렇게 말한 자로 아리스토텔레스는 엠페도클레스를 염두에 두고 있었을 것이다.

81 아낙사고라스를 가리킨다. 아낙사고라스가 예외인 이유는 405b19 이하에 나온다.

82 이는 404b8~11과 405a2~4에서도 언급된 바 있다.

83 이 불분명한 점을 아리스토텔레스는 3.4에서 밝혀 보이려 한다.

84 이로써 아리스토텔레스가 가리키는 자는 예컨대 헤라클레이토스(뜨거운 것)와 히폰(차가운 것)이다. 참고로 희랍 철학사에서 반대되는 것들을 최초로 도입하여 우주론을 펼친 철학자는 아낙시만드로스라는 것이 정설이다(DK12A16). 헤라클레이토스와 히폰 등도 아낙시만드로스의 영향 아래에 있었을 것으로 추측된다.

85 zein은 옮긴이가 넣은 것으로 원문에 없다. 영혼을 뜨거운 것으로 간주한 자들은 zein(끓이다)과 zēn(살다)의 발음상 유사성에 주목했고, 영혼을 차가운(psychron) 것으로 간주한 자들은 호흡을 통해 체내 열을 식히는 냉각(katapsyxis)과 영혼(psychē)의 발음상 유사성에 주목했는데, 어쨌든 양측 모두 자신들 주장의 설득력을 높이기 위해 나름의 어원적 설명을 동원했다는 것이 이 문장의 뜻이다.

86 이제부터 아리스토텔레스가 자신의 생각을 적극적으로 펼치기 때문에, 이하에서 kineisthai에 상응하는 단어들은 되도록 피동으로 옮긴다. 그리고 기동과 피동의 구분이 중요하지 않은 맥락일 때에만 중립적으로 '운동한다'나 '움직인다'라고 옮긴다. 좀 더 자세한 이유는 1.2, 403b31의 주석 38 참조.

87 『자연학』 8권 5장에 따르면, 세상에는 ① 움직여지지만 운동의 시원은 갖지 않는 것과 ② 다른 것에 의해서가 아니라 자신에 의해 움직여지는 것만 존재하는 게 아니라 ③ 움직여지지 않는 채로 운동을 일으키는 것도 존재할 수 있다. 예를 들어 사람이 돌을 들어 올리고 있는 경우, ① 돌은 운동의 시원을 갖지 않은 채 움직여지고 있고, ② 사람은 다른 것에 의해서가 아니라 자신에 의해 움직여지고 있다. 마지막으로 ③이 무엇인지 의문이 드는데, 257a31 이하를 따라가 보면 '그 사람의 영혼'이 아닐까 추측하게 된다. 아리스토텔레스는 자신이 자신의 운동을 일으키는 일, 즉 자기 운동(self-motion)이 어떤 식으로 일어나는지를 밝히면서, 자기 운동자의 "한쪽(to men)"은 움직여지지 않는 채로 운동을 일으킨다고 말한다(257b12~13, 257b22~23). 하지만 우리는 여전히 그 "한쪽"이 무엇인지 묻게 되는데, 이에 대해서는 "몸 안에 있는 것"이라는 언급이 전부다(Phys. 8.6, 259b19). 이와 관련하여 여러 연구자들은 ③ "한쪽"으로 '영혼'을 꼽는다(대표적으로 Waterlow, 1982, p.213 참조). 그리고 이렇게 영혼이 자기 운동자의 부동의 한쪽으로 꼽힐 수 있는 근거를 우리는 이곳 1.3, 406a2와 1.4, 408b30~31 및 409a16~17에서 찾을 수 있다.

88 즉, 배-선원들의 관계는 '사람-발과 같은 전체-부분의 관계'가 아니기

때문에, 배에 고유한 운동이 선원들에게도 고유한 운동일 수 없다. 그리고 이때 선원이 배 안에서 걷고 있는가, 뛰고 있는가, 가만히 서 있는가 하는 정황은 논점 밖에 있다. 배가 이동한 만큼 선원들도 이동해 있는데 후자는 배의 이동으로 말미암는다는 게 설명의 핵심이다.

89 이곳에서 아리스토텔레스는 증가와 감소를 별도로 세었지만, 이는 예외적이다. 일반적으로 그는 증가와 감소를 하나로 묶어, 운동에 세 종류가 있다고 주장한다(대표적으로 Phys. 5.1, 225b7~9 참조). 그리고 이동(phora)은 장소적 변화를 뜻하고, 변이(달라짐, alloiōsis, alteration)는 질적 변화를 뜻하며, 증가(성장, auxēsis)와 감소(쇠퇴, phthisis)는 양적 변화를 뜻한다. 순서대로 예를 들면, 소크라테스가 아고라에서 집으로 가는 사태, 소크라테스의 흰 피부가 까맣게 되는 사태, 소크라테스의 몸집이 커지거나 작아지는 사태를 꼽을 수 있다.

90 즉, 만일 영혼이 자체적으로 움직여진다면. 여기서 '부수적으로(kata symbebēkos) 움직여진다'는 말은 '다른 것에 따라(kath' heteron) 움직여진다'(406a5)는 말과 거의 같은 뜻이다. 그리고 이 대목의 논지는, 만일 영혼이 자체적으로 움직여진다면, 불합리한 여러 결과들이 따라 나오게 된다는 것이다. 결국 영혼이 움직여지는 방식으로 아리스토텔레스가 인정하는 것은 오직 부수적 방식뿐이다(406b5~6; 1.4, 408a32 이하 참조).

91 바로 앞에서 장소적 변화는 이동(phora)이라고 했는데, 지금은 나머지 운동들도 모두 장소 안에서 일어난다고 하니 의아할 수 있다. 우선 아리스토텔레스에게 어떤 종류의 운동이든 기본적으로 장소 안에서 일어난다(Phys. 5.1, 225a31; 8.7, 260a26~b5). 그럼에도 장소적 변화와 질적 변화 및 양적 변화가 구분되는 것은 해당 사태가 규정되는 측면이 서로 다르기 때문이다. 일례로 염색을 해서 흰 머리카락이 검게 되는 변화를 보자. 이런 변화가 일어나려면 검은 색소가 약통에서 머리카락 속으로 이동해야 하는 것은 맞다. 하지만 그렇다고 우리가 염색을 색소의 '이동'으로 규정하지는 않는다. 염색에서 본질적인 것은 어디까지나

색깔의 달라짐이기 때문이다. 요컨대 모든 운동이 장소 안에서 일어난다고 해서 모든 운동이 장소적 변화로 환원되어 규정되는 것은 아니다(Waterlow, 1982, p.99 참조).

92 "완척(pēchys)"은 팔꿈치부터 가운데 손가락 끝까지의 길이(약 45cm)를 말한다.

93 여기서 강제된 운동은 본성에 반하는 운동을 말한다. 본성적 운동을 갖지 않는 사물에 대해서는 강제로 운동한다고도 말할 수 없음이 이 문장에 함축되어 있다.

94 "이야기를 꾸며 내다"라고 옮긴 원어는 plattein이고, 이 단어를 통해 아리스토텔레스는 플라톤을 지칭하고 있는 것 같다. 그가 이 단어를 택한 이유는 플라톤 이름과 발음이 비슷하기 때문일 수도 있고, 『티마이오스』에 나오는 "그럼직한 이야기(eikos mythos)"를 염두에 두었기 때문일 수도 있다(『티마이오스』, 29d, 59c, 68d).

95 "그 사이의 운동들"이란 불의 자리(위)와 흙의 자리(아래) 사이에서 일어나는 운동들, 즉 공기와 물이 하는 운동들을 가리킨다.

96 전자는 영혼 전체가 이 자리에서 저 자리로 이동하는 경우를 말한다. 그리고 후자는, 영혼 전체는 한자리에 있되 영혼의 부분들이 서로 자리를 바꾸는 경우를 말한다.

97 부수적인 방식으로라면, 영혼은 자신에 의해 움직여질 수 있을 뿐 아니라 다른 것에 의해서도 움직여질 수 있다(1.3, 406b5 이하; 1.4, 408a31 이하 참조).

98 동물이 강제로 밀릴 때, 동물은 다른 것에 의해 자체적으로 움직여지고, 동물의 영혼은 다른 것에 의해 부수적으로 움직여진다.

99 이는 다음을 뜻하는 것 같다: 영혼이 정말 움직여진다면 무엇에 의해 움직여질까? 사람들에게서 나올 대답으로 가장 유력한 것은 '감각 대상에 의해'일 것이다. 그러므로 '자신에 의한' 움직여짐이 영혼의 본질이라 하는 견해는 사람들의 상식에도 맞지 않는다.

100 "자신의 운동을 일으키는 것만이 자신을 떠나지 않는다(ouk apoleipon)"

는 플라톤의 생각과 대조되는 대목이다(『파이드로스』, 245c 참조).

101 아리스토파네스의 아들로서, 펠로폰네소스전쟁이 끝날 무렵부터 마케도니아제국이 들어서는 시기까지로 분류되는 '중기 희극(Middle Comedy)' 작가이다.

102 여기서 "일종의 선택과 사유"는 아주 넓은 의미로 쓰였고, 각각 욕구와 상상을 의미한다고 볼 수 있다. 아리스토텔레스는 자신이 말하려는 것이 이성적 인간에게만 적용되는 엄격한 의미의 선택과 사유가 아니라는 점을 "일종의(tis)"라는 표현을 통해 알리고 있는 것 같다. 우선 그가 상상을 일종의 사유로 간주할 때도 있기 때문에(3.10, 433a9~10), 이곳의 "일종의 사유"도 동물 일반이 소유하는 기초적 상상 능력, 즉 이미지 형성 능력 또는 대상 해석 능력을 일컫는다고 보아야 하겠다. 또 그에 의하면, "선택"은 "숙고적 욕구(bouleutikē orexis)"이다(EN 3.3, 1113a11). 선택은 인간이 현 상황에 적합한 행위가 무엇일지 따져본 뒤 최종적으로 하는 것인데, 여기에는 이미 그 행위의 가치에 대한 개인의 지향적 욕구가 담겨 있다. 즉, 선택에는 선택하는 자의 욕구가 담겨 있다. 그런데 아리스토텔레스가 비이성적 동물까지 포함하여 "일종의 선택"을 주장했으니, 지금 그의 강조점은 숙고적 욕구에서 "숙고"가 아니라 "욕구"에 놓여 있다고 할 수 있겠다.

103 '데모크리토스와 동일한 방식으로'를 뜻하는 것으로 보인다. 지금 아리스토텔레스는 큰 틀에서 보면 플라톤의 견해도 데모크리토스의 것과 다를 바 없다고 평가하고 있는 듯하다.

104 1.2, 404b16의 티마이오스는 『티마이오스』 편을 가리켰지만, 이곳의 티마이오스는 이 대화편 속 화자를 가리킨다고 보는 편이 옳다(그래야 407a3~5와도 잘 어울린다). 보통 아리스토텔레스가 책을 가리킬 때에는 "티마이오스에서(en tōi Timaiōi)"와 같은 식으로 쓰고, 책 속의 화자를 가리킬 때에는 "티마이오스가(ho Timaios)"라고 쓰는 듯하다(De Sensu. 2, 437b11, 15도 참조).

105 플라톤에 따르면, 데미우르고스가 영혼을 천구의 중심에서부터 끝에

이르기까지 모든 방향으로 천구와 엮었다고 한다(『티마이오스』, 36e 참조).

106 옮긴이가 넣은 것으로 원문에 없다.

107 화음에서 찾아지는 것과 같은 질서 정연한 수적 비율을 말한다.

108 이때의 "이동(phora)"은 곧이어 언급될 원운동(kyklophoria, 407a6) 또는 회전(periphora, 407a21)을 가리킨다.

109 이상, 『티마이오스』, 34~37 참조.

110 지금 아리스토텔레스는 플라톤에게 영혼이자 지성은 크기일 수밖에 없다고 확신하면서, 이를 비판하고 있다. 플라톤에 대한 아리스토텔레스 자신의 해석이 두드러지는 대목이다. 사실 플라톤은 자기 운동자인 영혼이 크기라 주장한 적이 없고, 플라톤의 언급들로부터 그런 결론이 따라 나오는 것도 아니다. 그러나 아리스토텔레스는 어떤 식으로 움직여지든 간에 움직여지는 것은 필히 크기(megethos)여야 한다는 자신의 생각을 플라톤에게 적용하고 있다. 플라톤의 입장을 조금 더 살펴보면, 『법률』 10권에서 그는 자기 운동만큼은 비-장소적 운동이라 주장하면서 이 운동의 특수성을 부각했으니(893c~894d 참조), 그가 자기 운동자를 크기라 생각했을 리 없다. 그가 주장한 것은 단지, 우주영혼 즉 지성이 하는 자기 운동과 '가장 닮은 것'을 찾자면 천구의 회전이라는 점이었다(897e, 898a). 물론 데미우르고스가 존재와 동일성 및 타자성이라는 원소들을 혼합해서 여러 개의 원들로 나눠가며 우주영혼을 만들었다는 플라톤의 설명은 우리에게 마치 재료들을 섞어 일정 크기의 둥근 물체를 만들고 또 이를 여러 개의 얇은 물체들로 나누는 것과 같은 장면을 떠올리게 할 수 있다. 하지만 플라톤이 이렇게 크기를 떠올리게 하는 묘사를 택한 이유는 단지 독자가 우주영혼의 구조를 쉽게 이해하도록 돕기 위해서였을 수 있다. 그렇다면 이 묘사를 문자 그대로 읽고 비판하는 아리스토텔레스의 모습은 공정하지 않다고 할 수 있겠다.

111 일례로 플라톤은 감각을 흙이나 물이 아래로 떨어지는 것과 같은 직선적 운동에 비유하여 설명했다(『티마이오스』, 43c 참조).

112 '크기와 같은 식으로 연속적(synechēs, continuous)인 하나'와 '수와 같은 식으로 잇따르는(ephexēs, successive, next in series) 하나'가 대조되고 있다. 예를 들어 2큐빅의 금덩이 하나를 실제로 자르지 않고 머릿속으로만 둘로 나눠보자. 이때 우리는 두 부분들의 "서로에 대한 위치(thesis pros allēla)"도 말할 수 있고, 그것들끼리 서로 닿는 "공통의 경계(koinos horos)"도 말할 수 있다(Cat. 6, 4b21~26 참조). 즉, 왼쪽에 위치한 부분과 오른쪽에 위치한 부분이 서로 닿아 있다고 말할 수 있고, 그 공통의 경계는 면이라고 말할 수도 있다. 이 경우의 금덩이 하나가 '크기와 같은 식으로 연속적인 하나'에 해당한다. 이번에는 2라는 수를 보자. 1이라는 두 부분이 2라는 수 하나를 이루고는 있지만, 그 구성 방식은 금덩이의 경우와 다르다. 한 부분이 다른 부분의 왼쪽이나 오른쪽에 있는 것도 아니고, 서로 닿아 있지 않아서 공통의 경계라 할 만한 것도 없기 때문이다. 그럼에도 이 부분들이 2를 구성하는 이유는 2가 나올 때까지 잇따라 세어지기 때문이다. 이 두 용어에 대한 자세한 설명으로 Cat. 6(특히 4b21~26, 5a18, 5a23~25); Phys. 5.3, 226b34~227a17; Met. 5.13, 1020a10 이하 참조.

113 점은 크기의 부분이 아니지만(Phys. 4.11, 220a18~20), 그렇다 치고 논의해 보자는 제안이다.

114 또는 "지성은 사유를 결코 진척시켜 나가지 못할 것임이 명백하다."

115 크기는 무한히 분할되므로 부분의 개수가 무수히 많을 텐데, 그럼 지성이 동일한 대상에 대해 무한 번 사유한다는 말인가 하는 반문이다.

116 두 번째 이유에 대한 물음은 다음을 뜻하는 것 같다(Ross, 1961, p.190; Polansky, 2007, p.97): 지성이 사유하기 위해 '점 하나로써' 대상에 닿는 것으로 충분하다면, 점이 크기를 갖지 않는데 왜 지성이 크기를 가져야 하는가? 한편, 아리스토텔레스 자신도 지성의 사유를 사유 대상에 닿음(thigein)으로 설명했고(Met. 12.7, 1072b21; 9.10, 1051b24), 이때의 닿음은 물체끼리의 물리적 접촉이 아니라, 대상의 본질에 대한 파악을 의미한다. 이런 의미가 있음에도 아리스토텔레스는 물리적 접촉

만 언급하며 플라톤을 비판하고 있는데, 이 비판도 결국 플라톤이 영혼의 활동을 '운동'이라 한 것에 대한 불만에서 비롯되었을 것이다.

117 "부분 없는 것으로써"는 '점으로써'를 뜻하는 것으로 보인다. 점 자체에는 부분이 없다(Phys. 6.1, 231a25~27 참조).

118 "경계(peras)가 있다"는 말은 어느 지점에서 시작하고 또 어느 지점에서 끝난다는 뜻이다(뒤에 나오는 "한정된다(horizontai)"와 같은 뜻이다). 이어지는 괄호는 끝나는 쪽을 설명해 주고 있다. 예컨대 어떤 이가 불공정한 사태를 바로잡기 위해 어떻게 행동할지 사유하고 있다면, 이 실천적 사유의 목적은 실천적 사유 자체가 아닌 다른 것, 즉 공정함의 실현이다. 그리고 이를 위해 자신이 몸소 할 수 있는 것을 찾아냈다면, 이 실천적 사유는 종결된다.

119 이때의 "추론(syllogismos)"은 결론을 이끌어 내는 과정이 아니라, 결론이 나와 있는 완결된 추론으로 보아야 하겠다.

120 연역적 추론에서 "중명사(meson)"는 전제들의 매개념이고, "소명사(akron)"는 대전제의 주어이자 결론의 주어이며, "대명사(akron)"는 결론의 술어이다. 예컨대 인간은 죽는다는 것을 증명하려 할 때, 아래의 1단계만으로는 결론이 도출되지 않기 때문에 중명사와 대명사를 추가하면서 2단계로 내려가고, 2단계의 결론에서 멈춘다(아래는 옮긴이가 단순화시켜 만들어 본 사례일 뿐이다).

인간은 두발 달렸다.
두발 달린 것은 동물이다. (1단계: 소명사=인간/중명사=두 발 달림/대명사=동물)
인간은 동물이다.

⇩

인간은 동물이다.
동물은 죽는다. (2단계: 소명사=인간/추가된 중명사=동물/추가된 대명사=죽음)
인간은 죽는다.

121 "멈춤"으로 옮긴 epistasis의 사전적 의미 중 하나가 'stopping to examine a thing'이다. 분주하던 움직임을 멈추고 무언가에 주목하는 상황을 떠올

리면 이해가 쉬울 것 같다.

122 『티마이오스』에 따르면, 우주 전체에 영혼이 깃들었기에 우주는 행복한 신(eudaimona theon)이다(34b).

123 그동안 주어는 계속 남성 명사인 지성이었는데, 여기서 갑자기 여성 대명사가 나온다. 이로부터 아리스토텔레스가 지금껏 플라톤에서의 지성과 영혼을 동일시해 왔음을 알 수 있다.

124 토르스트릭(Torstrik)의 제안을 받아들여 로스(Ross, 1961)는 대부분의 필사본들에 있는 mē를 hēi로 바꿔 읽었는데, 옮긴이는 바꾸지 않고 원래대로 읽었다.

125 즉, 플라톤의 설명을 따르자면 천구가 원운동 하는 이유가 불분명하게 남게 된다.

126 즉, 영혼이 원운동 하는 것이.

127 티마이오스의 논리에 따르자면 신이 영혼을 원운동 하도록 만든 이유는 그게 영혼에게 더 낫기 때문이어야 하는데, 이유에 대한 이 명시적 언급을 왜 안 했냐는 것이 지금 아리스토텔레스의 불만이다.

128 즉, 자신이 깃든 몸을.

129 "감사관(euthynos)"은 임기를 마치고 물러나는 공직자에 대해 임기 중 비리 등을 감사하는 사람이다. 곧 소개될 견해는 현재 많은 사람들이 믿고 있지만, 한때 이와 관련된 논의를 공개적인 토론의 장에서 펼칠 때조차 설명의 많은 부담을 가진 적이 있던 견해라는 언급이다.

130 이 견해의 원조로서 아리스토텔레스는 엠페도클레스(DK31B96), 피타고라스학파 사람인 필롤라오스(DK44B6), 심미아스(『파이돈』, 85e~86d, 91c~95a) 등을 염두에 두고 있었던 것으로 추측된다.

131 이는 다른 사람들의 견해이지만, 관련 용어들이 아리스토텔레스 자신에게서는 어떻게 쓰이는지 간략히 소개하면 이렇다. 그에게 "융합(krasis, blending)"은 설탕과 소금이 물에 골고루 잘 녹게 되는 경우처럼 어떤 부분이든 모두 동질적이게 되는 경우에 해당하고, "결합(synthesis, combining)"은 보리와 쌀이 한데 놓이는 경우처럼 부분들이 동질적이

지 않은 채로 있게 되는 경우에 해당한다. 곧이어 나오는 "혼합(mixis, mixing)"도 융합과 거의 같은 뜻으로 쓰인다(이상, GC 1.10, 328a9 이하, 328b22 이하 참조). 작은 차이가 있다면, 일상적으로 혼합은 건조한 것들이 질적 변화를 겪어 동질적으로 되는 경우에, 그리고 융합은 축축한 것들이 그렇게 되는 경우에 더 자주 쓰인다는 점인데(Top. 122b26~31 참조), 이하에서 아리스토텔레스는 이 둘을 구분하지 않고 쓴다.

132 이럴 수 없는 이유는 408a5 이하에 제시된다.

133 "조화롭다(harmozei)"는 조화(harmonia)에 대한 언어유희다. 조화라는 표현이 냉과 열에서 균형 잡힌 몸 상태(Top. 6.6, 145b8)로서의 건강이나 이런 신체적 탁월성에 더 잘 어울린다는 것은 우리에게는 어색할 수 있는데, 이 단어의 유래를 살펴보면 왜 그런지 이해할 수 있다. harmonia는 원래 목공 일에 관련된 용어로, 예컨대 나무판들이 구조에 맞게 꼭 짜이도록 단단히 연결시키는 데 사용되던 도구였다. 즉, 조화는 원래 물체들에 사용되던 용어였는데, 그러다가 음악 용어로도 쓰이고 더 추상적인 뜻으로도 쓰이게 된 것이다.

134 "조화시킨다(epharmozein)"도 언어유희일 것이다. 조화를 가지고서는 영혼이 겪는 것들도 하는 일들도 실제 사태에 꼭 들어맞게 설명하기가 어렵다는 뜻이다.

135 수학적 대상들만큼은 운동을 갖지 않는 크기들인데(Phys. 2.2, 193b34 참조), 이런 크기들을 아리스토텔레스는 현재 논의에서 제외시키고 있다.

136 나중에 아리스토텔레스는 지성이 내재하는 신체 기관은 없다고 주장할 것이다(3.4, 429a26이하).

137 일례로 다음의 두 언급을 꼽을 수 있다. "또 흙은 자신의 품이 넓은 도가니 속에 여덟 개의 부분 가운데 두 개는 빛나는 네스티에게서, 네 개는 헤파이스토스에게서 흔쾌히 자기 몫으로 받았네. 그래서 하르모니아의 아교들로 신성하게 접합된 흰 뼈들이 되었네."(DK31B96; 김인곤 외, 2005, 400쪽) 여기서 뼈(8)는 흙(2)과 물(2)과 불(4)로 이루어진 것으로

묘사되었다. "또 흙이 퀴프리스의 잘 갖춰진 항구들에 닻을 내려 이것들, 즉 헤파이스토스, 비, 빛나는 에테르와 마침 거의 같은 양으로 함께 만났네. 흙이 조금 더 많기도 했고 다른 많은 것에 비해서 적기도 했네. 그것들로부터 피와 [여러] 다른 살의 모양들이 생겨났네."(DK31B98; 김인곤 외, 2005, 401쪽) 피에는 모든 원소들이 가장 완벽하게 혼합되어 있으므로(DK31A86), 피는 4원소 모두가 1:1:1:1의 비율로 혼합된 것이라 할 수 있다.

138 여기서부터의 두 물음은 다음의 취지에서 나온 것 같다: 하지만 혼합도 혼합의 비율도 거부하는 우리 쪽에도 고민해 봐야 할 문제가 있다.

139 "살임(to sarki einai)"은 살의 본질(quiddity) 또는 살로서의 기능을 뜻한다. 그리고 이 물음은 다음을 뜻하는 것 같다: 영혼이 혼합과 다른 것이라면 혼합이 해체되어도 영혼은 남아 있을 수 있는데, 혼합이 해체되어 신체 부위들이 제 기능을 못하게 될 때 영혼도 사라지는 이유는 무엇인가? 참고로 로스(Ross, 1961)는 대부분의 필사본들을 따라 tois allois moriois의 앞 단어를 to로 읽었지만, 옮긴이는 y 필사본을 따라 tōi로 읽었다.

140 1.3, 406a5, 14 참조.

141 이와 유사한 설명으로 Phys. 8.6, 259b16도 참조.

142 로스(Ross, 1961)가 써 넣은 ti를 빼고 읽었다. 빼고 읽어도 의미상 큰 차이가 없다.

143 tēi psychēi를 cause의 여격(dative)으로 읽었다(2.2, 414a 이하 참조).

144 "흔적(monē)"은 과거에 갖게 된 감각 인상(aisthēma)이 남아 있는 상태를 일컫는다. 우리는 과거에 감각했던 것을 기억으로 저장해 남기는데, 그렇게 저장된 것을 불러내는 일이 상기(anamnēsis)이다. 예컨대 물건을 어디에 두었는지 상기할 때 우리는 그때의 주변 상황을 떠올리며 추적해 가고, 이렇게 과거 감각을 되살리는 과정에서 감각 기관의 운동이 일어나며, 이 운동이 마침내 물건 위치에 대한 감각 인상의 흔적에 이르면 상기가 완수된다. 상기에 대한 자세한 설명으로는 De Mem. 2를,

흔적에 대한 언급으로는 An. Post. 2.19, 99b36~37 참조.

145 즉, 실은 감각 기관의 경우에서와 같은 일이 일어나는 것일 뿐, 지성이 소멸하는 게 아니다.

146 이를 '사유하고 관조하는 것 자체' 즉 '지성 자체'로 보는 해석도 있고(Simplicius, 60.22; Ross, 1961, p.199; Tricot, 2010, p.67), '사유함과 관조함 자체'로 보는 해석도 있다(Hicks, 1907, p.33; Sachs, 2004, p.68; Shields, 2016, p.15).

147 옮긴이는 이곳 408b26~27의 ekeino를 사유하는 것(to nooun), 즉 지성으로 보았다.

148 "공통인 것(to koinon)"은 영혼과 몸의 복합체를 가리킨다.

149 『동물의 발생에 관하여』에도 이와 유사한 언급이 나온다. "오직 지성만이 … 유일하게 신적이다."(GA 2.3, 736b27)

150 이 견해는 크세노크라테스의 것으로 추정되고, 1.2, 404b27~30에서 간단히 소개된 바 있다.

151 일차적인 불가능성에 대해서는 1.3에 자세히 논의되었다. 즉, 영혼이 움직여진다면 영혼에 장소가 있을 것이고, 영혼이 본성적으로 움직여진다면 강제로도 움직여질 것이며, 운동이 영혼의 본질이기까지 하다면 영혼은 움직여지면서 그 본질에서 달라져 있을 것이라는 사항 등이 언급되었다. 그래서 아리스토텔레스는 이 한계점들을 여기서 반복해 알리지 않는다. 이제 그는 영혼을 "수"로 규정하는 대목에 초점을 맞춰서 이 규정의 '고유한' 문제점이 무엇인지 지적할 것이다.

152 "단위(monas)"라는 말이 갑자기 나온 이유는 "수"가 "단위들의 여럿(plēthos monadōn)"(Met. 10.1, 1053a30)이기 때문이다. 쉽게 말해, 수는 단위들의 총 개수이다. 그리고 당대 수학자들에게 수는 둘부터이고, 하나는 수가 아니라 단위이다(Met. 1088a6, 1021a12~13 참조). 예를 들어 3이라는 수는 1이라는 단위 세 개이다. 이러한 정보들을 바탕으로 이제 아리스토텔레스는, 수가 영혼이라고 하는 얼토당토않은 견해를 따르자면 단위가 영혼의 구성 요소일 수밖에 없다고 보고, 이를

당연시한 채 그 견해를 비판할 것이다.

153 이하에서 아리스토텔레스는 크세노크라테스 주장의 몇 가지 문제점들을 지적할 텐데, 그중 한 가지는 주로 자기 운동(self-motion)에 관한 지적이다. 그리고 이 지적은 둘로 나뉜다. 첫 번째는 단위 한 개 수준에서의 지적이고(409a1~3), 두 번째는 단위들의 집합 수준에서의 지적이다(409a10~21). 크세노크라테스의 주장대로 영혼이 자신의 운동을 일으키는 수라면, 영혼은 (자신의) 운동을 일으키면서 동시에 (자신에 의해) 움직여져야 한다. 그런데 이럴 수 있으려면, 단위 한 개가 차이를 갖는 두 쪽으로 구분되거나(409a1~3), 단위들의 집합이 차이를 갖는 두 쪽으로 구분되어야 한다(409a10~21)는 지적이다. 그런데 이 대목에도 아리스토텔레스 자신의 운동론이 반영되어 있기 때문에, 이와 관련된 그의 입장을 살펴볼 필요가 있다. 그에 따르면, 어떤 것이 자신의 운동을 일으킬 수 있는 유일한 방식은, 그 어떤 것을 전체로 놓았을 때, 전체의 한쪽이 움직여지지 않는 채로(akinēton on) 운동을 일으키고(kinei), 다른 한쪽은 움직여지는(kineitai) 방식이다(Phys. 8.5, 257b12~3, 258a1~2 참조). 즉, X라는 전체를 a라는 한쪽과 b라는 한쪽으로 구분했을 때, a가 자신은 부동인 채로 b의 운동을 일으키는 방식 말이다. 이것이 자기 운동인 이유는, Xa가 Xb의 운동을 일으키는 사태를 전체 차원에서 기술하자면 X가 X의 운동을 일으키는 사태라 할 수 있기 때문이다. 이어서 아리스토텔레스는 X의 사례로 동물을 꼽고(8.6, 259b1~2 등), b를 그 동물의 몸으로 간주한다(8.6, 259b19). 마지막으로 a는 영혼을 가리킬 것이라고 여러 연구자들이 의견을 같이 한다(이에 관해서는 1.3, 406a3~4의 주석 87 참조). 정리하면, 아리스토텔레스에게 자신이 자신의 운동을 일으킨다는 것은, 예컨대 동물 개체를 전체로 놓았을 때, 그 동물의 영혼이 그 몸의 운동을 일으킨다는 것이다(사실 이에 대한 단서를 주는 언급이 1.3, 407b17~19에도 잠깐 나왔다). 한편, 이와 같은 도식적 설명은 그렇다 치고, 영혼이 부동인 채로 몸의 운동을 일으킨다는 말이 무엇을 뜻하는지 여전히 쉽게 이해

되지 않을 수 있는데, 이는 영혼 능력의 발휘(energeia)가 신체의 변화로 가시화되어 드러남을 뜻한다고 풀이하는 것이 가장 무난해 보인다. 본문과 관련하여 마지막으로 짚고 넘어가야 할 사항은, 아리스토텔레스에게 영혼과 몸이 차이 나는 것으로 간주된다는 점이다. 일례로 다른 책에서 그는, 영혼은 몸 안에 있지만 그래도 몸과 "다르다(heteron)"고 말한다(MA 9, 703a2). 이 차이는 '능력'과 '능력의 발휘가 가시화되는 곳(기관)'의 차이로 이해될 수 있을 것 같다. 어쨌든 그는 이렇게 영혼과 몸에 차이를 두고 있다. 하지만 이러한 차이에 대한 설명이 크세노크라테스의 이론에는 적용될 수 없다는 것이 아리스토텔레스의 비판이다. 한 단위 내에 차이가 있는 것도 아니고(409a1~3), 단위와 단위에 차이가 있는 것도 아니기 때문에(409a10~21), 크세노크라테스의 이론에서는 자기 운동 개념이 성립될 수 없다는 것이다.

154 크세노크라테스처럼 영혼을 "수"로 놓으면, 영혼이 하는 다양한 활동들은 단지 선들에 불과하다는 이상한 결론이 나온다는 뜻으로 보인다.

155 예컨대 3-1=2에서 3과 2는 다르다. 하지만 꺾꽂이를 해서 식물을 잘라 심었을 때 원래의 것이나 새로 심긴 것이나 각각의 영혼은 종적으로 같고, 또 플라나리아와 지렁이와 불가사리 등의 몸이 잘렸을 때 원래의 것이나 잘려 나가 살아가는 것이나 각각의 영혼도 종적으로 같다. 여기서 종적으로 같다는 말은, 예컨대 지렁이가 두 동강이 났을 때, 원래 갖고 있던 것과 똑같은 영혼을 두 동강 모두가 갖는다는 뜻이다(이에 대한 자세한 설명은 1.5, 411b19~27과 2.2, 413b16~23에 나올 것이다).

156 크세노크라테스의 경우를 가리킨다.

157 데모크리토스의 경우를 가리킨다. "작은 물체들"은 원자들을 일컫는다.

158 "양(to poson)"은 원자들의 총 개수를 뜻한다. 그리고 이 조건절을 직역하면 "데모크리토스의 작은 구들에서 점들이 생겨난다면, 그리고 양만 그대로 남는다면"이다. 어쨌든 이로써 아리스토텔레스는 사고 실험을 제안하고 있다.

159 이는 다음을 뜻한다: 단위들도 점들도 그것들 자체가 분할될 수 없기

때문에, 그것들의 장소도 분할될 수 없다. 그래서 그것들이 나눠 가질 분할된 장소라는 것도 없다. 결국 단위들과 점들이, 그것도 무수하게, 동일 장소에 포개져 쌓여야 한다. 하지만 서로 다른 것들이 동일 장소에 있을 수는 없다.

160 아리스토텔레스에 따르면, 점들이 모여서 선이 되는 것이 아니다(Phys. 6.1, 231a24~25). 선을 아무리 분할해도 그것은 여전히 선이고, 점은 이렇게 분할된 선의 양 끝들(perata)일 뿐이다.

161 생물이 죽으면 영혼이 분리되거나 풀려날 것이라는 플라톤 또는 그 제자들의 생각을 가지고 살펴보아도, 크세노크라테스 견해에서 문제가 발견된다는 비판이다. 선을 아무리 잘게 분할해도 그 양 끝에 점이 있기 때문에 점은 결코 선에서 분리될 수 없으니, 영혼의 점들이라는 것 역시 분리될 수 없다는 뜻이다.

162 1.4, 408b33~409a1 참조.

163 앞 장의 408b32 이하에 소개된 크세노크라테스의 견해를 가리킨다.

164 이는 409b2~7에 설명된다("한편으로~").

165 이는 409b7~11에 설명된다("다른 한편으로~").

166 토르스트릭(Torstrik, 1862)과 로스(Ross, 1961)처럼 kai로 읽지 않고, 필사본들대로 ē로 읽었다.

167 1.4, 409a10~21을 가리킨다.

168 1.1, 402b25~403a2를 가리키는 것 같다.

169 앞에서 아리스토텔레스는 선배 철학자들이 영혼을 규정했던 방식을 셋으로, 즉 ① 운동 ② 감각 ③ 비물체적임으로 구분했다(1.2, 405b11~12). 이 문단에서는 ①과 ③을 간단히 요약하고, 다음 문단부터는 주로 ②에 초점을 맞춰 선배 철학자들의 견해를 비판적으로 검토할 것이다.

170 물체이기는 한데 가장 물체답지 않다는 뜻이다.

171 즉, '영혼'과 '영혼이 감각하거나 인식하는 사물들'이 동일하다고.

172 김인곤 외(2005), 400쪽 참조.

173 '어떤 이것(tode ti)'은 아리스토텔레스의 전문 용어로서 이하에 언급될

'실체' 범주를 가리킨다.

174 동일한 것이 동일한 관점에서 동시에 열 개 범주 모두에 속할 수는 없다는 게 아리스토텔레스 자신의 기본 입장이다(Met. 12.4, 1070a31~1070b10도 참조).

175 즉, 나머지 아홉 개 범주에 속하는 것들 각각은.

176 '영혼이 원소들로 이루어져 있다고 주장하는 자들도 영혼이 실체(ousia)임을 부정할 리 없다'는 점이 여기에 전제되어 있다.

177 유사한 것이 유사한 것을 감각하고 인식한다는 견해는 아낙사고라스를 제외한 모든 소크라테스 이전 철학자들이 갖고 있던 것이라고 앞에 언급되었다(1.2, 405b14~21 참조). 그런데 또 아리스토텔레스가 전하기를, 데모크리토스를 제외한 모든 소크라테스 이전 철학자들이 유사한 것은 유사한 것에 의해 영향 받지 않는다는 견해를 갖고 있었다고 한다(GC 1.7, 323b1~15). 결국 그에 따르면, 아낙사고라스와 데모크리토스를 제외한 소크라테스 이전 철학자들은 상충되는 두 견해를 동시에 갖고 있었던 셈이다. 참고로 하이델은 이것이 아리스토텔레스의 선입견이 포함된 불공정한 소개라고 비판하면서 '유사한 것은 유사한 것에 의해 영향 받지 않는다'는 견해를 소크라테스 이전 철학자들이 갖고 있었을 리 없다고 주장한다(Heidel, 1906, p.357 참조).

178 여러 필사본들이 to de로 쓰고 있는데, 옮긴이는 필사본 X의 to gar로 읽었다.

179 멀기는 하지만 409b25~410a13을 가리키는 것으로 보인다. 참고로 필로포노스(180.23)와 심플리키오스(70.8)는 "방금 언급된 것이(to nyn lechthen)"를 "이제 언급될 것이(to lechthēsomenon)"로 해석한다.

180 엠페도클레스는 "구(sphairos)"를 "신"이라 칭하기도 한다(김인곤 외, 2005, 369쪽 각주 45번 참조). 그리고 엠페도클레스에 따르면, 사랑에 의해 모든 것이 하나로 결합될 때 "불화는 맨 끝자리로 물러나게 된다."(같은 책, 370쪽 참조)

181 즉, 생물들 각각은.

182 즉, 생물과 무생물 모두는.
183 이 문단 끝까지가 전부 이유이다.
184 해면동물이나 굴과 같은 고착 동물을 가리킨다(HA 487b6~9 참조).
185 이 문장은 아리스토텔레스의 견해가 아니라 앞에 소개된 사람들의 견해를 가리키는 것 같다. 즉, 그들은 영혼이 일으키는 운동을 이동으로만 한정해 놓은 만큼, 그들에게 이동은 영혼을 규정하는 핵심적 기준인데, 이 기준으로는 고착 동물도 영혼이 깃든 생물임을 설명하지 못한다는 지적으로 보인다. 참고로 아리스토텔레스는 증가나 감소나 변이도 영혼이 일으키는 운동에 포함될 수 있는 것으로 열어 놓고 있다(3.9, 432b8~11 참조). 운동의 일차적 의미는 이동이고, 증가나 감소나 변이는 이차적 의미의 운동이지만 말이다(Phys. 8.9, 266a1~5).
186 온갖 종류의 생물들이 갖는 영혼들을 뜻한다.
187 생물 개체가 지닌 하나의 영혼에 여러 부분들이 있을 수 있는데, 이 부분들을 아우르는 전체를 뜻한다.
188 아리스토텔레스가 호흡하지 않는다고 여겼던 동물로 어류를 꼽을 수 있다(2.8, 421a5~6 참조). 아가미 운동이 호흡과 유사한 기능을 한다는 점을 그도 알고 있었지만, 이를 호흡으로 간주하지는 않았다(De Resp. 480b12~20 참조).
189 "자막대기(kanōn)"는 석공이나 목수가 사용하는 곧은 막대기를 뜻한다.
190 우리가 특정 곡률의 물체를 어떤 대상에 갖다 대 보면, 그 대상이 이 물체보다 더 많이 굽었는지 아닌지 식별할 수 있다. 하지만 이 물체보다 덜 굽었다고 해서, 그 대상이 곧다고 단정할 수는 없다. 곡률이 꽤 작아서 곧아 보이기도 하고 굽어 보이기도 하는 애매한 경우도 많기 때문이다. 이렇게 애매한 경우, 대상이 곧은지 아닌지를 식별하는 데 앞의 물체는 아무런 소용이 없다. 반면에 곧은 물체를 어떤 대상에 갖다 대 보면, 그 대상이 곧은지 아닌지를 항상 식별할 수 있다.
191 공기나 불은 혼합물들보다 순수하기 때문에 공기나 불에 내재하는 것이 영혼에게 더 나을 텐데, 공기나 불에 내재한다는 영혼은 왜 정작 동물

을 낳지 못하는가 하는 반문이다.

192 예컨대 주변 공기의 일부가 호흡을 통해 동물 안에 들어와 있게 됨으로써.

193 다른 책에서 아리스토텔레스는 "자신과 같은 부분들로 된(homoiomerēs)" 것의 사례로 청동을 꼽는다(Meteor. 388a14). 청동덩어리가 있다고 할 때, 덩어리 전체도 그 부분들도 어느 하나 빠짐없이 다 같은 청동이기 때문이다. 살도 이렇고, 뼈도 이렇다(Meteor. 388a16; GC 314a18~20). 하지만 영혼은 이런 것일 수는 없다는 게 아리스토텔레스의 생각이다. 그들이 말하는 우주 전체의 영혼과 각종 동물의 영혼들이 어떻게 같겠으며, 각종 동물의 영혼들끼리는 또 어떻게 같겠는가? 이것이 첫 번째 선택지의 문제점이다. 그런데 두 번째 선택지에도 문제가 있다. 영혼이 우주의 모든 부분에 내재하는 것은 아니라면, 우주 전체에 영혼이 섞여 들어 있다는 그들 자신의 견해와 모순되기 때문이다.

194 akmē는 생의 정점(culminating point, climax)을 가리키는데, '완숙'으로 의역했다.

195 이는 일찍이 플라톤이 『국가』 4권, 436a에서 던졌던 질문이기도 하다.

196 이 마지막 선택지는 다음을 뜻한다: 산다는 것(to zēn)의 원인은 영혼의 부분들과 무관한 별개의 어떤 것인가?

197 대표적으로 플라톤을 꼽을 수 있겠다(『국가』 4권, 434~441). 참고로 로스(Ross, 1961)는 대다수의 필사본들을 따라 allōi … allōi로 읽었는데, 옮긴이는 필사본 EVW를 따라 allo … allo로 읽었다.

198 1.4, 409a9~10의 주석 155 참조.

199 곤충의 몸이 두 동강 나도, 양쪽 각각에 영양(營養) 능력, 감각 능력, 이동 능력이 다 들어 있다는 뜻이다.

200 homoeideis eisin allēlais kai tēi holēi로 읽었다.

201 두 동강 각각에 영혼의 부분들 모두가, 말하자면 한 세트로 들어 있다는 뜻이다.

202 곤충의 몸이 두 동강 나도, 영혼은 두 동강 나지 않는다는 뜻으로 보인다.

대다수의 필사본에는 ou가 없는데("전체 영혼이 분할될 수 있으므로"), 옮긴이는 로스(Ross, 1961)가 택한 필사본 W를 따라 ou를 넣어 읽었다("전체 영혼이 분할될 수 없으므로").

203 식물에게 영양 능력은 있지만 감각 능력은 없다. 즉, 식물의 경우에 영양 능력은 감각 능력과 분리되어 독립적으로 존재한다. 단, 이렇게 분리되어 있다고 표현된 영양 능력은 동물의 것이 아니라 식물의 것이기 때문에 영혼의 '부분'이 아니다. 그래서 이 표현은 "영혼의 부분들이 분리될 수 없다"는 앞의 언급과 충돌하지 않는다.

204 규정(logos) 중에서도 각종 생물의 영혼 모두에 공통되는 규정을 뜻한다. 이와 대비되는 표현은 각종 생물의 영혼 각각에 "가장 적합한 규정(logos oikeiotatos)"이다(2.3, 415a13).

205 이렇게 아리스토텔레스는 "형태(morphē)"와 "형상(eidos)"을 함께 쓰곤 한다(1.3, 407b23~24, 2.2, 414a9; Phys. 2.1, 193a30~31, 193b4).

206 이는 '능력의 소유'와 '능력의 사용(발휘)'에 대한 구분이라 할 수 있다(2.5, 417a21~29도 참조). 잠시 후 아리스토텔레스는 첫 번째 뜻의 현실태를 "첫 번째 현실태"라 부를 것이다(412a27). 그리고 두 번째 뜻의 현실태는 후대의 연구자들에 의해 편의상 "두 번째 현실태"라 칭해져 왔다.

207 이는 아홉 개 범주에 해당하는 것들을 실체에서 배제하는 설명으로 보인다. 아홉 개 범주에 해당하는 것들은 독립적으로 존재하는 게 아니라 물체에 귀속된 채 존재하기 때문에 물체야말로 실체이다.

208 인공물과 수학적 대상들을 배제하는 설명이다. 참고로 『자연학』에서 자연물의 사례로 꼽힌 것은 동물과 식물 및 그 부분들, 그리고 4원소이다(Phys. 2.1, 192b8~13).

209 예컨대 인공물인 침대는 자연물인 인간에 의해 만들어지고 또 자연물인 나무로 구성된다.

210 "물체(sōma)"에는 무생물뿐 아니라 생물도 포함된다. 생물도 '물체'라 하면 우리에게 어색하지만, 지금은 무생물과 생물 모두에서 생물로

논의 대상을 좁혀가는 맥락이기 때문에 '물체'로 옮겨야 맞다. 앞으로는 맥락에 맞게 물체와 몸을 번갈아 쓸 것이다.

211 trophē는 ① 먹이나 음식이나 영양분을 뜻하기도 하고, ② 이것들을 섭취하여 소화하고 흡수하는 등의 과정인 영양을 의미하기도 하며, ③ 먹여 기른다는 양육을 뜻하기도 한다. 이곳의 trophē는 ②이다.

212 이는 질료와 형상의 결합체를 가리킨다. 질료와 형상으로 된 것(to ek toutōn, 412a9)을 칭할 때, 아리스토텔레스는 이렇게 "결합체(syntheton)"를 쓰기도 하고, "복합체(synholon)"를 쓰기도 한다.

213 to sōma hē psyche로 읽었다.

214 힉스를 따라(Hicks, 1907, p.310) legomenōn이 생략된 것으로 보았다. "기체에 대해 말해지는 것들"의 사례는 '소크라테스는 사람이다'라고 할 때 술어로 쓰인 "사람"이고, 이는 질료나 결합체가 아니라 형상을 뜻한다(Cat. 2, 1a20~22). 지금 암묵적으로 아리스토텔레스는 영혼을 실체로, 실체 중에서도 형상으로서의 실체로 간주하고 있다. 이러한 전제하에, '생을 지니는 자연적 물체'는 결합체로서의 실체에 그치기 때문에 영혼과 동일시될 수 없다고 주장하고 있다.

215 "가능태로 생을 지니는 자연적 물체"가 뜻하는 바에 대해서는 「작품 안내」의 '3. 가장 공통된 규정 탐색'을 참조.

216 즉, 가능태로 생을 지니는 자연적.

217 한 사람을 놓고 보면, 발생 또는 시간의 측면에서 관조보다 앎이 앞선다. 왜냐하면 일단 앎을 먼저 갖고 있어야 이 앎을 사용하며 관조할 수 있기 때문이다(Met. 9.8, 1049b19 이하; DA 3.5, 430a20~21, 3.7, 431a2 참조).

218 "첫 번째 현실태"는 '능력'과 '발휘(활동)' 중에 전자를 가리킨다. "가능태로 생을 지니는 자연적 물체"는 생물의 최근접 질료(proximate matter)를 가리킨다. 이 규정에서 발견할 수 있는 사고 실험에 관해서는 「작품 안내」의 '3. 가장 공통된 규정 탐색'을 참조.

219 또는 "기관으로서의(organikon) 물체일 것이다." 이와 마찬가지로 412b5~

6도 "기관으로서의 자연적 물체의 첫 번째 현실태"라고 옮길 수 있다. 여기 언급된 기관은 영혼에 의해 사용될 수 있는 도구를 뜻하는데, 몸 전체도 도구이고("기관으로서의 물체"), 몸의 부분들도 도구이다("기관을 갖춘 물체"). 그래서 두 번역 모두 가능하다.

220 이는 412a14의 주석 211에 소개한 trophē의 세 의미 가운데 ①이다.

221 직역하면 "무언가가 F의 질료인 바로 그 F"이다(to hou hē hylē, that of which it is the matter). F는 형상임이 분명하기 때문에 의역했다.

222 이와 유사한 언급을 『형이상학』에서도 찾아볼 수 있다. "맨 끝의[=최근접] 질료와 형태는 하나의 같은 것이며, 전자는 가능태로 있고 후자는 활성태로(energeiāi) 있다."(Met. 8.6, 1045b18~19)

223 하나와 있음의 여러 의미에 대해서는 Met. 5.6, 5.7, 6.2, 9.1, 10.1~3 참조.

224 『자연학』에서 아리스토텔레스는 동식물과 그 부분들 및 4원소를 꼽으며, 이런 자연물들(ta onta physei)이 운동과 정지의 원리를 자신 안에 지닌다는 점에서 인공물과 구분된다고 주장한다(Phys. 2.1, 192b12~15). 물론 지금 언급된 "물체"에서 4원소는 제외된다. 지금 언급된 운동과 정지는 불이 위로 올라가고 흙이 아래로 떨어지는 것 등을 가리키는 게 아니라, 생물의 영양과 성장 등을 가리키기 때문이다.

225 원어는 opthalmos이고, 복합체로서의 눈을 가리킨다. 이 밖에 "눈(opthalmos)은 시력의 질료이다"라고 할 때처럼(412b20) 눈의 '최근접 질료'를 뜻할 때도 있다(Polansky, 2007, p.165).

226 원어는 opsis이다. 이 단어는 주로 시각이나 시력을 뜻하고, 드물게 시각 기관인 눈을 뜻하기도 한다(예: 2.6, 419a13).

227 즉, '시력이라는 부분'이 '눈이라는 부분'과.

228 이 표현이 추가된 것은, 마치 귀가 안경 걸이로 기능할 수 있듯이 감각할 수 있는 몸이 다른 기능을 할 수도 있는데, 이런 부차적 기능을 배제하고 본래적 기능에만 초점을 맞춰 감각 기관을 칭하기 위해서이다.

229 즉, 살 수 있는 것은.

230 수정되기 전의 정액 또는 땅을 만나기 전의 씨앗.

231 씨앗을 품고 있는 그리고 땅을 만나기 전의 열매.

232 즉, 살 수 있는 것일 수 있는 물체이다.

233 지성(nous)을 염두에 두고 하는 말이다. 나중에 아리스토텔레스는 지성이 분리 가능하다고 주장할 것이다(3.4, 429b5; 3.5, 430a17 참조).

234 로스(Ross, 1961)가 삽입한 ē를 빼고 읽었다.

235 "불명료하지만 더 분명한 것들"은 감각으로 관찰되는 것들을 가리키고, "명료하고 이성에 따라 더 잘 알려지는 것들"은 감각에서 먼 것들, 즉 가지적 보편자들을 가리킨다(An. Post. 1.2, 72a4~5 참조).

236 즉, 불명료하지만 더 분명한 것들에서 명료한 것들로 나아가는 방식으로.

237 원어는 to hoti(the that, the fact that)이고, 일반적으로 "사실"로 번역되는 아리스토텔레스의 전문 용어이다. 이와 대비되는 용어는 "원인(to dioti, the why)"인데(An. Pr. 53b9; An. Post. 76a11~13, 87a32), 여기서는 to dioti 대신 hē aitia가 쓰였다.

238 『분석론 후서』에서 정의(horismos)의 세 종류가 구분되는데, 그중 두 가지는 다음이다. 하나는 ① 무엇임을 보여 주는 말(logos tou ti esti)이다. 이는 주로 증명의 결론(apodeixeōs symperasma)에 해당한다. 다른 하나는 ② 무엇임과 더불어 원인(dia ti)도 보여 주는 말이다. 예컨대 천둥(brontē)이란 무엇인가? ① 구름 속에서 나는 소리이다. ② 구름 속에서 불이 꺼져서 나는 소리이다(이상 An. Post. 2.10, 93b38~94a13). 또 다른 예는 『형이상학』에 소개되어 있다. 월식(ekleipsis)이란 무엇인가? ① 달빛의 결여이다. ② 지구가 [해와 달] 사이에 있게 되어서 생기는 달빛의 결여이다(Met. 8.4, 1044b14 이하).

239 훌륭한 정의라면 사실뿐 아니라 원인도 보여 주어야 하는데, 우리가 통상 내놓는 정의들은 그렇지 못하다는 뜻 같다.

240 테트라고니스모스(tetragōnismos)를 정사각형 만들기(squaring)로 번역할 수도 있겠지만, 본문에서 다루어지는 것은 정사각형 일반이 아니라 특수한 조건을 만족시키는 정사각형이기 때문에(아래 주석 241 참조),

번역하지 않고 그대로 두었다.

241 이를 이해하기 위해 유클리드의 『기하학 원론(*Elementa*)』, 2.14를 살펴볼 필요가 있다. 유클리드는 아리스토텔레스보다 약 50년 후에 저작 활동을 했지만, 아리스토텔레스 시기의 수학·기하학자들이 이미 공유하던 내용도 그의 책에 포함되어 있기 때문이다. 2.14에서 유클리드는 특수한 조건을 만족시키는 정사각형, 즉 직선들로 둘러싸인 도형(A)과 같은 넓이를 갖는 정사각형을 만드는 원리를 보여 준다. 이를 위해 그는 첫 단계로 A와 같은 넓이를 갖는 이변 직사각형을 만들고, 다음 단계로 그 이변 직사각형과 같은 넓이를 갖는 등변 직사각형, 즉 정사각형(tetragōnon)을 만드는 과정을 보여 준다. 한편, 아리스토텔레스가 테트라고니스모스라고 한 것은 두 단계 전체를 가리킨 것일 수도 있고, 두 번째 단계만 가리킨 것일 수도 있다. 만일 전자라면, 이 문장은 "이변 도형과 같은 넓이의 등변 직사각형을 만드는 것이다"로 번역될 것이다. 옮긴이는 곧 언급될 비례 중항이 두 번째 단계에 고유한 것이라 보아서 후자를 택했고, 로스의 추측대로 heteromēkei 옆에 orthogōniōi가 있는 것으로 읽었다(Ross, 1961, p.217 참조).

242 원어는 to pragma이고, "사실(to hoti)"과 같은 뜻으로 쓰였다.

243 즉, 두 넓이가 왜 같은지를 말해 주고 있다. 이 내용은 『기하학 원론』, 6.13에 나온다. 2.14에서 유클리드는 왜 그가 제안한 대로 작도하면 테트라고니스모스가 되는지 밝히지 않았는데, 6.13에서 비례 중항(mesē analogos)을 통해 그 이유를 밝힌다.

244 예컨대 뿌리도 내리고 줄기도 뻗어 올리며 몸집도 전체적으로 커지기 때문에 사실상 모든 방향으로 성장한다.

245 "이 일(touto)"은 영양에 관련된 활동을 가리키고, "다른 일들"은 사유와 감각과 이동 등을 가리킨다.

246 A가 B에서 분리될 수 있다는 말은 B 없이도 A가 있을 수 있음을 뜻한다(이 특수한 용법이 가장 잘 나타나 있는 곳으로 2.3, 415a1~2 참조). 영양 활동은 감각이나 사유와 같은 여타 활동들 없이도 있을 수 있는

데, 식물이 그 증거이다. 한편, 아리스토텔레스가 "죽기 마련인 것들에서"라고 한정한 이유는 신 때문일 것이다. 신에게는 영양 활동 등이 전혀 적용되지 않고 신은 오로지 사유 활동 자체이기 때문에(Met. 12.9 참조), 이 경우에서만큼은 사유 활동이 다른 활동들 없이 독립적으로 존재한다.

247 고착 동물을 가리킨다(1.5, 410b19~20).

248 촉각은 여타 감각들 없이도 존재할 수 있다. 촉각만 갖는 동물들이 존재한다는 사실이 그 증거이다(3.11, 434a1 참조).

249 "이러한"은 다른 부분들에서 '분리될 수 있는'을 뜻한다.

250 초반에 아리스토텔레스는 영혼도 부분으로 나뉘는지 결정해야 한다고 했는데(1.1, 402b1), 나뉜다는 생각이 여기서도 드러난다(2.1, 412b17~25도 참조). 단, 부분으로 나뉜다는 말도 일의적이지 않기 때문에 보충 설명이 필요하다. 이에 대한 그의 고민이 413b13 이하에 나타날 것이다(3.9의 전반부도 참조).

251 3.12 참조.

252 2.3, 414a29~32; 3.9, 432a29~432b4와 비교해 볼 것.

253 이는 식물의 꺾꽂이를 통해 확인된다.

254 바로 앞에서 아리스토텔레스는 식물을 언급하면서 그것이 유일하게 갖는 영양 능력을 영혼이라 칭했지만, 이곳에서는 동물을 염두에 두어 영양 능력과는 또 다른 능력들까지 총칭해서 영혼이라 칭하고 있다.

255 예컨대 『티마이오스』의 69e 이하에서 영혼의 각 부분은 서로 다른 신체 부위에 할당된다. 예컨대 이기기를 좋아하는 부분은 횡경막과 목 사이에 놓여 있다는 것이다(70a). 이렇게 공간적 분리로 간주되기 쉬운 설명을 아리스토텔레스가 본문에서 거부하고 있는 듯하다.

256 3.12~13 참조. 좀 더 구체적인 목적론적 설명은 『동물의 부분에 관하여』 참조.

257 아리스토텔레스는 벌이 청각은 갖지 않는다고 봤다(Met. 1.1, 980b22).

258 이는 각각 '형상인'을 제시하는 방식과 '질료인'을 제시하는 방식이라 할

수 있다. 아무개가 건강하게 지내는 이유를 묻는 물음에, 우리는 '그 사람이 건강이라는 형상을 갖추고 있어서'라고 답할 수도 있고(예: 그 사람은 워낙 건강해서 좀처럼 아프지 않아), '상처 났던 부위가 잘 아물고 혈액 순환과 신진 대사 등이 원활해져서'라고 답할 수도 있다는 것이다.

259 "활동(energeia)"은 현실태(entelecheia)와 더불어 아리스토텔레스의 중요한 신조어이다. 아리스토텔레스의 초기 저서로 분류되는 『프로트렙티쿠스』에 energeia는 등장하지만(B17, B79, B80) entelecheia는 등장하지 않는 것에 비춰볼 때, energeia가 더 일찍 만들어졌음을 알 수 있다. energeia의 어원으로 꼽히는 것은 energos(at work, busy)와 energein(to be in action or activity, operate, execute)인데, 둘 모두에서 두드러지는 것은 '함'이다. 그리고 『프로트렙티쿠스』에 따르면, 이때의 '함'은 어떤 능력을 사용함/발휘함/실현함이다(Protr. B79). entelecheia와 관련해서는 1.1, 402a25의 주석 13 참조.

260 2.1, 412a6~10.

261 힉스(Hicks)는 이들이 누군지는 불확실하다고 말하면서 이에 대한 보니츠(Bonitz)의 해석을 들려주는데, 보니츠는 이 대목이 『파이돈』 85E 이하에서 영혼을 조화로 간주했던 심미아스의 주장과 잘 부합한다고 주장한다. 심미아스에 따르면, 조화가 곧 리라는 아니지만 리라의 현들이 끊어지면 조화는 더 이상 존재하지 않는다(Hicks, 1907, p.330 참조).

262 이를테면 몸의 능력 또는 몸의 형상.

263 특히 피타고라스학파를 가리킨다(407b21~23 참조).

264 2.2, 413a33~413b1, 413b32~34 참조.

265 여기서는 욕구 능력과 이동 능력이 구분되고 있지만, 3.10에 이르면 둘은 사실상 별개가 아닌 것으로 판정 날 것이다(433a31~433b1).

266 즉, 소리와 색깔과 냄새.

267 여기에 "뜨거운"이 포함된 이유는 동물 체내로 들어온 음식물이 소화 과정을 통해 뜨거워지는 것을 아리스토텔레스가 미리 염두에 두었기 때문일 수도 있다.

268 2.10 참조.

269 "명백하지 않다"는 것은 다음과 관련된 문제 같다: 앞으로(3.3) 설명될 상상을 모든 동물이 똑같이 가질까, 아니면 어떤 동물은 조금 다른 특성의 상상을 가질 수도 있을까? 이에 대해 그는 3.11, 433b31 이하에서 나름의 답을 간략히 제시할 것이다.

270 많은 경우에 아리스토텔레스는 사고 능력(to dianoētikon)과 지성(nous)을 구분하지 않고 쓰지만(대표적으로 3.4, 429a22~24), 이렇게 구분해서 쓰기도 한다. 구분하는 경우에는 다음의 차이가 강조된다: 사고 능력은 개념들을 결합하거나 분할하며 추론하는 능력으로서 오류 가능하고(3.3, 427b13), 지성은 개별 개념을 직관적으로 파악하는 능력으로서 오류 불가능하다(3.3, 428a16~18; 3.6, 430b27~29).

271 이곳에 언급된 "도형"은 다각형을 가리킨다. 그리고 삼각형에 "잇따르는 것(to ephexēs)"들은 사각형, 오각형, 육각형 등을 가리킨다. 어떤 것들이 순서가 매겨지게끔 연달아 있을 때, 나중 것이 앞선 것에 잇따른다고 표현된다(1.3, 407a8의 주석 112도 참조).

272 다각형은 '선분들로 둘러싸인 것'으로 규정될 수 있을 텐데, 이는 모든 다각형들에 다 적용된다는 뜻에서 "공통된" 규정이다. 하지만 이 설명은 예컨대 삼각형이 여타 다각형들과 어떻게 다른지를 알려 주지 않기 때문에, 삼각형에 "고유한" 규정이 아니다.

273 "이 경우들"은 다각형과 영혼의 경우를 가리키고, "다른 경우들"은 다각형과 영혼을 제외한 나머지 경우를 총칭하는 것으로 보인다.

274 "불가분적인 적합한 종"에 해당되는 규정은 최하위 종(infima species)의 종차를 제시하는 것으로서, 이것이야말로 정의이다. 그리고 이 문장에서 아리스토텔레스가 하는 주장은, 자신이 지금껏 제시해 온 공통된 규정이 무의미하다는 게 아니라, 구분되는 영혼들 각각은 도외시한 채 공통된 규정만으로 만족해서는 안 된다는 것이다.

275 다각형-영혼 유비에서 찾아지는 가장 확실한 유사성은 나중 것의 존재가 앞선 것의 존재를 함축한다는 점이다. 그런데 나중 것이 앞선 것

'안에 가능태로' 항상 있다는 말의 의미와 관련해서는 해석이 갈린다. 쉴즈는 이 언급으로부터 영혼의 단일성(unity)을 이끌어 내면서, 인간의 사고혼을 예로 든다. 사각형이 자신 안에 두 개의 삼각형을 포함하듯, 인간의 사고혼도 여타 능력들을 자신 안에 통일적인 방식으로 지니고 있다는 것이다(Shields, 2009, pp.304~306 참조). 반면에 윌슨은 이 유비가 아리스토텔레스의 의도에 아주 잘 들어맞지는 않는다고 지적하면서, 사각형은 삼각형을 전제할 뿐만 아니라 자신 안에 포함하기도 하지만, 감각 능력은 영양 능력을 자신 안에 포함하지는 않고 다만 전제한다고 해석하여 둘에 차이를 둔다. 계속해서 윌슨에 따르면, 나중 것이 앞선 것 '안에 가능태로' 있다는 말이 다각형과 영혼 모두에 적용되는 이유는, 나중 것의 정의 안에 앞선 것에 대한 언급이 들어 있지 않지만 그래도 앞선 것의 존재가 전제되기 때문이다(Wilson, 2000, p.215 참조). 옮긴이에게는 윌슨의 해석이 안전해 보이는데, 이는 다음과 같은 사정 때문이다. 아리스토텔레스는 영양 능력/감각 능력/사고 능력을 영양혼(2.4, 415a23; 3.12, 434a22)/감각혼(GA 736b1, 736b14, 741a11)/사고혼(3.7, 431a14) 또는 사유혼(3.4, 429a28)이라고도 표현하는데, 어떻게 표현하든 그는 대체로 이 용어들로써 영혼의 상이한 '부분'들을 뜻한다. 대표적으로 『동물의 발생에 관하여』에서 그는 태아(fetus)가 초기에는 영양혼만 지니지만, 이후에는 감각혼도 함께 지니게 된다고 말하며(736b1), 여기서 영양혼과 감각혼은 분명 상이한 두 부분들로 간주되고 있다. 그래서 감각혼이라는 부분이 영양혼이라는 부분을, 또 사고혼이라는 부분이 여타 부분들을 자신 안에 통일적인 방식으로 지닌다고 해석하기 어려워 보인다. 영혼의 단일성을 설명하기 위해서는 아무래도 다각형과의 유비가 아니라 '점과의 유비'(3.2, 427a10)를 활용해야 할 것 같다.

276 상상의 정상적 기능이 제대로 안 나타나는 경우가 소수 동물에게서 발견된다는 관찰이 담긴 문장이다. 이런 경우에 대한 아리스토텔레스의 간단한 설명은 3.11에 나온다.

277 인간 이외의 동물 전체를 가리킨다. 동물들은 감각은 하되, 헤아림이나 추론적 사고 없이 상상 능력까지만 갖고 사는데, 이는 어떤 사물이 그들에게 좋아 보이기만 하면 그것이 정말 좋은 것인가 등을 따져 보지 않고 곧바로 추구한다는 뜻으로 이해된다.

278 3.4~3.5 참조.

279 2.1을 시작하면서 아리스토텔레스는 온갖 영혼에 "가장 공통된 규정(koinotatos logos)"을 찾자고 했는데(412a5~6), 그것을 토대로 이제부터는 식물/짐승/인간의 영혼 각각에 고유하다는 뜻에서 "가장 적합한 규정(oikeiotatos [logos])," 즉 정의를 찾자고 제안하고 있다.

280 "따라붙어 있는 것(to echomenon)"은 앞의 것에 잇따르되 딱 붙어 있는 것을 가리키고("ho ephexēs on haptētai", Phys. 5.3, 227a6), 이곳에서는 본질에 잇따라 딱 붙어 있는 것들을 뜻하며, 1.1에 나온 "부수하는 고유한 것들"(402a15)과 동의어이다. 예컨대 세 직선으로 둘러싸인 도형이 삼각형의 본질이라면, 내각의 합이 이직각이라는 것은 이 본질에 "따라붙어 있는 것"이다.

281 아리스토텔레스에 따르면, 활동(또는 활성태, energeia)은 정의(logos)에서, 시간에서, 그리고 실체성(ousia)에서 능력(또는 가능태, dynamis)보다 앞선다(Met. 9.8, 1049b4~1050a23). 특히 활동이 정의에서 능력보다 앞서는 이유는, 어떤 능력을 가진 자에 대해 정의하려면 반드시 활동을 언급해야 하기 때문이다. 예컨대 건축 능력을 가진 자는 건축 활동을 할 수 있는 자이다(1049b12~17 참조).

282 앞서 아리스토텔레스는 영혼에 대한 탐구를 어떤 순서로 진행할지 정해야 한다고 운을 뗐는데(1.1, 402b15 이하), 그의 결정이 이곳에 나타나고 있다.

283 "영양혼(hē threptikē psychē)"은 영양 능력으로서의 영혼을 뜻한다.

284 또는 성숙한(teleia).

285 부모가 딱히 없는데도 진흙이나 물이나 썩은 유기물 등에서 몇몇 생물이 나오는 경우가 당시 관찰되었고, 그래서 아리스토텔레스는 이런

발생이 예외적으로 부모 없이 저절로 일어난다고 믿었다(GA 3.11, 762a35~763b16 참조). 물론 현미경이 만들어지고 나서 이런 생물이 나오게 된 알과 정자가 발견되었으니, 이런 발생도 예외가 아님을 우리는 알고 있다.

286 "그것"은 "자신 같은 또 다른 것을 낳는 일" 즉 생식만 가리킬 수도 있고, "영원한 것과 신적인 것에 가능한 한 참여"하는 활동 일반을 가리킬 수도 있다.

287 "어떤 것을 위한다고 할 때의 어떤 것(to hou heneka, that for the sake of which)"의 두 의미가 소개되어 있다. 이는 한편 목적(telos)을 뜻하고(415b17), 다른 한편 수혜자를 뜻한다. 예컨대 친구에게 등산을 권하면서, 우리는 등산이 '건강'을 위한 것이라고도 말하고, 등산은 '너'를 위한 것이라고도 말한다. 이 표현의 두 의미에 대한 설명으로 Met. 12.7, 1072b1~3도 참조.

288 유한한 개체가 실현하는 종적 영원성에 대한 좀 더 구체적인 설명으로 GC 2.10, 336b27~34; GA 2.1, 731b31~732a1 참조.

289 각각 작용인, 목적인, 형상인을 가리킨다. 이에 대한 자세한 설명으로 Phys. 2.3, 194b23~195a3; 2.7, 198a14~21; Met. 1.3, 983a26~32; 5.2, 1013a24 이하 참조.

290 이는 이미 앞에서 언급되었다(415b2~3). to hou heneka의 두 의미 가운데 현재 문맥에 쓰인 것은 첫 번째 의미임을 상기시키기 위한 단순 반복이다.

291 식물 전체와 일부 고착 동물에게는 이동 능력이 없다. 그런데 사실 식물이 영양 섭취를 위해 햇볕을 따라 몸을 틀거나 땅으로 뿌리를 뻗는 것도 장소상의 변화로 간주될 수 있기 때문에, 이러한 아리스토텔레스의 주장은 의아하게 들릴 수 있다. 게다가 식물의 영양 섭취나 성장에 줄기나 뿌리의 이동이 포함되기 마련이라는 상식적인 사실을 아리스토텔레스도 인정했을 것이라 추측케 하는 그의 주장도 실제로 있다(Phys. 8.7, 260a26~b5). 하지만 식물의 이 행태가 이동의 측면에서

서술될 수 있더라도 이동은 줄기와 뿌리의 본래적 역할이 아니라는 점이 중요하다. 이동을 하려면 이에 필요한 “기관(도구, organon)”(Phys. 8.7, 261a16)을 갖추고 있어야 한다. 동물의 사지가 그 대표적 사례이고, 아마 뱀의 경우에도 구부러지는 긴 몸통이 이동 기관이 될 것이다. 반면, 식물의 뿌리는 이동을 위한 기관이 아니라, 동물의 입처럼 영양 섭취를 위한 기관이다. 따라서 식물의 위 행태가 장소의 측면에서 서술될 수 있다고 해도, 이동은 줄기나 뿌리의 본래적 역할이 아니기 때문에, 이 행태를 이동으로 규정할 수 없다는 게 아리스토텔레스의 생각이다. 요컨대, 모든 운동은 이동의 측면에서 서술될 수 있고, 또 이는 단지 언어적 서술 가능성에 그치는 게 아니라 실제로 모든 운동이 장소 안에서(en topōi) 이루어지는데(Phys. 5.1, 225a31; DA 1.3, 406a16 참조), 그렇다고 모든 운동에 대한 모든 규정이 전부 이동으로 환원되는 것은 아니다(Waterlow, 1982, p.99 참조).

292 우주가 무한하다고 생각하며 절대적인 위·아래의 존재를 부정했던 고대 원자론들과 달리, 아리스토텔레스는 유한한 크기의 우주를 믿었고 또 이런 우주에 절대적인 위·아래가 존재한다고 믿었다(DC 1.6, 273a7~21; 1.7, 276a6~8; 4.1, 308a13~33). 즉, 우주 차원에서 절대적인 위는 우주의 원주이고, 절대적인 아래는 우주의 중심이다. 반면, 지구상의 사물들 차원에서는 위·아래 규정이 어느 정도 상대적이다. 특히 생물들의 경우, 기관의 기능에 의해 위·아래가 결정되기 때문이다. 예컨대 식물에게는 뿌리를 뻗는 방향이 위이고, 줄기를 뻗는 방향이 아래라는 것이다. 이는 식물의 뿌리가 동물의 입 달린 머리와 같다는 주장인데, 아리스토텔레스는 이런 식의 이해를 플라톤에게서 이어받은 것으로 보인다(『티마이오스』, 90a~b 참조). 참고로 무한한 우주에 관한 고대 원자론자들의 믿음에 대해서는 디오게네스 라에르티오스의(=참고문헌의 『그리스철학자열전』), 60; 루크레티우스의 『사물의 본성에 관하여』, 1권 1070~1071 참조.

293 헤라클레이토스학파를 가리키는 것으로 보인다.

294 불은 가연성 있는 주변의 물체를 태우며 점점 더 커지는데, 이는 불이 마치 생물처럼 먹이를 삼키며 성장하는 것처럼 보일 수 있다. 하지만 이는 사실 영양 활동이 아니라는 것이 아리스토텔레스의 입장이다(416b9~10).

295 이곳의 trophē를 '영양'으로 읽는 번역서들이 다수이고, '영양분 · 먹이'로 읽는 번역서들은 소수이다(Hett, 1957, p.91; Polansky, 2007, p.213). 그런데 이하의 주된 논의 대상이 후자이고, 활동보다 대상을 먼저 탐구해야 한다는 것이 아리스토텔레스의 입장(415a20~22)이기도 한 만큼, 후자로 읽는 게 좋아 보인다. 어쨌든 이 장에서 그가 trophē의 여러 의미를 활용하며 이야기하고 있는 것은 분명하다(trophē의 세 가지 의미에 대해서는 2.1, 412a14의 주석 211 참조).

296 생식 능력이 별도로 있는 게 아니라 영양 능력의 발휘가 생식으로까지 확장되는 것이기 때문에, 영양분에 관해 논의하다 보면 생식에 관한 논의도 자연히 함께 이루어질 것이라는 뜻이다(416b15도 참조).

297 이러한 변화는 질적 변화(변이, alloiōsis)이지 양적 변화(성장 · 증가, auxēsis)가 아니라는 뜻이다.

298 즉, 반대되는 서로로부터 성장도 하는 것들조차.

299 이때의 hydōr를 액체로 읽어서 기름으로 풀이할 수도 있고, 물기로 읽어서 다음과 같이 풀이할 수도 있다. 즉, 완전히 말라 있는 나무에 불을 붙이면 금세 꺼지기도 하고 재에는 아예 불이 붙지 않는 것으로 미루어 보건대 가연성 있는 사물에 포함된 약간의 물기로 풀이할 수도 있다(Hicks, 1907, p.346; Polansky, 2007, p.214). Meteor. 2.2, 355a9~11과도 비교해 볼 것.

300 4원소를 가리킨다.

301 엠페도클레스와 데모크리토스의 견해가 여기에 해당한다(GC 1.7, 323b3 이하 참조).

302 416a21 이하 참조.

303 엠페도클레스의 견해가 여기에 해당한다(1.5, 410a23 참조). 410a23~

26에서 아리스토텔레스는 엠페도클레스의 모순되는 듯한 이중적 주장에 의문을 제기한 바 있다.

304 "사이의 것(to metaxu)"이란 예컨대 흰 것과 검은 것 사이에 있는 회색의 것을 가리킨다. 흰 물체가 검은 물체로 되는 과정도 변화이고, 흰 물체가 회색의 물체로 되는 과정도 변화라는 뜻이다(Phys. 5.1, 224b30~32; 5.5, 229b16~21).

305 "영양분을 공급받는 것"은 생물을 가리키고, 더 정확한 표현으로는 "영양혼을 지니는 몸"을 가리킨다(416b25 이하). 이런 몸이 영양분에 의해 "영향 받지 않는다"는 말은 영양분에 의해 신체의 본래적 기능이 달라지지 않는다는 뜻으로 이해된다. 사실 먹이가 생물의 체내에 들어와 분해되고 소화되며 흡수될 때 신체에 질적 변화가 분명히 있다. 다만, 앞서 언급된 한도와 비율 때문에(416a17) 영양을 통한 신체의 질적 변화는 영양 기능이 그대로 유지되는 특수한 범위 내에서 일어나고, 그래서 영양 활동을 하는 도중에도 생물은 여전히 그러한 생물로 변치 않고 남아 있다는 것이다. 마치 목수가 나무를 사용해서 물건을 만들 때 목수의 몸에 열이 나고 땀이 나기는 하지만, 목수로서의 그의 몸이 나무에 의해 영향 받아 나무에 동화되지 않듯이 말이다. 요컨대 목수의 정체성이 재료에 의해 바뀌지 않듯, 영양 활동을 할 수 있는 생물의 그러한 것으로서의 정체성은 영양분에 의해 바뀌지 않는다.

306 쉽게 말해 '첫 단계에서 몸에 보태지는 영양분'은 입 속으로 막 들어온 것을 가리키고, '마지막 단계에서 몸에 보태지는 영양분'은 소화 과정을 다 거쳐 몸에 흡수되고 동화된 것을 가리킨다.

307 앞 문단에 소개된 "어떤 이들"과 "다른 이들"을 가리킨다고 보았다.

308 아직 소화되지 않은 것으로서의 영양분을 놓고 보면, 반대되는 것이 반대되는 것에 의해 영양분을 공급받는다고 말할 수 있다. 예컨대 갈증이 나 물을 입속에 머금었을 때, 우리의 건조한 몸이 습한 물에 의해 영양분을 공급받는다고 말할 수 있다. 반면, 소화된 것으로서의 영양분을 놓고 보면, 유사한 것이 그렇게 한다고 말할 수 있다. 우리 몸에 동화

되어 있기 때문이다.

309 양적 측면에서 보자면, 영양분은 생물의 몸집을 키우는 성장 요인이라는 주장이다. 단, 이것이 영양분의 일차적 의미는 아니다. 다음 문장에 나타나듯, 그 일차적 의미는 개체의 보존과 종적 형상의 보존에 기여하는 것이다. 참고로 이 문장과 다음 문장의 주어 모두 원문에 명시되어 있지 않은데, 옮긴이는 둘 다 "영양분"으로 보았다. 둘 다 "보태지는 것(to prosginomenon)"(416b2~3)으로 보는 번역들도 소수 있다(Rodier, 1900, p.242; Sachs, 2004, pp.94~95).

310 이 문단에서 아리스토텔레스는 "영양분(trophē)"의 두 역할을 주장하고 있다. 우선 ① 생물을 어떤 양(poson)으로 보는 관점과 ② 생물을 실체(ousia)로 보는 관점이 구분된다. 우리는 ①의 관점에서 영양분에 대해 말하곤 하는데 '먹어야 키 크지'라고 할 때 그렇다. 또 우리는 ②의 관점에서도 영양분에 대해 말하곤 하는데 '먹어야 산다'고 할 때 그러하며, 이런 의미의 영양분이 문자 그대로 영양분이다(416b13). 그런데 아리스토텔레스는 ②의 영양분이 자식을 낳는 일에도 기여한다고 하면서(416b15), 그 역할을 개체 보존뿐 아니라 종적 형상의 보존으로까지 확대하고 있다(416b16~17).

311 이 셋의 원어는 순서대로 to trephomenon, hōi trephetai, to trephon 이다.

312 로스(Ross, 1961)는 414b20~23을 이곳으로 옮기자고 제안하면서 위치 이동을 25a, 25b, 25c로 표시했다.

313 손이 키를 조종한다는 측면에서 손은 키의 운동을 일으키는 것이다. 그런데 손 달린 선장이 손의 운동을 일으킨다는 측면에서 손은 선장에 의해 움직여지는 것이기도 하다. 『자연학』에도 이와 유사한 사례가 등장한다(Phys. 8.5, 256a6~8).

314 그것으로 영양 공급을 받는 바로 그것은 ① 소화되는 영양분과 ② 소화를 수행하는 열, 이렇게 두 가지라는 뜻이다. 여기서 열은 선장의 손에, 영양분은 키에 비유되고 있다. 생물의 열은 영양혼에 의해 움직여지면

서 먹이를 소화시키는 운동을 일으키지만, 먹이는 소화되는 식으로 움직여지기만 한다는 것이다.

315 De Somn. 3 참조.

316 2.4, 415b24 참조.

317 이 장에서 "변이(alloiōsis)"는 "영향 받음(paschein)"과 동의어로 쓰이고 있다(특히 417b5~9와 417b14~15 참조). 한편, 감각이 일종의 변이라는 규정이 아리스토텔레스의 다른 자연학적 저서들에 설명된 '전형적' 변이를 뜻하는지는 따져 볼 문제이다. 전형적 변이는 흰 것이 검게 되거나 뜨겁던 것이 차가워지는 등의 물리적 변화를 가리킨다(Phys. 5.2, 226a26~29; 7.2, 244b5 이하; GC 1.6, 323a19~20).

318 데모크리토스와 엠페도클레스를 가리킨다(1.2, 405b15; 1.4, 410a23 참조).

319 GC 1.7을 가리킨다.

320 원어는 "감각(aisthēsis)들"인데 의역했다. 이 문장과 다음 문장에서처럼 아리스토텔레스는 이 단어로 '감각 기관'을 뜻하기도 한다(Hamlyn, 1968, p.xvii).

321 예컨대 공기의 경우, 그 투명함을 통해.

322 to aisthētikon을 "감각할 수 있는 것"으로 직역했다. '감각 능력'을 가리킬 수도 있고 '이 능력이 내재하는 감각 기관'을 가리킬 수도 있다는 두 가능성을 다 열어 놓기 위한 직역이다.

323 실상은 정확히 동일하지 않지만 동일하다 치고 논의해 보자는 제안이다. 이하의 논의는 바로 이 가정 하에서 진행되기 때문에, 감각에 해당하는 변이를 전형적인 것으로 볼 수 있는지 따져 볼 때에도 이 가정을 반드시 고려해야 한다. 이어지는 문장을 보면, 이 가정이 순전히 얼토당토않은 것은 아니고 나름 일리 있는 가정임을 알 수 있다.

324 Phys. 3.2, 201b31~33; Met. 9.6, 1048b28 참조. 『자연학』에 따르면, "운동은 가능태로 있는 것의, 그러한 것인 한에서의, 현실태이다."(Phys. 3.1, 201a10~11) 다시 말해, 운동은 F일 수 있는 것이 F일 수 있는

것으로서의 제 역할을 다하고 있는 상태이다. 그런데 이 상태에 있는 것은, 그것이 아직 F가 아니기 때문에, 미완성적인 것이다(3.2, 201b32~33). 이런 이유로 아리스토텔레스는 운동을 "일종의 활동"으로서 "미완성적인 활동"이라 칭한다(3.2, 201b31~32).

325 2.4, 416a29~416b9 참조.

326 괄호 속 "ontes, energeiāi ginontai epistēmones"는 로스(Ross, 1961)가 토르스트릭(Torstrik)의 추측을 참고하여 넣은 것이다. 동사를 추가함으로써 417a31~b2를 완성된 문장으로 만들기 위한 삽입이다.

327 조대호를 따라 hexis를 "소유상태"로 옮겼다(조대호, 2012, 233쪽). 여기서는 배워 알 수 있는 상태를 뜻한다. 참고로 『범주론』에 따르면, diathesis도 상태이지만, 이것에 비해 hexis는 더 오래 지속된다는 특징을 갖는다(Cat. 8, 8b27~28).

328 '관조하지 않음으로부터 관조함에로의 이행'을 굳이 변이(달라짐)라 칭하자면, 전형적 부류가 아니라 특수한 부류의 것으로 간주하겠다는 언급이다. 이로부터 우리는 아리스토텔레스가 이 이행을 변이로 분류하길 꺼려하고 있음을 추측할 수 있다. 그리고 '감각하지 않음으로부터 감각함으로의 이행'도 이와 비슷하다는 것이 아리스토텔레스의 결론적인 입장으로 보인다(417b17~19).

329 로스(Ross, 1961)는 "agein … [kata] to nooun kai phronoun"으로 적었는데, 옮긴이는 대부분의 사본들을 따라 kata를 유지했다.

330 여기서 "이끄는 것(to agon)"은 사유·사려하는 자의 영혼 안에 있는 사유·사려 대상을 가리키는 것 같다(417b23; Bodéüs, 1993, p.163, n.1 참조).

331 "결여적인 상태(hai sterētikai diatheseis)로의 변화"는 시력을 잃게 되는 것처럼 본성을 거스르는 부정적 상태로의 변화를 가리키고, "소유상태(hexis)나 본성(physis)으로의 변화"는 건강의 회복처럼 우리 본성에 부합하는 긍정적 상태로의 변화를 가리킨다고 해석하는 것이 가장 무난해 보인다. "결여(sterēsis)"와 "소유상태(hexis)"의 대비로는 Cat.

10, 11b22를, "소유상태(hexis)"와 "본성(physis)"이 나란히 쓰인 경우로는 EN 7.12, 1152b27~28, 1152b36을 참고할 것.

332 태아 등이 모체 내에서 감각 능력·기관을 갖추게 되는 과정을 가리키는 것으로 보인다.

333 활성태상의 감각함을 언급하는 다음 문장을 감안해서, 이곳의 "감각함"은 가능태상의 감각함을 뜻한다고 보는 것이 좋겠다.

334 즉, 아는 자가 앎을 이미 지니듯.

335 대표적으로 제작학을 꼽을 수 있다.

336 3.4를 가리키는 것으로 보인다.

337 이후 아리스토텔레스는 사유함이 일종의 영향 받음일 수 있다는 가능성을 열어 놓으면서도 지성(nous)은 영향 받지 않는다(apathēs)고 말할 것이고(3.4, 429a14~15, 429b23~25), 이러한 애매한 입장을 감각에 대해서까지 보일 것이다(3.7, 431a5). 그래서 이렇게 충돌하는 듯한 언급들을 어떻게 해석할 것인지가 논쟁거리인데(대표적 연구물로 Burnyeat, 2002 참조), 이 논쟁에서 417a15~16, 417b2~5와 더불어 중요한 출처로 꼽히는 것이 지금 이 대목이다. 어쨌든 지금 아리스토텔레스는, 감각함과 사유함은 '기존 속성의 파괴를 동반할 수밖에 없는 전형적인 종류의 영향 받음'이 아님에도 달리 칭할 별도의 명칭이 없기 때문에 어쩔 수 없이 그것들을 영향 받음이라 부르겠다고 말하고 있다. 그가 감각함이나 사유함을 "일종의(tis)" 영향 받음이라 표현하곤 하는 이유가 여기에 있을 것이다.

338 417b3~5를 가리키는 것으로 보인다.

339 앞에서 아리스토텔레스는 영혼 능력이 관계하는 대상(ta antikeimena)부터 탐구해야 한다고 말한 바 있다(2.4, 415a16~22). 2.5는 시각이나 청각 등의 개별적 감각들에 공통된 일반적 논의였고, 앞으로는 개별적 감각을 살펴야 하며 실제로 이 본격적인 논의가 2.7부터 계속될 텐데, 그 전에 이곳에서 감각 대상부터 살펴보자는 주장이다.

340 고유 대상에 대한 감각의 오류 불가능성이 주장되고 있다. 참고로 3.3

에서는 고유 대상에 대한 감각에도 최소한의 오류 가능성이 인정된다 ("고유 대상들에 대한 감각은 참이거나 아주 드물게 거짓이다", 3.3, 428b18~19).

341 여타 개별 감각들은 그 대상이 한 가지씩이지만, 촉각은 그 대상이 여러 가지이다. 예컨대 우리는 촉각으로 뜨거움과 차가움도 감각하고, 건조함과 습함도 감각하며, 단단함과 무름도 감각한다(2.11, 422b26~27).

342 즉, 색깔과 소리와 맛 등이.

343 "공통된다"는 표현은 여러 감각들에 '대상으로서 공유될 수 있음'을 뜻한다. 예컨대 운동은 시각의 대상일 수도 있고 촉각의 대상일 수도 있다는 것이다. 이렇듯 '공통 감각 대상들'은 '공유 감각 대상들'을 뜻하지, 통각(sensus communis)을 뜻하지 않는다. 그리고 여기에 열거된 것들은 추상적 개념들을 뜻하지 않는다. 예컨대 "수"는 수 개념을 뜻하는 게 아니라 구체적인 개수를 뜻한다. 예컨대 우리는 대상의 개수를 눈으로 봐서도 손으로 만져서도 알아볼 수 있다.

344 여기서 아리스토텔레스는 "모든"을 느슨한 의미로 쓴 것 같다. 즉, 여러 감각들 중 어느 하나에도 빠짐없이 감각될 수 있어야만 공통 감각 대상이라는 엄격한 주장을 펴려던 것 같지 않다. 이 문장은 단지, 어떤 대상이 하나의 감각과 본래적인 일대일 대응 관계를 맺고 있는 게 아니라 '어떤 감각이든 둘 이상에 의해' 감각될 수 있기만 하면 공통 감각 대상이고, '둘 이상'에 해당하는 후보는 어느 것이어도 무방하다는 뜻으로 이해될 수 있다. 아니면 "모든"은 문자 그대로 전부를 뜻한다고 보고, 지금 아리스토텔레스가 부주의하게 감각들 전부를 총칭해 버렸다고 해석할 수도 있다(이 해석을 지지해 줄 전거가 있기는 하다. "크기, 형태, 빠름, 매끄러움, 나아가 … 뾰족함과 뭉툭함은 모든 감각들에 공통적이지 않다면 적어도 시각과 촉각에 공통적이다", De Sensu. 4, 442b5~7).

345 운동은 대표적인 공통 감각 대상이고, 경우에 따라 더 많은 감각들에 의해 감각될 수 있다. 예컨대 누군가 무거운 가방을 바닥에 끌고 갈 때, 이 가방의 운동을 우리는 눈으로 봐서 감각할 수도 있고, 눈을 감고도

끌리는 소리를 들어서 감각할 수도 있고, 가방이 다리에 부딪히며 지나간 경우라면 보거나 듣지 않아도 촉각만으로도 감각할 수도 있으며, 상황에 따라 이 감각들을 다 사용해서 감각할 수도 있다.

346 원문에 주어가 명시되어 있지 않은데, 옮긴이는 '감각 주체'를 주어로 보았다. 예컨대 보는 주체(넓게는 동물, 좁게는 시각)는 디아레스의 아들인 한에서의 대상에 의해 영향 받는 게 아니라, 흰 것인 한에서의 대상에 의해 영향 받는다는 뜻이다.

347 "설명을 통해 이야기될 수는 있지만 이름은 못 갖고 있게 된 것"은 야광의 물체가 어둠 속에서 환하게 내보이는, 색깔 비슷한 어떤 성질을 가리킨다(419a2~5).

348 바로 앞에서 야광체의 성질도 "보이는 것"에 포함되었기 때문에 색깔만 언급하는 이 문장이 쉽게 이해되지 않을 수 있는데, 여기에 prōtōs를 넣어 읽었던 테미스티오스(58.23)처럼 '보이는 제일의 것은 뭐니 뭐니 해도 색깔'이라는 뜻으로 풀이하면 좋겠다.

349 전치사 epi를 "표면에 있는"으로 옮겼다. 『자연학』에서 아리스토텔레스는 색깔이 사물의 면(hē epiphaneia)에 있다고 주장한다(Phys. 4.3, 210b5). 그리고 그는 면과 표면(to epipedon)을 교체해서 쓰기도 한다(Cat. 6, 5a2~3).

350 예컨대 빨간 컵이 "자체적으로" 보이는 사물인 이유는 이 컵의 정의(예: 음료를 따라 마실 수 있게 하는 그릇)에서 찾아지는 게 아니라, 이 컵이 빨강을 자신 안에(자신의 표면에) 갖고 있다는 점에서 찾아진다.

351 "투명한 것"은 시각의 매체인 공기나 물을 가리킨다. 색깔이 투명한 매체에 변이(alloiōsis)를 일으킬 수 있다는 뜻이다.

352 "빛"의 원어는 phōs이다. 그런데 아리스토텔레스는 phōs로써 사실상 '밝음'을 뜻하고 있다. 이하에서 그는 선배 철학자들이 phōs를 입자나 흐름으로 여겨 왔다고 소개한 후, phōs는 이런 게 아니라는 반론을 펼칠 텐데, 이 반론을 들여다보면 그가 실질적으로는 밝음을 논하고 있음이 드러난다.

353 공기나 물은 색깔을 자신 안에 갖고 있지 않기 때문에 자체적으로 보이지 않는다. 이하에서 공기나 물의 활성태상의 투명함은 색깔로 간주되지 않고, "색깔 같은 것(hoion chrōma)"(418b11)으로 간주될 것이다.

354 "다른 것의 색깔(allotrion chrōma)"은 공기 중이나 물속에 있는 '사물들의' 색깔을 가리킨다고 풀이하는 게 가장 좋아 보인다(Tricot, 2010, p.131, n.2 참조).

355 유리나 뿔(horn, 419a5) 등을 가리킨다.

356 「감각과 감각 대상에 관하여」에도 공기나 물 안에 내재하는 "공통된 본성이자 힘"이 언급되는데(3, 439a23), 아프로디시아스의 알렉산드로스는 이 본성을 "투명함(diaphaneia)"으로 표현한다(44, 1~2).

357 "저 위의 영원한 물체(to aïdion to anō sōma)"는 월상계(月上界)를 구성하는 아이테르를 가리킨다(DC 1.3, 270b21~24).

358 여기서는 특히, 아이테르로 구성된 해나 달을 가리키는 것 같다. 다음 문장에 나오는 "저 위의 물체"도 마찬가지이다.

359 가능태로 투명하던 공기나 물이 불에 의해 또는 해나 달에 의해 활성태로 투명하게 되면 색깔 비슷한 것을 띠는데, 이것이 곧 빛(밝음)이라는 뜻으로 이해된다.

360 이는 엠페도클레스의 견해에 대한 거절로 볼 수 있다(De Sensu. 2, 437b23 이하 참조).

361 "와 있음"으로 옮긴 원어는 parousia이다. 다음 문장을 고려하면, 이는 공간적으로 동시에 함께 있음을 의미해서는 안 된다. 그리고 불 또는 이런 어떤 것이 공기나 물에 영향을 미쳐서 이것들을 활성태로 되게 한다는 언급이 잠시 후 나올 것이다(419a24~25). 그래서 이때의 "와 있음"은 불 또는 이런 어떤 것이 물체로서 이동해 와 있다는 게 아니라, 그것들의 '영향력이 미치고 있음'을 뜻한다고 보는 게 어떨까 한다(419a24~25). 참고로 테미스티오스는 이를 '관계하고 있음'으로 풀이했다(Themistius, 60.22).

362 "그러한 상태(hexis)"란 투명한 물체가 자신의 투명함을 활성화하고

있는 상태를 일컫는다. 결국 "그러한 상태가 투명한 것에 결여됨"은 투명한 것으로서의 그 물체가 단지 가능태로 있음을 뜻한다.

363 하늘을 가리킨다.

364 「감각과 감각 대상에 관하여」 6, 446a26 이하에도 엠페도클레스의 이 주장이 소개되어 있다. 그곳에서 아리스토텔레스는 엠페도클레스에 반대하면서, 빛은 이동(phora)을 하는 어떤 물체가 아니라, 매체(투명한 물체)의 변이(alloiōsis)의 결과라고 주장한다(De Sensu. 6, 446b27 이하 참조).

365 엠페도클레스의 주장대로 빛이 이동을 한다면, 빛이 하늘과 땅 사이의 어딘가를 지나치고 있는 중이라 아직 우리 근처까지 와 있지 않은 현상, 또는 아직 서쪽에 도착하지 못한 빛이 동쪽으로부터 이동해 오고 있는 현상이 대낮에도 관찰되어야 하는데, 장애물이 없는 한 빛은 어디든 있는 게 실제 현상이라는 주장이다. 사실 여기서 phōs를 물체로 간주하고서 그것의 월등히 빠른 속도를 인정한다면, 엠페도클레스의 주장이 타당할 것이다. 하지만 아리스토텔레스는 이를 모두 부정하고 있다.

366 이후 아리스토텔레스는 "안 보이는 것(to ahoraton)"의 사례로 어둠(to skotos)을 제시할 것이다(422a20~21).

367 "어두운 것이 그러하다고 여겨지듯 안 보이거나 간신히 보이는 것"을 통째로 가리키는 것 같다.

368 418b8에서처럼 '투명함'을 가리키는 것으로 보인다.

369 화경버섯과 같은 종류를 가리킨다.

370 로스(Ross, 1961)의 원문은 kreas(살)인데, 다른 일부 필사본을 따라 keras(뿔)로 읽었다.

371 "어둠 속에서"는 원문에 없고 옮긴이가 넣은 것이다.

372 418a31~418b3 참조.

373 즉, 투명한 공기나 물이 감각 대상에서 감각 기관까지 쭉 이어져 있다면, 또는 매체를 끊어 놓는 장애물이 없다면.

374 색깔이 활성태상의 투명한 매체에 변이(alloiōsis)를 일으키고, 이 매체

가 감각 기관에 변이를 일으킨다는 뜻이다.

375 "사이의 것(to metaxu)"은 감각 대상과 감각 기관 사이에 있는 것을 뜻한다. 일단 데모크리토스에게 봄이라는 것은, 시각 대상으로부터의 유출물(aporroē, aporroia)인 어떤 영상(deikelon)이 이동하다가 시각 기관에 도달함으로써 일어나는 일이다(DK68A135, DK68B123). 그리고 아리스토텔레스에게 "사이의 것"은 감각 대상의 성질을 감각 기관에 전달해 주는 필수적 매체이지만, 데모크리토스에게 "사이의 것"은 전달자로서의 매체가 아니다. 영상이 직접 이동하기 때문이다. 데모크리토스에게 허공은 "물체 못지않게 존재하는 것"이기는 해도(DK67A6), 이동 중인 영상에 "저항하지 않고 자리를 내주는" 역할만 할 뿐이다(DK68A58).

376 즉, 가능태로 투명한 것이 활성태로 투명해지는 사태 자체가 불에 의해서이기 때문이다.

377 허공의 존재를 부정한 아리스토텔레스가 "사이의 것(to metaxu)"으로써 말하려는 것은 결국 감각 주체와 감각 대상 사이에 있는 '물체'이고, 이 물체가 반드시 있어야 한다고 419a20에 언급되었으며, 이 물체의 역할이 색깔과 소리 등을 감각 기관에 전달하는 것으로 서술되었으므로, 이제부터는 to metaxu를 "매체"로 옮긴다.

378 촉각과 미각에 매체가 없는 것 같지만 사실 있다는 뜻이다. 2.10~11에 이르면, 그 매체는 살(sarx)인 것으로 드러난다.

379 인간에게 후각의 매체는 공기임이 분명한 반면, 수중 동물의 경우에는 물도 후각의 매체로 관찰된다(2.9, 421b9~13도 참조). 여태껏 아리스토텔레스는 시각의 매체로서 공기와 물을 "투명한 것"이라는 단일한 명칭으로 불러온 반면, 지금 그는 후각의 매체로서 공기와 물을 이 명칭으로 부르지 않고 있다. 즉, 그는 단지 '공기와 물에 후각의 매체로서 모종의 공통점이 있다'는 것만 언급하고 넘어가고 있다.

380 2.9, 421b13~422a6 참조.

381 로스(Ross, 1961)는 소수의 필사본을 따라 energeia … dynamis로 읽었

는데, 옮긴이는 다수의 필사본을 따라 energeiāi … dynamei로 읽었다.

382 이 문장은 우리가 '가능태로서의 소리'도 고려해야 하는 이유를 알리고 있다.

383 원어는 hē akoē. 사실 이 장 전체를 통틀어 감각 기관(to aisthētērion)이라는 단어는 한 번도 안 나온다. 하지만 이제부터 아리스토텔레스가 소리 냄과 들음을 주로 물리적으로 설명할 것이고, 잠시 후 "귀(to ous)"가 언급되기도 할 것이므로(420a9, 13), 맥락에 맞게 hē akoē를 청각 기관으로 옮긴다.

384 예컨대 활성태상의 종소리는 종을 치는 것과 관계하고 있는(pros ti) 종의 것(tinos)이고 공기라는 매체 안에서(en tini) 난다. 그리고 이는 소리의 세 요소에 대한 표현이다. 세 요소란 치는 것, 쳐지는 것, 그리고 매체이다(420b14~15도 참조).

385 즉, 치는 것과 쳐지는 것 중 하나만 있을 때에는.

386 419b6~7 참조.

387 오목한 사물 속의 공기를 가리킨다. 오목한 사물 속의 물도 후보가 될 수 있겠다(419b18).

388 여기서 모래 "더미"는, 모래시계의 바닥 쪽으로 떨어지고는 있으나 그래도 어쨌든 위쪽에 잠시나마 모여 있던 모래를 가리키는 것 같다. 그리고 모래 더미나 모래 회오리의 빠른 이동은 '공기의 빠른 분산'에 대응하는 예시이다. 빠르게 이동 중인 모래를 치려면 그 이동 속도보다 더 빨리 쳐야 하듯, 빠르게 분산되는 공기로부터 소리를 유발하려면 그 분산 속도보다 더 빨리 쳐야 한다는 것이다.

389 이를테면 던져진 공이 벽에 부딪쳐 튀는 모습에 대한 묘사이다.

390 빛이 항상 반사되지 않는다면, 해가 직접 비추는 곳만 밝고 나머지 지역은 전부 암흑일 것이다. 그러나 해가 직접 비추지 않는 곳도 어느 정도는 밝은 것이 사실이니, 이를 통해 빛이 항상 반사됨을 알 수 있다는 설명이다.

391 419b29~33의 전체적인 뜻은 다음과 같아 보인다: 빛은 매끄러운 것으

로부터 반사될 때처럼 항상 정확한 각도로 반사되는 것은 아니고, 울퉁불퉁한 것으로부터 난반사되기도 하는데, 어떤 식으로든 빛이 항상 반사된다는 점은 분명하다. 한편, "우리에게 빛을 한정하게 해 주는"으로 의역한 원문은 hēi to phōs horizomen이다. 이 구문에 대한 번역과 해석은 분분한데, 옮긴이는 햄린(Hamlyn)의 번역(by which we delimit the light)에 가깝게 옮겼다. 그리고 우리가 빛을 피하기 위해 그늘을 사용하는 상황에 대한 묘사로 해석하는 것이 가장 상식적이고 쉬운 풀이가 아닐까 한다. 이 밖에 '그림자를 존재케 하는 것이 빛이기 때문에 우리는 그림자를 통해 빛의 존재도 알아볼 수 있다'는 존재론적 해석도 있고(Rodier, 1900, p.290), '그림자와 이를 드리운 사물을 이어 그은 직선상에 빛이 있다는 것을 우리는 알아볼 수 있다'는 기하학적 해석도 있다(Ross, 1961, p.248).

392 대표적인 사례로 계란판 같이 울퉁불퉁(하고 푹신하기까지)한 방음재를 설치한 상황을 들 수 있겠다.

393 "매끄러운 것의 표면이 하나"라는 말은 울퉁불퉁한 구석이 없어서 여러 구획으로 나뉘어 있지 않음을 뜻한다. 매끄러운 표면의 이러한 특성 때문에 그 주변 공기도 이를테면 한 덩어리(420a25)로 있고, 타격을 받아도 한 덩어리 상태를 즉시 회복하여 덩어리째로 움직여진다는 것이다. "표면(to epipedon)"에 대해서는 2.7, 418a29의 주석 349를 참조.

394 "함께 생긴"으로 옮긴 원어는 symphyēs이다. 청각을 지닌 동물은 나면서 귀에 특유한 공기를 가지고 있는데, 이 공기는 외부에서 들어온 것이 아니라 애초부터 귀와 본성적 결합 관계를 맺은 채 귀와 함께 성장한 내부의 것이라는 뜻이다. 우리 식으로 말하면, 이 공기는 중이(中耳) 속 공기에 해당한다.

395 잠수해 있는 등의 특별한 경우가 아닌 한, 우리의 귀는 공기 중에 있다.

396 즉, 동물이 모든 신체 부위로 듣는 것은 아니고, 특수한 공기를 담고 있는 특정 부위로만 듣는다.

397 "이 공기"는 기관 내 공기를 가리킨다. 그리고 "이 공기가 모든 곳을 통과

해 가는 것도 아니"라는 말은, 귓속 공기가 자신의 구역을 벗어나 여기 저기 다른 신체 부위로 왔다 갔다 하는 것이 아니라는 뜻이다.

398 "움직여질 부분이자 영혼이 깃든 그 부분(to kinēsomenon meros kai empsychon)"은 청각 기관을 가리킨다. 즉, 바깥 공기의 영향에 의해 소리를 전달받으며 운동하게 될 부분이자 청각 능력이 깃든 신체 부분 말이다. 그리고 그러한 이유를 밝히는 이 문장 전체는 다음을 뜻한다: 귓속의 특수한 공기조차도 귀 전체에 퍼져 있지 않고 귓속의 일정 구역에만 있다는 사실로 미루어 보건대, 이 특수한 공기가 다른 신체 부위들로까지 가서 온몸에 퍼져 있을 리는 더더욱 없다. 참고로 로스(Ross, 1961)가 이 문구에 십자 표시를 한 것은 empsychon이라는 단어가 왜 나오는지 이해하기 어렵다고 판단했기 때문이다. 그래서 그는 empsychon을 empsophon으로 바꿔 읽자고 했던 트로스트릭(Torstrik)의 제안을 소개한다(p.249). 또 실제로 이렇게 바꿔 읽는 번역서들도 꽤 있다. 그러나 empsychon을 '영혼의 여러 능력들 중 청각 능력이 깃든'으로 해석하면 별 무리 없이 읽을 수 있지 않나 싶다.

399 이때의 공기는 기관 바깥 공기를 가리킨다.

400 이 문장에서 공기가 '움직여질 수 없다'는 표현은 귓속의 공기가 신체의 다른 부위들로 이동해 버릴 수 없음을 뜻한다. 기관 바깥 공기의 운동에 의해 기관 내 공기가 움직여지기는 하지만, 후자의 운동도 귓속의 특정 구역 내에서만 일어난다는 것이다. 힉스의 설명대로, 이 상황은 호수 안에서만 흐를 뿐 호수 밖으로 흘러나가지는 않는 호수 물에 비유될 수 있겠다(Hicks, 1907, p.381 참조).

401 기관 바깥 공기의 운동(420a4~5)을 가리킨다.

402 이때의 귀를 내이(內耳)로 보는 해석도 있다(Hicks, 1907, p.381; Ross, 1961, p.249).

403 심플리키오스는 이때의 뿔이 악기로 쓰이던 것을 가리킨다고 전한다(Simplicius, 1882, 145.10). 어쨌든 속이 빈 뿔이나 소라에는, 우리가 이것들을 귀 가까이 가져와 들어보고 있는 때뿐만 아니라 평상시에도

계속 웅웅거리는 울림이 있는 것으로 관찰된다. 그런데 이와 비슷한 울림이 누군가의 귀 자체에 있다고 해서 곧장 '그가 소리를 실제로 듣는다'고 단정할 수 없다는 것이 이 문장의 뜻으로 이해된다. 참고로 여러 필사본들에 alla kai로 되어 있는 것을 로스(Ross, 1961)가 alla ou로 수정했고, 옮긴이는 후자를 따랐다. 원래대로 읽으면 "하지만 마치 뿔에서처럼 귀에 울림이 있다는 것은 듣는가 못 듣는가의 표지이기도 하다"가 된다. 이에 대해 로스(Ross, 1961)가 수정을 제안한 이유는 다음의 둘이다(pp.249~250). 첫째, 원래대로라면 이 문장은 '귀에 울림이 있다는 것은 청각이 정상적이어서 들을 수 있다는 증거'임을 뜻하게 될 것이다. 하지만 청각에 문제가 생겨 외부 소리를 못 듣고 있는 사람의 귀에도 울림이 있을 수 있다. 둘째, 이렇게 읽으면 뒤 문장과의 연결도 어색해진다. 왜냐하면 곧이어 아리스토텔레스는 '귓속 공기의 운동으로 인한 귀 내부의 울림'과 '외래적인 소리'를 구분할 텐데, 이는 귓속의 웅웅거림이 아니라 외래적인 소리를 들어야 진짜 듣는 것이라 주장하기 위한 구분이기 때문이다.

404 아리스토텔레스에게 귀는 "공기를 가둬 지니고 있는 것"이고, 귀에 울림이 있는 것도 귓속 공기의 운동 때문이다. 그런데 사람들은 귓속을 텅 빈 것으로 생각하기 쉽고 귓속의 울림도 경험하기 때문에, 사람들이 귀를 "텅 비고 울림이 있는 것"이라 표현하는 것도 나름 이해가 된다는 게 420a18~20의 전반적인 뜻이다.

405 이것이 아리스토텔레스의 선택으로 보이는데, 그 이유가 명확히 설명되고 있는 것 같지는 않다. 테미스티오스(120.10)와 심플리키오스(146.3)의 풀이에 따르면, 쳐지는 것은 영향 받는 식으로, 치는 것은 영향 주는 식으로 소리를 낸다. 그러나 어쨌든 이 장 초반에 주로 언급된 것은 쳐지는 쪽이었다("매끄럽고 오목한 것들", 419b15).

406 419b6~7, 419b13.

407 "날카로운 것(to oxu)과 둔중한 것(to bary)"은 각각 높은 톤과 낮은 톤을 가리킨다. 그리고 가능태상의 소리가 아니라 활성태상의 소리여야만,

이로써 우리가 높거나 낮은 톤을 비롯하여 '소리들'의 차이를 알아볼 것이고, 결과적으로 소리 내는 '사물들'의 음향적 차이도 알아볼 것이라는 게 420a26~29의 의미이다.

408 "이 명칭들"로 의역한 tauta는 앞 문장에 언급된 "날카로운 것"과 "둔중한 것"을 가리킨다. 청각 대상과 촉각 대상에 은유(metaphora)가 성립하기 때문에 우리는 촉각 대상과 관련된 명칭을 취해서 청각 대상의 특징을 일컫곤 한다는 것이다. 은유가 성립하는 이유는 다음 문장에 제시된다. 그리고 우리가 촉각 대상 관련 명칭을 빌려오는 이유는, 우리에게 가장 정확한 감각이 촉각이라는 데서 찾아질 수 있다(2.9, 421a19~20). 듣거나 맡을 때 등의 느낌보다 만질 때의 느낌이 우리에게 훨씬 확연하기 때문에 촉각 대상의 특징에 대한 명칭이 더 잘 정착되어 있고, 그래서 우리는 이 명칭을 다른 감각 관련 용어로 활용하기도 한다.

409 이 문장 속의 감각(aisthēsis)은 감각 기관을 가리킨다고 보는 것이 좋겠다. 그리고 이 문장은 청각 대상과 촉각 대상에 은유가 성립하는 이유를 다음의 공통점에서 찾고 있다. 즉, 날카로운 물체가 둔중하거나 뭉뚝한 물체보다 더 짧은 시간에 촉각 기관을 더 많이 움직이듯, 날카로운 톤이 둔중한 톤보다 더 짧은 시간에 청각 기관을 더 많이 움직인다.

410 피타고라스학파는 날카로운 톤 자체가 빠르다고 여긴 것으로 보인다(Top. 1.15, 107a15~16). 그리고 플라톤도 이런 견해를 갖고 있었을 것이라는 게 연구자들의 일반적 해석이다(『티마이오스』, 67b, 80a~b). 바로 이런 견해에 아리스토텔레스가 이의를 제기하고 있다. 우선 "빠름 때문에"와 "느림 때문에"라는 표현부터 보면, 이를 '매체로서의 외부 공기가 진동하는 속도'로 간주하는 필로포노스의 풀이가 가장 설득력 있어 보인다(373, 13 이하). 즉, 날카로운 톤을 운반하는 공기든 둔중한 톤을 운반하는 공기든 음원으로부터 이동하여 청각 기관에 동시에 도달하는데, 이 이동 과정에서 전자는 더 많이 진동하고, 후자는 더 적게 진동하기 때문에, 전자의 진동 속도가 더 빠르다. 결국 빠름과 느림은

날카로운 톤과 둔중한 톤 자체의 특징이 아니라, 매체로서의 외부 공기가 진동하는 특징이라 할 수 있다. 다음으로 "그러한 운동"은 청각 기관 내부 공기의 운동으로 볼 수 있겠다. 그렇다면 이 문장은 '외부 공기 진동 속도에 차이가 있기 때문에, 내부 공기가 운동하는 방식에도 모종의 차이가 생긴다'는 뜻으로 풀이될 수 있겠다.

411 음역(apotasis), 선율(melos), 조음(dialektos)을 가리킨다. 아울로스나 리라 등의 사물에는 음역과 선율과 조음이 있는데, 목소리(phōnē)에도 이 셋이 있기 때문에, 악기도 '목소리를 낸다'고 비유적으로 이야기된다는 것이다.

412 그리스 서쪽 아켈로오스 강에는 아가미들을 비벼서 소리를 내는 물고기가 있었다고 한다. 『동물지』에서 아리스토텔레스는 이런 물고기의 소리와 돌고래가 내는 소리를 구분하고, 후자만 목소리로 간주한다(HA 4.9, 535b32~536a4).

413 여기에도 소리의 세 요소가 정리되어 있다(419b9~10도 참조).

414 PA 3.6; De Resp. 8 참조.

415 pharynx를 요즘 식으로 '인두'로 옮길 수도 있겠지만, 우리에게 인두는 소화기로 분류되기 때문에, 그냥 '목구멍'이라 옮긴다. 아리스토텔레스는 지금처럼 호흡기를 가리킬 때 pharynx를 자주 쓰기 때문에(PA 4.9 참조), 이를 아예 '후두(larynx)'로 옮기는 번역도 있다(Hicks, 1907, p.89). 참고로 그가 소화기를 뜻하면서 pharynx를 쓴 곳도 있는데(EN 3.10, 1118a32~33), 그가 이렇게 pharynx로써 호흡기를 뜻했다가 소화기를 뜻했다가 하는 것이 pharynx가 후두의 입구일 뿐 아니라 식도의 입구이기도 하다는 뜻에서였는지는 불분명하다. pharynx와 larynx가 정확히 구분된 것은 기원후 2세기의 의사 갈레노스부터라는 게 일반적인 설이다.

416 De Resp. 13, 477a14 이하 참조.

417 아리스토텔레스에 따르면, 모든 동물 신체는 생명열을 지니는데, 심장(심장 없는 무혈동물의 경우에는 심장에 상응하는 신체 부분)이 생명열

의 근원이다. 이 열은 모자라도 안 되지만 과해져도 안 되기 때문에 호흡을 통한 적절한 냉각이 필수적이다. 이와 관련해서는 De Resp. 8 참조.

418 "그 부분들"이 가리키는 것으로 테미스티오스는 혀와 구개 및 목구멍을 꼽았고(67.5), 로스는 목구멍과 심장을 꼽는다(Ross, 1961, p.252).

419 420b31~32에 언급된 "영혼 깃든 것이면서 어떤 상상을 동반하는 것"을 가리키는 것 같다.

420 420b27~29의 내용이 재서술되고 있는데, 타격의 방식이 좀 더 구체화되어 있다. 즉, 들이쉬어진 공기가 기관을 직접 치는 게 아니라 기관 내 공기를 치고, 이렇게 쳐진 기관 내 공기가 기관을 친다는 설명이다.

421 PA 3.6, 669a2~5 참조.

422 osmē는 다음 문장에서처럼 '냄새'를 주로 뜻하는데, 드물게 지금처럼 '후각'을 뜻하기도 한다('후각'을 뜻하는 경우로 De Sensu. 5, 444a29; 6, 447a7도 참조).

423 아리스토텔레스에 따르면, 일부 동물들은 눈꺼풀이 있지만, 단단한 눈알을 가진 동물들은 눈꺼풀이 없으며(421b28~32; De Sensu. 5, 444b25~26), 후자의 대표적인 사례는 곤충이다(PA 2.13, 657b29 참조).

424 3.12, 434b18, 21도 참조.

425 여기서 살은 촉각 기관으로 간주되고 있지만, 정확히 말해서 살은 촉각 기관이 아니라 촉각의 매체임이 2.11에 설명될 것이다.

426 즉, 또 어떤 것들은 반대되는 냄새와 맛을 갖기는 하지만 말이다. 일례로 냄새는 달콤한데 맛은 쓴 경우를 꼽을 수 있겠다.

427 즉, 어떤 맛은 달고 어떤 맛은 쓴 것과 마찬가지로.

428 로스(Ross, 1961)는 apo toutōn에 괄호 쳐서 생략을 제안했지만, 옮긴이는 그대로 두었다.

429 독특한 향을 내는 식물로서, 약재로 쓰일 때에는 사향초라 불리기도 한다.

430 이곳의 후각은 원어가 osphrēsis이다. 후각 활동을 뜻할 때도 있고, 후각 능력을 뜻할 때도 있으며(2.12, 424b6), 후각 기관을 뜻할 때도 있는데

(3.1, 425a5), 지금 맥락에서 이 구분은 중요하지 않다.

431 우리는 청각으로 소리가 들린다는 것을 식별할 뿐 아니라 아무 소리도 안 들린다는 것을 식별하기도 한다. 여타 감각의 경우에도 마찬가지이다. 즉, 안 보인다거나 냄새가 안 난다는 등의 식별 역시 해당 감각으로 하는 것이다(2.10, 422a20~21 참조).

432 맛이 안 나는 대표적인 것은 물이다. 물의 무미에 대한 설명으로 De Sensu. 4, 441a3 이하 참조.

433 이곳의 후각(osphrēsis)은 활성태로서의 후각, 즉 냄새 맡는 활동이다.

434 여기까지가 난제에 대한 소개로 보인다: 동물 대부분이 냄새를 맡는데, 인간과 다른 방식으로 맡는 동물도 있다. 그럼 이런 동물은 지금껏 언급해 온 감각 말고 다른 어떤 특별한 감각을 지닌다고 해야 하지 않을까? 이 난제에 대한 아리스토텔레스의 입장이 다음 문장부터 나온다. 그에 따르면, 대상이 냄새인 한, 이에 대한 감각은 어디까지나 후각이어야 한다(425b21~22). 다만 동물의 부류에 따라 냄새 맡는 방식이 다를 뿐이다(방식의 차이를 인정하는 언급은 De Sensu. 5, 444b21에도 나온다).

435 인간이나 동물 자체가 파괴된다는 강한 의미보다는, 이들의 후각이 제 기능을 못하게 된다는 의미로 보는 것이 좋겠다(3.13, 435b7~9 참조).

436 공기나 물과 같은 매체를 가리킨다.

437 "투명한 것 안에 있게 되는 것들"은 공기나 물과 같은 매체 속에 등장한 어떤 사물일 수도 있고 매체 속에서 벌어지는 어떤 사건일 수도 있다. 단단한 눈알을 가진 동물들은 눈꺼풀이 없기 때문에(예: 곤충), 대상이 시야에 들어오기만 하면 눈꺼풀을 당겨 올릴 것도 없이 곧바로 본다는 뜻이다.

438 직역하면 "습한 것 안에서(en tōi hygrōi)"인데, 의역했다. 다음 문장도 마찬가지이다.

439 즉, 가능태에서 건조한 것이다. 감각할 수 있는 것은 감각 대상과 가능태에서 비슷하다(hoion)거나 유사하다(homoion)는 언급으로 2.5, 418a3~6 참조.

440 예컨대 시각 대상은, 공기나 물처럼 감각 주체에게 외적인 물체(allotrion sōma)를 매체로 하여 감각되지만, 미각 대상은 그렇지 않다는 뜻이다.

441 로스(Ross, 1961)가 고쳐 넣은 tēi haphēi로 읽지 않고, 대부분의 사본대로 hē haphē로 읽었다. 문장 전체의 뜻은 '촉각도 외적 물체인 매체를 통하지 않고 일어나기 때문이다' 정도가 된다.

442 이때의 매체는 '외적' 매체를 뜻한다고 보는 게 옳다. 422a16에서도 마찬가지이다.

443 침을 유발해서 혀가 축축해지게끔 한다는 뜻이다.

444 본래 발이 있어야 하는데 발 없이 태어난 동물, 그리고 본래 핵과류인데 핵 없이 열린 과실을 뜻한다(Met. 5.22, 1022b32 이하도 참조).

445 이 문장은 "안 보인다"는 말의 두 가지 뜻을 구분하고 있다. 하나는 냄새나 소리가 보이는 것이 불가능하듯 아예 안 보인다는 뜻이고, 다른 하나는 본래 보여야 하는데 안 보인다는 뜻이다.

446 422a20부터 지금까지 시각과 청각에 해당하는 사항들이 언급되었는데, 이 언급 전체는 결국 미각을 설명하기 위한 것이다. 즉, 시각 대상에는 보이는 것뿐 아니라 안 보이는 것도 포함되고, 안 보인다는 말의 두 의미가 있으며, 청각의 경우도 그러한데, 결국 이 사항들이 미각에도 마찬가지로 적용된다는 뜻이다.

447 여기서 미각을 망친다(phthartikon)고 함은 미각을 완전히 파괴한다는 뜻이라기보다 다음과 같은 이유들 중 어느 하나 때문에 맛을 제대로 식별하지 못하게 한다는 뜻일 것이다: 맛이라 할 것이 아예 없어서, 과도하게 자극적이어서, 식별하기 어려울 만큼 적거나 흐릿한 맛이어서. 참고로 이때의 미각을 활성태의 미각으로, 즉 맛봄으로 읽으면(3.2, 426a14~15), 미각을 망친다는 의미가 좀 더 잘 이해될 수 있을 것 같다(예: 맛봄에 실패하게 한다). 이하 논의에서도 마찬가지이다.

448 "안 마셔지는 것"은 미각 대상이기는 한데 지나치게 건조한 것 등을 가리킨다. 그리고 이 문장은 마셔지는 것과 안 마셔지는 것의 구분이 미각 대상에 대한 가장 기초적인 구분임을 뜻한다.

449 '미각이 본성에 따른다'고 함은 미각 활동이 정상적으로 이루어진다는 뜻으로 보인다.

450 즉, 습한 것으로서는 촉각 대상이고, 맛이 나는 것으로서는 미각 대상이다.

451 "습한 첫 번째 것"은 먼저 맛보아지고 있는 것을 뜻한다.

452 "감각할 수 있는 것(to aisthētikon)"이 줄곧 그래왔듯(2.5, 417a6의 주석 322 참조), "맛을 볼 수 있는 것(to geustikon)" 역시 미각 능력을 가리킬 수도 있고 미각 기관을 가리킬 수도 있다.

453 즉, 앞에 열거된 맛들 각각과 가능태에서 유사한 것이고.

454 "다른 동물"로 곤충을 생각해 볼 수 있겠다. 곤충의 경우, 살에 상응하는 부위는 더듬이와 외골격 정도가 아닐까 싶다.

455 '살 또는 살에 상응하는 것'을 가리킨다.

456 '살이 감각 기관인 것처럼 보여도 실상 감각 기관은 살 안쪽에 있는 다른 어떤 것인가'라는 뜻이다. 지금 아리스토텔레스는 매체와 직접 맞닿는 기관을 "첫 번째 감각 기관"이라 표현하고 있다(이와 같은 용법이 이후에도 몇 차례 발견된다. 423b30~31; 2.12, 424a24; 3.2, 425b19~20). 그리고 잠시 후, 그는 첫 번째 촉각 기관이 살 안쪽에 있다고 주장할 것이다(423b22~23). 다른 책에서는 이를 조금 달리 표현하여, 심장 가까이에 있다거나(De Sensu. 2, 439a1~2) 심장까지 연결되어 있다거나(PA 2.10, 656a30) 심장까지 뻗어 있다고 주장한다(De Juv. 3, 469a13).

457 이 문장은 위에 열거된 물음들 중 첫 번째 물음이 난제인 이유를 알리고 있다. 여타 감각들의 고유 대상은 색깔이면 색깔, 맛이면 맛, 이렇게 한 종류이지만, 촉각의 고유 대상은 온도와 습도와 경도(硬度) 등 여러 종류이기 때문에, 촉각이 여럿인가 단일한가 하는 난제가 생긴다는 뜻이다.

458 청각 대상인 반대 쌍들이 여럿이어도 청각은 단일하듯, 촉각 대상인 반대 쌍들이 여럿이어도 촉각은 단일하다는 식으로 난제를 해결할

수 있다는 설명이다. 단, 아리스토텔레스는 이를 "일종의" 해결책이라 표현하면서, 이것이 아주 흡족한 해결책은 아님을 나타내고 있다. 실제로 어떤 문제가 여전히 남는지를 그는 잠시 후에 언급할 것이다 (422b32~33).

459 이곳의 "기체(to hypokeimenon)"는 여러 종류로 세분될 수 있는 고유 감각 대상들을 포괄하는 유(類)적 대상인 것 같다. 예컨대 청각에서 기체인 하나의 것은 소리이다. 이것이 날카로운/둔중한 소리, 큰/작은 소리, 매끄러운/거친 소리 등으로 세분될 수 있지만 말이다. 그런데 촉각에서는 이런 의미의 기체가 무엇인지를 딱 꼬집어 말하기 어렵다는 게 이 문장의 뜻이다.

460 우선 괄호 앞부분은, 대상과 살의 접촉 순간과 거의 동시에 촉각이 일어난다고 해서 살을 촉각 기관으로 간주할 수는 없음을 보이는 귀류법적 논변이다. 이 내용은 다음과 같이 정리된다: 그 동시성이 촉각 기관의 선정 이유가 된다고 가정해 보자. 그렇다면 대상 접촉과 거의 동시에 촉각을 전해 주는 것들 모두가 촉각 기관의 후보일 것이다. 그런데 우리가 인위적으로 만들어서 살에 (마치 랩을 씌우듯) 팽팽히 두른 막과 같은 것도 대상 접촉과 거의 동시에 우리에게 촉각을 전해 준다. 그러나 분명 그것은 촉각 기관이 아니다. 따라서 앞의 가정은 거짓이다. 여기까지의 논변을 마친 후, 아리스토텔레스는 괄호 안의 언급을 통해 '막과 같은 것은 물론 살과 이질적지만, 그것이 자연스럽게 살에 붙어 살과 하나가 된 가상의 상황'을 추가로 떠올려 보자고 제안한다. 이런 상황이라면 촉각의 전달 속도는 훨씬 더 빠르겠지만, 그래도 막과 같은 것이 촉각 기관일 리는 여전히 없다. 결국 괄호 안의 언급은 '살을 촉각 기관으로 간주하는 것'이 '살과 하나가 된 막을 촉각 기관으로 잘못 간주하는 것'과 다를 바 없음을 보여 주는 내용이라 할 수 있다.

461 살을 가리킨다.

462 살이 매체라는 것이 쉽게 이해되지 않을 수 있기 때문에, 아리스토텔레스는 '시/청/후각에서 매체 역할을 하는 공기'를 촉각에 대한 사고 실험

의 소재로 활용하고 있다. 우리 몸에 딱 붙어 몸 전체를 감싸고 있는 한 꺼풀의 공기가 본래 우리 몸의 일부라고 가정해 본다면, 살이 이런 가상의 공기처럼 매체 역할을 한다는 점이 이해될 수 있을 것이라는 취지이다.

463 즉, 한 꺼풀의 공기라는 동일한 기관으로. 원어는 "어떤 하나로"이지만, 423a11을 참고하여 '기관'을 넣어 읽었다.

464 즉, 시/청/후각의 매체는 우리에 본성적으로 붙어 있는 게 아니라 우리와 구분되어 있기 때문에.

465 시/청/후각 기관이 매체(공기)와 다르다는 게 분명하다는 뜻일 수도 있고, 시/청/후각 기관 자기들끼리 서로 다르다는 게 분명하다는 뜻일 수도 있으며, 둘 다 일 수도 있다.

466 즉, 공기와 물.

467 살 또는 살에 상응하는 것이 원소들로 분해되지 않고 혼합물로 유지되려는 성향을 지닌다는 뜻으로 보인다.

468 즉, 살 또는 살에 상응하는 것은.

469 즉, 촉각 능력 또는 촉각 기관.

470 즉, 온도나 습도나 경도(硬度) 등을.

471 촉각의 매체는 살 전체이지만 미각의 매체는 특정 부위의 살이기 때문에, 매체를 맞바꿀 수 없다. 미각과 촉각 모두 접촉을 요한다는 공통점을 지니지만, 매체의 교체 불가능성 때문에 양자를 동일시할 수 없다는 것이다. 아리스토텔레스가 미각을 "일종의 촉각"(2.9, 421a19; 3.12, 434b21)이라거나 "일종의 촉각 같은 것"(3.12, 434b18)이라고 애매하게 표현하는 이유가 여기에 있어 보인다.

472 "세 번째 크기(to triton megethos)"는 크기의 세 번째 차원을 뜻한다. 크기의 첫 번째 차원은 길이(mēkos)이고, 두 번째 차원은 넓이(platos)이며, 세 번째 차원은 깊이(bathos)이다(Met. 1020a11~12). 그리고 길이를 갖는 것은 선(grammē)이고, 넓이까지 갖는 것은 면(epipedon)이며, 깊이까지 갖는 것은 입체(sōma)이다(DC 1.1, 268a7~8). 이 마지막

언급을 고려해서 본문의 "물체"를 "입체"로 옮길 수도 있겠다.

473 "가장자리들"로 옮긴 원어는 ta akra이고, 여기서는 물속에서 서로 접촉해 있는 두 물체의 표면들을 의미한다.

474 "표면들"로 옮긴 원어는 ta eschata이고(423b22도 참조), 앞의 "가장자리들"과 동의어로 쓰였다.

475 이 난제에 대해 아리스토텔레스는 별 다른 해명을 하지 않은 채 곧이어 또 하나의 물음을 던질 텐데, 이러한 흐름은 다음을 뜻하는 것 같다: 난제에 언급된 두 물체들의 접촉이 정말 불가능하다 하더라도, 이 불가능성은 이하의 물음에 답하는 데 아무런 방해가 되지 않는다(Hamlyn, 1968, p.112).

476 즉, 감각 기관과 다른 것을 통해.

477 즉, 우리가 촉각 대상과 미각 대상도 매체를 통해 감각한다는 사실을.

478 원어는 to meson이고, 이곳에서는 '매체(to metaxu)'를 가리키며, 423b12에서도 마찬가지이다(DC 1.6, 273a18에도 이와 같은 용법이 나온다). 반면, 424a6에 나오는 to meson은 매체가 아니라 '감각'을 가리킨다.

479 강조하려는 취지의 반복으로 보인다.

480 시각과 청각 및 후각의 경우.

481 촉각과 미각의 경우.

482 422b22의 주석 456 참조.

483 네 가지 성질들의 다양한 조합이 4개 원소 각각을 규정해 주는 방식에 대한 설명으로 GC 2.2~2.3 참조.

484 422b22의 주석 456 참조.

485 앞에 열거한 차별적 성질들 중 어느 하나와 가능태에서 유사한 부분이라는 뜻이다. 이런 식의 언급은 이미 여러 번 나왔다(2.5, 418a3~4; 2.9, 422a7; 2.10, 422b15 등).

486 "중간"으로 옮긴 원어는 to mesotēs이고, 이는 매체와 혼동되어서는 안 된다(2.12, 424b1에서도 마찬가지이다).

487 “중간인 것”으로 옮긴 원어는 to meson이고, to mesotēs와 큰 의미 차이는 없다.

488 즉, 흼과 검음을 감각하려는 ‘시각’은.

489 예컨대 촉각이 정상적으로 이루어지지 못하게 할 만큼, 또는 촉각을 아예 망가뜨릴 만큼 뜨겁거나 차가운 것처럼.

490 이곳의 “감각”은 감각 활동이 아니라, 감각 능력 또는 기관을 가리킨다.

491 봉인할 때 쓰인 도구라고 한다. 밀랍을 붙여 놓고 이 반지로 찍으면 문양이 새겨지면서 봉인된다.

492 예컨대 장미라고 말해지는 한에서가 아니라 붉은 것인 한에서 또는 향기 나는 것인 한에서.

493 원어는 logos이고, 같은 내용이 좀 더 자세히 소개되는 3.2, 426a29 이하를 미리 고려하여 “비율”로 옮긴다. 그곳에서 아리스토텔레스는 소리와 맛 등의 감각 대상을 비율이라 표현하고, 이것들에 대한 감각도 비율이라 표현할 것이다. 감각 대상을 비율로 간주하는 가장 확실한 곳은 De Sensu. 3, 439b16~440a6이다. 그곳에서 아리스토텔레스는 여러 색깔들을 흼과 검음의 다양한 혼합 비율로, 예컨대 3:2나 3:4 등으로 설명한다.

494 몇몇 연구자들은 “첫 번째 감각 기관”이 심장을 뜻한다고 해석한다(Beare, 1906, pp.194~195; Tricot, 2010, p.164, n.5; Jannone & Barbotin, 2009, p.65, n.1). 하지만 정확히 똑같거나 흡사한 표현이 가까운 곳에 나왔었고(2.11, 422b22, 423b30~31), 그곳에서 ‘매체와 직접 맞닿는 신체 부분’을 뜻했으므로, 이곳에서도 그렇게 눈/코/입 등을 뜻한다고 보는 것이 더 낫다. 게다가 심장은 중추 감각 기관이라 할 수 있는데, 이를 가리킬 때 아리스토텔레스가 쓰는 표현은 첫 번째 감각 기관이 아니라 “맨 끝의 감각 기관(to eschaton aisthētērion)”이다(3.2, 426b16).

495 “~임”으로 옮긴 원어는 to einai이다. to einai에서 다르다는 말은 기술(description)에서 다르다는 뜻으로 이해된다. 수에서(tōi arithmōi) 하나인 길이 오르막과 내리막으로 달리 기술되듯, 동일한 감각이 능력과

기관으로 달리 기술된다는 뜻으로 보인다.

496 즉, 영양 능력을.

497 원어는 to mesotēs이다(2.11, 424a4의 주석 486 참조).

498 그러나 이 장을 마치면서 아리스토텔레스는 다른 생각을 내비칠 것이다. 즉, 공기나 물은 감각 능력이 없음에도 색깔/소리/냄새에 의해 영향 받는다(424b15~18). 질문을 던져가며 이런저런 가능성을 짚어 보는 이후의 흐름으로 보건대, 지금은 새로운 소재로 논의를 시작하는 단계이기 때문에 아리스토텔레스가 일단 거칠게 일반화해서 말하는 것 같다.

499 감각할 수 있는 것이라 하더라도, 그것이 예컨대 청각(기관)이라면, 색깔에 의해 영향 받을 수 없다. 또는 동물이라 하더라도, 촉각만 지닌 동물이 냄새 등에 의해 영향 받을 수 없다.

500 나무에 영향을 주는 것은 '천둥소리' 자체가 아니라 '천둥이 동반된 공기'라는 뜻이다.

501 즉, 만일 촉각/미각 대상이 물체에 영향을 주지 않는다면, 철이 뜨거움에 의해 녹는 것과 같은 자명한 사실을 어떻게 설명할 것인가?

502 즉, 촉각/미각 대상처럼 시각/청각/후각 대상도 자기들을 감각하지 못하는 물체에까지 영향을 줄 것인가?

503 "혹은"으로 시작하는 이 문장이 아리스토텔레스의 입장을 나타낸다. 해당 감각 능력을 결여한 것들은 색깔/소리/냄새에 의해 아무 영향도 못 받지만, 예외적으로 공기와 물은 이것들에 의해 영향 받을 수 있다는 입장이다. 여기서 공기와 물은 시/청/후각의 매체라는 점이 중요하다. 사실 지금껏 아리스토텔레스는 ①감각은 감각 대상에 의한 어떤 영향 받음이라 주장하면서도 ②감각 대상이 매체를 통해 주체에게 전해지는 구도를 주장해 왔는데, 이 두 주장이 상통하려면 전달자인 매체 역시 감각 대상에 의해 영향 받는다고 할 필요가 있다. 아닌 게 아니라 지금 아리스토텔레스는 촉/미각의 매체는 물론이고(424b12), 시/청/후각의 매체도 감각 대상에 의해 영향 받는다고 인정하고 있다.

504 이 마지막 의문문에 담긴 내용이 사실상 아리스토텔레스 자신의 대답

으로 보인다. 무언가가 감각하는 것이라면, 그것은 어떤 영향을 받는 것이다. 하지만 역은 성립하지 않는다. 예컨대 공기는 냄새에 의해 어떤 영향을 받지만, 공기 자신이 냄새를 감각하지는 않는다. 그런데 특이하게도, 냄새에 의해 영향 받으면, 공기는 순식간에 "감각되는 것"으로 변한다. 이와 같은 점을 아리스토텔레스는 매체의 특징으로 제시하고 있다.

505 일찍이 데모크리토스는 감각의 종류가 다섯 개보다 많다고 주장한 것으로 전해진다. 이성 없는 동물들, 현자들, 그리고 신들에게는 또 다른 특별한 감각이 있다고 말했다는 것이다(DK68A116), 이런 주장을 의식해서인지 아리스토텔레스는 감각이 다섯 개보다 많을 수 없음을 "다음의 논의"를 통해 우리에게 확인시키려 하고 있다. "다음의 논의"는 크게 둘로 구분될 수 있다. ①고유 감각 대상에 대한 제6의 감각은 존재할 수 없다(424b24~425a13). ②공통 감각 대상에 대한 제6의 감각도 존재할 수 없다(425a14~425a29). 참고로 ①은 매우 긴 조건절(424b24~425a9)과 짧은 귀결절(425a9~13)로 이루어져 있는데, 호흡이 너무 길어서 여러 문장들로 나눠 옮겼다. 그리고 아리스토텔레스가 조건절로 썼지만 기정사실로 인정한 채 그렇게 썼다고 판단되는 곳들이 대부분이기 때문에, 꼭 필요한 부분을 제외하고는(424b31~425a2) 평서문으로 바꿨다.

506 매체를 언급할 때 아리스토텔레스는 전치사 dia를 붙여 쓰곤 했는데, 이곳에서는 dia 없이 명사만 여격으로 쓰고 있기 때문에, 이 명사가 '매체'를 뜻하는지 아니면 '감각 기관의 구성 원소'을 뜻하는지 애매하다. 그런데 그가 이 애매함을 의도한 것은 아닐까 싶다. 왜냐하면 곧이어 그는 '매체 원소'와 '감각 기관 구성 원소'의 공통점을 토대로 해서 논의할 것이기 때문이다(424b32, 425a3~5). 참고로 이곳의 "단순 물체들"을 심플리키오스는 매체로 풀이했고("apostēmata", 177.39; 178.4), 폴란스키는 감각 기관의 구성 원소로 풀이했다(Polansky, 2007, p.366).

507 "그러한 감각 기관"은 직전에 언급된 매체 원소와 동일한 원소로 된

감각 기관, 아니면 적어도 투명함과 같은 공통점을 지닌 원소로 된 감각 기관을 뜻한다.

508 여기서부터 425a9까지의 "감각 기관"은 시/청/후각 기관만 가리킨다 (Hicks, 1907, p.424 참조).

509 수중 동물의 후각 기관은 물로, 육상 동물의 후각 기관은 공기로 이루어져 있음을 뜻한다.

510 동물은 저마다 생명열(vital heat, thermotēs, thermon)을 지니는데, 이 열기는 동물의 생존 전반에서 중요한 역할을 맡는다(De Somn. 2, 456a9~10; De Juv. 4, 469b7~8, 469b18~20; GA 2.3, 737a6). 단, 아리스토텔레스가 생명열을 이유로 해서 불이 감각 기관의 구성 원소라고까지 주장하고 있는 것인지는 불분명하다. "모든 기관들에 공통되며"를 통해 그가 말하려던 바는, 불이 감각 기관의 구성 원소는 아니지만 그래도 감각의 성립에 긴밀히 연관되어 있다는 것일 수 있다.

511 다른 책에서도 흙은 촉각 기관의 구성 원소로 인정된다(De Sensu. 2, 438b30).

512 외부 매체를 필요로 하는 감각 기관은 공기 아니면 물로 되어 있지, 그 밖의 다른 원소로 되어 있을 수 없다는 뜻이다. 이를 통해 우리는 그가 엄격히 말하는 감각 기관이 우리가 쉽게 떠올리는 눈, 코, 귀가 아님을 짐작할 수 있다. 왜냐하면 눈, 코, 귀 모두에 뼈가 들어 있고 모두 살로 덮여 있는 만큼, 그것들에 흙이 섞여 있을 것이기 때문이다. 그가 엄격히 말하는 감각 기관은 눈에서도 동공을 이루는 수액, 귀에서도 귀 내부의 공기 등으로, 해부를 하지 않는 이상 잘 관찰되지 않는 것들이다.

513 즉, 물로 또는 공기로 된 기관들을.

514 즉, 우리가 살고 있는 달 아래 세계에 4원소 이외의 또 다른 원소가 존재하지 않는다면.

515 이상의 논리를 이해하는 데는 연구자들 사이에서도 어려움이 큰데, 어쨌든 핵심 논지는 미/촉각을 제외한 나머지 감각들에서 드러난다. 그 논지는 '공기와 물 이외의 또 다른 매체 원소가 존재해야만, 제6의 감각의

존재도 인정될 수 있다'는 것이다. 그리고 결정적인 소전제는 '또 다른 매체 원소는 실상 존재하지 않는다'는 것이다.

516 이 문구와 관련하여 해석이 분분하다. 우선 2.6, 418a8~9에 소개된 "자체적 감각"과 "부수적 감각"의 구분을 따르면, 공통 대상에 대한 감각은 엄연히 자체적 감각이다. 그런데 지금 본문에서는 이 감각이 부수적 감각이라 표현되고 있기 때문에 독해상의 문제가 생긴다. 이 불일치의 해결을 위해 제시되어 온 해석 방식은 크게 셋이다. ① kata symbebēkos의 의미 폭이 맥락마다 조금씩 다르다고 보는 방식이다. 이에 따르면, 아리스토텔레스가 지금처럼 표현한 이유는 공통 대상들에 대한 오감의 감각이 '정확히 고유 감각은 아니'라는 점에서 부수적이기 때문이다. 한편, 이 표현은 몇 줄 아래 425a24~25, 28에 다시 등장하는데, 그곳에서는 2.6, 418a8~9의 구분을 온전히 따른다. 그래서 동일한 표현이 몇 줄 차이밖에 안 나는 곳에서 이렇게 달리 사용될 수 있는가 하는 의구심이 생길 수 있다. 이 때문에 일찍이 ② 심플리키오스는 지금 본문을 반사실적 조건하에서의 언급으로 간주했고(Simplicius, 1882, 182.38~183.4), 최근 리브가 이 방식을 택하고 있다(Reeve, 2017, p.45, p.140). 심플리키오스의 풀이는 쉽게 말해 다음이다: 만일 공통 대상들에 대한 또 다른 어떤 고유 감각 기관이 존재한다면, 다섯 개 감각 기관이 이 대상들을 감각하는 것은 부수적이 되고 말 텐데, 실상 그런 또 다른 고유 기관은 존재할 수 없다. 이 밖에 ③ 토르스트릭(Torstrik)은 지금 본문의 kata symbebēkos 앞에 부정어(ou)를 추가하자고 제안했고, 야논느와 바르보탱이 이를 수용하고 있다(Jannone & Barbotin, 2009, p.68). 이렇듯 ②와 ③ 모두 2.6, 418a8~9에 쓰인 kata symbebēkos의 뜻을 일관되게 유지하려는 시도라 할 수 있다. 그런데 ②와 ③을 통해 지금 본문의 문제는 해결된다 해도, 425a30~31에서 다시 문제가 생긴다("감각들은 서로의 고유 대상을 부수적으로 감각한다"). 그곳의 kata symbebēkos는 2.6, 418a8~9에 쓰인 것과 의미가 또 다르기 때문이다. 그래서 아무래도 ①을 실마리로 삼는 것

이 가장 좋아 보인다. kata symbebēkos의 의미 폭에 대해서는 권창은(2004), 51쪽을 참조.

517 참고로 대부분의 필사본들에는 "수" 옆에 "하나(hen)"가 적혀 있다. 로스는 "하나"를 뺐는데, 그가 밝힌 이유는 다음의 둘이다(Ross, 1961, p.270). 첫째, 이어지는 본문에 운동/정지/형태/크기/수에 대한 보충 설명은 나오지만 "하나"에 대한 보충 설명은 나오지 않고, 테미스티오스와 같은 고대 주석가들도 "하나"를 생략했다. 둘째, 2.6, 418a17~18에 제시된 공통 대상들의 목록에도 "하나"가 없다(De Sensu. 1, 437a9의 목록에도 없다).

518 이 논의는 다음을 보이기 위한 것이다: 만일 공통 감각 대상들에 고유한 감각 기관이 있다면 지금까지 논의한 다섯 개 감각 말고 제6의 감각이 추가로 있을 텐데, 사실 이런 것은 없다.

519 로스(Ross, 1961)는 "운동으로써"를 생략하자고 제안했는데, 옮긴이는 그대로 두었다(이하의 괄호 위치도 로스의 것과 다르게 놓았다). 이 운동은 ①고유 감각 기관이 하는 운동(동공의 수액이나 귓속 공기가 외부 대상의 성질을 띠게 되는 변화)일 수도 있고, ②외부 사물이 하는 운동(공통 대상들 중 하나)일 수도 있으며, ③동물이 눈알이나 손을 이리저리 움직이는 것 같은 운동일 수도 있다. 고대 주석가들은 주로 ①을 택한 반면, 현대에는 셋 중 꼭 어느 하나만 답이어야 하는 것은 아니라는 의견들이 제시된다.

520 우리는 보거나 만지거나 하면서 대상이 하나로 이어져 있지 않음을 감각하는데, 이것이 대상의 개수를 감각하는 방식이라는 뜻이다.

521 즉, 우리가 '다섯 개 고유 감각으로' 공통 대상들을 감각하는 방식은.

522 설탕의 경우라면 "둘 다"는 흼과 달콤함이 되겠다.

523 즉, 시각으로 달콤함을 감각하는 것과 같은 식이 아니라면.

524 "공통 감각(aisthēsis koinē)"은 이곳 425a27과 De Mem. 450a10~11과 PA 686a31~32, 이렇게 세 곳에만 나온다(3.7, 431b5의 "hē koinē"도 aisthēsis koinē로 볼 수 있다면, 총 네 곳이겠다). 이는 공통 대상들

을 감각하는 특수한 공통 감각이 '별도로' 있다는 것을 뜻하지 않는다. 또 이곳의 공통 감각을 '통각(sensus communis)'과 곧장 동일시하는 것에도 맥락상 무리가 따르는 것 같다(통각에 대해서는 3.2, 426b16, 18의 주석 551 참조). 앞에서 해오던 논의에 자연스럽게 이어지도록, 여기서는 그저 공통 대상에 대한 개별 고유 감각들의 식별이 공통 감각이라 표현되었다고 보는 것이 무난하겠다.

525 즉, 이는 자체적 감각이다. kata symbebēkos에 대한 425a15의 주석 516 참조.

526 위에서 아리스토텔레스는 다섯 개의 개별 감각들이 저마다의 고유 대상을 갖는다는 점에 초점을 맞춰 왔는데, 지금은 개별 감각들이 따로 실행되는 게 아니라 통합적으로 실행된다는 점에 초점을 맞춘다. 그리고 이 두 가지 설명 방식을 서로 상충되는 것으로 볼 필요는 없다. 전자는 개별 감각들 각각의 정체를 규명하는 원론적인 설명이고, 후자는 우리가 이 개별 감각들을 현실에서 실행할 때 실제로 어떤 상황이 벌어지는가에 대한 설명으로 풀이할 수 있다.

527 즉, 씀과 노랑 모두 한 사물의 성질들이라고.

528 고유 감각들의 개별적 실행에는 오류가 없거나(2.6, 418a12), 최소한의 오류만 있다(3.3, 428b18~19). 오류가 많이 발생하는 경우는 주로 여러 감각들이 통합적으로 실행될 때, 또는 통합적으로 실행되었던 과거의 감각 경험이 현재의 감각에 개입될 때 등이다.

529 이 질문을 달리 표현하면 다음과 같다: 우리가 공통 대상을 굳이 둘 이상의 고유 감각으로 감각할 수 있게 되어 있는 이유는 무엇일까? 예컨대 우리는 형태를 이미 시각으로 감각할 수 있는데, 무엇하러 촉각으로까지 감각할 수 있게 되어 있는 걸까?

530 이는 공통 대상들이 고유 대상들에 동반된다는 뜻이다. 실제 감각 상황에서 사물의 색깔을 보고 있을 때 우리의 시각에는 그 사물의 색깔과 함께 운동/정지나 형태 등도 따라 들어온다. 색깔이 들어 있는 사물 자체가 이미 항상 어떤 크기와 형태를 갖고 있고, 운동 중이거나 정지해

있으며, 가산적인 사물이라면 이것은 하나든 여러 개든 아무튼 몇 개의 사물로 존재하는데, 이런 사물에서 색깔만 별도로 볼 수는 없는 일이다. 즉, 공통 대상을 제외하고 고유 대상만 감각하는 경우는 없다. 이런 실제 상황을 염두에 두고서 아리스토텔레스가 "동반되는 것들(ta akolouthounta)"이라는 표현을 쓴 것으로 이해된다.

531 앞에서 아리스토텔레스는 공통 대상들이 고유 대상들에 동반된다고 말했지만, 지금은 양자가 서로에 동반된다고 말하고 있다. 즉, 원론적으로는 고유 대상이 더 근본적이지만, 실제 상황에서 이 둘은 떼려 해도 뗄 수 없는 관계에 있다는 것이 그의 생각인 것 같다(Hamlyn, 1968, p.121 참조).

532 즉, 공통 대상들이 다른 감각의 대상에도 드는 실제 상황은 고유 대상과 공통 대상이 서로 구분되는 것들임을 명백하게 해 준다. 앞 문장에서 "흼"은 색깔을 대표하고, "크기"는 색깔이 들어 있는 표면의 크기를 뜻한다. 아리스토텔레스의 가정대로 우리에게 시각만 있다고 해 보자. 이렇다 해도 우리는 크기를 감각하기는 할 테지만, 크기가 색깔과 구분되는 것임을 제대로 알면서 감각하는 것은 아닐 것이다. 이는 다음의 실제 상황과 비교해 보면 쉽게 이해된다. 현실의 우리는 예컨대 촉각도 갖고 있으니, 눈을 감고 만지기만 해서 크기를 감각하는 경험도 하며 지낸다. 이렇듯 크기가 "다른 감각의 대상에도 들기" 때문에 우리는 색깔과 크기가 "각각 다른 어떤 것"으로서 구분되는 것임을 잘 알고 있다. 하지만 앞에 가정된 상황이라면, 우리는 크기 개념을 제대로 갖지 못한 채 어설프게 감각하는 수준에 머무를 것이다.

533 앞 장에서 아리스토텔레스는 제6의 감각은 있을 수 없음을 논증하려 했는데, 이 문단도 앞 장의 목표와 연결되어 있다. 즉, 감각함에 대한 감각조차도 제6의 감각으로 하는 게 아니라 우리가 이미 갖고 있는 감각으로 하는 일임을 보이는 것이 이 문단의 목표이다.

534 2.11, 422b32~33의 주석 459 참조.

535 지금까지의 논리는 다음과 같이 정리될 수 있다. '우리가 빨강을 본다'

는 것을 우리는 ① 시각A로 감각하거나 ② 또 다른 감각B로 감각하거나 둘 중 하나일 수밖에 없다. 그럼 A라는 동일한 감각이든 B라는 동일한 감각이든 '우리가 빨강을 본다'를 감각할 뿐 아니라 '빨강'도 감각해야 한다(425b13~14). 그런데 만일 ②라면, 빨강은 A의 대상이기도 하고 B의 대상이기도 하다. 즉, 동일한 것(빨강)을 대상으로 하는 두 개 감각들(A와 B)이 있을 것이다(425b14~15). 반면에 만일 ①이라면, 빨강을 보고 있는 A를 A 자신이 볼 것이다. 즉, 자신이 자신의 활동을 대상으로 삼을 것이다(425b15).

536 앞에 언급된 ②가 다른 식으로 한 번 더 논의되고 있다. 만일 ②라면, A가 빨강을 본다는 것을 B가 감각한다는 것을 감각하는 또 다른 감각C가 있을 것이고, 이런 식으로 무한 퇴행에 빠질 것이다.

537 이는 무한 퇴행을 막는 선택지이다. 그리고 "어떤 감각"이란 B, C, D 등으로 이어지는 계열 맨 끝의 X를 가리킨다.

538 자신의 활동을 감각하는 X를 마지막에 가서 인정할 바에야, 계열의 첫 번째인 시각이 자신의 활동을 감각한다고 해야 한다는 뜻이다.

539 이것이 난제인 이유는 다음이다: 시각의 고유한 대상은 좁게 말하면 색깔이고, 넓게 말하면 색깔을 가진 것이다. 그런데 시각이 자신의 활동을 감각한다고 해 보자. 그렇다면 대상으로서의 자신도 색깔이거나 색깔을 갖는 것이어야 한다. 하지만 시각 자신이 곧 색깔일 수는 없으니, 색깔을 갖는 것이라 하는 게 옳겠다(425b18~19). ① 그런데 시각이 어떤 색깔을 보고 있다 해서, 이 활동 중인 시각 자체가 색깔을 갖는다고 할 수 있을까? ② 시각이 자신의 활동을 보는 방식이 외부 색깔을 보는 것과 똑같겠는가? 우선 ②에 대한 대답은 바로 뒤에 나온다(425b20~22). 시각이 외부 색깔을 식별하는 방식과 어둠이나 빛을 식별하는 방식이 다르고, 어둠을 식별하는 방식과 빛을 식별하는 방식이 또 다르다. 이렇듯 시각의 식별 방식이 다양하므로, 감각함에 대한 감각도 외부 대상에 대한 감각과 정확히 똑같은 방식으로 이루어져야 할 필요가 없다. 다음으로 ①에 대한 대답은 425b22~24에서 찾아진다.

사실 시각(기관)이 색깔을 갖는다는 말은 우리가 듣기에도 어색하다. 빨강을 보고 있노라면 시각 기관이 빨개져 버린다는 말로 들리기 때문이다. 이에 아리스토텔레스는 시각(기관)이 "어떤 식으로는 색깔을 띤다(hōs kechrōmatistai)"고 표현함으로써 ①에 대해 조건적 긍정으로 답한 것 같다. 다시 말해 이 특수한 표현으로써 그는, 시각 기관이 색깔을 갖기는 갖는데 이 말을 문자 그대로 읽지는 말라고 알리는 듯하다. 아닌 게 아니라 감각 기관은 대상을 수용하되 "그 질료 없이" 수용하므로(425b23~24; 2.12, 424a8~9), 기관이 진짜 물리적으로 빨개지지는 않으리라 추측할 수 있다. 그러나 이상은 어디까지나 옮긴이의 해석이고, "어떤 식으로는 색깔을 띤다"는 언급을 문자 그대로 읽어야 하는가의 물음을 둘러싸고서 여러 연구자들이 오랫동안 논쟁해 왔다. 이 물음에 그렇다고 답하는 쪽은 대표적으로 소랍지이고, 아니라고 답하는 쪽은 대표적으로 버니엣이다(Sorabji, 1974, pp.63~89; Sorabji, 2001, pp.49~61; Burnyeat, 1992, pp.15~26; Burnyeat, 2002, pp.28~90 참조). 이후 캐스턴은 큰 틀에서는 소랍지의 노선을 따르되, "형질도입(Transduction)" 개념을 사용함으로써 소랍지 주장의 극단적 측면을 완화시키려 했다(Caston, 2005, pp.245~320, 특히 pp.303~304 참조).

540 여기서 감각들과 상상들은 감각 인상(aisthēma)들과 심상(phantasma)들을 가리킨다. 특히 감각 인상들이 감각 기관 안에 남아 있는 사례들에 대해서는 De Insomn. 2, 459b5 이하 참조.

541 활성태상의 소리를 가리킨다(이는 426a6에서도 확인된다).

542 즉, 활동의 뜻으로 말해지는.

543 예컨대 종이 고장 나서 소리를 낼 수 없어도 우리의 청각 능력은 그대로 보존될 수 있고, 거꾸로 우리의 청각 능력에 문제가 생겨도 소리 내는 종의 능력은 그대로 보존될 수 있다.

544 이는 감각적 성질들의 객관적 실재성을 부정했던 데모크리토스를 가리킬 가능성이 크고(DK67A32, DK68B9), 이 밖에 아리스토텔레스가

메가라학파의 견해와 연결시킨 프로타고라스식 입장을 가리킬 수도 있다(Met. 9.3, 1047a4~7).

545 과도하게 뜨겁고 과도하게 차가운 사물이 아니라 더 뜨거워지거나 더 차가워질 여지가 있는 사물, 그러니까 따듯한 사물이나 시원한 사물이 촉각에 더 쾌적하다.

546 앞서도 아리스토텔레스는 고유 감각 대상을 "기체(to hypokeimenon)"라 표현하곤 했다(2.11, 422b32~33; 3.2, 425b14).

547 지금부터 아리스토텔레스는 개별 고유 감각들에 대한 이전 논의를 넘어서서, 소위 '통각(sensus communis)'에 대한 논의를 본격적으로 시작한다.

548 이전의 논의 소재는 같은 종류인 감각 대상들 간의 차이였는데(예: 흼과 검음의 차이), 지금 논의 소재는 서로 다른 종류인 대상들 간의 차이이다(예: 흼과 달콤함의 차이). 우리는 전자뿐 아니라 후자도 식별하는데, 후자의 식별도 감각으로써 한다. 왜냐하면 후자도 엄연히 감각되는 것이기 때문이다.

549 이는 통각 기관 또는 중추 감각 기관이라 불릴 수 있는 것으로, 살이 아니라 심장(심장 없는 동물이라면 심장에 상응하는 신체 부위)이다(2.12, 424a24~25의 주석 494 참조).

550 만약 살이 흼과 달콤함의 차이까지 식별하는 맨 끝의 감각 기관이라면, 이 식별을 위해 살 자신이 흼과도 접촉해야 할 텐데, 이는 불합리하다. 게다가 살에 닿게 놓인 대상은 감각되지 못함이 이전에 설명되기도 했다(2.11, 423b20~26).

551 이것도 통각을 가리키는 표현이다. 이에 대한 좀 더 자세한 설명은 『자연학 소론집』 중에서도 특히 「잠과 깨어 있음에 관하여」에 나온다. 「잠과 깨어 있음에 관하여」에서 통각 또는 통각 기관은 "어떤 공통의 능력"(2, 455a16), "하나의 감각"(2, 455a21), "하나의 주된 감각 기관"(2, 455a21) 등으로 표현되고, 이는 "심장 주변 부위"(2, 456a4)로 간주된다.

552 만일 달콤함과 흼의 차이를 '분리된 별개의 것들'이 식별한다면, 이것들

각각이 식별하는 그런 식으로 나는 달콤함을 감각하고 너는 흼을 감각한다 해도 양자의 차이가 알려질 수 있다고 해야 할 것이다. 하지만 실은 그럴 수 없다. 나는 흼을 감각하지 않고 있고 너는 달콤함을 감각하지 않고 있으니, 양자의 차이는 나도 모르고 너도 모르기 때문이다. 따라서 앞의 가정은 거짓이다.

553 괄호는 리브의 것을 따랐다(Reeve, 2017, p.48).

554 여기서 아리스토텔레스는 한 가지 문제를 스스로 제기하고 있다. 우리가 상이한 종류의 감각 대상들을 동시에 감각한다면(예: 달콤함과 흼), 그리고 같은 종류라 해도 반대되는 대상들(예: 흼과 검음)을 동시에 감각한다면, 상이한 운동들이나 상반되기까지 하는 운동들이 동일한 감각에 동시에 있다는 말인가?

555 즉, 통각은.

556 이 문단 전체에 걸쳐 아리스토텔레스는 앞의 설명에 주어질 만한 반론을 스스로 제기해 보고 있다. 다음 문단에서는 점과의 유비를 통해 자신의 이전 설명을 보충하며 강화할 것이다.

557 즉, 형상에 의한 영향 받음 같은 그러한 것이라면.

558 점 자체를 분할할 수 없기 때문에 점은 "하나"이지만(Met. 5.6, 1016b23~26 참조), 점은 선들의 경계이기 때문에 "둘"이다(Cat. 5a1~2; Met. 14.3, 1090b5 참조). 예컨대 선분AB를 점C에서 분할했을 때, 점C는 선분AC의 경계이기도 하고 선분CB의 경계이기도 하다. 이 경우 점C는 동시에 둘로 사용되고 있다. 하나이면서 여럿이라는 이러한 특징이 감각에도 있다는 것이 아리스토텔레스의 주장이다. 참고로 아프로디시아스의 알렉산드로스(63, 8~13)와 테미스티오스(18~20)가 해석한 것처럼 이때의 점을 '원의 중심'으로 간주하는 것도 좋은 방법 같다. 원의 중심은 하나이지만, 그로부터 원주까지 그을 수 있는 수많은 선분들의 경계이기도 하다. 이런 식으로 선분의 수를 두 개로 제한하지 않고 늘리면, 본문에 예시된 두 개 감각(미각과 시각)뿐 아니라 여타 감각들도 포함되도록 경우의 수를 늘릴 수 있을 것이다(Polanksy, 2007, p.399

의 그림 참조).

559 이때의 "표지(sēmeion)"는 "점(stigmē)"과 동의어이고, 다음 문장의 "경계(peras)"도 마찬가지이다.

560 즉, ① 사유함과 사려함에서도 ② 감각함에서도.

561 DK31B106 참조. 아리스토텔레스는 이를 '감각에 주어지는 것만큼' 꾀(mētis)도 자라난다는 뜻으로 읽고 있다.

562 DK31B108 참조. 아리스토텔레스가 해석하기에, "바로 그것에서부터" 라는 말로 엠페도클레스가 뜻하고자 했던 것은 '감각이라는 신체적 변화로부터'이다. 그리고 아리스토텔레스는 이 문장을 '감각이 달라짐에 따라' 사려도 달라진다는 뜻으로 읽고 있다. 엠페도클레스의 이 언급은 『형이상학』에도 소개되어 있다(4.5, 1009b18).

563 『오디세이아』 18, 136에 나오는 말이다. 호메로스의 전체 문장은 이렇다: "땅 위의 인간들에게 사유(noos)는 인간들과 신들의 아버지께서 가져다주시는 날(day)에 따르는 그러한 것이니." 아버지 제우스는 인간들에게 좋은 날을 보내 주기도 하고 나쁜 날을 보내 주기도 하는데, 이에 따라 인간의 사유가 달라진다는 뜻이다.

564 영혼을 물체적인 것으로 보는 입장과 유사-유사 원칙을 내세우는 입장 모두 1.2, 404b8~405b19에 소개되었다.

565 정확성보다는 오류가 인간을 포함한 동물 일반의 특징을 더 잘 보여 준다는 뜻이다.

566 데모크리토스가 이런 견해를 가진 것으로 앞서 언급되었다(1.2, 404a27~31). 이런 식의 견해는 『테아이테토스』 152c에도 소개된 바 있다.

567 참고로 아리스토텔레스의 관점에서 무지는 유사하지 않은 것과의 닿음이 아니라, 그냥 닿지 않음(mē thinganein)이다(Met. 9.10, 1051b18~28 참조).

568 이는 아리스토텔레스 자신의 견해로, 그가 앞의 견해에 반대하는 이유를 알려 준다. 예컨대 건강과 질병이 반대되는 것들이라 해서 건강에 대한 앎과 질병에 대한 앎이 반대되는 것은 아니라는 주장이다. 오히려

동일한 의학적 앎이 건강과 질병 모두를 대상으로 한다. 그래서 의사는 자신의 동일한 앎으로 누군가를 치료할 수도 있고 해칠 수도 있다(Phys. 8.1, 251a30; Met. 9.5; EN 6.5, 1140b22~24 참조). 오류의 경우도 이와 마찬가지이다.

569 잠시 후 아리스토텔레스는 감각의 종류를 셋으로 구분하면서 감각의 오류 가능성을 언급할 텐데, 이때에도 고유 감각만큼은, 특수하게 예외적인 경우가 아닌 한, 참인 것으로 인정한다(428b18 이하).

570 "상정"으로 옮긴 원어는 hypolēpsis이고, 무엇이 어떻다는 생각을 품는 것 일체를 가리킨다. 이에 대한 번역어로는 conceiving이나 believing, croyance, Annahme, 관념(조대호, 2012, 27쪽) 등이 있다. 잠시 후 아리스토텔레스는 hypolēpsis의 종류들로 앎(epistēmē)과 의견(doxa)과 사려(phronēsis) 등을 제시할 것이다(427b25~26).

571 "이 겪음(pathos)"은 상상을 가리킨다. '상상이라는 경험'으로 읽는 것도 좋겠다.

572 여기서 아리스토텔레스는 시각적 이미지를 만들어 내는 역할을 상상에 부여하고 있다. 연구자들이 상상의 역할 중 하나로 '표상(representation)'을 꼽으며 제시하는 대목이 바로 이곳이다(「작품 안내」의 '5.3.상상 능력' 참조). 한편, "기억 체계(mnēmonikon)"와 관련된 언급은 여기를 포함해서 총 네 곳에 나온다(Top. 163b28~30; De Mem. 452a12~16; De Insomn. 458b20~22). 기억 체계란 수많은 것들을 기억해야 할 때 사람들이 사용하던 기억 저장소 같은 것으로 보인다. 예컨대 수십 개의 단어들을 기억해야 할 때, 우선 마음속에 여러 구역으로 된 장소를 이미지로 만들어 놓은 다음, 각 구역에 단어들을 하나씩 배치하면서 이미지를 덧붙여 간다. 이렇게 해 놓으면, 나중에 그 장소를 하나씩 되짚어 가면서 덧붙여진 이미지를 떠올리고, 이로써 해당 단어를 기억해 낼 수 있다는 것이다(자세한 설명은 Sorabji, 2004, pp.22~34 참조).

573 무엇이 어떻다고 하는 의견은, 또는 이 의견을 가진 자는, 참 아니면 거짓을 말하고 있을 수밖에 없다. 그리고 우리는 사실과의 일치 여부와

무관하게 원하는 대로 어떤 상을 만들어 낼 수 있지만, 사실과의 일치 여부를 따지지 않은 채 아무 의견이나 가질 수는 없다.

574 "상응하게 겪는다"고 옮긴 원어는 sympaschein이다. 상상이라는 겪음에는 그에 상응하는 감정적·신체적 겪음(반응)이 추가로 나타나지 않거나 적게 나타나는 반면, 의견 가짐에는 그에 상응하는 확연한 반응이 추가로 나타난다는 뜻이다.

575 이곳의 "의견"은 427b10에 나온 "참인 의견"으로 읽는 것이 좋겠다. 앎의 반대는 무지(agnoia)이고, 사려의 반대는 어리석음(aphrosynē)이며, 참인 의견의 반대는 거짓인 의견이다.

576 이것이 아리스토텔레스 자신의 입장인지 불분명하다. 다른 이들의 입장이라는 해석도 있고(Rodier, 1900, p.414), 사유함을 넓은 의미로 쓰고 있는 아리스토텔레스의 입장이라는 해석도 있으며(Hamlyn, 1968, p.131), 아리스토텔레스가 일부 인정하고 일부 부정하는 입장이라는 해석도 있다(Bodéüs, 1993, p.216, n.3).

577 '시각 능력이 없을 때조차 무언가가 나타난다'고 함은 장님에게도 어떤 상이 나타남을 뜻할 수 있겠지만, 눈이 멀지 않았으나 자고 있는 사람에게도 어떤 상이 나타난다는 것을 뜻할 가능성이 문맥상 훨씬 크다. 후자의 경우를 조금 더 보면, 자고 있을 때에도 감각 능력은 우리에게 물론 있지만, 정상적으로 작동할 태세를 갖추고 있지는 않다. 그래서 자는 사람은 웬만해서는 외부 대상을 보지도 듣지도 못한다. '시각 능력이 없을 때'라는 말은 이런 상황을 가리킬 가능성이 크다. 한편, 우리가 꿈을 꾸며 어떤 상들을 보는 것을 아리스토텔레스는 엄격한 의미의 감각으로 인정하지 않았다(De Somn. 2, 455a9). 그래서 그는 우리가 잠자는 동안 어떤 상들을 "본다"고 표현하지 않고, 어떤 상들이 우리에게 "나타난다"고 표현했을 것이다.

578 연구자들 대부분이 이 문장을 '감각 능력은 어떤 동물에게든 있지만'으로 해석한다.

579 개미와 벌은 아리스토텔레스가 지능이 있는 편이라 평가한 동물이기도

하고(Met. 1.1, 980b22~24), 공동체적이라 표현한 동물이기도 하다 (HA 488a7~10).

580 시각과 봄, 둘 중 어느 것이든 없을 때조차 어떤 상이 나타나기도 한다고 했던 428a7을 가리킨다.

581 이는 잠 속에서 상들이 나타난다고 했던 앞의 경우를 가리킬 것이다.

582 상상은 애벌레와 같은 짐승에게는 없어도(428a11) 대부분의 짐승들에게 있는 반면, 이성은 모든 짐승들에게 없다는 뜻으로 이해된다. 참고로 로스(Ross, 1961)는 토르스트릭(Torstrik)의 제안을 받아들여 이 문장의 생략을 제안했는데, 옮긴이는 그대로 두었다.

583 이는 플라톤을 염두에 두고서 하는 말이다. 『소피스트』에 따르면, "나타난다(phainetai)"는 말은 "감각과 의견의 혼합(symmeixis aisthēseōs kai doxēs)"을 뜻한다(264b). "감각을 통해(di' aisthēseōs)" 갖게 되는 의견에 관해서는 같은 책의 264a를, "감각을 수반하는 의견(doxa met' aisthēseōs)"에 관해서는 『티마이오스』의 52a를 참조.

584 즉, 지구보다.

585 '누군가 앉아 있다'는 의견이 참이라면, 그가 일어설 때(사태가 바뀔 때) 그 의견은 거짓이 될 것이다(Cat. 4a24~26의 사례 참조). 참고로 이곳의 십자 기호는, 원래 이 형태의 문장이 아니었을 것이라고 로스(Ross, 1961)가 추측해서 붙인 것이다. 그에 따르면, 이곳에 필요한 문장은 "만일 참인 의견이 거짓으로 되었다면, 사태가 달라졌음을 우리가 간과한 것이겠다"와 같은 식의 문장이다(p.288).

586 상상을 가리킨다.

587 예컨대 흼이라는 고유 대상에 '클레온의 아들임'이 부수함을 우리는 감각한다. 참고로 이곳의 삽입은 잠시 후 428b24에 나올 문구(ha symbebēke tois aisthētois)를 이곳으로 옮겨서 읽자는 바이워터(Bywater)의 제안에 따라 로스가 추가한 것이다(Ross, 1961, p.289). 이러한 조정이 필요한 이유는, 이전 언급들만으로는 이곳의 tauta가 무엇을 가리키는지 알 길이 없기 때문이다.

588 예컨대 우리는 이 흰 것이 클레온의 아들인가 아니면 다른 사람인가에서 틀린다.

589 "부수적인 것들"은 부수적으로 감각되는 대상들을 가리키고, 여기서는 특히 '실체'를 가리킨다. 감각의 입장에서 '실체'는 자체 감각 대상이 아니라 부수 감각 대상이다. 단, 자체 감각 대상은 자신의 존재를 실체에 의존하기 때문에, 자체 감각 대상인 공통 대상이 부수 감각 대상인 실체를 "따른다(hepesthai)"고 표현되었다.

590 고유 감각에 의해 일어나는 운동으로서의 상상을 가리킨다.

591 이는 플라톤도 인정하던 것이다(『파이드로스』, 250d). 감각들 중 시각의 우위에 관한 아리스토텔레스의 또 다른 언급들로 De Sensu. 1, 437a3; Met. 1.1, 980a21 참조.

592 앞 장에서 아리스토텔레스는 감각 대상들이 사라져도 상상들은 감각기관들 안에 남아 있다고 했고(3.2, 425b23~24), 몇 줄 위에서는 상상이라는 운동이 감각과 유사하다고 했다(3.3, 428b14).

593 격정(pathos)과 질병이 상상에 미치는 영향은 De Insomn. 2, 460b3~16에 서술되어 있다. 그곳에서 아리스토텔레스는 격정의 예로 두려움, 사랑, 화 및 온갖 욕망들을 꼽고, 질병의 예로 열병을 꼽는다.

594 앞 문단에 언급된 "영혼의 바로 그 부분"(429a10~11), 즉 지성을 가리킨다.

595 바로 앞 문장에서 아리스토텔레스는 사유함이 사유 대상에 의한 "일종의 영향 받음(paschein ti)"일 수 있다는 가능성을 열어 두었는데, 지금은 지성이 "영향 받지 않는다(apathes)"고 하니 일관되지 않아 보인다. 그래서 사유함이 "일종의 영향 받음"이거나 아니면 "그러한 다른 무엇"일 것이라는 선택지에서 아리스토텔레스가 후자를 택할 것이라 추측하게 되는데, 그렇다 해도 문제가 말끔히 풀리지 않는다. 왜냐하면 후자도 "그러한" 것이기는 마찬가지이고, 결정적으로 아리스토텔레스가 전자를 탈락시키는 것 같지 않기 때문이다(429b25). 이 문제의 해결 방법으로 두 가지를 꼽을 수 있다. 첫 번째 방법은 '일종의 영향 받음'과

'영향 받음'을 구분해서 읽는 것이다. 이전에 아리스토텔레스는 영향 받음과 변이를 동의어로 쓰면서, 감각을 그냥 변이가 아니라 "일종의 변이"로 표현했고(2.4, 415b24; 2.5, 416b34), 같은 맥락에서 영향 받음/변이의 특수한 유형을 언급하기도 했다(2.5, 417b7, 417b14~16). 이러한 이전 논의를 현재 본문에 적용하면, 지성이 "영향 받지 않는다"는 말은 사유함에 해당하는 영향 받음/변이가 전형적인 유형의 것은 아니라는 뜻으로 해석될 수 있다. 두 번째 방법은 apathes에 특별한 의미를 부여하는 것이다. 즉, 지성은 영향 받지 않는다는 말을 '지성에는 그 어떤 속성도 없다'거나 '지성은 전혀 한정되어 있지 않다'는 뜻으로 읽는 것이다(Sachs, 2004, p.138; Bodéüs, 1993, p.222). 그런데 옮긴이가 보기에 첫 번째 방법이 더 낫다. 왜냐하면 지금은 감각함과 사유함의 '유사성'에 주목하는 맥락이기 때문이다. 물론 양자에는 차이가 있고, 대표적인 차이는 지성이 모든 것을 사유한다는 점인데, 이는 다음 문장에서야 추가될 것이다.

596 지성은 모든 것들을 사유한다는 점이 지금부터의 논의 전체에 전제된다. 이 전제에 관해서는 3.8에서 좀 더 자세히 설명될 것이다.

597 아낙사고라스에 따르면, 지성은 한정되어 있지 않고(apeiron) 스스로 지배하며(autokrates) 그 무엇과도 섞여 있지 않다(memeiktai oudeni) (DK59B12).

598 몸과 섞이지 않았다고 풀이할 수도 있겠지만, 몸으로 제한하지 말고 '일체의 것들과' 섞이지 않았다고 놓고서, 그중에서도 '사유 대상들'과 섞이지 않았다는 점이 이 대목에서는 강조되고 있다고 해석하는 게 좋아 보인다. 몸과 관련된 사항은 잠시 후에(429a24~25) 다루어질 것이다.

599 "다른 것(to allotrion)"은 사유 대상들을 가리키는 것으로 보인다(이와 비슷한 용법으로 2.7, 418b4~6; 2.8, 420a16~17도 참조). 그리고 이 문장은, 만일 지성이 사유 대상들과 섞여 있다면, 지성에 이미 섞여 있는 어떤 대상이 여타 대상들에 대한 지성의 사유를 방해할 것이라는 뜻으로 이해된다. 참고로 "안에 함께 나타난다(paremphainesthai)"는

표현은 플라톤이 『티마이오스』의 50e3~4에서 쓴 것이다. 플라톤에 따르면, 다양한 형태의 것들이 생겨나는 곳인 만물 생성의 수용자는 그 어떤 형태도 갖고 있지 말아야 한다. 왜냐하면 만일 이 수용자가 어떤 형태와 이미 닮아 있다면, 그와 다른 형태의 것들이 들어올 때 기존의 자기 모습을 함께 나타낼 것이고(paremphainon), 그럼 수용이 제대로 이루어질 수 없을 것이기 때문이다(50d~e).

600 지성은 전혀 한정되어 있지 않고 그야말로 가능적이기(dynatos) 때문에, 무엇이든 사유할 수 있다.

601 플라톤 제자들 중 누군가의 말을 가리키는 것으로 추측된다. 플라톤의 『파르메니데스』에도 이와 비슷한 언급이 나오는데, 아리스토텔레스가 정확히 그것을 가리키고 있는 것인지는 불분명하다. 『파르메니데스』 132b에서 소크라테스는 각각의 형상이 단지 사유된 것(noēma)으로서 우리의 "영혼들 안에" 존재하는 게 아니겠냐고 묻지만, 134b에서 파르메니데스는 우리가 형상들 자체를 가질 수도 없고 그것들이 우리들에게 있을 수도 없다고 답하면서 소크라테스의 제안을 거절한다.

602 "사유혼(hē noētikē [psychē])"은 지성(nous)을 가리킨다.

603 3.7에서도 아리스토텔레스는 감각 능력이 영향 받지 않고 변이하지도 않는다고 말한다(ou paschei oud' alloioutai, 431a5). 이런 식의 언급을 이해하기 위해 살펴볼 출처로 429a15의 주석 595 참조.

604 이곳의 "~로부터(ek)"는 『형이상학』 5.24에 소개된 ek의 여섯 가지 용법 중 마지막 것, 즉 '시간적으로 다음에'를 의미한다고 보는 게 좋겠다. 격한 소리나 색이나 냄새를 접하고 나서는 약한 대상들을 제대로 감각하지 못하거나, 감각 기관이 손상될 정도였다면 아예 감각하지 못한다는 뜻이다.

605 "그보다 덜한 사유 대상"은 덜 추상적인 대상들을 뜻하는 것으로 보인다. 추상성의 정도에 따라 여러 학문들의 대상을 분류하는 설명으로 Met. 13.3, 1078a5~21 참조.

606 "쉽게"는 옮긴이가 넣은 것으로 원문에 없다.

607 어떤 대상을 사유하고 있을 때 지성은 그 대상이 되어 있는데, 이때에도 지성은 일반적인 의미의 가능태는 아니지만 어쨌든 가능태로 있기 때문에 또 다른 대상을 사유할 수 있다는 뜻으로 이해된다.

608 모든 필사본에 de hauton으로 되어 있는 것을 로스(Ross, 1961)가 바이워터(Bywater)를 따라 di' hautou로 수정했는데("또한 이때 지성 자신이 자신을 통해 사유할 수 있다"), 옮긴이는 수정하지 않고 그대로 두었다. 지성 자신이 자신을 사유한다는 말의 의미에 대해서는 430a1~9의 본문과 430a9의 주석 626 참조.

609 크기는 '크기를 가진 사물(연장된 사물)'을 뜻하고, 크기임은 '연장된 것으로서의 본질(quiddity)'을 뜻한다.

610 이는 형상들의 경우를 가리킨다. 예컨대 동물 자체와 동물의 본질(동물임)은 동일한 것이고, 좋음 자체와 좋음의 본질도 동일한 것이며, 아름다움 자체와 아름다움의 본질 또한 그러하다(Met. 7.6; 7.10, 1035b31~1036a12 참조).

611 "오목코(to simon)"는 코라는 질료적 기반을 말하지 않고서는 규정될 수 없는 복합체의 사례로 아리스토텔레스가 자주 드는 것이다(대표적으로 Met. 6.1, 1025b33 참조).

612 해석이 분분한 비유이다. 테미스티오스에 따르면, 꺾인 선은 '상상을 동원하여 복합체를 식별하는 지성'을 뜻하고, 곧게 펴진 선은 '본질을 식별하는 지성'을 뜻한다(Themistius, 1899, 96.8~30). 현대로 오면, 꺾인 선은 '감각 인상들이나 심상들을 활용하여 본질을 식별하는 지성'을, 곧게 펴진 선은 '복합체를 곧장 식별하는 감각 능력'을 뜻한다는 해석도 제시된다(Wallace, 1882, p.269).

613 "추상을 통해 존재하는 것들"은 주로 수학적 대상들을 가리킨다. 그 일례로 아리스토텔레스는 곧은 것(직선)을 들고 있는데, 직선은 우리가 사유를 통해 어떤 물체로부터 추상해 낸 것으로서 존재한다. 그리고 이렇게 사유하고 있을 때조차 우리는 그 직선을 질료 없는 것으로서가 아니라 어떤 질료를 갖는 것으로서 사유하는데, 이를 일컬어 아리스토텔

레스는 "가지적 질료"라 부른다(가시적 질료와 가지적 질료의 구분으로 Met. 7.10, 1036a9 이하 참조). 오목코가 (가시적) 질료와 형상의 복합체이듯, 직선도 (가지적) 질료와 형상의 복합체라는 게 이 문장의 뜻으로 보인다.

614 즉, 연장(extension)을 갖기 때문이다.

615 플라톤주의자들의 정의에 따르면, 선은 둘(dyas)이다(Met. 7.11, 1036b13~17; 8.3, 1043a33~34). 아리스토텔레스도 선에 대한 이들의 정의를 받아들여 이것이 직선에도 적용된다 치고 논의해 보자고 말하고 있다.

616 "대상들(ta pragmata)"은 사유 대상들을 가리킨다. 앞에서 살, 살임, 곧은 것, 곧음이 언급되었는데, 이 중에 사유 대상은 살임, 곧은 것, 곧음이다. 이러한 사유 대상들 일체가 ta pragmata라 표현되었다.

617 "지성을 둘러싼 것들"은 지성의 사유 양상들을 가리킨다. 살임은 가시적 복합체에서 추상된 비연장적인 것이고, 곧은 것은 가시적 복합체에서 추상된 가지적 복합체로서 연장된 것이며, 곧음은 가지적 복합체에서 추상된 비연장적인 것이다. 이렇듯 사유 대상들이 질료에서 추상되는 양상은 제각기 다른데, 이 차이에 상응하여 지성의 사유 양상들도 다르다는 게 이 문장의 뜻이다.

618 차이가 있지만 공통점도 있는 것들이어야 한쪽이 영향을 주고 다른 쪽이 영향을 받을 수 있다는 주장으로 GC 1.7, 323b15 이하 참조. 예컨대 선(grammē)은, 부수적으로가 아닌 한, 색깔에 의해 영향 받을 수 없다. 왜냐하면 선과 색깔에는 아무런 공통점도 없기 때문이다(323b25~27).

619 두 번째 난제에 대한 부가 설명이다. 지성 자신도 사유된다면, ① 지성 자신으로 인해 사유되거나 ②다른 것으로 인해 사유되거나 둘 중 하나일 것이다. 만일 ①이라면, 그런데 사유되는 것은 사유하는 것과 형상에서 하나라면, 여타 존재자들이 지성을 지닌다는 결론, 달리 말해 여타 존재자들도 사유한다는 이상한 결론이 나올 것이다. 만일 ②라면, 지성 자신을 사유되게 해 주는 다른 것을 지성이 지닐 테니, 지성은 그

무엇과도 섞이지 않은 단순한 것(haploun)이라는 원칙이 깨지게 될 것이다.

620 지금부터 두 개 난제들에 대한 아리스토텔레스 자신의 해결책이 차례로 제시된다.

621 2.5, 417b2~7 참조.

622 첫 번째 난제에 대한 해결책이 제시되고 있다. 지성은 가능태에서 어떤 식으로 사유 대상들이기 때문에 지성과 사유 대상들 사이에 공통점이 아예 없지는 않다는 것, 그러니까 가능태상의 공통점은 있다는 게 이 문장의 뜻이다.

623 일찍이 플라톤은 『테아이테토스』 191c에서 기억을 설명하면서 "새김판(ekmageion)"을 언급했는데(정준역 역, 2013, 177쪽), 본문의 서판(grammateion) 사례는 이를 응용한 것으로 보인다.

624 즉, 관조를 통해.

625 이에 대해 아리스토텔레스가 추가로 설명한 곳은 찾기 어렵다.

626 이상이 두 번째 난제에 대한 아리스토텔레스의 해결책이다. 주석 619의 ①에 초점을 맞춰 답하고 있는데, 그 논리는 이렇다: 사유하고 있는 지성은 그 대상과 동일하다. 예컨대 지성이 돌의 본질을 사유하고 있노라면, 이 지성은 돌의 본질과 동일하다. 따라서 '지성이 돌의 본질을 사유하고 있다'는 말은 '지성이 지성을 사유하고 있다'는 말도 된다. 바로 이런 식으로 지성 자신도 사유될 수 있다. 반면, 돌처럼 질료를 갖는 존재자들 안에는 사유 대상이 단지 가능태로만 있다. 그리고 가능태의 사유 대상들은 사유하고 있는 지성과 동일하지 않다. 따라서 여타 존재자들이 지성을 지니게 되지 않겠느냐는 반론은(429b27) 해결된다.

627 "그 모든 것들"은 '각각의 유에 드는 모든 개별자들'을 뜻한다. 그리고 이 대목에서 "유(genos)"는 '범주'를 가리키는 것으로 보인다(1.1, 402a23~25; Met. 14.2, 1089b20~28 참조). 참고로 로스(Ross, 1961)가 생략을 제안한 ti를 옮긴이는 그대로 두었다.

628 "영혼에도(kai en tēi psychēi)"에 대한 해석은 두 갈래이다. 하나는 '영혼

내에도'라고 읽으면서, 인간 영혼의 내적 구조를 논의하기 위한 표현으로 보는 해석이다. 다른 하나는 '영혼과 관련해서도'라고 느슨하게 읽으면서, 인간 영혼에다가 '신'을 결부시켜 논의하기 위한 표현으로 보는 해석이다.

629 '온 자연에서 질료로서의 어떤 것과 같은 그러한' 지성을 가리키고, 잠시 후에 "영향 받는 지성(ho pathētikos nous)"이라 표현될 것이다(430a25). 이는 일반적으로 '수동 지성(the passive intellect)'이라 불린다.

630 '온 자연에서 원인이자 작자와 같은 그러한' 지성을 가리킨다. 이는 우리가 보통 '능동 지성(the active intellect, agent intellect, productive intellect)'이라 부르는 것이다.

631 또는 "영향을 주는 것이(to poioun)".

632 이곳의 "대상(to pragma)"은 앎의 대상(epistēton)을 뜻한다.

633 『형이상학』에 따르면, 정의(logos)에서도 실체성(ousia)에서도 활성태가 가능태보다 앞선다(정의에서 앞선다는 말의 의미로는 2.4, 415a18~20의 주석 281 참조). 한편, 시간(발생)에서의 선차성은 다음과 같이 설명된다: 한 사람만 놓고 보면 가능태가 활성태보다 앞서지만(Met. 9.8, 1049b19), 사람 전체를 놓고 보면 여전히 활성태가 가능태보다 앞선다(1049b23~29).

634 로스(Ross, 1961)는 이 두 문장(430a19~21)과 다음 문장(430a22)을 함께 묶어 괄호 쳤지만, 옮긴이는 이 두 문장에만 괄호 쳤다. 우선 로스가 이 두 문장을 생략하자고 제안한 이유는, 이것들이 3.7의 맨 앞에도 나오는데 그곳에서와 달리 이곳에서는 논의의 흐름을 심각한 정도로 끊기 때문이다(동일한 이유로 이 두 문장에 괄호 친 번역서들이 꽤 있다). 그리고 그가 다음 문장까지 괄호 친 이유는, 그렇게 해야 "이 지성은 분리될 수 있고 … 그리고 분리되었을 때"라고 자연스럽게 이어지기 때문이다(이상 Ross, 1961, p.296). 그러나 특히 다음 문장이 해석상의 논란거리이기 때문에, 옮긴이는 괄호 없이 두었다. 다음 문장은 3.5의 능동 지성이 신을 가리킨다고 보는 해석자들에게 중요한 논거로 사용된다.

635 이에 대한 대표적인 해석으로 다음의 셋을 꼽을 수 있다. 사후의 우리는 현생의 것들을 기억하지 못한다(Themistius, 1899, 101.10~18; Simplicius, 1882, 246.14 이하). 현생의 우리는 전생의 것들을 기억하지 못한다(Trendelenburg, 1877, p.403 이하; Biehl, 1864, p.12 이하). 현생의 우리 능동 지성은 언제나 사유하지만(430a22), 능동 지성이 언제나 하는 이 생각에는 기억이 동반되지 않는다(Hicks, 1907, p.507).

636 이에 대한 해석도 분분하다. 능동 지성 없이는 아무도 사유하지 못한다(Ross, 1961, p.295; Tricot, 2010, p.211, n.1). 능동 지성 없이는 수동 지성이 아무것도 사유하지 못한다(Hicks, 1907, p.509). 수동 지성 없이는 능동 지성이 아무것도 사유하지 못한다(Polansky, 2007, p.469).

637 "분할될 수 없는 것(to adihaireton)들"은 '대각선은 통약 불가능하다'와 같은 진술문으로 만들어지기 이전의 개별 개념들, 그러니까 '대각선'이나 '통약 불가능함'과 같은 개별 개념들을 가리키는 것으로 이해되고, 『형이상학』에 언급된 "결합되지 않은 것(to asyntheton)들"과 동의어인 것으로 보인다(Met. 9.10, 1051b17).

638 우선 "결합(synthesis)"은 무엇이 어떻다고 하는 식으로, 주어 개념과 술어 개념에 ~이다(einai)를 덧붙이는 것을 가리킨다(De Int. 1, 16a18 참조). 참뿐 아니라 거짓도 존재하는 영역은 이러한 결합이 행해지는 영역이다. 반면에 분할될 수 없는 것들, 즉 결합되기 이전의 개별 개념들과 관련해서는 상황이 다르다. 우리가 개별 개념을 사유한다는 말은 우리의 지성이 개념의 본질에 닿음(thigein)을 뜻한다. 그리고 이 닿음에서 거짓이 나올 수는 없다(Met. 9.10, 1051b17 이하; DA 1.3, 407a15~17의 주석 116, 3.3, 427b2~4의 주석 567, 3.6, 430b28 참조).

639 『천체에 관하여』 3.2, 300b29~31에도 이와 거의 유사한 언급이 소개되어 있고, 심플리키오스의 천체론 주석에는 정확히 똑같은 언급이 나온다(586.12). 지금 아리스토텔레스는 신체 부위들이 따로따로 생겨난 후 사랑으로 결합되었다는 엠페도클레스의 언급을 비유로 활용해서, 분리된 개념들의 결합을 설명하고 있다.

640 "통약 불가능함"으로 옮긴 원어는 to asymmetron이고, '(변과) 같은 단위로 잴 수 없음'을 뜻한다.

641 원문에 주어는 명시되어 있지 않다. 주어를 지성(nous)으로 보고, 이하에서 "우리"라고 한 것들까지 지성으로 다 바꿔 읽을 수도 있다. 다만 그럴 경우에는 430b15(=430b20b)에 대한 풀이가 다소 달라질 것이다.

642 '흰 것은 희지 않다'라고 말하는 대신 '흰 것은 희지 않은 것이다'라고 말할 수 있는데, 후자는 흰 것과 희지 않은 것의 결합이다. 이렇듯 부정 진술도 결합으로 간주될 수 있다는 주장이다.

643 이 분할은 "분할될 수 없는 것(to adihaireton)"이라고 할 때의 그 분할과는 다른 맥락에 있는 것 같다. 이 분할은 무엇이 어떻지 않다고 하는 식으로, 주어 개념과 술어 개념에 ~이지 않다(mē einai)를 덧붙이는 것을 가리킨다(De Int. 1, 16a18). 앞에서 부정 진술도 "결합(synthesis)"으로 간주될 수 있다고 했는데, 이번에는 긍정 진술도 "분할(dihairesis)"로 간주될 수 있다는 게 이 문장의 뜻이다. 예컨대 '흰 것은 희다'라고 말하는 대신 '흰 것은 희지 않은 것이 아니다'라고 말할 수 있다.

644 로스(Ross, 1961)가 제안한 삽입을 다 빼고 옮기면 이렇다: 우리가 길이를 사유할 때 분할될 수 없는 것을 사유하지 못하도록 막는 것은 전혀 없다. 한편, "활성태에서 분할될 수 없다"고 서술된 길이는 얼마만큼이든 아무튼 특정한 만큼의 단일한 길이 통째를 뜻한다. 예컨대 2cm를 실제로 둘로 나누면 단일한 2cm는 더 이상 존재하지 않는다는 뜻에서, 길이는 활성태에서 분할될 수 없다. 반면에 가능태에서라면 길이는 무한히 분할될 수 있다(Phys. 6.1~2).

645 우리가 길이를 분할될 수 있는 것인 한에서 사유하고 있다면, 이 사유가 행해지는 시간도 길이와 마찬가지로 분할될 수 있다(『자연학』에 따르면, 시간과 크기(megethos)는 동일하게 그리고 동일한 만큼 분할된다. Phys. 6.2, 233a11~12). 반면, 우리가 길이를 분할될 수 없는 것인 한에서 사유하고 있다면, 이 사유가 행해지는 시간도 분할될 수 없다. 어떤 경우에든 시간이 다루어지는 방식이 크기가 다루어지는 방식에

의존하는 것으로 묘사되고 있다(시간의 크기 의존성에 관해서는 Phys. 4.12, 220b27 참조).

646 바이워터(Bywater)를 따라 로스(Ross, 1961)는 이 문장을 430b20 뒤로 옮기자고 제안하면서 위치 이동을 20a, 20b로 표시했다. 햄린(Hamlyn, 1968)도 로스처럼 배치했다.

647 분할될 수 없는 단일한 것이라 해서, 피타고라스학파와 플라톤이 주장하듯 이 세계로부터 분리되어 존재할 수 있는 것은 아니라는 뜻이다("하나"에 대한 피타고라스학파와 플라톤의 주장과 이에 대한 아리스토텔레스의 반론으로 Met. 10.2 참조).

648 더는 하위 종으로 나눌 수 없는 최하위 종을 뜻하는 것으로 보인다.

649 즉, 지성으로써. 참고로 불어권 번역서들은 이 문장의 주어를 우리가 아니라 지성으로 놓고 '지성은 … 영혼의 분할될 수 없는 어떤 작용(act)으로써 사유한다'로 읽는다.

650 이때의 "분할"을 '분할 경계'로 읽으면 이해가 쉬울 것 같다. 분할 경계의 사례로 선이나 면을 꼽을 수 있다. 선은 면의 분할 경계이고, 면은 입체의 분할 경계이다(Met. 11.2, 1060b12~16). 사실 점도 (선의) 분할 경계인데(1060b19), 선이나 면과는 차이가 있다. 선이나 면은 가능태에서 분할될 수 있지만, 점은 가능태에서 분할될 수 없기 때문이다.

651 즉, 열거된 것들이 우리에게 명백히 알려지는 방식은 결여(sterēsis)가 우리에게 명백히 알려지는 방식과 유사하다. 왜냐하면 우리에게 면은 깊이 없음을 통해, 선은 넓이 없음을 통해, 점은 깊이도 넓이도 없음을 통해 알려지기 때문이다.

652 나쁨은 좋음의 결여이기 때문에(Met. 10.4, 1055b21, 23~24), 우리는 좋음을 가지고서 나쁨을 알아본다. 흼의 결여인 검음의 경우에도(10.2, 1053b31) 마찬가지이다.

653 "무언가"를 '신'으로 보는 해석이 대다수이다. 이 해석이 제시하는 대표적 근거는 '제일의 부동의 기동자에는 반대되는 게 전혀 없다'고 하는 『형이상학』의 언급이다(Met. 12.10, 1075b21~22).

654 이때의 "진술(phasis)"은 실질적으로 긍정 진술(kataphasis)을 뜻한다. 3.8, 432a10에서도 마찬가지이다.

655 지금 아리스토텔레스는 무엇임(to ti esti)을 좁은 의미로, 즉 "본질(to ti ēn einai)"의 의미로 쓰겠다고 밝히고 있다. 무엇임의 넓은 의미와 좁은 의미에 대해서는 1.1, 402a13의 주석 5 참조.

656 즉, 질료 없는 것들(사유 대상들)에 대한 사유에도 항상 참인 사유가 있고, 거짓이 가능한 사유가 있다(옳지 않게 사유함에 관해서는 3.3, 427b9 참조).

657 3.5, 430a19~21에도 똑같은 두 문장이 나온다. 그곳의 주석 634 참조.

658 이하의 두 문장이 앞 내용과 어떻게 연결되는지 파악하기 쉽지 않다. 그래서 로스는 앞에 어떤 논의가 더 있었을 것이라 추측한다(Ross, 1961, p.301의 말줄임표 참조). 참고로 일찍이 토르스트릭(Torstrik)은 이 장 전체가 조각 글들의 모음일 수 있다고 추측했고, 이에 동의하면서 로스는 그 증거 중 하나로 이 문장 속의 men에 호응하는 de가 없다는 사실을 꼽는다(p.303). 이 밖에도 논의 흐름을 짚기 어려운 곳들이 이 장 전체에 여럿 있다.

659 이와 유사한 내용이 관조함, 사려함, 집 지음의 사례를 통해 앞서 언급되었다(2.5, 417b2~9).

660 이를 "다른 종류의 운동이다"로 옮기는 번역서도 있다(Hicks, 1907, p.141; Hett, 1957, p.175). 운동은 운동인데 독특한 종류의 운동이라는 의미에서 말이다. 그러나 감각할 수 있는 것이 영향 받거나 변이하지 않는다는 앞 문장, 그리고 운동과 단적인 활동을 확연히 구분하는 다음 문장에 비추어 볼 때, 그 번역은 맥락에 맞지 않는다.

661 아리스토텔레스는 운동을 "미완성적인 활동(energeia atelēs)"이라고도 부른다(2.5, 417a16의 주석 324 참조). 운동이 무엇인지 본격적으로 규정하는 『자연학』 3.1에서 그가 운동의 대표 사례로 꼽는 것은 '집 재료가 집으로 지어지는 과정적 사태'이다. 그는 이 운동을 "집 재료의 집 재료로서의 활동(energeia)"이라 표현한다(Phys. 3.1, 201b9~10). 집 재료는

아직 집이 아니기 때문에 미완성적인 것인데, 그럼에도 그것이 집 짓는 자와의 관계 속에서 미완성적인 것으로서의 제 역할을 다하고 있다면, 바로 그 사태가 운동이라는 것이다. 그리고 지금 본문에 따르면, 단적인 활동은 미완성적인 것이 아니라 완성된 것이 제 역할을 다하고 있는 사태이다. 이 사례로 지금 아리스토텔레스는 '감각'을 꼽고 있다. 감각이 단적인 활동인 이유는 동물에게 온전히 구비되어 있는 감각 능력, 즉 완성된 것이 제 역할을 다하고 있는 사태이기 때문일 것이다. 어쨌든 지금 그는 '운동(미완성적인 것의 활동)'과 '단적인 활동(완성된 것의 활동)'을 구분하고 있는데, 이곳과 더불어 『형이상학』 9.6 및 『니코마코스 윤리학』 10.4를 둘러싼 오랜 논쟁이 있어 왔고, 그 쟁점은 '운동'과 '단적인 활동'이 이 저서들에 언급된 것처럼 그렇게 간단히 구분되는가, 한 사태가 운동이면서 단적인 활동일 수는 없는가 하는 점들이다(대표적으로 Ackrill, 1965, pp.121~141 참조).

662 이 문장도 앞 내용과 어떻게 연결되는지 애매하다. 그래서 로스는 앞에 어떤 논의가 더 있었을 것이라 추측한다(Ross, 1961, p.301). "단순 발언"으로 의역한 to phanai monon은 '대각선은 통약 불가능하다'는 식이 아니라 그냥 '대각선'이라 말하는 것을 뜻한다(단순 발언과 긍정 진술(kataphasis)의 차이에 대해서는 Met. 9.10, 1051b24~25 참조). 이곳에 언급된 사유(noein)도 monon과 함께 읽는 것이 좋다. 왜냐하면 문맥상 이 사유도 개별 개념에 대한 사유를 가리키기 때문이다(3.6, 430b28~29 참조).

663 이 문장의 주어는 명시되어 있지 않지만, 분사가 여성으로 쓰였기 때문에 영혼을 주어로 보았다.

664 즉, 각자의 감정적 반응과 결부되어 있는 것들인 한에서 대하며.

665 아리스토텔레스가 감각을 "중간(mesotēs)"이나 "중간인 것(to meson)"이라 표현하는 곳으로 2.11, 424a4~7 참조.

666 우리가 무언가를 회피하고 있을 때, 우리는 그 반대를 욕구하고 있기도 하므로, 회피한다는 것과 욕구한다는 것은 동일 사태의 두 측면이라는

뜻으로 보인다.

667 이 대목에 대해 다음의 세 가지 해석이 가능하다: 규정은 각기 달라도 ① 욕구/회피/감각 능력은 서로 다른 별개의 능력들이 아니다. ② 욕구/회피/감각 능력은 따로따로 실행되는 것들이 아니다. ③ 욕구/회피/감각할 수 있는 것의 외연은 같다. 즉, 이 셋 모두 '동물'을 가리킨다. ②는 로스의 것이고(Ross, 1961, p.304), ③은 햄린의 것이다(Hamlyn, 1968, p.146).

668 "사고혼(hē dianoētikē psychē)"은 사고 능력으로서의 영혼을 뜻한다.

669 여기까지의 의미는 다음과 같이 설명될 수 있다: 봄의 경우, 매체로서의 외부 공기가 동공에 모종의 운동을 일으키고, 그렇게 움직여진 동공이 또 다른 신체 부위에 운동을 일으킨다. 청각에도 이와 마찬가지의 운동 계열이 있다. 그런데 이러한 계열이 도달하는 최종의 곳은 심장(또는 심장에 상응하는 부위)이다.

670 우선 옮긴이는 로스(Ross, 1961)가 삽입한 hē를 빼고 읽었다. 다음으로 말줄임표와 관련하여, 로스는 이 문장을 hōsper절에 호응하는 주절이 없는 불완전한 문장으로 보았고, 햄린(Hamlyn, 1968)도 그렇게 보았다. 이와 달리 431a18의 kai hē akoē hōsautōs를 주절로 보면서 '공기가 ~하듯, 청각 또한 그런 식이다'로 옮기는 번역서들도 있다. 어쨌든 "맨 끝"은 3.2에 언급된 "맨 끝의 감각 기관"(426b16) 또는 "어떤 하나의 것"(426b18), 즉 통각(기관)을 가리킨다. 그리고 이 언급은 앞 내용이 아니라 뒤에 나올 내용과 이어지는 것 같다(그래서 뒤에 붙도록 문단을 나눴다). 이 추측이 옳다면, 아리스토텔레스가 하려던 말은 다음일 것이다: 색깔과 소리는 동일 부류의 대상이 아니지만, 눈과 귀를 통해 양자가 도달하는 최종 지점은 맨 끝의 통각 기관이고, 이 통각 기관을 가지고서 우리는 양자의 차이도 식별할 수 있는데, 달콤함과 뜨거움의 경우 또한 이와 마찬가지이다.

671 원문에 없는 주어를 '우리'로 잡았다. '영혼'으로 볼 수도 있겠다.

672 3.2, 426b12~23을 가리킨다. 그곳의 사례는 흼과 달콤함이었다.

673 앞서 감각이 점에 비유된 바 있었다(3.2, 427a10). 점은 선을 분할하는 "경계(horos)"로서, 하나이면서도 여럿이다. 예컨대 점C가 선AB를 분할하는 경우, 점C는 하나이지만, AC의 경계이기도 하고 CB의 경계이기도 하다는 뜻에서 둘이다. 경계 개념을 통해 아리스토텔레스가 하려는 주장은 다음이다: 점처럼 감각도 하나이면서 여럿이기 때문에, 동류가 아닌 감각적 성질들(예: 달콤함과 뜨거움)도 식별한다.

674 "이것들"은 달콤함과 뜨거움을 가리킨다. "저것들"이 가리키는 것으로 로스는 달콤함과 뜨거움의 반대들, 즉 씀과 차가움을 꼽고(Ross, 1961, p.305), 햄린은 달콤함에 대한 감각과 뜨거움에 대한 감각을 꼽는다(Hamlyn, 1968, p.147).

675 모든 필사본에 CD와 AB로 적혀 있는 것을 로스(Ross, 1961)가 CA와 DB로 수정했는데, 나름의 이유가 있기도 하고 필로포노스(Philoponus)를 통해 지지되기도 하지만, 수정을 따르면 상황이 너무 복잡해지는 것 같다. 그래서 옮긴이는 필사본을 유지했다. 한편, 필사본을 유지한다 해도, C와 D가 무엇을 가리키느냐와 관련하여 입장이 크게 둘로 나뉜다. 하나는 반대되는 '대상들'로 보는 입장이고(Simplicius, 1882, 272.3 이하; Rodier, 1900, p.503 이하), 다른 하나는 반대되는 대상들에 대한 '감각들'로 보는 입장이다(Hamlyn, 1968, p.147). 이 중에 '대상들'로 보는 입장만 소개하면 다음과 같다: $\frac{A\text{흰}}{B\text{검음}} = \frac{C\text{달콤함}}{D\text{씀}}$ 이 성립한다고 하면, 교차에 의해(alternando) $\frac{A\text{흰}}{C\text{달콤함}} = \frac{B\text{검음}}{D\text{씀}}$ 도 성립할 것이다. 그런데 만일 CD가 '하나의 통각'에 속해 있다면, 다음과 같을 것이고, AB도 그러할 것이다. 즉, CD는 한편으로 동일한 하나의 통각을 이룬다는 뜻에서 하나의 같은 것일 테고, 다른 한편으로 ~임에서는 다를 것이다. AB도 마찬가지이다. 따라서 우리는 저것들도(AC도 BD도) 마찬가지라는 결론을 합당하게 얻을 수 있을 것이다. 이상의 요점은 이렇다: 동류에 드는 반대 성질들이 어떤 의미에서 하나이듯 동류에 들지 않는 성질들도 어떤 의미에서 하나이므로, 우리는 경계로서의 통각을 가지고서 전자뿐 아니라 후자도 식별할 수 있다.

676 즉, 앞 문단에 언급된 감각 대상들이 감각되고 있는 경우에. 이 밖에 "저것들"을 심상들로 보는 해석도 있고(Themistius, 1899, 209.11), 형상들로 보는 해석도 있다(Rodier, 1900, p.510; Hamlyn, 1968, p.148).

677 무엇이 움직여진다는 것인지 주어가 명시되어 있지 않은데, 옮긴이는 사유 능력으로 보았다. "우리는(one)"을 주어로 택한 번역서들도 있다.

678 원문에 감각이라는 단어는 없고 tēi koinēi라고만 되어 있는데, 앞에 나온 여성 명사가 "감각"뿐이어서 추가했다. 이는 '운동이라는 공통 대상에 대한 감각'을 뜻하는 것으로 보인다. 참고로 로스(Ross, 1961)가 택한 gnōrizei의 위치는 심플리키오스의 제안에 따른 것이다(274.14~17).

679 즉, 감각하고 있는 경우에서처럼.

680 즉, 감각하고 있지 않는 경우에도.

681 즉, 회피와 추구 중 어느 하나를.

682 "행동이 따르지 않는 것(to aneu praxeōs)"의 영역은 이론적 영역을 가리킨다. 이론적 영역에서 참/거짓인 것이 실천적 영역에서 좋은/나쁜 것과 동일한 부류에 드는 이유는, 실천적 영역에서 좋은 것이 추구되고 나쁜 것이 회피되는 것처럼 이론적 영역에서도 참인 것이 추구되고 거짓인 것이 회피되기 때문인 것 같다.

683 이론적 영역에서 참/거짓인 것은 절대적이지만, 실천적 영역에서 좋은/나쁜 것은 '누구에게'를 기준으로 삼느냐에 따라 다를 수 있다.

684 이에 대한 추가 설명은 찾을 수 없다.

685 1.5에서 아리스토텔레스는 영혼이 곧 사물들이라는 선배 철학자들의 생각을 소개했는데(409b27~28), 이제부터는 지금껏 해 온 논의를 바탕으로, 영혼이 어떤 의미에서 사물들인지를 선배 철학자들과 달리 설명함으로써 기존 견해를 새롭게 살려보자는 언급으로 풀이될 수 있다.

686 로스(Ross, 1961)의 ταὐτά를 따르지 않고, 필사본 CWySUVX의 ταῦτά로 읽었다. 로스처럼 읽으면, '영혼의 감각 능력과 앎의 능력은 가능태에서 해당 대상들과 동일하다'가 된다. 하지만 대부분의 사본대로 읽는 것이 "어떤 식으로 영혼은 존재하는 모든 것들이다"(431b21)와 더

잘 어울린다.

687 『동물의 부분에 관하여』에 따르면, 손은 가장 지혜로운 동물이 갖는 것으로서, 여타의 많은 도구들을 만들고 사용하는 데 쓰이는 도구이다(PA 4.10, 687a19~23).

688 "감각되는 크기들의 소유상태(hexis)와 성질(pathos)"은 감각 대상을 일컫는 것처럼 보이지만, 지금 아리스토텔레스는 이것들까지 사유 대상에 넣고 있다. 그래서 이것들이 무엇을 가리키는지 의문이 드는데, 개념화된 감각적 특징들을 일컫는다고 보는 게 좋겠다. 예컨대 특정한 흼(the individual white, to ti leukon, Cat. 1a 27)이 아니라, 개념화된 일반적 흼(whiteness) 말이다.

689 theōrein이 한 번은 좁은 의미로, 한 번은 넓은 의미로 사용되고 있다. 좁은 의미는 지적인 통찰로서 '관조함'이고, 넓은 의미는 '주의 깊게 봄'이다.

690 이는 다음을 뜻하는 것 같다: 감각 인상(aisthēma)이 생기려면 '질료로 된 사물'이 외부에 꼭 있어야 하는 반면, 심상의 경우 이는 필수적이지 않다.

691 이 문단은 아리스토텔레스 철학의 경험주의적 면모를 잘 드러내는 대표적 언급으로 꼽힌다. 이 밖에 「기억과 상기에 관하여」에서도 그는 "심상 없이는 사유함도 없다"고 주장하면서, 자신이 이 언급을 『영혼에 관하여』에서 한 적이 있다고 밝힌다(De Mem. 1, 449b30~450a1).

692 3.6, 430b26에서처럼 이곳의 "진술(phasis)"도 실질적으로는 긍정 진술(kataphasis)을 뜻한다.

693 "사유된 첫 번째 것들(ta prōta noēmata)"은 결합되기 이전의 개별 개념들을 뜻한다.

694 앞의 의문에 대해 아리스토텔레스가 자기 입장을 밝히려 하고 있다.

695 모든 필사본에 talla로 되어 있는 것을 테미스티오스가 tauta로 읽었고(116.18), 후자를 토르스트릭(Torstrik, p.213)과 로스(Ross, 1961)와 야논느와 바르보탱(Jannone & Barbotin, 2009)이 따랐다. 후자로 읽어

야 흐름이 좀 더 자연스럽기에 옮긴이도 그렇게 했는데, 어떻게 읽든 뜻에는 큰 차이가 없다: 사유된 첫 번째 것들이든 사유된 여타의 것들이든 이것들 자체가 심상은 아니지만, 이것들은 심상 없이는 존재하지 않는다.

696 이는 이전 철학자들에 의해 영혼이 그렇게 정의된 바 있었다는 뜻으로 보인다. 참고로 지금부터 3.11까지는 운동 중에 장소적 운동인 이동(phora), 그중에서도 자발적 이동에 관한 것이다. 본문에 자발적(hekousion)이라는 표현은 나오지 않지만, 이곳의 소재가 '강제된 운동'과 구분될 것이고(432b17), 또 『니코마코스 윤리학』에서 동물이 강제로 인해 행한 것은 반자발적인 것(to akousion)으로 분류되며(EN 3.1, 1109b35~1110a1, 1111a22~24), 이곳 3.9~11과 동일한 소재를 좀 더 생리학적으로 다루는 『동물의 운동에 관하여』에서는 이 소재가 아예 "자발적 운동"이라고 명시되기 때문에(MA 11, 703b3), 이곳의 논의 대상이 자발적 이동임은 확실하다. 3.11까지의 논의를 통해 그는 '영혼 자체가 이동함으로 인해 동물이 이동한다'는 기존 설명을 수정해서 '동물 영혼에 속한 특정 능력의 발휘로 인해 동물이 이동한다'고 설명할 것이고, 그것이 어떤 능력인지 밝힐 것이다.

697 어떻게 보면 부분들을 콕 집어 몇 개라고 한정하기 어렵다는 뜻이다.

698 삼분법은 물론 플라톤의 것이다(『국가』, 4권, 436a 이하, 9권 580d 이하; 『파이드로스』 246a 이하, 253c 이하; 『티마이오스』, 69c 이하, 89e 이하). 그리고 이분법 역시 플라톤의 것으로 보인다(『국가』 4권 431a; 『티마이오스』, 69c, 72d). 위작 시비가 걸려 있는 책이긴 하지만 『대윤리학』에서도 이분법이 플라톤의 것이라 언급되었다(MM 1.1, 1182a23). 그런데 여기서 이분법과 삼분법이 충돌한다고 볼 이유는 전혀 없다. 비이성적 부분이 다시 기개를 발하는 부분과 욕망하는 부분으로 나뉘는 구도이기 때문이다. 실제로 『국가』 4권에서 플라톤은 이분법을 먼저 제시한 후에 삼분법으로 나아가는 방식을 택하고 있다.

699 지금 아리스토텔레스는 플라톤의 이분법과 삼분법이 갖는 문제점을

지적하고 있다. 이분법이나 삼분법을 따르면 욕구(orexis)가 둘이나 셋으로 찢어져 각 부분에 포함되어야 하고, 그래서 욕구가 이 부분에도 저 부분에도 중첩되게 나타나게 된다는 것이다. 사실 영혼의 세 부분 모두에 욕구가 포함된다는 점은 플라톤 자신도 인정한 것이고(『국가』, 9권 580d), 이 삼분법은 플라톤의 논의 목적에 맞게 기획된 것이어서 세 부분 모두에 욕구가 포함되어야 말이 되는 맥락에 있다(「작품 안내」의 '5.5. 이동 능력' 참조). 반면, 아리스토텔레스는 그와는 다른 맥락에서 구분의 정밀성을 문제 삼으며 중첩이 최소화되도록 수정하고 있다. 바람(boulēsis)과 욕망(epithymia)과 기개(thymos)를 '욕구하는 부분(to orektikon)'으로 통합하고, 통합된 이 부분을 여타 부분들과 구분하자는 것이다.

700 이는 「호흡에 관하여」와 「잠과 깨어 있음에 관하여」에서 다루어진다.

701 "어딘가로 나아가는 운동(hē poreutikē kinēsis)"으로 아리스토텔레스는, 걸어가든 날아가든 헤엄쳐 가든 어떤 목적 달성을 위해 가는 운동 일체를 뜻하고 있다.

702 영양 능력이 후보에서 탈락되는 두 번째 이유가 제시되고 있다. 영양 능력은 식물에게도 있는데, 만일 이 능력이 이동을 일으킨다면, 식물 역시 다리나 날개와 같은 이동 기관을 가질 테지만, 이는 사실이 아니라는 것이다.

703 즉, 만일 감각 능력이라면.

704 432b19~21에 언급된 동물들, 즉 줄곧 부동인 채로 지내는 고착 동물을 가리킨다.

705 관조 능력 자체는 행동과 무관하다는 뜻이다.

706 우리가 관조하고 있을 때에도 대상에 따라 이러저러한 신체적 반응이 생길 수 있지만, 이 반응은 지금 논의되고 있는 '어딘가로 나아가는 운동' 또는 '행동'이 아니기 때문에, 관조적 지성은 아리스토텔레스가 찾고 있는 기동자(起動者)가 아니다.

707 이때의 지성은 실천적 지성을 가리키는 것으로 보인다.

708 아리스토텔레스는 앞에서 바람도 욕구라 했고, 또 다음 장에서 영혼의 부분들 중에 자발적 이동을 일으키는 것은 "욕구 능력(to orektikon)" 또는 "욕구"라 결론 내릴 것이기 때문에(433a21, 433a31~433b1), 지금 언급을 이해하기가 쉽지 않다. 이를 해결하기 위해 몇몇 연구자들은 지금 문장과 다음 문장에 나오는 욕구가 기개와 욕망만 뜻할 것이라 추측한다(Rodier, 1900, p.535; Hicks, 1907, p.555). 이 추측에 조금 덧붙이자면, 지금 아리스토텔레스가 자신의 결론적인 입장을 보여 주는 게 아니라 '사람들이 일반적으로 갖고 있는 욕구 개념'을 사용해서 그들이 수긍할 만한 문제 상황을 일단 펼치고 있다고 해석할 수 있다. 즉, 자제하지 못하는 자와 자제하는 자의 사례를 통해 얼핏 보아 의아할 수 있는 상황을, 그러니까 주요한 것이 지성인지 욕구인지 결정하기 어려운 것처럼 보이는 상황을 먼저 소개한 뒤, 다음 장에서 본격적으로 답을 내려는 취지로 해석할 수 있다.

709 앞의 주석 708에 적었듯, 이 문장의 '욕구'를 바람을 제외한 좁은 의미의 욕구로 보고, kai를 설명적 용법으로 보면서, "자제하는 자들은 욕구, 즉 욕망하면서도, 욕구하는 바를 행하는 게 아니라"와 같은 식으로 읽을 수도 있겠다.

710 아리스토텔레스가 지성을 매우 넓은 의미로 쓰고 있음을 알 수 있는 대목이다. 인지 능력이라는 측면에서 보자면 여타 동물의 상상 능력도 인간의 지성에 상응하는 것으로 놓을 수 있다는 것이다. 비록 여타 동물의 것은 아주 원초적인 수준에 그치지만 말이다. 단, 이하에서 그가 지성을 인간의 지적 능력으로만 쓰는 곳도 많기 때문에, 지성이 넓은 의미로 쓰였는지 좁은 의미로 쓰였는지를 맥락에 맞게 읽어야 한다.

711 3.9의 끝에서 아리스토텔레스는 자발적 이동의 기동자로서 욕구와 지성 중에 무엇을 골라야 할지 어려운 상황을 소개했고, 이곳의 첫 문장에서도 "욕구 아니면 지성"이라고 하면서 미결로 남겨 두었다. 그런데 지금은 "둘 다"라고 말하니 이해하기 어려운 게 사실이다. 3.9, 433a6~7의 주석 708에도 적었듯, 아리스토텔레스의 최종적인 답은 어디까지

나 '욕구'이다. 그럼에도 그가 아직 명쾌하게 답을 내지 않고 있고 "둘 다"라는 말을 지금도 하는 것을 보면, 이 기동자에서 인지 능력을 배제하기가 그만큼 어려웠을 것이라 추측할 수 있다. 즉, 그는 동물의 인지 능력이 자발적 이동의 기동자라고 딱 잘라 말할 수는 없지만, 그렇다고 인지 능력이 맡는 역할을 무시할 수도 없다고 생각했던 것 같다.

712 욕구가 지향하는 목적, 즉 욕구 대상(to orekton)이 실천적 지성의 출발점이다. 그리고 실천적 지성이 하는 대표적인 일은 숙고(bouleusis)이고(EN 6.7, 1141b8~10 참조), 또 숙고의 대표적인 역할은 목적 달성을 위해 수단들을 찾아가는 헤아림, 즉 실천 추론이라 할 수 있다(EN 3.3, 1112b11~12, 6.9, 1142b2 참조). 예컨대 우리가 건강해지고 싶다면, 우리의 실천적 지성은 건강이라는 욕구 대상을 출발점으로 놓고서, 이를 얻기 위해 지금 해야 하고 또 할 수 있는 일이 무엇인지 찾아간다. 이 추론의 결론이 실천적 지성이 하는 활동의 "끝"이다. 결론을 내림으로써 이 지성의 활동이 종결되기 때문이다. 그리고 이 끝은 다시금 "행동의 출발점"이 된다. 예컨대 걸어야 한다는 결론이 나야 비로소 걷는 행동이 시작될 수 있다.

713 욕구 능력(orektikon)이 아니라 욕구 대상(orekton)으로 적은 필사본들도 꽤 있다(EL). 하지만 E_2가 orektikon으로 수정했고, 이렇게 수정된 것을 토르스트릭(Torstrik)을 비롯하여 비교적 다수의 편집자들이 택하고 있다. 이들이 욕구 능력을 택하는 이유는, 지금 맥락이 아리스토텔레스가 지성과 욕구 능력 중에 하나를 선택하는 맥락이고, 이것부터 결정해 놓고 나서 욕구 대상을 부동의 기동자로 설명하는(433b11~12) 순서로 가는 게 자연스럽다고 보기 때문이다(Hicks, 1907, p.558). 옮긴이도 수정을 따르기는 했지만, 사실 433a18에 욕구 대상이 언급된 것부터가 갑작스러운 일이기 때문에, 이미 불쑥 나온 바 있는 욕구 대상이 이곳에 나오지 말라는 법은 없다. 추측컨대 아리스토텔레스는 능력부터 확정해 놓고 나서 대상을 설명하는 순서로 차근차근 이행해 가는 게 아니라, 능력과 대상을 자유롭게 바꿔 쓰고 있는 것 같다(2.4,

416a20의 "영양분(trophē)"도 이러한 일례가 될 수 있다). 이 추측이 옳다면 문제는 왜 그가 자유롭게 바꿔 썼는가 하는 점일 텐데, 이는 아마도 욕구 대상과 욕구 능력은 하나이지, 독립적으로 존재하는 별개의 것들이 아니기 때문인 것 같다. 다시 말해, 동물이 '무언가를' 욕구하지 않으면 욕구 대상도 없다는 뜻에서 욕구 능력과 욕구 대상은 하나라 할 수 있다. 아리스토텔레스가 '능력과 대상은 활성태에서 하나'라는 말을 자주 해왔고, 상식적으로도 욕구 능력은 항상 '무언가를' 원하는 능력이기 때문에, 욕구 대상을 생략한 채 욕구 능력만 따로 말할 수는 없을 것이다. 그가 줄곧 욕구 능력을 말하다가 욕구 대상으로 바꿔 말하곤 했던 이유가 여기에 있다. 물론 이하에서 그는 양자가 동물의 이동을 일으키는 방식을 구분할 테지만, 이 방식의 차이가 존재론적 독립성으로까지 확대 해석되면 안 될 것 같다.

714 테미스티오스는 이곳의 "형상(eidos)"을 '능력'으로 보면서 다음과 같이 해석한다: 지성과 욕구 둘 다 운동을 일으킨다면, 둘에 공통되는 다른 어떤 능력이 있을 텐데(119.9~10), 이는 사실이 아니다. 왜냐하면 그 경우, 공통되는 능력을 지닌 지성이 욕구 없이도 운동을 일으킬 수 있을 테지만, 실상은 그럴 수 없기 때문이다. 한편, 이곳의 eidos를 '특성(character)'으로 옮기는 번역서들도 있는데(Hicks, 1907, p.151; Jannone & Barbotin, 2009, p.90), 이렇게 읽어도 해석은 앞의 것과 크게 다르지 않다.

715 "행해질 수 있는 것(prakton)"들의 영역이 이론적 영역과 구분되는 대표적 특징으로 가변성이 언급되고 있다(EN 6.1, 1139a12~14; 6.5, 1140b2~3; 6.7, 1141b10~11도 참조).

716 "숙고하는 부분(bouleutikon)"이 실천적 영역에서 어떤 행동을 해야 할지를 헤아리는 능력이므로, 이것과 상이하다고 언급된 "사유하는 부분(noētikon)"은 이론적 영역을 담당하는 관조적 지성을 뜻한다고 보는 것이 좋겠다(Simplicius, 1882, 299.18~19).

717 "추구하라"는 옮긴이가 넣은 것으로 원문에 없다.

718 욕구 대상이 동물의 욕구에 모종의 작용을 가해서 자신을 향해 이동하게끔 만드는 것이 아님을 알려 주는 중요한 언급이다.

719 종적으로는 하나이지만 수적으로는 여럿이라 함은, 하나의 욕구 능력이지만 바람/기개/욕망으로 세분화될 수 있다는 뜻으로 보인다.

720 욕구 대상이 자발적 이동의 부동의 기동자라는 뜻이다. 욕구 대상이 부동인 이유는 그것이 동물을 향해 오는 것도 아니고, 동물에게 모종의 작용을 가해서 자신을 향해 이동하게끔 만드는 것도 아니기 때문이다. 오히려 동물이 사유나 상상을 통해 그것을 좋은 것으로 여기며 자신의 이동 기관을 사용해 그것을 향해 간다. 참고로 목적으로서의 욕구 대상에 기동자(to kinoun)라는 표현이 쓰였다 해서, 목적인도 작용인의 역할을 한다고 볼 수는 없다. 『생성과 소멸에 관하여』에서 아리스토텔레스는 '운동을 일으킴(kinein)'의 한 종류인 '영향 줌(poiein)'을 논하면서, 건강과 같은 목적은 "메타포에 따르지 않는 한, 영향 줄 수 있는 것이 아니"라고 주장한다(GC 1.7, 324b14~15). 목적이 영향을 준다거나 운동을 일으킨다는 말은 '메타포'라는 것이다. 그래서 현재 본문에 나오는 기동 관련 표현들도 작용인에 적용되는 전형적인 것인지 아니면 목적인에 적용되는 메타포인지를 구분해 읽는 것이 좋겠다. 또한 4원인설이 나오는 『자연학』 2.3에서 작용인의 대표 사례로 꼽힌 것이 조소술(彫塑術)이나 건축술과 같은 영혼 능력이기 때문에(Phys. 2.3, 195a6, 195b21~25; "의술", GC 1.7, 324a35), 이곳에서도 동물의 자발적 이동의 작용인을 찾자면 욕구 능력이라 하는 것이 옳겠다.

721 이곳의 "움직여지는 것"은 '동물'을 가리키는 것으로 보인다.

722 원문은 hē orexis kinēsis tis estin, hē energeiāi인데, 마지막 두 단어는 필사본에 따라 달리 표기된다. 즉, hēi energeia로 적은 필사본도 있고, ē energeia로 적은 필사본도 있다. 이에 토르스트릭(Torstrick)이 hē를 택하면서 맨 끝 단어를 energeiāi로 수정하자고 제안했고, 이 제안을 로스(Ross, 1961)가 받아들였으며, 옮긴이의 번역도 이를 따른 것이다. 이 제안은 가능태로서의 욕구가 아니라 활성태로서의 욕구가

일종의 운동임을 강조하기 위한 것인데, 사실 hēi energeia로 읽어도 이 점이 강조되기는 마찬가지일 것이다. 반면, ē energeia를 택하게 되면 강조점이 다소 달라질 수 있다. 왜냐하면 이 경우 번역은 "욕구는 일종의 운동이거나 활동이기 때문이다"가 될 테고, 아리스토텔레스가 두 가지 선택지를 ē로 연결할 때 선호하는 것이 후자인 경우가 꽤 있어서(예: 3.4, 429b21), 지금 원문에서도 활동 쪽에 무게가 실릴 수 있기 때문이다. 실제로 이것이 로디에가 ē를 택한 이유이다(Rodier, 1900, pp.546~547). 즉, 욕구 능력의 발휘 자체가 전형적인 운동은 아니기 때문에 활동에 방점이 놓인 것이 아니겠느냐는 해석이다.

723 고대 주석가들은 이것이 『동물의 운동에 관하여』에 언급된 타고난 프네우마(symphyton pneuma)를 가리킨다고 해석한다. 타고난 프네우마에 관해서는 현재 문단 맨 끝의 주석 727 참조.

724 이 고찰은 주로 『동물의 부분에 관하여』와 『동물의 운동에 관하여』에서 이루어진다.

725 "경첩 관절(ho ginglymos)"은 아래 그림처럼 뼈1과 뼈2가 맞물린 구조로 되어 있다. 그리고 "볼록한 것"과 "오목한 것"이 가리키는 것은 각각 경계A와 경계B이다. A는 뼈1이 하는 운동의 "끝(teleutē)"이고, B는 뼈2가 하는 운동의 "시초(archē)"이다. B가 시초인 이유는 그것이 정지해 있으면서 지지대 역할을 해 주어야만 비로소 뼈2가 돌아가기 때문이다(MA 1, 689b1~2; 8, 702a24~27). 그리고 이렇듯 설명에서는 A와 B가 구분되지만, 크기에서는 분리될 수 없다. 붙어 있는 A와 B를 떼어 놓으면, 이는 더 이상 경첩 관절이 아니기 때문이다. 이상에 관한 자세한 설명은 『동물의 운동에 관하여』에 나온다. 이 책에 따르면 팔꿈치, 어깨, 무릎 등은 시초이면서 끝이다(MA 1, 698b2~6; 8, 702a22~23). 예컨대 팔꿈치는 위팔 운동의 끝이면서 아래팔 운동의 시초이다. 한편, ho ginglymos가 경첩 관절이 아니라 심장을 가리킨다는 해석도 있는데(Bodéüs, 1993, p.248, n.3), 이렇게 보기는 어려운 것 같다. 왜냐하면 심장은 시초들 중에 중심적인 시초로서, 그 무엇의 끝도 아니고 오직

시초이기만 하기 때문이다(MA 8, 702b6~7 참조). 단, 요약이 마무리 되면서 나올 "무언가"(433b26)는 심장을 가리킨다고 볼 수 있다. 즉, 심장이라는 궁극적 신체 부위가 위 요약의 마지막에 나온다고 볼 수 있다.

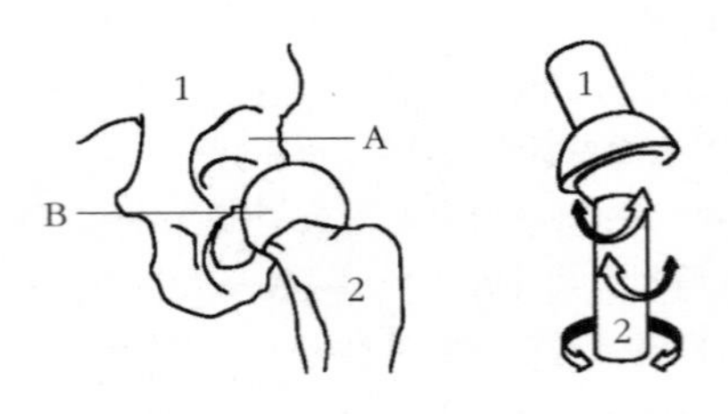

726 『자연학』에 따르면, 물체의 이동은 모두 밀기(ōsis) 아니면 당기기(helxis)로 환원된다(Phys. 7.2, 243a16 이하).

727 경첩 관절에 관한 앞의 주석 725에 적었듯, 이 문장의 "무언가"는 심장을 가리키는 것으로 볼 수 있다. 아리스토텔레스에 따르면, 모든 동물은 심장(또는 심장에 상응하는 부위)을 지니는데, 심장은 원의 축처럼 동물의 몸 전체에서 중심 역할을 한다(PA 3.3, 665a10~13). 그리고 심장에는 타고난 프네우마(symphyton pneuma)가 있다(MA 10, 703a14~16). 이 프네우마는 수축과 팽창을 통해 주변 부위를 당기거나 밀어서(MA 10, 703a22~23) 동물 신체에 다양한 변화를 야기한다(MA 7, 701b28~32). 동물의 자발적 이동도 타고난 프네우마가 하는 수축과 팽창이 관절들을 거점으로 갖는 사지의 운동으로, 그리고 마침내 몸 전체의 이동으로 이어진 것이라 할 수 있다.

728 "이성적"으로 옮긴 원어는 logistikē(헤아릴 수 있는)이다. 이성적 상상이라고 해서, 상상 자체가 이성적으로 헤아릴 수 있다는 뜻은 아닐 것이다. 이는 헤아림과 '결부된' 상상을 뜻하는 것으로 보이고, 감각적 상상 역시 감각과 '결부된' 상상을 뜻할 것이다.

729 "불완전한(ateles) 동물"은 하등 동물 중에서도 오직 촉각만 지니는 가장

열등한 동물을 가리킨다.

730 이들은 특정한 방향성 없이 그저 되는 대로 이동한다는 뜻으로 보인다.

731 즉, 상상과 욕망.

732 3.10, 433b29~30.

733 원문에 주어가 명시되어 있지 않은데, 더 큰 것을 "추구하는" 주체는 헤아림 자체가 아니라 헤아림과 욕구를 함께 지닌 이성적 동물일 것이라 판단하여 주어를 "우리"로 잡았다. 다음 문장의 주어도 마찬가지이다.

734 우리는 더 큰 것을 욕구하므로, 더 큰 것을 찾아가는 숙고에 여러 심상들을 동원하며 헤아려서 결국 무엇을 할지에 관한 하나의 '심상'을 도출해 낼 수 있다는 뜻이다.

735 "저 동물들에게"는 원문에 없지만 추가했다. 감각적 상상만 갖는 동물들을 뜻한다.

736 hautē de kinei로 적은 로스(Ross, 1961)을 따르지 않고, [hautē de ekeinēn]로 적은 로스(Ross, 1956)를 따랐다.

737 이때의 "욕구"가 '바람'을 제외한 비이성적 욕구만을 뜻한다는 해석이 있는데(Hicks, 1907, p.568), 다른 해석도 가능하다. 즉, 이 문장은 '어떤 종류의 욕구든 욕구 자체가 숙고할 수 있는 것은 아니'라는 점만 뜻할 수 있다. 어떤 종류의 욕구든 욕구 자체가 숙고할 수 있다면, 여타 동물들의 경우가 당장 반례로 제시될 것이라는 의미에서 말이다(이와 유사한 해석으로 Shields, 2016, p.366 참조).

738 공으로 하는 경기에서 어떤 때는 한쪽 공이 다른 쪽 공을 밀쳐 내고 다른 때는 반대가 되곤 하는 상황을 묘사하는 것 같다.

739 이 셋이 무엇을 가리키는지 해석이 분분한데, 그중 심플리키오스의 것이 가장 좋아 보인다(Simplicius, 1882, 310.38~311.6). ① 비이성적 욕구가 이성적 욕구를 이겼을 때 하는 운동(자제하지 못하는 자의 행동) ② 이성적 욕구가 비이성적 욕구의 저항에 부딪혀 싸우다 이겼을 때 하는 운동(자제하는 자의 행동) ③ 비이성적 욕구의 저항 없이 처음부터 이성적 욕구가 우세할 때 하는 운동(절제하는 자의 행동)의 셋이다.

740 “아는 능력(to epistēmonikon)”은 다르게 있을 수 없는 것들의 영역, 즉 이론적 영역을 담당한다. 그리고 이는 다르게도 있을 수 있는 것들의 영역, 즉 실천적 영역을 담당하는 숙고 능력(to bouleutikon)이나 헤아리는 능력(to logistikon)과 구분된다(EN 6.1, 1139a6~14).

741 “상정(hypolēpsis)”에 대해서는 3.3, 427b16의 주석 570 참조.

742 이 문단은 실천 추론의 전제들과 행동에 관한 서술이다. ① 보편적인 것에 대한 상정/명제/의견은 실천 추론의 대전제를 가리키고, ② 개별적인 것에 대한 상정/명제/의견은 소전제를 가리킨다. 예컨대 『니코마코스 윤리학』에 따르면(EN 7.3, 1147a5~7), ① 건조한 음식은 모든 사람에게 유익하다. ② 나는 사람이고, 이것은 건조한 음식이다. 또 『동물의 운동에 관하여』에 따르면(MA 7, 701a13~14), ① 모든 사람은 [건강을 위해] 걸어야 한다. ② 나는 사람이다. 이와 같은 전제들을 가지고서 우리는 추론할 것이고, 결과적으로 행동할 것이다. 그런데 어떤 행동을 할지와 관련하여 중요한 요인은 ②이거나, 아니면 둘 다이긴 한데 결정적인 것은 ②라는 것이 지금 문단의 뜻이다. 그리고 ①은 구체적 상황이 달라도 대체로 유지되지만 ②는 상황에 따라 달라지곤 하기 때문에 ①이 더 정지해 있다고 표현되었다. 한편, 의견이 운동을 일으킨다고 언급되었다 해서 욕구가 배제되는 것은 아니고, 오히려 더 강조된다고 해석할 수 있다. 왜냐하면 어떤 전제들을 가지고서 추론하느냐가 당사자의 욕구에 의해 결정된다고 할 수 있기 때문이다.

743 2.4, 415b26~27, 416b17~20 참조.

744 이는 몸의 구성 성분에서 4개 원소들 중 어느 하나가 압도적으로 큰 비율을 차지하는 생물을 가리키고, 결국 식물을 뜻한다. 아리스토텔레스에 따르면, 식물의 구성 성분은 주로 흙이다(De Resp. 13, 477a27~8).

745 이 문장은 앞뒤 문장과 다소 동떨어진 내용이기 때문에 여러 편집자들이 생략하고 있다. 로스(Ross, 1961)도 마찬가지인데, 다만 그는 이 문장을 434a30 뒤로 옮겨 놓자고 제안한다.

746 이것도 식물을 가리킨다(2.12, 424a32~b3).

747 우연적 사건들 또는 운이 좋거나 나쁜 사건들이 목적과 아무 상관이 없어 보여도 실은 목적 지향적인 사건들에 딸려 생긴 바(symptōmata)라는 뜻이다. 일례로 어떤 다른 목적으로 시장에 갔다가 채무자를 만나 빚을 받은 사건을 꼽을 수 있다(Phys. 2.5, 196b33~36 참조. 이곳에 symptōmata라는 용어는 안 나오지만, 사례는 빌려 올 수 있다). 다시 말해, 한 사람은 물건을 사려는 목적으로 시장에 갔고, 다른 사람은 또 다른 목적으로 시장에 갔는데, 이 목적 지향적 행동들이 시공간적으로 교차함으로써 '빚 받음'이라는 사건이 딸려 생겨날 수 있다.

748 즉, 완성에 이르는 것이 자연의 일인데 말이다. 여기서 자연은 개체들의 몸에 내재하는 자연(본성, physis)을 뜻한다. 이는 아리스토텔레스가 2.1에서 '개체들이 자신 안에 갖고 있는 운동과 정지의 원리'라 표현한 것이기도 하다(412b17).

749 예컨대 물속에 사는 고착 동물의 경우, 태어난 그 자리에서 물속의 먹이를 공급받는다는 뜻이다.

750 이는 천체를 제외시키기 위한 조건인 것으로 보인다. 천체는 고착되어 지내는 게 아니라 원운동을 하지만, 천체가 없다가 생겨나고 하지는 않는다.

751 이는 다음을 뜻하는 것 같다: 발생하지 않는 몸이라 해도 영혼과 식별하는 지성은 지니면서 감각을 지니지 않을 수는 없다. 즉, 영원히 존재하는 천체라 해도, 그것이 영혼과 식별하는 지성을 지닌다고 가정한다면, 감각도 필히 지녀야 한다. 물론 이는 가정하자면 그렇다는 말이지, 아리스토텔레스가 사실로 인정하는 내용은 아닐 것이다. 왜냐하면 여기서 언급된 영혼에는 영양혼도 포함되는데, 이런 영혼을 천체가 지닐 수는 없기 때문이다. 참고로 지금 아리스토텔레스가 천체도 감각을 지님을 인정하고 있다고 보는 플루타르코스의 해석도 있고(Simplicius, 1882, 320.29~30), 이에 반대하는 알렉산드로스와 심플리키오스의 해석도 있다(Simplicius, 1882, 320.33~39). 어쨌든 이 문장은 천체에 대한 것이기 때문에 맥락에서 다소 벗어나 있고, 특히 뒷문장과 잘 연결

되지 않는다. 그래서 이 문장은, 모든 필사본에 들어 있고 고대 주석가들도 언급했던 것임에도, 로스(Ross, 1961)를 제외한 다수의 편집자들에 의해 생략되고 있다.

752 이 문장은 줄표 앞에 놓인 문장에 이어지는 것이다.

753 로스(Ross, 1961)가 제안한 생략을 따르지 않고 필사본대로 읽었다.

754 즉, 후/시/청각 기관과 구분되는 매체들을 통해.

755 촉각과 미각을 가리킨다.

756 Phys. 8.10, 266b27 이하 참조.

757 여기서 공기가 가장 많이 운동한다고 함은 바람이 불 듯 공기가 멀리 가버린다는 뜻이 아니라, 대상의 색깔/소리/냄새를 감각에 가장 잘 전해 준다는 뜻으로 보인다.

758 즉, 공기가 흩어져 분산되지 않고 한 덩어리로 있다면 말이다(2.8, 419b21 이하 참조).

759 이는 소리를 논할 때 언급된 매끄러운 사물 일반이 아니라, 거울을 가리킨다. 그리고 여기서 아리스토텔레스가 문제 삼는 바는 '거울에 반사된 상을 봄'에 대한 플라톤의 설명이다. 우선『티마이오스』에서 '봄'은 다음과 같이 설명된다: 눈에서 나오는 불빛이 낮의 불빛과 결합하여 하나 되어 있을 때, 여기에 외부 대상에서 나오는 불빛이 접촉하게 되면 이것들의 운동이 눈에 전해진다(『티마이오스』, 45c~d; De Sensu. 2, 437b11~13). 다음으로 거울에 반사된 상을 보는 것은 다음과 같이 설명된다: 낮의 불빛과 눈에서 나오는 불빛이 하나 되어 있는 와중에, 이렇게 하나 되어 있는 것과 대상에서 나오는 불빛이 거울 표면에서 마주쳐 결합하게 되면 이것들의 운동이 눈에 전해진다(『티마이오스』, 46a~b). 바로 이 설명에 아리스토텔레스가 응대하고 있다. 눈에서 불빛이 나갔다가 대상의 시각적 정보를 싣고 돌아오는 게 아니라(시각이 "반사된다"는 표현은 이에 대한 언어유희로 보인다), 거울 표면에 하나로 있는 공기가 대상의 시각적 정보를 눈에 전해 준다는 것이다.

760 밀랍 위쪽 표면에 찍혀 들어온 문양이 밀랍 아래쪽 표면까지 전해진다

는 뜻이다.

761 3.12, 434b13~14.

762 3.1, 425a3 이하 참조. 그곳에서 아리스토텔레스는 시각 기관(동공)은 물로 이루어져 있고, 청각 기관은 공기로, 후각 기관은 공기나 물 중 어느 하나로 이루어져 있다고 했다. 그리고 불이 어떤 감각 기관을 구성한다는 명시적 언급은 없었지만, 그래도 불은 모든 감각의 성립에 필수적인 요인으로 간주되었다(425a5).

763 이는 시/청/후각에 비해 대상과의 간격이 작다는 상대적 표현일 것이다. 앞에서 아리스토텔레스는 촉각에도 매체가 있는데, 이 매체가 동물 외부의 것이 아니라 동물 자신의 살이라고 했다.

764 이 문장은 다음을 뜻하는 것 같다: 시/청/후각이 일어나기 위해서도 이 감각 기관들이 무언가와 접촉해야 하는 것은 맞는데, 이 접촉은 대상과의 접촉이 아니라 매체와의 접촉이다.

765 앞에서처럼 촉각에 대한 이 언급도 상대적 표현일 것이다.

766 지금까지의 논리를 요약하면 이렇다: 만일 동물의 몸이 물, 공기, 불 가운데 어느 하나로 되어 있다면, 동물은 촉각을 결여할 것이다. 그리고 촉각을 결여한다면, 다른 감각들도 결여할 것이다. 하지만 모든 동물이 모두 촉각을 갖고, 어떤 동물들은 다른 감각들도 갖는다. 따라서 앞의 가정은 거짓이다.

767 435a12에서처럼 흙으로만 구성된 것일 수 없다는 뜻이다.

768 "중간(mesotēs)"에 대해서는 2.11, 424a4~5 참조.

769 "흙의 차별적 성질인 것들"은 차가움과 건조함을 가리킨다(GC 2.3, 330b5).

770 여타 감각 대상들도 부수적인 방식으로는 해당 기관뿐 아니라 동물까지 손상시킬 수 있는데, 이런 경우는 제외하겠다는 뜻이다. 괄호 안에 묘사된 부수적 방식으로 심플리키오스는 '천둥'이 동물을 손상시키는 방식을 꼽는다(Simplicius, 1882, 328.35~39). 즉, 천둥과 동시에 공기의 강력한 밂이나 타격이 있다면 동물이 파괴될 수도 있는데, 이 경우

동물을 파괴하는 것은 자체적으로는 공기이고 부수적으로만 소리이다. 천둥에 동반된 공기가 나무를 쪼갤 수도 있다는 아리스토텔레스의 언급으로 2.12, 424b11~12 참조.

771 보이는 것들/냄새/맛에 대한 이 내용도 부수적인 방식으로 파괴를 일으키는 경우에 해당한다. 예컨대 숯에서 발산되는 것 때문에 사람이 죽었다면, 사람을 죽인 것은 자체적으로는 유독한 증기이고, 부수적으로만 냄새이다(De Sensu. 5, 444b30~32 참조). 맛의 경우에도, 그것이 식도나 내장과 접촉하는 독으로서 작용할 때 동물을 파괴하는데, 이 경우에도 동물을 파괴한 것은 자체적으로는 유독한 즙이고 부수적으로만 맛이다.

772 3.12, 434b9~24.

773 3.12, 434b24.

774 로스(Ross, 1961)의 이 생략은 원래 토르스트릭(Torstrik)이 제안한 것이다. 신호 전달을 목적으로 하는 혀에 대한 이 언급은 감각과 무관하다는 이유에서 말이다.

작품 안내

기원전 8세기의 호메로스는 죽은 사람의 영혼(psychē)이 하데스(저승)로 건너가는 장면을 묘사하고, 기원전 6세기의 피타고라스 학파의 것이라 전해지는 이야기도 몸을 갈아입으며 윤회하는 영혼을 말한다. 또 아리스토텔레스의 스승인 플라톤도 영혼을 설명할 때 신화적 장치를 사용하곤 한다. 그래서인지 우리는 『영혼에 관하여』도 어딘가 신비로운 모습을 한 영혼을 보여 줄 것이라 기대하게 된다. 하지만 이 책에는 영혼에 대한 신화적 묘사가 하나도 없다.[1]

기존 묘사와 확연한 차이를 보이는 아리스토텔레스의 학문적

1 굳이 하나를 꼽자면 그것은 능동 지성의 불멸을 언급하는 대목일 텐데(3.5, 430a22~25), 여기서조차 아리스토텔레스는 이 지성의 모습에 대한 구체적 묘사를 최대한 삼가고 있다.

서술은 신화적 사고방식에 대한 그의 의식적 거부를 드러낸다고 할 수 있다. 그런데 사고방식의 이러한 전환은 사실 그의 스승과도 연관이 깊다. 비록 때때로 신화를 활용했지만, 그래도 기본적으로 철학적 탐구에 적합한 사고는 어디까지나 개념적이고 논리적인 사고라는 것이 플라톤의 생각이었다. 바로 이 생각이 아리스토텔레스에서 강화된다. 영혼에 관한 탐구에서 핵심적인 것은 원리(archē), 형상(eidos), 실체(ousia), 현실태(entelecheia), 능력(dynamis), 활동(energeia)과 같은 개념들의 정립과 논리적 사용이지, 신화적 내레이션이 아니다. 플라톤은 영혼에 관한 설명에 신화적 요소를 일부 도입했으나 아리스토텔레스는 이마저도 하지 않았으니, 아리스토텔레스에 와서 영혼에 관한 논의는 철저한 이론적 탐구로 자리 잡게 된다.

한편, 이 책이 이론적 탐구 중에서도 영혼 즉 프시케(psychē)에 관한 탐구여서 보통 심리학으로 분류되는데, 우리가 심리학에 기대하는 것들을 이 책은 친절히 알려 주지 않는다. 게다가 2권 3장에서 도형에 관한 언급을 읽다 보면 이 내용이 왜 나오나 싶고, 2권 8장 이후에서 동공이나 고막이나 혈관 등이 등장하는 것을 보면 이 책이 생리학 책인가 하는 생각도 든다.

우선 신체 기관에 대한 언급은 아리스토텔레스의 질료형상설(hylomorphism)이 적용된 구체적 사례들이다. 간단히 말해서 그에게 영혼은 '특정 질료에 내재하는 형상으로서의 능력'인데, 이는 영혼을 특정 질료와 동일시했던 옛 자연철학자들의 입장과도 다르고 영혼이 특정 질료에서 분리되어 존재할 수 있는 것처럼 묘사했던 플라톤의 입장과도 다른, 아리스토텔레스 고유의 이론이다. 이 이론이 이 책의 1권에 예비적으로 나타나고, 2권 1장에서 본격적으로 전개되며, 그러고 나서 후반부에 동물의 감각에 적용된 것이니, 신체 기관에 대한 단편적 언급만 가지고서 이 책을 생리학 책으로 오해해서는 안 된다.

다음으로 2권 3장의 도형에 관한 언급은 이 책의 구성과 밀접한 연관이 있을 뿐 아니라 영혼의 종차를 이해하는 데에도 실마리가 되기 때문에 중요하다. 사실 구성은 아리스토텔레스 자신이 한 것이 아니라 이후의 고대 편집자들이 한 것이기 때문에 조심스럽지만, 적어도 대략 2권까지는 아리스토텔레스의 의도에 잘 부합하는 순서로 배치되어 있다고 할 수 있다. 그의 의도라 함은 누가 봐도 서론 격인 1권 1장에 드러나 있는 것을 가리킨다. 어쨌든 이 책은 1권 1장에 예고된 순서대로 펼쳐지는데, 읽다 보면 다음과 같은 물음이 생긴다. 첫째, 아리스토텔레스는 2권 1장에서 '영혼'이 무엇인지 서술했음에도 왜 2권 4장 이하에서 식물의 영혼, 동물의 영혼, 인간의 영혼이 각각 무엇인지를 굳이 또 밝힐까? 우리가 머릿속에 '도형'을 그려 보려 아무리 애써도 정작 그려지는 것은 삼각형이나 사각형 등이라는 사실이 앞의 물음에 답하는 데 좋은 실마리가 될 것이다. 둘째, 3권 4장과 7장의 표현대로 인간의 영혼이 '사유혼' 또는 '사고혼'이라면 인간의 영혼은 사유 또는 사고만 담당하고 영양(營養)이나 감각 등은 담당하지 않는다는 말인가? 이 물음의 답을 구할 때는 사각형이 삼각형의 존재를 전제하지만 그렇다고 사각형의 정의 속에 삼각형에 관한 언급이 들어 있는 것은 아님을 감안하면 도움이 될 것이다.

이번에는 심리학에 대한 기대에 답해 보자면, 심리학이 다루는 영역이 다양함에도 요즘 우리가 흥미를 느끼는 것은 주로 힐링, 심리 치료의 영역인 것 같다. 그런데 치료를 목적으로 하는 분야는 모두 치료의 방법 즉 '어떻게'에 더 큰 관심을 기울이는 반면, 『영혼에 관하여』는 탐구 대상에 대한 정의 즉 '영혼이란 무엇인가'에 더 큰 관심을 기울인다. 이 책에서 펼쳐지는 내용이 독자가 기대하던 것과 다소 다르다면 이 점이 아마 이유일 것이다.

이렇게 '무엇인가'에 더 큰 관심을 기울이는 학문 분야를 아리스토텔레스는 이론 철학으로 분류한다. 그는 학문을 세 종류로 나누는데, 이론 철학(신학 또는 제일 철학, 자연학, 수학 등) → 실천 철학(윤리학, 정치학 등) → 제작학(수사학, 시학 등)으로 갈수록 '어떻게'에 대한 탐구 비중이 점점 커지고, 반대 방향으로 갈수록 '무엇인가'에 대한 탐구 비중이 커진다. 이 책이 이론 철학에 속하는 만큼, 가장 중요한 목표는 영혼이 무엇인지 정의하는 일이다. 정의를 얻어내야만 그것을 가지고서 증명을 통해 영혼에 관한 다양한 사실들을 결론으로 도출할 수 있기 때문이다.

그런데 이 지점에서 한 가지 의문, 즉 영혼에 관한 탐구가 마치 정의를 출발점으로 삼아 공리나 모순율 등을 적용해 결론을 도출하는 기하학이나 수학처럼 간주되는 게 아닌가 하는 의문이 들 수 있다. 그런데 실제로 그렇다. 아리스토텔레스에게 영혼에 관한 탐구는 그것이 정의와 증명을 사용한다는 점에서 기하학이나 수학과 공통점을 지닌다. 단, 차이가 있다. 정의 대상의 존재 방식, 즉 영혼의 존재 방식과 선이나 면의 존재 방식이 다르다. 이 존재 방식의 차이가 각 대상의 정의에도 반영됨은 물론이다.

이러한 점들을 염두에 두면서 아리스토텔레스가 영혼을 무어라 정의했고 이로부터 어떤 결론을 이끌어 냈는지 눈여겨본다면, 그가 이론 철학적 탐구를 진행하는 독특한 방식을 확인할 수 있을 것이다.

1. 『영혼에 관하여』의 핵심 과제

아리스토텔레스가 보기에 무언가를 제대로 아는 자는 다음과 같은 사람이다. 그는 해당 대상의 참된 '본질'을 말할 수 있다. 즉, 그는 해당 대상에 대한 참된 '정의'를 내놓을 수 있다. 그리고 이 참된 정의를 전제로 삼아 그는 해당 대상이 지닌 여러 '본질적 속성들'을 증명할 수 있다. 즉, 참된 전제로부터 참된 결론들을 타당하게 도출해 낼 수 있다(이상 EN 6.7, 1141a17~18, 1141b2~3). 그런데 여기서 전제가 되는 정의 자체는 증명되는 것이 아니라 에파고게(epagōgē)를 통해(EN 6.3, 1139b31) 발견되는 것이고, 에파고게는 개별자들에 대한 감각 → 기억 → 보편자에 대한 막연한 선이해 → 보편자에 대한 명료한 파악에 이르는 인식의 여정을 가리킨다고 할 수 있다(An. Post. 2.19 참조). 그러니까 제대로 아는 자는 이 과정을 거쳐 개별자들에 깃든 본질을 파악한 사람이기도 하다.

이처럼 아리스토텔레스에게 학문적 탐구는 '본질 또는 정의의 발견'과 '본질적 속성들의 증명'이라는 두 축으로 이루어져 있다. 이 가운데 '본질 또는 정의의 발견'이야말로 핵심적 과제이고, 해내기가 더 어려운 과제이기도 하다. 위에서 이상적 지자의 특징을 간략히 묘사해 보았지만, 이렇게 묘사하기는 쉬워도, 실제로 에파고게를 통해 해당 대상의 본질을 파악하기란 쉽지 않다.

『영혼에 관하여』의 핵심 과제 역시 영혼의 본질을 밝히는 일이다. 실제로 이 책의 상당 분량이 그 본질 파악을 위한 논의에 할애되어 있다. 그런데 이를 위해 아리스토텔레스가 자신의 탐구를 진척시켜 가는 모습을 보면, 다음과 같은 독특한 방식들이 함께 사용되고 있음을 알 수 있다. 하나는 영혼에 관해 선배 철학자들이 발견했다고 여기며 제시한 본질이 참된 것인지를 변증법적으로 검토하는 방식이고(1권 2~5장), 다른 하나는 '본질' 발견을 위해 역으로 '본질적 속성들'에 대한 우리의 선이해를 활용하는 방식이다(이 책 전체의 곳곳). 서로 결부되어 사용되곤 하는 이 두 방식 모두 에파고게의 달성을 목표로 한다. 이전 철학자들의 견해와 우리의 선이해를 활용하면서 영혼의 본질을 발견해 가는 긴 여정이 이 책에서 펼쳐지고 있는 것이다.

한편, 이 과제 수행에 앞서 아리스토텔레스는 무엇을 출발점으로 놓고 탐구를 시작할지, 또 우리가 포괄적인 수준에서 영혼을 정의하는 데 성공한다 해도 이를 진정한 정의라 할 수 있을지 등을 묻는다. 이러한 물음들이 들어 있는 1권 1장은 2~3권의 구성과 흐름을 예고한다는 점에서 서론의 역할을 톡톡히 하고 있다. 이어서 그는 선배 철학자들이 영혼에 관해 어떤 주장과 설명을 내놓았는지 검토하는데(1권 2~5장), 이 검토에 대한 소개는 다음 절에서 하기로 하고, 지금은 영혼의 본질적 속성들에 대한 선이해가 무엇을 가리키는지부터 살펴보자. 영혼이 무엇인지에 관한 논의가 본격적으로 시작되는 2권 이하를 따라가 보면, 아리스토텔레스가 영혼의 본질 발견을 위해 역으로 영혼의 본질적 속성들에 대한 선이해를 동원하고 있음이 특히 잘 드러난다. 그 선이해란 다음과 같은 것들이다.

우리는 생물들에 대해서만 영혼을 지닌다고 말하는 만큼, 영혼이 생물과 무생물을 구분하는 기준으로서 생물을 생물이게 해 주는 근원적·원리적·실체적인 것임을 알고 있다. 영혼을 특정 물체로 간주했던 사람들조차 그 물체야말로 실체적 지위를 지닌다고 보았으니까 말이다. 또한 인간뿐 아니라 여타 동물에게도, 나아가 식물에게도 영혼이 있다는 사실을 우리는 어렴풋하게라도 알고 있다. 그렇지 않으면 우리는 식물에게 '시들어 죽을 뻔했다가 살아났다'는 등의 표현을 쓰지 않을 것이다. 또한 우리는 인간의 영혼이나 짐승의 영혼 등을 모두 아우르는 '영혼'이라는 것이 별도로 존재하지 않는다는 사실도 알고 있다. 그러한 영혼을 떠올린다는 것은 삼각형이나 사각형 등과 별도로 존재하는 '도형'을 떠올리는 것처럼 불가능한 일이다. 나아가 우리는 식물과 짐승과 인간 모두에 대해 산다고 말하지만 그 생(生)의 형태가 일부 겹치면서도 일부 다르다는 것을 알고 있고, 그래서 이들의 영혼 역시 유사하면서도 다를 것이라 예상한다. 이렇듯 우리는 "영혼이란 무엇인가?"에 대해 완벽한 답을 갖고 있지 않아도 영혼에 관련된 몇몇 사실들을 알고 있다.

이러한 선이해는 본질 발견을 위한 여정에서 출발점을 결정하는 데 기여한다. 예컨대 우리는 영혼이 아리스토텔레스가 구분한 열 개 범주들 중 어디에 드는지 오래 고민하지 않고 '실체'로 놓고서 시작할 수 있다(2권 1장). 또 인간이나 동물뿐 아니라 식물의 영혼도 다룰 준비를 할 수 있다(2권 4장). 나아가 영혼이 무엇인지 큰 틀에서 확인했다고 해서 탐구를 멈춰서는 안 되고, 각종 생물의 영혼이 무엇인지까지 알아내야 한다는 가이드라인도 얻을 수 있다(2권 3장). 이렇게 선이해의 도움을 받아 본격적으로 영혼의 본질 파악에 착수할 수 있는 것이다.

한편, 위와 같은 경로는 '지식'을 얻기 위해 '지식'을 활용하는 구도라는 뜻에서 순환처럼 보일 수도 있겠지만, 이런 뜻에서라면 순환이 아니다. 왜냐하면 위에 언급된 선이해는 아직 지식이 아니기 때문이다. 본질적 속성들에 대한 이해가 "지식(epistēmē)"일 수 있으려면, 본질에 대한 앎과 이로부터의 연역을 통해 본질적 속성들에 대한 증명을 완료하는 단계에까지 이르러야 한다. 예를 들어 영혼이 무엇이기에 우리가 식물에게도 산다고 말하는지를 명료하게 설명할 수 있어야 한다. 그러나 선이해만 갖고 있는 단계에서는 이를 명료히 설명할 수 없다. 그래서 영혼에 관한 탐구가 필요하다.

2. 기존 견해들 검토

1권 2~5장은 영혼에 관한 기존 견해들을 검토하는 곳이다. 아리스토텔레스는 우선 선배 철학자들의 다양한 의견들을 소개한다(1권 2장). 그러고 나서 이 의견들을 비판적으로 검토하는데, 우선 운동 개념을 중심으로 검토하고(1권 3~4장), 이어서 감각 개념을 중심으로 검토한다(1권 5장). 사실 이곳에서 아리스토텔레스의 논조가 기존 견해들의 문제점을 낱낱이 파헤치는 쪽으로 기울어져 있기는 하다. 하지만 2~3권의 내용까지 미리 고려해서 평하자면, 결국 그의 태도는 기존 견해들에 대한 일방적 거절이 아니라 비판적 수용이라 할 수 있다. 왜냐하면 2~3권에서 그는 기존 견해들의 핵심어인 운동과 감각, 그리고 감각과 관련하여 유사한 것이 유사한 것을 알아본다는 전통적 발상(이하 "유사-유사설")을 자신의 이론에 다 반영하기 때문이다.

영혼을 논할 때 반드시 고려해야 할 항목들로서 아리스토텔레스가 수용한 것은 대표적으로 (1) 운동과 (2) 감각이다. 영혼이 깃든 것들 중에 적어도 동물은 감각하고 운동한다는 것은 누구나 인정하는 진실이다. 동물은 먹이를 감지하고 무언가가 닿으면 움찔하며, 먹이를 구하기 위해서든 무엇을 위해서든 목적지를 향해 기어가거나 날아가거나 하기 때문이다. 이렇듯 기존 견해들도 영혼의 정체에 관한 유의미한 정보를 어느 정도 제공하는데, 문제는 이 정보를 가지고 합당한 이론을 제시하는 데까지 이르지 못했다는 점이다. 기존 견해들에 대해 아리스토텔레스가 심각하게 지적했던 사항은 특히 다음이다. (1) 영혼이 운동의 원인인 것은 맞지만, 영혼이 몸의 운동을 일으킨다고 해서 영혼 자체가 운동하는 것은 아니다. (2-1) 영혼이 감각의 원인인 것은 맞지만, 원소들로 이루어진 사물들을 영혼이 감각한다고 해서 영혼 자체가 원소들로 이루어져 있는 것은 아니다. (2-2) 전통적 유사-유사설은 일리는 있어도 영혼이 원소들로 이루어져 있다는 주장을 뒷받침하는 데 쓰일 수는 없다.

(1) 영혼 자체가 운동함으로써 몸의 운동을 일으킨다고 하는 견해를 아리스토텔레스가 비판하는 이유들 중 가장 중요한 것은 다음의 둘이다. 첫째, 운동하는 것은 모두 크기(megethos)를 갖지만, 영혼은 크기를 갖지 않는다. 1권 3장의 논의 대부분이 바로 이 사항에 기반을 두고 있는데, 여기서 아리스토텔레스는 "크기가 없는 것은 운동하지 않는다"는 자신의 고유한 생각(Phys. 8.10, 267a22~23), 그리고 영혼에는 일체의 길이/넓이/부피가 없다는 생각을 적용하고 있다. 이는 우리의 상식에도 잘 들어맞는다. 왜냐하면 '운동'이라 했을 때 우리가 가장 먼저 떠올리는 것은 '체육'처럼 몸에서 일어나는 변화이기 때문이다.

그리고 1권 3장에서 그는 운동의 여러 종류들 중에서도 장소적 변화, 즉 이동(phora)에 초점을 맞춘다. 물론 그의 자연학적 이론에서 "운동"에는 장소적 변화뿐 아니라 양적 변화와 질적 변화도 포함된다. 예컨대 소크라테스의 키가 커지는 사태, 소크라테스의 흰 피부가 검게 되는 사태 역시 운동으로 간주된다. 하지만 그래도 장소적 변화가 운동의 전형이고, 양적 변화와 질적 변화 역시 장소 안에서 일어나기 때문에(1.3, 406a16), 그가 이동을 중심으로 논의한 것 같다. 어쨌든 그의 논지는 동물의 몸이 이리저리 이동하는 이유가 어떻게 영혼이 몸속에서 이리저리 이동하기 때문이라거나 영혼이 몸을 밀고 당기기 때문일 수 있겠냐는 것이다.

둘째, 운동은 달라짐을 함축하지만(1.3, 406b12~13 참조), 생물이 영혼이라는 능력을 발휘하고 있는 와중에도 영혼 자체는 달라지지 않는다. 아리스토텔레스가 보기에, 운동하고 있는 것은 모두 어떤 측면에서든 달라지고 있다. 색깔이나 온도와 같은 감각적 성질에서 달라지든, 양에서 달라지든, 장소에서 달라지든 말이다. 하지만 영혼이 이렇게 달라지는 것일 리 없다는 게 그의 생각이다. 마치 건축가가 자신의 건축 능력을 발휘해서 집을 짓고 있을 때, 집 재료들이 모양과 배열 등에서 달라지고 건축가가 체온이나 피부색이나 위치 등에서 달라져도, 그의 건축 능력 자체는 달라지지 않고 유지되듯이 말이다.

(2) 영혼이 원소들로 이루어져 있다고 하는 몇몇 견해도 문제이다. 이렇게 주장하는 사람들은 기본적으로 '유사한 것이 유사한 것을 감각한다'고 전제한다. 이 전제를 사용해서 그들은, 사물들은 원소들로 이루어져 있고 이 사물들을 영혼이 감각하므로 이것들과 유사하게 영혼 역시 원소들로 이루어져 있다고 주장해왔다.

하지만 세상에는 원소들의 결합 비율에서 차이가 나는 수많은 사물들이 존재하는 만큼, 그들의 견해가 옳다면, 이 사물들을 알아보는 영혼에도 수많은 결합 비율이 들어 있다고 해야 할 텐데, 이는 말이 되지 않는다(1.5, 409b28~410a13). 게다가 결정적으로, 영혼이 정말 원소들로 이루어져 있다면, 영혼은 단일성을 잃게 될 것이다. 잃지 않으려면 영혼을 단일하게 해 주는 또 다른 어떤 것이 존재해야 할 테고 이것이야말로 진짜 영혼의 지위를 가질 텐데, 이렇게 되면 진짜 영혼을 단일하게 해 주는 또 다른 진짜 영혼이 존재해야 한다는 식으로 무한 퇴행에 빠지고 말 것이다(1.5, 411b5~14).

그런데 사실 두 번째 사항은 아리스토텔레스 자신에게도 부담이 될 수 있는 지적이다. 왜냐하면 그는 영혼이라는 능력을 여러 능력들로 세분화했고, 플라톤의 선례를 따라 이 능력들을 영혼의 "부분(morion)들"이라 칭했으니, 부분들로 이루어진 영혼이 어떻게 단일성을 가질 수 있느냐는 반론에 그 역시 부딪힐 수 있기 때문이다. 하지만 이에 대한 그의 대답이 곧바로 들려오지 않고, 이후에도 이 가능한 반론에 대한 대답이라고 그가 명시적으로 밝힌 설명은 일단 표면적으로는 없다. 그래서 그의 이후 설명들 중에 무엇이 해답이 될 수 있을지를 우리가 찾아야 하는데, 감각에 대한 논의에 등장하는 '점과의 유비'를(3.2, 427a10~14) 후보로 올릴 수 있을 것 같다. 즉, '하나'의 점이 '여러' 선분들의 끝들이기도 한 것과 마찬가지 방식으로 하나의 영혼이 여러 능력들로 구분된다고 답할 수 있겠다.[2]

지금까지 기존 견해에 대한 아리스토텔레스의 비판 중 핵심적인 사항들을 간추려 보았다. 이와 관련하여 앞으로 그는 기존 견해를 수정해서 다음과 같은 입장을 보일 것이다. (1) 영혼 자체의 운동(kinēsis)이 몸의 이동으로 이어진다고 설명해서는 안 되고, 운동을 일으키는 영혼 능력의 발휘(energeia)가 몸의 이동으로 가시화되어 드러난다고 설명해야 한다. (2-1) 감각 능력 자체가 원소들로 구성되어 있어서 이 원소들이 사물을 구성하는 원소들을 감각한다고 설명해서는 안 되고, 감각하는 영혼 능력의 발휘가 대상의 감각적 형상을 받아들이는 활동인데 이 활동이 감각 기관의 운동으로 가시화되어 드러난다고 설명해야 한다. (2-2) 유사한 것이 유사한 것을 감각한다고 설명해서는 안 되고, 대상과 유사해질 수 있지만 아직 유사하지는 않은 것이 감각하거니와 이것이 감각하면 형상에 있어서 대상과 유사해진다고 설명해야 한다.

이렇듯 기존 견해들이 영혼에 관해 포착한 맹아적 형태의 진실을 수용하고 보존하되, 기존 설명을 수정·보완하여 학문적 진리로 발전시키려는 것이 1권 2~5장에 들어 있는 아리스토텔레스의 기본 태도라 할 수 있다.

2 3.2, 427a10~14와 주석 558 참조. '다각형과의 유비'도 후보로 올릴 수 있을지에 대해서는 2.3, 414b28~32의 주석 275 참조.

3. 가장 공통된 규정 탐색

기존 견해들을 검토했으니, 이제 이 검토를 발판 삼아 아리스토텔레스가 자신의 생각을 개진할 차례이다. 영혼의 본질 발견이 이 책의 핵심 과제이니만큼, 2권 1장의 첫머리에서 그는 영혼이 무엇인지 알아내자고 제안한다. 그런데 이에 덧붙여, 그는 영혼에 대한 "가장 공통된 규정(koinotatos logos)"을 찾자고 말한다(2.1, 412a5~6). 이는 영혼에 대한 "가장 적합한 규정(oikeiotatos [logos])"(2.3, 415a13)과 대비된다. 우리가 최종적으로 찾아야 하는 바는 후자이지만, 지금은 일단 전자부터 찾자는 것이다.

곧이어 그는 자신이 여타 저서들에서 확립해 놓은 이론을 활용하기도 하면서 꽤 속도감 있게 논의를 펼치고, 이 과정에서 아래의 규정을 내놓는다. 아래는 동일한 내용의 두 가지 버전으로, 우리가 질료형상설(hylomorphism)을 공부할 때 만나게 되는 대표적 언급들이다.

① 영혼은 가능태로 생(生)을 지니는 자연적 물체의 형상으로서의 실체이다(2.1, 412a19~21).

② 영혼은 가능태로 생을 지니는 자연적 물체의 첫 번째 현실태이다(2.1, 412a27~28).

영혼은 열 개 범주들 중 '실체'이고, 실체의 여러 의미 중에서도 '형상'이자 '현실태'이며, 현실태의 두 의미인 능력과 활동(발휘) 중에서도 첫 번째 것, 즉 '능력'이라는 주장이다. 이러한 규정은 자연 철학자들 대부분의 것과 다른데, 영혼을 물체로 간주하지 않는다는 점에서 그렇다. 영혼은 그저 특정 물체가 아니라, 특정 물체의 '형상이자 현실태'이기 때문이다. 또 이 규정은 플라톤의 것과도 다른데, 영혼이 마치 몸으로부터 분리되는 듯 묘사하지 않는다는 점에서 그렇다. 영혼은 어디까지나 '특정 물체의' 형상이자 현실태이기 때문이다.

한편, 위 규정은 다음의 두 문제를 일으킨다. 첫째, "가능태로 생을 지니는 자연적 물체"가 정확히 무엇을 가리킬까? 둘째, 사고 능력이나 지성도[3] 위 규정에 부합할까?

우선 첫째 물음에 답하려 할 때 우리는 대체로 시간을 거슬러 올라가 답을 찾으려 하게 되는 것 같다. 예컨대 우리가 태아였을 때로, 아니면 정자와 난자가 수정되기 이전으로 말이다. 하지만 태아도 엄마 뱃속에서 나름의 방식으로 생명 활동을 하고 있는 만큼, "가능태로"가 아니라 '현실태로' 생을 지니고 있기 때문에 탈락이다. 또 그렇다고 수정란이 되기 전의 물체들이나, 더 과거

3 아리스토텔레스가 이 둘을 구분하는 때도 있지만, 구분하지 않는 경우가 더 많다(2.3, 414b18의 주석 270 참조). 이 「작품 안내」에서는 구분하지 않고 쓴다.

로 가서 흙/물/공기/불과 같은 단순 물체들이라 할 수도 없다. 왜냐하면 아리스토텔레스가 ①~②를 제시할 때 자신이 염두에 둔 물체는 "기관을 갖춘(organikon) 자연적 물체"라고 스스로 밝히기 때문이다(2.1, 412b5~6). 그래서 수정란이 되기 전의 물체들이나 단순 물체들 역시, 기관이라 할 것을 전혀 갖추고 있지 않아서 탈락이다. 상황이 이러하니, 일찍이 애크릴(Ackrill)은 첫째 물음에 답하기 어렵다는 회의적 입장을 보였고,[4] 이후에도 이는 중요한 논쟁거리가 되었다.

이와 관련하여 이후의 여러 연구자들은 위 표현이 '생물의 최근접 질료(proximate matter)'를 가리킨다는 쪽으로 생각을 모은다.[5] 최근접 질료란, 조직화된 기관들을 이미 다 갖춘 채 실제로 살고 있는 생물에서 형상만 제거했을 때 남는 것을 가리킨다.[6] 인공물을 예로 들자면, 회로와 부품들을 모두 갖춘 완성품인데 전원만 꺼진 컴퓨터 몸체를 떠올리면 된다. 물론 생물에 대해 어떻게 이런 제거가 가능한지 의아할 수 있는데, 폴란스키(Polansky)는 복합체인 생물로부터 형상을 제거하는 이 방식을 '사고 실험'으로 간주한다.[7] 아닌 게 아니라 현실에 존재하는 몸은 이미 항상

4 Ackrill(1972~1973), pp.124~132, 특히 p.126 참조.
5 Polansky(2007), p.156, p.160; Shields(2016), p.134 참조.
6 최근접 질료에 관해서는 Phys. 2.1, 193a9~12; Met. 5.4, 1015a7~10 참조.
7 Polansky(2007), p.148.

현실태로 생을 지니는 복합체이기 때문에, “가능태로 생을 지니는 자연적 물체”를 현실에서 찾으려 하면 언제나 실패하기 마련이다. 그러므로 위 규정은 어디까지나 사고 실험을 통해 제시된 것으로 보는 게 맞다. 또 이는 성체가 어렸던 시기로, 태아나 배아였던 시기로, 또다시 정자나 수술이 난자나 암술과 만난 시기로 거슬러 올라갈 수밖에 없게끔 만드는 사고 실험이 아니라, 어느 시기에든 실제로 살고 있는 생물을 대상으로 취해서 그 생물이 지니고 있는 형상을 제거하는 사고 실험으로 이해된다. 이렇게 볼 경우, 아리스토텔레스의 영혼 규정은 태아나 달걀의 영혼에도, 어린이나 병아리의 영혼에도, 성인이나 닭의 영혼에도 모두 다 적용된다는 장점을 갖게 된다.

영혼을 두 번째 현실태가 아니라 “첫 번째 현실태”로 규정하는 대목에서도 아리스토텔레스는 또 하나의 사고 실험을 제안하고 있는 것 같다. 사실 새끼든 성체든, 생물이라면 모두 현실에서 최소한의 생명 활동이라도 하고 있다. 즉, 생물이 그 어떤 능력도 발휘하지 않은 채 소유만 하고 있는 순간은 현실에 없다. 하지만 그렇다고 생물이 능력들 전부를 항상 발휘하며 지내는 것도 아니다. 예컨대 잠이 든 짐승의 경우, 영양 능력의 발휘는 계속되지만, 감각 능력의 발휘는 대체로 일시 정지된다. 이러한 상황에서 아리스토텔레스는 생물이 어떤 능력을 발휘하려면 일단 능력부터 소유해야 한다는 상식에서 출발하여, ‘능력의 소유’와

'능력의 사용(발휘)'을 개념적으로 구분하는 사고 실험을 통해 영혼을 "첫 번째 현실태"로 규정했을 것이다.

둘째 물음으로 가면, 애초부터 아리스토텔레스는 '생물의 최근접 질료의 능력'이라는 규정을 지성에까지 적용하길 원치 않았던 것 같다. 이렇게 추측하도록 만드는 전거들을 우리는 꽤 많이 갖고 있다. 이는 1권 1장에서부터 이미 여러 번 나타났고,[8] 지성에 관한 본격적 논의인 3권 4장에도 나타나는데,[9] 가장 결정적인 것은 2권 1장에 나온다.

> "그럼에도 영혼의 적어도 어떤 부분들이 그 어느 몸의 현실태도 아님으로 인해 분리될 수 있음을 막는 것은 전혀 없다."(2.1, 413a6~7)

영혼에 드는 능력들은 대개 '특정 물체의' 현실태이기 때문에 그 물체에 깃들어 있어야 함이 필연적이지만, 특정 물체의 현실태가 아닌 능력들도 존재한다면, 후자에는 전자의 필연성이 없기 때문에 몸으로부터 분리될 수 있다는 주장이다. 이 언급이

8 "영혼 자체에 고유한 어떤 속성도 있는가 하는 난제"(1.1, 403a4~5); "영혼이 하는 일들이나 겪는 것들 중에 영혼에 고유한 어떤 것이 있다면, 영혼이 분리되는 게 가능할 것이고"(1.1, 403a10~11); "하지만 지성은 우리 안에 어떤 실체로서 있게 되는 것 같고, 소멸하지 않는 것 같다."(1.4, 408b18~19)

9 "하지만 실제로는 지성에 아무 기관도 없다."(3.4, 429a27)

앞에 소개한 영혼 규정에 곧바로 뒤따라 나오는 만큼, 공통된 규정이 적용되지 않는 예외를 지성에게 두겠다는 아리스토텔레스의 의중이 여기에 담겨 있다고 할 수 있다. 실제로 1권에서도 그는 지성이 "우리 안에 어떤 실체로서 있게 되는 것 같고, 소멸하지 않는 것 같다"고 말했고(1.4, 408b18~19), 다른 책에서는 지성이 "밖으로부터(thyrathen)" 들어온다고까지 표현한다(GA 2.3, 736b28).

이렇듯 지성이 질료형상설을 벗어나 있는 한, 지성에 관한 탐구만큼은 '영혼에 관한 탐구'가 '자연에 관한 탐구'와 겹치지 않는 유일한 부분일 것이다. 즉, 지성에 관한 탐구는 자연학이 아니라 '신학 또는 제일 철학'에서 할 일이다. 그렇다면 영혼에 관한 탐구는 대부분 자연 철학에 포함되지만, 일부는 신학 또는 제일 철학에 포함된다고 정리할 수 있겠다.

물론 정리는 이렇게 할 수 있지만, 이제 지성과 여타 능력들의 존재론적 관계 문제가 골칫거리로 남는다. 플라톤에서라면 우리는 이에 대한 답을 어렵게나마 찾을 수 있을 것 같다. 예컨대 『티마이오스』의 "그럼직한 이야기"(29d)를 따라, 육화되기 이전에 영혼은 순전히 지성이었지만, 이 영혼이 육화되면서부터 감각과 욕구 등을 함께 지니게 된다고 답할 수 있을 것이다(42a~b, 43a~c). 하지만 아리스토텔레스에서 어떤 설명을 마련할 수 있을지는 연구 대상이다.

4. 가장 적합한 규정 탐색 준비

사고 능력 또는 지성과 관련된 사항은 불분명하게 남겨졌지만, 그래도 2권 1장의 보편적 탐구를 통해 온갖 영혼에 가장 공통된 규정이 제시되었다.

그런데 이 규정에 만족한 채 "불가분적인 적합한 종에 해당될 규정"은 무시하는 것을 아리스토텔레스는 "우스운 일"이라 표현한다(2.3, 414b25~28). 그러고는 "저마다의 영혼이 무엇인지, 예컨대 식물의 영혼은 무엇이고 인간의 또는 짐승의 영혼은 무엇인지 개별적으로 탐구해야 한다"고 강조한다(2.3, 414b32~33). 이 후속 탐구를 멈추는 것이 왜 우스운 일인지를 설명하는 곳이 2권 2~3장이다. 나아가 2권 2~3장은 2권 4장부터 시작될 개별적 탐구가 불필요한 반복 없이 경제적으로 수행될 수 있는 이유를 밝히는 곳이기도 하다. 이 후속 탐구는 그 필수성과 경제성이 잘 설명될 때 더 빛을 발할 수 있을 것이므로, 그동안 독자들의 많은 관심을 받아 온 곳은 질료형상설을 압축적으로 보여 주는 2권 1장이지만, 정작 아리스토텔레스가 더 큰 공을 들인 곳은 2권 2~3장인지도 모르겠다.

2권 1장의 규정으로 만족해서는 안 되는 이유는 두 가지이다. 첫째, 영혼에 관한 규정이 제대로 된 정의이려면, 그것은 생물이 지금처럼 살아가고 있는 "원인(aitia)"까지 알려 주어야 한다(2.2,

413a15). 둘째, 생물은 종마다 살아가는 방식에서 차이를 보이는데, 정의다운 정의이려면 이 차이까지 알려 주어야 한다. 왜냐하면 공통된 규정에서 간단히 '생(生)'이라 표현되었지만, 실은 생의 형태가 다양하기 때문이다. 실제로 우리는 무언가가 아래의 활동 중 어느 하나라도 하고 있으면, 그것에 대해 "산다(zēn)"고 말한다.

산다:

– 영양분을 섭취하고 생식한다.

– 감각한다.

– 이동한다.

– 사고 또는 사유한다(2.2, 413a23~25 참조).

이러한 일상 언어 용법에는 생의 형태가 다양하다는 사실이 반영되어 있다. 그런데 공통된 규정은 생의 다양한 형태들 각각에 꼭 들어맞는 설명이 못 되고, 이 각각이 어떤 원인에서 비롯되는지도 알려 주지 않는다. 다시 말해, "가능태로 생을 지니는 자연적 물체의 첫 번째 현실태"라는 규정은 예컨대 식물이 뿌리를 내리고 줄기를 뻗거나 열매를 맺는 방식으로 사는 원인이라든지, 짐승이 먹이를 보고 그리로 이동하는 방식으로 사는 원인에 대해 딱히 말해 주는 바가 없다.

그래서 이제 아리스토텔레스는 생의 여러 형태들 각각의 "원인"

이자 “원리(archē)”(2.2, 413b1)로서의 능력들을 아래와 같이 제시한다. 그리고 이 능력들을 플라톤의 용법에 따라 영혼의 “부분”들이라 칭하기도 한다(예: 2.2, 413b7).

> 영양 능력, 감각 능력, 이동 능력,[10] 사고 또는 사유 능력(2.2, 413b12~13 참조)

영혼 자체가 이미 능력이지만, 다시금 위 능력들로 구분된다. 그리고 위 능력들 각각을 다룰 때에만 비로소 우리는 생의 다양한 형태 각각에 대해 그 원인을 제시할 수 있게 된다.

하지만 위 능력들 중 몇몇은 여러 종류의 생물들에 걸쳐 있는데, 그럼 우리는 각종 생물의 영혼을 개별적으로 탐구할 때마다 이 중복되는 능력들을 매번 다시 논해야 할까? 이 물음에 대한 아리스토텔레스의 입장이 2권 2~3장 전체에, 그리고 특히 3장

10 해당 원문에는 “운동”으로 되어 있는데, 이해를 돕기 위해 옮긴이가 ‘이동 능력’으로 적었다. 이는 2권 3장에서 “장소상의 운동을 일으키는 능력(kinētikon kata topon)”이라 표현되기도 한다(414a32). 능력들의 목록은 탐구가 진행되면서 조금씩 조정되지만, 결국에는 위 목록이 유지된다고 할 수 있다. 물론 2권 3장에서 영양 능력, 감각 능력, 욕구 능력, 장소상의 운동을 일으키는 능력, 사고 능력이 제시되긴 하는데(414a31~32), 3권 10장에 이르면 욕구 능력과 장소상의 운동을 일으키는 능력은 실상 별개의 능력들이 아님이 확인될 것이다(433a31~433b1).

에 명확히 나타난다.

어떤 생물은 위 능력들 모두를, 또 어떤 생물은 그 일부를, 또 다른 생물은 하나만 지닌다(2.2, 413b32~33). 즉, 생물에 따라 소유하는 능력들의 범위가 점점 확대되는 구도가 관찰된다. 그런데 감각 능력을 지니지만 영양 능력을 지니지 않는 생물은 없고, 이동 능력을 지니지만 감각 및 영양 능력을 지니지 않는 생물도 없으며, 사고 능력을 지니지만 여타 능력들을 지니지 않는 생물 역시 없다(2.2, 413a32; 2.3, 415a1~13 등). 즉, 영혼 능력들이 독특한 질서를 이루고 있다는 사실 또한 관찰된다.

이러한 확대 구도와 질서를 아리스토텔레스는 '다각형과의 유비'를 통해 설명한다(2.3, 414b28~32). 다각형들 가운데 기본인 것이 삼각형인 만큼 사각형의 존재는 삼각형의 존재를 함축하는데, 이와 마찬가지로 감각 능력의 존재가 영양 능력의 존재를 함축한다는 것이다. 단, 사각형의 존재가 삼각형의 존재를 함축한다고 해서, 사각형이 여타 다각형들에 대해 지닌 차이 자체가 삼각형일 수는 없다. 그 차이는 '선분 네 개'이지, 삼각형이 아니다. 이와 마찬가지로 각종 생물들의 영혼들 간에도 차이가 있는데, 이 차이를 알리는 규정이어야만 엄격한 의미의 영혼 정의일 수 있다. 예컨대 인간의 영혼에 대한 정의는 사고 활동의 원인을 알려야지, 영양 활동이나 감각이나 이동의 원인을 알리는 것이어서는 안 된다. 하지만 그렇다고 이 정의가 인간이 영양 활동 등은 하지 않고 사고만 한다는 것을 뜻하지는 않는다. 왜냐하면 사고 능력의 존재가 이미 항상 여타 능력들의 존재를 함축하기 때문이다. 이 사실을 밝혀 둔 후, 이제 그는 개별 능력들 각각에 대한 탐구를 시작하자고 제안한다.

> "이러하므로 이 능력들 각각에 관한 규정이 영혼에 관한 가장 적합한 규정이기도 함은 명백하다."(2.3, 415a12~13)

우선 영양 능력이 무엇인지 밝히는 것은 식물의 영혼을 정의하는 작업이기도 하다. 왜냐하면 식물에게는 영양 능력만 있어서, 식물의 영혼이 곧 영양 능력이기 때문이다. 이번에는 감각 능력이다. 감각 능력이 무엇인지 밝히는 것은 인간을 제외한 동물의 영혼을 정의하는 작업이기도 하다. 그런데 감각 능력의 정의를 얻어 내면, 우리는 이 정의만 봐도 여타 동물이 영양 능력 역시 지니고 있음을 자연히 알 수 있고, 영양 능력이 무엇인지는 앞에서 밝혀 놓았기 때문에 추가로 하지 않아도 된다. 이동 능력과 사고 능력의 경우에도 동일한 방식이 적용된다. 각종 영혼의 존재 방식이 각종 다각형의 존재 방식과 닮아 있기 때문에, 영혼에 관한 탐구는 이렇듯 독특한 경제성을 갖게 된다.

한편, 영혼이 이렇게 능력들로 구분된다면, 2권 1장의 영혼 규정은 별다른 역할을 하지 못할까? 영혼 능력들이 여럿이라 해서

2권 1장의 성과가 무의미한 것은 아니다. 오히려 이 성과는 영혼에 대한 개별적 탐구의 대부분에 기여한다. 이를 확인할 수 있는 언급을 아리스토텔레스가 2권 2장을 마치면서 실제로 하고 있다. 그에 따르면 "영혼은 이러한 것일 가능성을 지닌 것의 어떤 현실태이고 형식이다."(2.2, 414a27~28) 예컨대 이제 우리는, 식물의 영혼이란 영양분을 사용하고 생식하는 것'일 가능성을 지닌 것의 어떤 현실태이고 형식'이라 말하면 되는 것이다(2.4, 415a25~26 참조). 이렇게 말할 수 있는 준비를 2권 1장에서 해 놓았기 때문에, 각종 생물의 영혼을 그것이 지닌 종차를 가지고서 정의할 때에도 앞의 규정을 활용할 수 있다.

마지막으로 남는 문제는 '그 어느 몸의 현실태도 아닌 사고 능력 또는 지성'이 '몸의 현실태'인 여타 능력들과 어떻게 통일적 구조를 이루고 있을 수 있는가 하는 점이다. 아리스토텔레스는 "지성 또는 관조적 능력과 관련해서는 … 오직 이것만이 … 분리될 수 있는 것 같다"고 말하고(2.2, 413b24~27), "관조적 지성에 관한 것은 달리 논할 사항"(2.3, 415a11~12)이라 말하는 것으로 그친다. 게다가 그가 사고 능력과 지성을 구분해서 쓰는 경우도 있는데, 그럼 사고 능력은 분리될 수 없고 지성만 분리될 수 있다는 것인지 불분명하고, 유사한 맥락에서 실천적 지성은 분리될 수 없고 관조적 지성만 분리될 수 있다는 것인지 등의 문제도 남는다.

5. 가장 적합한 규정 탐색

앞에 적었듯이 아리스토텔레스가 2권 2장에서 제시한 대표적인 영혼 능력은 넷이다. 즉, 영양 능력, 감각 능력, 이동 능력, 사고 또는 사유 능력이다. 이 능력들이 이루고 있는 독특한 질서가 2권 2~3장에서 강조된 만큼, 이 질서는 아리스토텔레스의 생물 분류에서 중요한 기준으로 유지된다고 보는 것이 옳겠다.

단, 본격적인 탐구 과정에서는 위에 명시되지 않은 '상상'이 등장하기도 하고,[11] 논의 순서가 조정되기도 한다. 이를테면 아리스토텔레스는 감각과 사유를 설명하는 도중에 상상에 관한 탐구를 추가한다. 상상은 그가 네 능력들을 제시한 직후에 아주 간단히만 언급하고 지나갔던 것인데(2.2, 413b22~23), 이에 대한 논의가 주로 3권 3장에서 이루어지고, 3권 11장에서 일부 보충된다. 그리고 이동 능력에 관한 논의는 감각·상상·사유에 관한 설명, 즉 인지 또는 인식에 관한 설명이 일단락 지어진 후에야 나온다. 정리하면, 이 책의 탐구 순서는 아래와 같다. 이 순서에 따라 하나씩 간략히 살펴보기로 하자.

11 아리스토텔레스에게 상상은 준-능력(semi-faculty)으로만 간주되었을 수 있다는 가능성으로 Shields(2016), p.276 참조.

영양 능력: 2권 4장

감각 능력: 2권 5장~3권 2장

상상 능력: 3권 3장

사유 능력: 3권 4~5장, 3권 6~8장[12]

이동 능력: 3권 9~11장

5.1 영양 능력

가장 적합한 규정을 탐색하기 시작하면서, 아리스토텔레스는 가장 먼저 식물의 영혼이 무엇인지, 즉 "영양혼(hē threptikē psychē)"(2.4, 415a23~24)이 무엇인지 밝힌다.

영양혼이란 영양분을 사용할 수 있고 생식을 할 수 있는 물체의 그러한 것으로서의 능력이다(2.4, 415a25~26 참조). 아리스토텔레스가 영양 능력에 이렇게 생식 기능까지 포함시킨 이유는 그가 영양 능력을 '자신을 보존하는 능력'으로 간주하면서 "자신"에 이중의 의미를 부여했기 때문인 것 같다. 즉, 그는 "자신"

12 이 둘을 구분해서 적은 이유는 3권 6~8장이 이전 논의와 어떻게 연결되는지 불분명하고, 특히 3권 7~8장은 내적인 논의 흐름조차 파악하기 어렵기 때문이다. 아무래도 3권 6~8장은 고대 편집자들이 사유와 관련하여 중요하다고 판단한 자료들, 즉 사유에 관한 개별 소주제를 다루는 아리스토텔레스의 강의록들을 스크랩하듯 모아 놓은 것이 아닌가 싶다(Ross, 1961, p.303; Shields, 2016, p.335 참조).

이라는 단어로 개체(어떤 '이것')를 뜻하기도 했지만(2.4, 415b6, 416b24~25), 종('어떤' 이것)을 뜻하기도 한 것 같다(2.4, 416b17). 그래서 영양 능력은 성장하고 쇠퇴하는 전 기간에 걸쳐 개체를 존재하게 하는 능력이기도 하고, 종을 유지하는 능력이기도 하다.

그런데 영양 섭취의 결과는 양적인 증가로 나타나곤 한다(2.4, 416b12 참조). 영양 섭취를 통해 생물의 몸집이 점점 커지고, 다 자란 생물이라도 무언가를 먹으면 일시적으로나마 체중이나 부피가 늘기 때문이다. 그럼 양적 증가에만 초점을 맞춰서 무생물도 영양 섭취를 한다고 말할 수 있지 않을까? 가연성 있는 주변 사물들을 삼키며 커져 가는 불처럼 말이다. 하지만 삼킨다는 것은 비유적 표현일 뿐, 이는 영양 섭취가 아니다. 영양 섭취에는 "한도와 비율"이 있는 반면(2.4, 416a17), 불에 불을 더한다거나 물에 물을 더하면 그 양은 더하는 대로 계속 늘어나기 때문이다. 양적 증가에서 한도와 비율을 유지하는 활동은 영혼을 지닌 생물만 할 수 있는 일이다.

한편, 보통 '심리학'으로 분류되는 이 탐구가 왜 굳이 영양 활동까지 언급하는지 의아할 수 있는데, 사실 이 지점에서 우리가 떠올리는 심리학과 아리스토텔레스의 심리학이 갖는 차이가 가장 확연히 나타난다. 그에게 영양 능력은 있으면 좋고 없으면 마는 것이 아니라 상위 능력들의 존재 기반이며, 나아가 유한한 개체를, 식물 개체까지도, 영원성에 참여케 하는 능력이다(2.4,

415b3~7). 이렇듯 그는, 우리뿐 아니라 당대 철학자들도 그랬듯이(1.1, 402b3~5) 인간에만 국한된 심리학을 펼치는 것이 아니라, 생물 전체를 아우르는 심리학을 펼치고 있고, 생물이라면 모두 지니는 능력이 어떤 형이상학적 의미를 갖는지도 보여 주고 있다.

5.2 감각 능력

이제 짐승 또는 인간 이외의 동물의 영혼이 무엇인지 살필 차례이다. 앞에서 아리스토텔레스는 동물이 동물인 것은 일차적으로 감각 때문이라고 했다(2.2, 413b2). 동물 중에는 고착되어 지내는 것들도 있는데, 이들이 이동은 하지 않아도 감각은 한다는 이유에서 말이다. 그래서 동물의 영혼은 감각혼이다. 이처럼 관찰되는 사실들을 바탕으로 정의 대상을 좁혀 놓았으니 본격적으로 정의 내리면, 감각혼이란 감각적 형상들을 그 질료 없이 받아들일 수 있는 물체의 그러한 것으로서의 능력이다(2.12, 424a17~19 참조). 즉, 감각 능력은 대상 사물이 지닌 온도나 습도 및 경도, 색깔, 소리, 냄새 등의 형상을 수용하되, 사물의 질료 없이 이 형상만 수용하는 능력이다.

감각 능력도 영양 능력도 수용 능력이기는 마찬가지인데, 무엇을 어떻게 수용하는가에서 차이가 난다. 영양 능력이 수용하는 바는 건조하고 뜨거운 '것'이나 습하고 차가운 '것' 등의 '물체'인 반면(2.3, 414b12~13), 감각 능력이 수용하는 바는 건조함이나 습함 등의 성질로서의 '형상'이다. 이 둘 중에 전자를 수용하려면 당연히 질료를 수용해야 한다. 실제로 영양 능력은 대상 사물의 질료를 수용해서 필요한 성분들을 활용하며 이를 생물 자신의 최근접 질료로 만든다. 반면, 감각 능력은 대상 사물의 질료 없이 형상만 수용한다. 여기서 형상만 수용한다는 말은 형상을 알아본다는 뜻이다.

한편, 2권 5장부터 3권 2장에 이르는 감각론 가운데 우리에게 가장 큰 어려움을 주는 것은 아리스토텔레스가 감각 능력의 발휘인 감각 활동을 "변이(alloiōsis)" 또는 "영향 받음(paschein)"과 동일시했는지가 확실치 않다는 점이다. 일단 2권 5장에서 그가 "변이"와 "영향 받음"을 동의어로 사용하고 있으니, 우리도 이하에서 구분하지 않고 쓰기로 한다.

아리스토텔레스는 "영향 받음"이 일의적이지 않다고 보면서, 영향 받음의 두 의미를 구분한다. 하나는 "일종의 소멸"이고, 다른 하나는 "가능태로 있는 것의 보존"이다(2.5, 417b2~4). 전자는 어떤 것이 기존의 속성을 상실하고 새로운 속성을 획득하는 변화를 뜻한다. 흰 종이가 빛에 바래 노랗게 되는 변화를 예로 들 수 있는데, 이때 종이는 기존에 가졌던 흼을 잃어 버린다. 반면에 후자는 소멸이 아니라 보존이라는 특징을 갖는다. 일례로 읽고 쓰는 법을 습득한 자가 실제로 읽고 쓰는 활동을 하고 있다고 해보자. 그가 이 활동을 하고 있는 중에도 이 활동을 끝낸 후에도, 이 능력은 소멸하지 않고 보존된다. 만일 이 능력이 소멸한다면, 읽고 쓰는 자를 볼 때 우리는 '이 사람은 더 이상 읽고 쓸 수 없겠구나'라고 생각할 것이다. 하지만 이는 사실이 아니다. 우리는 오히려 '이 사람은 읽고 쓰는 능력을 갖고 있구나'라고 생각한다. 실제로 그가 이미 습득한 능력은 활동 중에도 활동 후에도 계속 보존되기 때문에, 방해가 없는 한 그는 이 능력을 나중에 또 발휘할 것이다.

감각 활동도 이와 유사하다는 것이 아리스토텔레스의 생각이다. 감각하는 중에도 감각한 이후에도 우리는 감각 능력을 그대로 지닌다는 것이다. 그런데 이러한 감각 활동을 '변이'라 하면 마치 소멸이나 상실을 뜻하는 것처럼 오해를 불러일으킬 수 있기 때문에, 그는 감각 활동을 변이라 부르기를 꺼려하면서[13] 매우 신중하게 접근하고 있다.

하지만 마침내 그는, 그래도 이 용어를 사용할 수밖에 없다고 하면서 그 이유를 아래와 같이 밝힌다.

13 이러한 태도는 3권 7장에서 가장 명확히 나타난다. "왜냐하면 감각할 수 있는 것이 영향 받지 않고 변이하지도 않기 때문이다."(3.7, 431a5)

"하지만 이 의미들의 차이를 드러내는 이름이 없으므로, 이것들이 다르다는 것과 어떻게 다른지가 규정되었음에도, 우리는 영향 받음과 변이함을 주된 이름들인 것처럼 사용할 수밖에 없다."(2.5, 418a1~3)

감각 활동을 전형적인 변이나 영향 받음과 구분해 줄 별도의 용어가 없기 때문에 "변이"라고 계속 부르겠다는 설명이다. 그리고 이는 감각 활동을 "운동"이라고 계속 부르겠다는 말이기도 하다. 왜냐하면 그에게 변이는 엄연히 운동의 한 종류이기 때문이다(1.3, 406a12~13).

그러나 위와 같은 그의 의중은 이해되어도, 그가 끝까지 변이 개념을 고집한 특별한 이유가 무엇이었을지 의문이 든다. 왜냐하면 영혼이 운동한다는 선배 철학자들의 견해를 아리스토텔레스 자신이 1권에서 강력히 비판했던 만큼, 위와 같은 사정이 있다 해도 운동의 한 종류인 변이 개념을 계속 쓰는 것은 아무래도 부담스러웠을 것이기 때문이다. 이와 관련하여 다음의 해석이 한 가지 대답이 될 수 있을 것 같다.

앎을 갖고 있는 자가 관조하게 '되'는 것을 아리스토텔레스는 "이행(epidosis)"이라 표현했다(2.5, 417b7). 그런데 이는 다른 무언가로 되어 버리는 이행이 아니라, "자신을 향한" 이행이라는 중요한 특징을 갖는다(2.5, 417b6). 이와 마찬가지로 감각 능력을 갖고 있는 동물이 감각하게 '되'는 것도 자신을 향한 이행일 것이다. 동물에게 감각 능력은 발휘하라고 있는 것이니, 이 능력을 단지 소유하고 있을 때가 아니라 발휘하고 있을 때야말로 동물이 동물답게 존재하고 있는 것일 테니까 말이다.

그런데 이 지점에서 아리스토텔레스는 운동하면서도 운동하지 않는, 달라지면서도 달라지지 않는 사태를 말하고 싶어 했던 것 같다. '됨'이라는 측면에서 보자면 달라지는 사태이지만, '다른 것으로' 됨은 아니라는 측면에서 보자면 달라지지 않는 사태 말이다. 이 추측이 옳다면, 그가 말하고자 했던 것은 플라톤이 말하고자 했던 것과 크게 다르지 않을 것이다. 왜냐하면 플라톤에게 영혼이 하는 운동은 여타 운동들과 달리 "자신을 떠나지 않는" 특수한 종류의 운동이기 때문이다(『파이드로스』, 245c). 1권에서 아리스토텔레스는 '운동함이 달라짐인 이상 영혼이 이렇게 달라지는 것일 리 없다'는 확고한 생각에서 플라톤을 비판했지만, 2권에서는 플라톤과 꽤 가까운 입장을 취하게 된 것으로 보인다.

물론 두 철학자 간에 용어 사용의 차이가 발견되기는 한다. 플라톤에서, 이 특수한 운동을 한다고 언급된 주어는 "영혼"이다. 반면, 이 책의 2권 5장에서 자신을 향해 이행한다고 언급된 주어는 "앎을 갖고 있는 자"이다(2.5, 417b5~6). 이렇듯 아리스토텔레스에서는 영혼이 아니라 복합체가 주어로 쓰이곤 하므로, 그가 크기 없는 것은 운동하지 않는다거나(Phys. 8.10, 267a22~23)

운동은 모두 장소 안에서 일어나는 일이라는(1.3, 406a16) 자신의 생각을 줄곧 유지했던 것처럼 보일 수도 있겠다. 하지만 이 용법이 늘 유지되는 것은 아니어서 문제다. 이는 이 책의 다른 곳이나 여타 저서들을 보면 알 수 있다. 예컨대 이 책의 3권 7장에서 그는 사유 능력이 운동한다(=움직여진다)고 말하고(431b2~5와 주석 677 참조), 『형이상학』에서도 지성이 사유 대상에 의해 움직여진다고 말하며(12.7, 1072a30), 『자연학』에서도 영혼 안에 어떤 운동이 있는 경우를 언급한다(4.9, 219a5~6). 이러한 전거들이 의외로 많기 때문에, 두 철학자 간의 용법 차이를 일반화하기 어렵다. 그래서 아리스토텔레스도 때로는 운동 개념을 플라톤과 비슷하게 썼다는 해석이 가능해 보인다.

다른 한편, 감각 능력의 발휘인 감각 활동에 관해서는 위와 같이 해석할 수 있다 해도, 감각 기관만큼은 운동한다거나 변이한다고 말할 수 있지 않을까? 이 물음과 관련하여 연구자들 사이에 논쟁이 있어 왔는데, 말할 수 있다고 답한 학자는 대표적으로 소랍지(Sorabji)[14]이고, 없다고 답한 대표적인 학자는 버니엣(Burnyeat)이다.[15] 또한 소랍지의 주장을 지지하되 이 주장의 극단적 측면을 완화하면서 현대 과학의 용어를 도입하는 캐스턴

14 Sorabji(2001), pp.52~53 참조.
15 Burnyeat(1992), pp.21~22 참조.

(Caston)의 입장도 있다.[16] 이 문제에 관한 논문과 연구서가 후속될 때마다 그 분량이 점점 더 방대해져 갈 만큼 논쟁이 치열하고 오래되었는데, 이곳에서 논쟁사를 소개할 수는 없고,[17] 세부 사항에서는 입장을 달리하더라도 기본적으로는 소랍지의 노선을 따르는 것이 왜 더 나아 보이는지를 서술하는 것으로 만족하려 한다.

그 이유는 단순하다. 우리가 변화를 심리적 변화와 물리적 변화로 구분할 수 있다면, 아리스토텔레스가 '크기를 가진 것만이 한다'고 주장한 운동이나 변이는 당연히 후자일 것이다. 그리고 감각 기관에서 일어나는 변화 역시 후자일 것이다. 왜냐하면 기관은 이러저러한 특정 물체이지만, 그래도 어쨌든 물체이기 때문이다. 물론 액체가 종류마다 다른 온도에서 끓듯이, 물체의 종류마다 물리적 변화의 양상에 차이는 있고, 감각 기관의 물리적 변화도 그 기관만의 고유한 양상으로 일어날 것이다. 그러나 이 운동이 아무리 복잡한 생리적 변화 메커니즘을 갖는다 해도, 이 운동 역시 물리적 변화임은 부정하기 어렵다. 아닌 게 아니라 아리스토텔레스는 감각 능력의 발휘인 활동을 운동이라 부르기 꺼려했음에도, 감각 기관에서 일어나는 일을 운동이라 부르는 데

16 Caston(2005), pp.245~320. 특히 pp.303~304 참조.

17 Caston(2005)에 정리된 논쟁사를 참고하면 좋겠다.

에는 주저함이 없었으며, 이는 특히 감각 대상-매체-기관의 연계를 논하는 2권 7장~2권 11장에서 빈번이 확인된다.

이상의 해석이 옳다면, '감각 능력의 발휘 즉 활동(energeia)'과 '감각 기관의 운동(kinēsis)'은 하나의 사태를 기술하는 두 개념이라 할 수 있을 것이다. 그리고 이를 질료형상설의 범위에 드는 생(生) 일반에 적용하자면, '영혼 능력의 발휘 즉 활동'과 '몸의 운동'은 하나의 사태를 기술하는 두 개념이라고 정리할 수 있을 것이다. 단, 앞에 적었듯이 아리스토텔레스가 이 두 개념을 항상 명료히 구분한 것은 아니고 때때로 영혼의 운동을 말하기도 했다는 점 역시 기억해 두면 좋겠다.

5.3 상상 능력

3권 4장부터 지성과 사유에 관한 논의가 시작되는데, 3권 3장은 4장 이후 논의의 준비 작업이라 할 수 있다. 이 작업의 핵심은 '감각'과 '사유'의 구분이다. 그런데 이 구분을 하는 도중에 상상에 관한 논의가 등장한다. 전체 흐름에 비추어 보건대, 3장 427b14행부터 상상에 관한 설명이 등장하는 이유로 다음을 꼽을 수 있다. 몇몇 사람들은 감각과 사유를 동일시하지만, 아리스토텔레스가 보기에 이는 틀린 동일시로서 상상(phantasia)에 대한 오해에서 비롯된 오류인 만큼, 이 오해부터 바로잡을 필요가 있다.

사실 "상상"이라는 번역 때문에 위 지적의 의미가 우리에게 금방 다가오지 않는데, 판타시아(phantasia)라는 명사가 파이네스타이(phainesthai, to appear)에서 나왔다는 점을 참고하면 이해가 쉬울 것 같다. 몇몇 사람들은 감각할 때나 사유할 때나 해당 대상들이 우리에게 무언가로 '나타난다'고 여기고, 그래서 감각이든 사유든 나타남이기는 마찬가지라는 이유로 감각과 사유를 동일한 것으로 간주한다는 것이다. 이 오해를 풀기 위해 아리스토텔레스는 상상이 감각과도 다르고 사유와도 다름을 알리고자 했던 것으로 보인다.

물론 상상이 이 둘과 다르다고 해서 이 둘도 서로 다르다는 결론이 곧바로 도출되지는 않는다. 하지만 양자의 차이를 보이기 위해 아리스토텔레스가 오직 상상이 양자와 다르다는 사실에만 의존하지는 않았기 때문에 형식적 타당성에 대한 부담은 비교적 덜하다고 할 수 있다. 또 그는 감각과 사유의 구별을 위해 상상을 언급하기 시작했지만, 그렇다고 오직 이 구별을 위해서만 상상을 다룬 것은 아니고, 상상이 무엇인가 하는 문제 자체도 하나의 소주제로 삼고 있으며, 실제로 이 논의가 3권 3장의 대부분을 차지한다.

그런데 상상의 정체에 대한 아리스토텔레스의 설명이 그리 체계적이지 않고 오히려 산발적인 탓에 상상은 연구자들 사이에서 논란거리이다.[18] 이들의 분분한 논의를 요약하면, 상상은 크게 다음의 두 기능으로 특징지어진다. 하나는 감각을 토대로 대상의 이미지를 만들어 내는 표상 기능(function of representation)이고, 다른 하나는 감각을 토대로 대상을 ~로서 이해하는(seeing as) 해석 기능(function of interpretation)이다.

첫 번째 기능은 다음의 전거에 기반을 둔다. 아리스토텔레스에 따르면, 상상이란 우리에게 어떤 심상(phantasma)을 생겨나게 하는 능력이다(428a1~2). 이때 심상으로써 그가 어떤 이미지를 뜻했던 것은 분명하다. 왜냐하면 이 설명 중에 그가 제시했던 한 가지 사례가 무언가를 "보고 있는 것 같은"(427b23~24) 상황이기 때문이다. 물론 이는 어디까지나 사례이니, 이미지 가운데 대표적인 것이 시각상이라 해도 꼭 시각적 이미지에만 국한될 필요는 없을 것이다.

두 번째 기능은 누스바움(Nussbaum)이 부각시킨 것으로,[19] 이 책의 3권 9~10장과[20] 『동물의 운동에 관하여』의 6~8장에서 두드러지게 확인되는 기능이다. 이 전거들에서 상상은 어떤 대상을 추구되어야 할 것(to diōkton) 또는 기피되어야 할 것(to pheukton)으로서 우리에게 나타나게 해 주는 역할을 맡는다. 이러한 언급

18 연구자들의 입장에 대한 소개와 더불어 감각/사유/상상의 관계에 대한 상세한 분석으로 장영란(2000), 203~248쪽 참조.

19 Nussbaum(1978), Essay 5(특히 pp.230~231) 참조.

20 특히 3.9, 432b15~17 참조.

들을 바탕으로 누스바움은 상상에 표상 기능뿐 아니라 해석 기능도 있고, 사실상 후자가 더 중요하다고 주장한다.[21] 단, 이 주장이 꼭 두 기능 각각이 별도로 실행됨을 뜻할 필요는 없다. 즉, 이 주장은 두 기능이 실제로는 함께 실행된다는 것도 인정할 수 있다.

그렇다면 동물은 현재 감각의 범위에 들어와 있는 대상을 감각하면서든 과거의 감각을 토대로 해서든 대상에 대한 이미지를 만들어 내는데, 이 이미지에는 그 대상이 추구되어야 할 것/피해져야 할 것이라는 해석 또는 좋은 것/나쁜 것이라는 해석 및 쾌락적인 것/고통스러운 것이라는 해석 등이 담겨 있으며,[22] 이럴 수 있는 이유가 바로 동물이 감각 능력과 더불어 상상 능력도 지니기 때문이라고 정리할 수 있겠다.

5.4 사유 능력

사유를 설명하면서 아리스토텔레스는 감각을 설명할 때 사용한 것과 비슷한 구도를 적용한다. 즉, 감각 능력과 지성 모두 각자의 대상을 질료 없이 수용하는 능력이기는 마찬가지이다. 하지만 차이가 있다. 감각 능력은 과도한 뜨거움이나 밝음 및

21 Nussbaum(1978), p.223 참조.
22 Nussbaum(1978), pp.246~249; 유원기(2005), 83쪽 참조.

과도하게 큰 소리 등을 수용하는 데 실패하고, 이 경우 감각 능력이 그 기관과 함께 파괴될 수도 있는 반면, 지성은 이러한 제한 없이 모든 것을 사유한다. 즉, 지성은 그야말로 가능적(dynatos)이다(3.4, 429a22). 이러한 차이를 낳는 이유들 가운데 하나는 지성에 아무 기관도 없다는 점이고(3.4, 429a27), 다른 하나는 지성이 모든 것으로 될 수 있고 또 지성이 모든 것이 되게 해 줄 수도 있다는 점이다(3.5, 430a14~15). 여기서 특히 후자와 관련하여, '모든 것이 되는 지성'과 '모든 것이 되게 해 주는 지성'이 무엇을 가리키는지가 논란거리이다.

3권 5장에서 아리스토텔레스는 사유 메커니즘을 소위 '능동 지성'과 '수동 지성'의 구분으로 설명하고, 수동 지성은 우리의 죽음과 함께 소멸하는 반면에 능동 지성은 소멸하지 않는다고 주장한다(430a23~25). 이 둘이 무엇인지, 그러니까 이것들이 인간 지성의 두 측면을 뜻하는지 아니면 각각 신과 인간 지성을 가리키는지가 앞서 말한 오랜 논쟁거리였다. 이 논쟁의 출발점으로 고대 주석가들 중 대표적인 두 인물을 꼽을 수 있는데, 한 명은 테오프라스토스(BC 4~3c)이고, 다른 한 명은 아프로디시아스의 알렉산드로스(AD 2~3c)이다.

테오프라스토스에 따르면, 아리스토텔레스가 말한 능동 지성과 수동 지성은 모두 인간 지성이다. 지성이 "밖으로부터"(GA 2.3, 736b28) 들어온다는 아리스토텔레스의 언급은 비록 난해하지만,

이 지성은 우리가 태어날 때 우리 영혼 안에 있게 된 우리의 지성이며, 이 지성 자체가 능동 지성과 수동 지성으로 이루어져 있다는 해석이다.[23] 반면에 아프로디시아스의 알렉산드로스에 따르면, 밖으로부터 들어온다는 지성은 능동 지성만 가리키고, 이 지성은 우리 영혼 안에 있는 능력이 아니라 순수 형상으로서의 신이다.[24] 나아가 알렉산드로스는, 우리가 사유한다는 것은 신이 우리의 수동 지성을 도구로 삼아 활동함을 뜻한다고 해석한다.[25]

첫 번째 해석의 강점은 생물의 영혼을 이 책 전체의 일관된 소재로 놓고, 그중에 인간의 지성을 3권 4~8장의 일관된 소재로 본다는 데 있다. 다시 말해 이 해석을 택하면, '그동안 아리스토텔레스는 생물의 영혼을 논해 왔지만 유독 3권 5장에서만 신을 언급하고는 다시 생물의 영혼에 대한 논의로 돌아갔다'라는 식의 부담스러운 독해를 피할 수 있다. 그리고 두 번째 해석의 강점은 아리스토텔레스가 능동 지성을 빛에 비유한 대목과 관련하여(3.5, 430a15) 빛의 기원이 시각 외부에 있다는 사실을 충분히 활용할 수 있다는 것이다. 즉, 빛은 "불 또는 이런 어떤 것이 투명한 것에 와 있음"이고(2.7, 418b16~17, 20), 불 또는 이런 어떤 것

23 테미스티오스에 의해 전해지는 테오프라스토스의 다음 언급을 참조(Themistius, 1899, 107.35~108.1; 108.24).
24 Alexandros(1887), 91.2~3; Alexandros(2008), 112.27 참조.
25 Alexandros(2008), 112.19~20 참조.

이 동물 영혼의 외부에 있으니, 능동 지성도 기본적으로는 인간 영혼의 외부에 있다고 주장하는 데 힘을 실을 수 있다.

하지만 사실 양측 모두에 강점만큼이나 약점도 마찬가지로 있다. 첫 번째 입장은 '밖으로부터 들어오는 지성'을 설명하기가 아무래도 쉽지 않고, 두 번째 입장은 '빛-시각 대상'의 관계와 '능동 지성-수동 지성'의 관계를 대칭적으로 설명하기가 쉽지 않다. 게다가 이와 같은 일정 부담을 대가로 한다면, 3권 5장의 문장이나 문구 하나하나가 어느 측을 지지하는 것으로든 사용될 수 있기 때문에 우열을 가리기 어렵다.

마지막으로 각 해석이 아리스토텔레스의 형이상학적 세계를 큰 틀에서 어떻게 바라보는지만 짚어 보면 이렇다. 첫 번째 입장은 불사적인 것이라 해서 이를 곧장 신과 동일시하지 않고 인간 지성도 영원한 것들에 든다고 봄으로써 영원한 것들의 계열을 인정한다. 그리고 두 번째 해석은 우리가 사유할 때마다 늘 우리 지성에 현존하여 우리 지성을 활성태로 만들고 있는 적극적인 신의 모습을 그린다.

5.5 이동 능력

이번에는 동물 영혼에 드는 여러 능력들 가운데 동물을 이동하게 해 주는 것이 무엇인지를 탐색할 차례이다. 기본적으로 아리스토텔레스에게 이동(phora)은 장소상의 변화 일체를 가리키지만, 이곳에 언급된 이동은 동물 자신이 설정한 목표 실현을 위해 기관을 사용하여 어딘가로 나아가는 운동(hē poreutikē kinēsis, 3.9, 432b14), 즉 자발적 이동만 가리킨다. 그 목표 실현을 위해 자신의 사지나 날개나 구부러지는 몸통 등을 움직여서 자신의 몸 전체를 어딘가에 가져다 놓는 추동력이 무엇인지가 이곳의 탐구 대상인 것이다.

한편, 그는 위 탐구를 시작하기 전에 준비 작업부터 하는데(3.9, 432a22~432b7), 이 작업은 플라톤의 영혼 이분법이나 영혼 삼분법을 수정하는 일이다. 이분법에 따르든 삼분법에 따르든 부분마다 욕구가 다 들어 있어서, 이를테면 배우기를 좋아하는 부분과 이기기를 좋아하는 부분 및 돈을 좋아하는 부분에 욕구가 다 들어 있어서 문제이니 바로잡아야 한다는 것이다.

사실 플라톤의 구분법은 "절제" 개념과 관련하여 '자기 자신을 이긴다'는 표현을 검토하던 중에 등장한다(『국가』 4권, 430e~431a). 일상적으로 우리는 내가 나와 싸워 이기는 것이 절제라 하면서 자기와 자기의 대립 구도를 사용하는데, 이를 플라톤은 '이것을 하고 싶은 마음'과 '저것을 하고 싶은 마음'의 대립 구도로 바꾸고, 그중 무얼 하고 싶은 마음이 이길 때를 절제라 하는지 보자고 제안한다(4권, 431d 참조). 싸움은 이런 식으로 이루어지니, 플라톤의 구분법은 부분마다 욕구가 다 들어 있어야

말이 되는 맥락에 있다.[26]

이렇듯 플라톤의 구분 방식이 일차적으로 절제 개념에 대한 설명의 기획 아래에 있다면, 아리스토텔레스가 이를 수정하려 했던 의도는 윤리학적 관심에 중립적으로, 이론 철학적 목적 아래서 영혼의 부분들 간에 중첩이 없게끔 다시 나누자는 데 있다. 자제하는 행동을 설명할 때 이 욕구와 저 욕구의 대립 구도를 사용하더라도, 우선은 정확히 나눌 필요가 있다는 것이다. 그래서 그는 무언가를 하고 싶은 마음을 '욕구(orexis)'라는 하나의 부분으로 모으고, 그런 다음에 이를 다시 욕망(epithymia)과 기개(thymos)와 바람(boulēsis)으로 세분화한다.

이상의 준비를 끝낸 후, 아리스토텔레스는 본격적으로 자발적 이동 능력이 무엇인지 찾기 시작하고, 이를 위해 몇 가지 후보를 고려한다. 이 과정에서 그는 영양 능력과 감각 능력을 가장 먼저 탈락시킨다. 이동하는 생물이라면 모두 영양 활동을 하고 감각도 하지만, 그 역은 성립하지 않기 때문에, 영양이나 감각 능력은 답이 될 수 없다는 것이다. 이와 비슷한 논리를 통해 그는 지성도 탈락시킨다. 우리가 사유하고 있다 해서 반드시 어딘가로 가고 있는 것은 아니기 때문에, 지성도 답이 못 된다는 것이다.

26 『국가』 9권 580d 이하에서도 세 부분 모두에 욕구가 포함된다는 사실이 확인된다.

그런데 그는 지성에 관한 논의를 여기서 중단하지 않고, 이동을 일으키는 것이 지성인가 아니면 욕구인가 하는 문제 상황을 설정하면서 지성을 후보로 다시 고려한다. 이 설정을 통해 그는, 자제하는 행동과 자제에 실패하는 행동에 대해 우리가 일반적으로 갖게 되는 생각을 소개하고 있다. 자제에 실패하는 행동을 보면 욕구가 이동을 일으키는 것 같고, 또 자제에 성공하는 행동을 보면 지성이 이동을 일으키는 것 같다는 생각 말이다. 이렇듯 3권 9장의 말미에서 그는 사람들이 쉽게 떠올리는 욕구 개념을 가지고서, 의아함이 생기곤 하는 대표적인 경우를 제시한다.

그런 다음, 3권 10장에서 그는 앞서 정비해 둔 구분법을 사용하여 위 문제 상황을 정리한다. 이 정리에 따르면, 3권 9장 말미에 소개된 것은 지성과 욕구 중 무엇을 추동력으로 골라야 하는가의 상황이 아니라, 실은 어떤 욕구를 골라야 하는가 하는 상황이다(3.10, 433a23~25). 누군가 이쪽으로 가고 싶기도 했으나 자제하여 저쪽으로 간 이유는, 지성이 그의 사지를 움직여 저리로 이동하게 만들었기 때문이 아니라 '바람'이 그렇게 만들었기 때문이다. 또 누군가 자제에 실패하여 이쪽으로 간 이유 역시 '욕망'이 그렇게 했기 때문이다. 어느 경우든 욕구가 추동력이기는 마찬가지이므로, 아리스토텔레스는 욕구 능력이 자발적 이동을 일으킨다고 결론 내린다(3.10, 433a31, 433b11).

그런데 이상의 논의로부터 '욕구 능력이 여타 능력들과 무관하게 단독으로 동물을 이동시킨다'는 결론까지 나오는 것은 아니다. 즉, 자발적 이동의 추동력은 욕구 능력이지만, 그래도 이 능력의 실행에 여타 능력들이 개입된다고도 충분히 볼 수 있다. 실제로 아리스토텔레스는 3권 10장을 마치면서 "상상 없이는 욕구할 수 없다"고 말한다(433b28~29). 그리고 어쩌면 이는 고대 편집자들이 동물의 자발적 이동에 대한 논의를 이 책의 후반부에 위치시킨 이유 중 하나인지도 모른다. 다시 말해, 자발적 이동은 '대상 해석 능력 또는 인식 능력'과 '욕구 능력'의 연계가 두드러지는 활동이기 때문에 전자에 대한 논의가 선행될 필요가 있다고 생각해서 그가 감각·상상·사유에 대한 논의를 앞쪽에 배치하고, 그 뒤에 이동에 대한 논의를 놓았을 수 있다.

6. 영혼 능력들의 목적론적 질서와 몸

이제 마지막으로 3권 12~13장이다. 이곳에서 아리스토텔레스는 영혼 능력들에 독특한 질서가 있음을 확인시키는데, 사실 이는 2권 2~3장에 이미 언급된 바 있다. 게다가 그는 이곳 논의의 대부분을 동물의 감각에 할애하는데, 이 또한 2권의 감각론에서 다루어진 것이다. 이렇듯 소재도 내용도 상당 부분 반복되지만, 눈에 띄는 차이가 있다. 그것은 이곳 3권 12~13장에서 목적론적 설명이 훨씬 두드러진다는 점이다.

바로 앞 장에서 동물의 이동에 관해 살펴보았기 때문에, 이제 우리는 '이동'과 '감각 활동' 및 '영양 활동'이 서로 어떻게 연관되는지도 논할 수 있다. 대부분의 동물은 여기저기로 이동하며 지내고, 그 이동의 목적에 영양 섭취도 포함된다. 그런데 이동 능력이 있는 동물이 시/청/후각을 다 결여할 수는 없다. 왜냐하면 만일 동물이 보지도 듣지도 맡을 수도 없는데 어딘가로 이동한다면, 이 이동은 동물의 영양 활동에 아무 도움도 안 될 것이고, 오히려 그러다가 동물이 파괴되고 말 것이며, 그렇다면 자연이 무언가를 헛되게 행한 셈이 될 것이기 때문이다(3.12, 434a32~434b2). 아닌 게 아니라 실제로는 이동 능력이 있는 동물이라면 시/청/후각 중 어느 하나라도 지니고 있다. 그리고 이처럼 생물이 여러 능력들을 상호 연관된 방식으로 구비하고 있는 것은 생물이 잘 살기 위해서이다(3.13, 435b21). 또 이 능력들이 실현되는 곳은 다름 아닌 생물의 몸이니, 생물이 지금과 같은 몸을 갖고 있는 것 역시 이 목적 달성을 위해서이다.

이렇게 해서 『영혼에 관하여』는 아리스토텔레스가 그동안 정체를 밝히는 데 주력했던 개별 능력들이 왜 독특한 질서를 이루고 있는지, 그리고 생물의 몸은 또 왜 이 질서에 부합하는 모습으로 되어 있는지를 목적론적으로 되짚으면서 끝을 맺는다.

옮긴이의 말

이 번역서는 정암고전총서 중 하나로 기획되었고, 정암학당이 운영하는 프로그램들 가운데 두 개를 거쳐 나왔다. 하나는 연구 강좌이고, 다른 하나는 윤독회이다.

개인적으로 준비한 초고를 가지고서 2013년 2학기와 2015년 2학기에 정암학당의 지원을 받아 연구 강좌를 진행했다. 그리고 마찬가지로 정암학당의 지원하에 2016년 7월부터 2017년 7월까지, 쉬었던 주를 빼면 총 43주에 걸쳐 윤독회를 열었다. 이어서 1년간의 수정 보완을 거쳐 5년 만에 책이 출판된다.

연구 강좌 기간 동안 김유석, 유재민, 이현정, 장미성, 이윤철, 이창연, 성중모 선생님께서 좋은 질문과 지적을 해 주셨다. 그리고 안혜수 씨가 강좌 진행을 줄곧 도와준 덕분에 수월하게 수업할 수 있었다. 또 신현부, 김미옥 선생님, 이대일 씨, 후배 강유선 등 여러 분들이 참석해서 공부방의 열기를 더해 주셨다.

윤독회 때는 강철웅, 김유석, 김재홍, 손윤락, 양호영, 유재민, 이창연, 이현정 선생님께서 옮긴이의 원고를 미리 꼼꼼히 읽어 와 코멘트 하는 윤독자 역할을 맡아 주셨다. 성중모, 신현부, 이윤석, 표경태, 김명희 선생님도 꾸준한 관심으로 참여하셨고, 이윤철, 이준엽, 한경자 선생님도 시간을 내서 들러 주셨다. 윤독자께서 해 주신 소중한 조언들, 특히 이현정 선생님의 적극적인 제안과 유익한 지적 덕택에 지칠 틈 없이 작업할 수 있었다. 이분들의 도움에도 번역어의 최종 결정은 옮긴이가 했으니 책임은 옮긴이에게 있다.

고려대 대학원 수업과 방과 후 강독 세미나에서 손병석 선생님, 편상범 선생님, 돌아가신 권창은 선생님의 지도로 아리스토텔레스의 『영혼에 관하여』와 『자연학』을 처음 제대로 공부했던 것, 박사학위 후에 계명대 유원기 선생님께 『영혼에 관하여』 3권 10장으로 연수 받은 것, 그리고 학당 세미나에서 오랜 기간 『자연학』을 읽었던 것이 이 번역의 가장 큰 기반이 되었다.

옮긴이를 믿고 번역 기회를 주신 데 대해 학당의 연구 실장이셨던 김주일 선생님, 학당장이셨던 이기백 선생님, 그리고 이정호 이사장님께 감사드린다. 오랜 기간 윤독을 맡아 주신 선생님들께는 말할 것도 없다. 정암학당에 애정을 가지고 후원해 주시는 여러 회원분들께도 감사의 말씀을 전한다. 정암고전총서의 기획 및 발간을 위해 애써 주신 정준영 학당장님과 아카넷의 김정호 대표님 그리고 김일수 편집팀장님과 박수용 교양팀장님을 비롯한 편집진 여러 분의 수고에 감사드린다.

나준희, 나석희, 나세진, 이모가 사랑한다. 마지막으로 늘 격려하고 응원해 주시는 부모님께 깊이 감사드린다.

2018년 11월

오지은

참고문헌

강대진 역 (2012), 루크레티우스 『사물의 본성에 관하여』, 아카넷.

강성훈 역주 (2017), 플라톤 『에우튀프론』, 이제이북스.

권창은 (2004), 『희랍철학의 이론과 실천』, 고려대 출판부.

김인곤 외 역주 (2005), 『소크라테스 이전 철학자들의 단편 선집』, 아카넷 (H. Diels & W. Kranz (1934), *Die Fragmente der Vorsokratiker*, Berlin (=DK)).

김재홍 역주 (2014), 아리스토텔레스 『변증론』, 길.

김주일 역주 (2012), 플라톤 『파이드로스』, 이제이북스.

김진성 역주 (2007), 아리스토텔레스 『형이상학』, 이제이북스.

_____ 역주 (2015), 아리스토텔레스 『자연학 소론집』, 이제이북스.

박종현 역주 (2009), 플라톤 『법률』, 서광사.

_____ 역주 (2011), 플라톤 『국가』, 서광사.

박종현 김영균 역주 (2000), 플라톤 『티마이오스』, 서광사.

유원기 역주 (2001), 아리스토텔레스 『영혼에 관하여』, 궁리.

_____ (2005), 「아리스토텔레스의 환타시아 개념에 대한 재음미」, 《미학》, 제 44집, 한국미학회.

이창우 역주 (2011), 플라톤『소피스트』, 이제이북스.
장영란 (2000),『아리스토텔레스의 인식론』, 서광사.
전양범 역 (2008), 디오게네스 라에르티오스,『그리스철학자열전』, 동서문화사.
전헌상 역주 (2013), 플라톤『파이돈』, 이제이북스.
정준영 역주 (2013), 플라톤『테아이테토스』, 이제이북스.
조대호 역주 (2012), 아리스토텔레스『형이상학』, 나남.
천병희 역주 (2007), 호메로스『일리아스』, 숲.

Ackrill, J. L. (1965), "Aristotle's distinction between *energeia and kinesis*", in R. Bambrough(ed.), *New Essays on Plato and Aristotle*, London and New York.

_________ (1972~1973), "Aristotle's Definitions of "Psuche"", *Proceedings of the Aristotelian Society*, New Series, Vol. 73.

Alexandros (1887), *De anima*, ed. I. Bruns, Commentaria in Aristotelem Graeca Suppl. 2.1, Berlin: Reimer.

_________ (2008), *De anima libri mantissa*, A new edition of the Greek text with introduction and commentary by R. W. Sharples, Berlin: de Gruyter.

Beare, John I. (1906), *Greek Theories of Elementary Cognition: From Alcmaeon to Aristotle*, Oxford.

Beere, Jonathan (2009), *Doing and Being An Interpretation of Aristotle's Metaphysics Theta*, Oxford: Oxford Univ. Press.

Biehl, Wilhelm (1864), *Über den Begriff "nous" bei Aristoteles*, Linz.

Bodéüs, Richard (1993), *Aristote De l'âme*, Paris: Flammarion.

Burnyeat, M. F. (1992), "Is Aristotle's Philosophy of Mind Still Credible?", in Nussbaum and Rorty (ed.), *Essays on Aristotle's De Anima*, Oxford.

_________ (2002), "DE ANIMA II 5", *Phronesis*, Vol. 47, pp.28~90.

Caston, Victor (2005), "The Spirit and The Letter", in Ricardo Salles (ed.), *Metaphysics, Soul, and Ethics in Ancient Thought: Themes from the work of Richard Sorabji*, Oxford.

Diels, H. (1916), "Etymologica", *Zeitschrift für vergleichende Sprachforschung auf dem Gebiete der Indogermanischen Sprachen*, 47, Bd., 3./4. H.

Euclid (1969~70), *Elementa* vol. 1, 2, ed. E. S. Stamatis, Leipzig: Teubner.

Hamlyn, D. W. (1968), *Aristotle De Anima Book II and III*, Oxford.

Heidel, W. A. (1906), "Qualitative Change in Pre-Socratic Philosophy", *Archiv für Geschichte der Philosophie* 19(3).

Hett, W. S. (1957), *Aristotle On the Soul*, Harvard Univ. Press.

Hicks, R. D. (1907), *Aristotle De Anima*, Cambridge: Cambridge Univ. Press.

Jannone A. & E. Barbotin (2009), *Aristote De L'âme*, Paris: Les Belles Lettres.

Leibniz, G. Wilhelm (1982), *Verfnunftprinzipien der Natur und der Gnade. Monadologie*, Hamburg: Meiner.

Makin, Stephen (2006), *Aristotle Metaphysics Book Θ*, Oxford: Clarendon Press.

Nussbaum, Martha C. (1978), *Aristotle's De Motu Animalium*, Princeton: Princeton Univ. Press.

Plutarch (1895), *De Animae Procreatione in Timaeo*, ed. Gregorius N. Bernardakis, Leipzig: Teubner.

Polansky, Ronald (2007), *Aristotle's De anima*, Cambridge: Cambridge Univ. Press.

Reeve, C. D. C. (2017), *Aristotle De Anima*, Hackett Publishing Company: Cambridge.

Rodier, G. (1900), *ARISTOTE TRAITÉ DE L'AME* II, Paris: Leroux.

Ross, W. D. (1956), *Aristotelis De Anima*, Oxford Classical Texts,

Oxford: Clarendon Press.

__________ (1961), *Aristotle De Anima*, Oxford: Clarendon Press.

Sachs, Joe (2004), *Aristotle's On the Soul and On Memory and Recollection*, Santa fe, N. M.: Green Lion Press.

Seidl, Horst (1995), *Aristoteles Über die Seele*, Hamburg: Meiner.

Shields, Christopher (2009), "Chapt. 18: The Aristotelian Psuchē", *A Companion to Aristotle*, ed. Georgios Anagnostopoulos, Blackwell Publishing Ltd.

__________ (2016) *Aristotle De Anima*, Oxford: Clarendon Press.

Simplicius (1882), *In Aristotelis libros de anima commentaria*, ed. M. Hayduck, Berlin: Reimer.

Sophonias (1883), *In Aristotelis libros de anima paraphrasis*, ed. M. Hayduck, Berlin: Reimer.

Sorabji, Richard (1974), "Body and Soul in Aristotle", *Philosophy*, Vol. 49.

__________ (2001), "Aristotle on Sensory Processes and Intentionality: A Reply to Myles Burnyeat", in Dominik Perler (ed.), *Ancient and Medieval Theories of Intentionality*, Brill.

__________ (2004), *Aristotle on Memory*, Univ. of Chicago Press.

Themistius (1899), *In libros de anima paraphrasis*, ed. R. Heinze, Berlin: Reimer.

Torstrik, Adolfus (1862), *Aristotelis De anima libri* III, Berlin.

Trendelenburg, Frider, Adolph (1877), *Aristotelis De Anima Libri Tres*, Berolini.

Tricot, J. (2010), *Aristote De l'âme*, Paris: Vrin.

Wallace, E. (1882), *Aristotle's Psychology*, Cambridge Univ. Press.

Waterlow, Sarah (1982), *Nature, Change, and Agency in Aristotle's Physics*, Oxford: Clarendon Press.

Wilson, Malcolm (2000), *Aristotle's Theory of the Unity of Science*, Univ. of Toronto Press: Toronto Buffalo London.

찾아보기

그리스어-우리말

로스(Ross, 1961)의 인덱스를 따르면서 옮긴이가 몇몇 용어를 추가했고 일부 재배치하기도 했다.
별표(*)는 용어를 설명하는 주석이 해당 위치에 있음을 뜻한다.

a

adiaphoros 차이가 없는 409a2
adynatein ~할 수 없다 415b3, 419b2, 17
aei, to 영원한 것 415a29
aerinos 공기로 된 435a12
aexesthai 자라나다 427a23
aēr 공기 405a22, 411a20, 418b6, 7, 419a14, 32, 419b34, 420a4, 7, 17, 424b11, 16, 425a4, 435a4, 6
agathos 좋은 406b9, 410a12, 431a11, 431b11, 433a28, 29, 433b9; 좋음 426b25
agein 이끌다 417b10; [~에] 맞추다 426b4
agenētos 발생하지 않는 434b5
ageustos 맛이 안 나는 421b8, 422a30
agnoein 모르다 403b8, 410b4
agnoia 무지 410b2
ahoratos 안 보이는 418b28, 422a20, 21, 22, 26, 424a11
ahoristos 일정치 않은 424b15
aiglē 빛나는 410a5
aidēlos 파괴적인 404b14
aidios 영원한 407a23, 418b9, 430a23
aisthanesthai 감각하다 402b13, 403a7, 408b3, 410b1, 19, 414a4, 417a10, 417b18, 418a23, 421a11, 14, 423b5, 7, 424a1, 3, 33, 425a17, 20, 425b12, 426b14, 427a4, 19, 20, 22, 27, 427b7, 11, 431a8, 432a7, 435a16, 25
aisthēma 감각 인상 431a15, 432a9
aisthēsis 감각 404b23, 408b17, 413b2, 4, 23, 414a2, 414b4, 415b24, 416b33, 12, 417b22, 418a7, 10, 11, 25, 422b23, 29, 424a4, 15, 18, 22, 27, 424b22, 425a20, 23, 27, 31, 425b1, 4, 26, 426a23, 426b3, 7, 8, 427b12, 15, 428a6, 8, 428b12, 18, 429a31, 431b23, 24, 432a2,

16, 434a1, 27, 435b1, 20; 감각 기관 417a3*, 4
aisthētērion 감각 기관 408b18, 419a26, 28, 422b22, 423b20, 30, 424a24, 424b27, 425a3, 425b23, 426b16, 435a15, 18, 22, 435b2, 15
aisthētikē 감각 능력으로서의 영혼(aisthētikē [psychē]) 407a5; 감각 능력이라는 원리(aisthētikē archē) 411b30; 감각할 수 있는 중간(aisthētikē mesotēs) 431a11; 감각적 상상(aisthētikē phantasia) 433b29, 434a5
aisthētikos 감각할 수 있는 402b13, 16, 412b25, 413b29, 414a31, 415a6, 417a6*, 417b16, 418a1, 3, 424a27, 425a6, 426a11, 431a5; 감각 능력 408a13, 414b1, 31, 415a2, 429a26, 30, 429b5, 431a14, 431b26; 감각하는 [부분] 432a30
aisthētos 감각 대상 402b16, 417b27, 418a8, 424b2, 426a16, 23, 431a4; 감각되는(sensible, perceptible) 417b26, 424a18, 29, 424b18, 426b15, 431b22, 432a3, 5, 6
aitēma 요구 418b26
aithēr 에테르 404b14
aitia 원인 405b17, 407b7, 415b8, 10
aitios 원인 407b8, 415b12, 430a12; 이유 434a10
akalyphēs 덮여 있지 않은 422a1
akinētos 움직여지지 않는 432b20, 433b15
akmē 완숙 411a30*, 432b24, 434a24
akoē 청각 421b4, 422a23, 425b31, 426a7, 8, 18, 29, 435b24; 청각 기관 419b8*, 420a4, 425a4
akolouthein 따르다 405b27, 433a8; 동반되다 425b5
akouein 듣다 419b34
akouesthai 들리다 417a10, 419b18
akousis 들음 426a1, 7, 12
akoustikos 들을 수 있는 426a7
akoustos 들리는(audible) 421b4, 422a24

akrasia 자제하지 못함 434a14
akratēs 자제하지 못하는 자 433a3
akribeia 엄밀성 402a2
akribēs 정확한 421a10
akros 대명사(major term) 407a29*; 가장자리 423a26; 극단 424a7
aktis 빛줄기 404a4
alētheia 진리 402a5, 404a31
alētheuein 참을 말하다 427b21, 428a4, 17
alēthēs 참인, 참된 404a28, 430a27, 431b10, 432a11
alloios 다른 427a25
alloiousthai 변이하다 417a31, 417b6, 424b13, 435a2
alloiōsis 변이 406a13, 408b11, 415b23, 417b7, 14~15, 435a1
allophronein 딴생각을 하다 404a30
allotrios 다른 것의, 다른 물체의 418b6, 420a17; 다른 것 429a20
alogos 불합리한 408b32; 비이성적인 432a26, 30, 432b6
amauros 희미한 403a21
amaurōsis 쇠약 408b20
amblys 뭉뚝한 420b1, 2
amerēs 부분이 없는, 부분을 갖지 않는 402b1, 407a9, 19, 409a2
amigēs 섞이지 않은 405a17, 429a18, 430a18
amiktos 혼합되지 않은 426b4
anagesthai 귀착되다 405b12
anaisthētos 감각되지 않는 421b17
anakamptein 돌아가다 407a28, 30
anaklasthai 반사되다 419b29, 31, 435a6
anaklasis 반사 419b16, 435a5
analogos 유비적인 421a17, 431a22; 상응하는 421a28, 422b21, 423a15
anamnēsis 상기 408b17

anankaios ~해야 한다 402a23, 403a5, 403b20
anapnein 호흡하다 404a13, 410b29; 들이쉬다 420b17, 26, 27, 421a2, 421b14, 18
anapnoē 호흡 404a10, 405b28, 420b23, 25; 들이쉼 432b11
anaspan 당겨 올리다 421b30
anathymiasis 증기 405a26
anatolē 동쪽 418b25
anauchenes korsai 목 없는 머리들 430a29
anemos 바람 403b5, 410b30
anēkoustos 안 들리는 421b5, 422a26
angeion 용기(vessel) 419b26
anhaimos 무혈의 420b10, 421b11
anhairein 없애다, 없애 버리다 408a25, 435b14
anhaptos 감촉되지 않는 424a12
anhistasthai 다시 일어나다 406b5
anhomoiomerēs 자신과 같은 부분들로 되어 있지 않은 411a21
anhomoios 유사하지 않은 427b4
anthelkein 저항하다 433b8
anthrōpinos 인간의 402b4
anthrōpos 인간 402b7, 404b6
antikeimenon 대상 402b15, 415a20; 상대 411a4; 대립되는 것 424a11
antistrephein 역으로 말하다(antistrephein eipein) 406a32; 맞바꾸다 423a21
antiphrattein 차단하다 429a20
anosphrantos 안 맡아지는 421b6
anō 위로 416a2; 위 418b9, 12
anōnymos 이름이 없는 418a1, 419a4, 426a14, 15; 이름을 못 가진 418a27
apaitein 묻다 408a18

apantan 오다 421b12
apatan 착오를 범하다 418a12, 15, 425b3, 427b1
apatē 착오 427b4, 5
apatheia 영향 받지 않음 429a29
apathēs 영향 받지 않는 405b20, 408b25, 410a23, 416a32, 429a15, 429b23, 430a18
apeiros 무수한 404a1, 407a13; 무한 개의 409a24; 무한한 409b29, 411b14, 416a15, 425b16
apeptos 소화되지 않은 416b5, 6
aphairein 빼다 409a8
aphairesis 추상 403b15, 429b18, 431b12, 432a5
aphallesthai 튀다 420a22, 26
aphienai 논외로 하다 407b13
aphobos 두렵지 않은 421a15
aphorizein 구별하다 416a20
aphōnos 목소리를 내지 못하는 421a4
aphrōn 어리석은 410b5
aphyēs 못 타고난 421a24, 25
apoballein 잃어버리다 412b25; 버리다 428b5
apoblepein 주목하다 404b7, 408a6, 408b1
apodeixis 증명 402a15, 19, 402b25, 407a26
apodidonai 설명하다 402b23, 405a4, 406a27, 408a3, 409b16; 제시하다 403b1
apokalyptein 열리다 422a2
apolambanein 취하다 411a19
apoleipein 떠나다 408a28, 412b20; 빠뜨리다 432b22
apollynai 사멸하다 408b29
apolyein 풀려나게 하다 407b3, 409a29

apomnēmoneuein 기억해 전하다 405a19
aponemein 할당하다 408a1
apophainesthai 제시하다 403b22, 404b29, 405a8, 405b9, 409b20; 펼치다 405b2
apophanai 부정 진술을 하다 431a9, 16
apophasis 부정 진술 430b27, 432a11; 부정 425a19
aporein 물음이 생기다, 의문을 갖다 402b15, 408a34
aporia 난제 402a21, 408a24, 417a2, 422b19; 난점 409b22, 410a27, 413b16
aporos 난제 421b13
aporroē, aporroia 유출물 418b15, 422a15
apotasis 음역 420b8
apothen aisthanesthai 멀리서부터 감각하다 434b27 (cf. 423b3)
apothnēskein 죽다 435b5
apotos 안 마셔지는 422a32
apous 발 없는 422a29
apōthein 밀치다 419b27
apsophos 소리가 없는 418b27, 420a7
apsychos 영혼이 깃들지 않은 403b26, 413a21, 420b6, 8, 424b13
apyrēnos 핵 없는 422a29
archaios 옛 427a21
archē 원리 402a6, 404b10, 18, 25, 30, 405b19, 411b28, 415b8, 416b18, 430a19; 출발점 402a22, 402b25, 413a20; 시작 403b24; 시초 433b22; 초반 427a29
archikos 지배적인 434a15
aretē 탁월성 408a3
argia 비활동 상태 416b3
argyros 은(silver) 406b19

arithmos 수(number) 402a22, 404b24, 29, 406b29, 407a8, 408b32, 411b21, 415b7, 425a16, 19, 427a2, 5, 431a23
artēria 기관(wind-pipe) 420b29, 421a1
asaphēs 불명료한 413a11
aspalax 두더지 425a11
asphaltos 역청 421b24
aspis 방패 423b15
astēr 별 405b1
asymmetros 통약 불가능한 430a31
asōmatos 비물체적인 405a7, 27, 405b12, 409b21
atelēs 미완성적인 417a16, 431a6; 불완전한 425a10, 432b23, 433b31
athanatos 불사적인 405a30, 411a13, 430a23
athrous 덩어리 420a25
atimos 열등한 404b4
atomos 불가분적인 414b27
aulos 피리, 아울로스 407b25, 420b7
austēros 떫은 421a30, 422b13
automatē genesis 저절로 생겨남 415a28
auxanesthai, auxesthai 성장하다 416a8, 413a28
auxē 성장 411a30
auxēsis 성장 413a27, 415b23, 29, 416a17, 432b9, 434a24; 증가 406a13
auxētikos 성장케 하는 416b12

b

badisis 걸음 406a9
baptein 담그다 435a2
barys 둔중한 420a29

barytēs 둔중함 422b30
bathos 깊이 404b21, 423a22
belonē 바늘 420a24
beltiōn 더 훌륭한 402a2
bēttein 기침하다 420b31
bēx 기침 420b33
bia 강제 406a22, 23, 406b6, 432b17
biaios 강제된 406a26, 407b1; 난폭한 422a26
blastanein 돋아나다 430a29
blepein 보다 408b22
blepharon 눈꺼풀 421b29
boētheia 보충 404a12
boulesthai 바라다 407a4, 411a28; ~하고자 하다 423a14
bouleuesthai 숙고하다 431b8
bouleutikos 숙고하는 [부분] 433b3; 숙고적 [상상] 434a7; 숙고 능력 434a12
boulēsis 바람 414b2, 432b5, 433a23, 24
bradys 느린 420a32
bradytēs 느림 420a33
branchion 아가미 420b13
brontē 천둥 424b11

c

chairein 기뻐하다 408b2
chalkos 청동 419b16, 424a21
chalkous 청동으로 된 403a13, 424a21
chara 기쁨 403a18

cheir 손 432a1
cholē 쓸개즙 425b1
chordē 현(string) 424a32
chōristos 분리될 수 있는 403a12, 403b10, 14, 413b14, 429a11, 430a17, 430b26, 432a20
chōrizein 분리하다 403a11, 14, 411b29, 412b13, 413a31, 426b17, 23, 427a3, 430a22, 431b14, 19, 432a4
chrēsthai 사용하다 404a30, 407b26, 415a26, 418a2, 427a12, 13 ~ katachrēsthai 사용하다 420b17
chroa 색깔 424b34, 425a1
chronos 시간 426b24, 430a20, 21, 430b8, 9, 17, 431a2, 433b7
chrōizein 색을 들이다 ~ to kechrōsmenon 색깔 있는 것 418a16
chrōma 색깔 414b10, 418a27, 31, 418b11, 419a6, 8, 422a14
chrōmatizein 색깔을 띠게 하다 425b23
chrysos 금(gold) 424a20
chrysous 금으로 된 424a20
chymos 맛 414b11, 13, 422a6, 17, 422b10, 426a15
chytos 녹은, 액체의 ~ argyron chyton 수은 406b19

d

daktylios 도장 반지 424a19
dechesthai 받아들이다 407b21, 414a24, 424b2; 들이마시다 420b16, 421a5
deiknynai 보이다 435b17
deinos 무서운 427b21, 24
deisthai 필요로 하다 417a9
dektikos 받아들일 수 있는 414a10, 418b27, 424a18, 425b23, 429a15,

434a29, 435a22
derma 막 420a14; 피부 425a11
dēloun 명백히 보여 주다, 명백히 드러내다 413a14, 423a17, 420a27, 430b21
diachein 흩어지다 419b21
diadēlos 명확한 421a14, 31
diadidonai 전해 주다 435a9
diadynein 미끄러져 들어가다 404a7
dialektikos 변증론자 403a29
dialektos 조음(調音) 420b8, 18
diamenein 존속하다 415b5
diametros 대각선 430a31
dianoeisthai 사고하다 408b3, 9, 14, 25, 427b13, 429a23
dianoētikē psychē 사고혼 431a14
dianoētikos 사고 능력 413b13, 414a32, 414b18
dianoia 생각 404a17; 사고 415a8, 421a25, 427b15, 433a18
diaphanēs 투명한 418b1, 4, 7, 12, 28, 30, 419a24
diapherein 차이가 나다 402a26, 402b3, 404b30, 405a2, 409a3
diaphora 차이 409a20, 21, 416b4, 418a1, 420a26, 421a15, 426b10, 427b25, 26, 430a14, 432a27; 상이한 것 413b20, 418a14, 422b14, 32; 차별적 성질 423b27, 28, 424a13, 435a22; 차별성 427a17, 429a12
diaphtheirein 파괴하다 435b8
diapnein 흩어지게 하다 411b9
diaporein 난제를 제기하다 403b20
diapseudesthai 틀리다 428b20
diasaphein 명료히 하다 404b1, 414b14, 416b30, 417b29
diaspan 분산시키다 411a20; 흩뜨리다 416a7; 찢다 432b5
diastasis 간격 432a28

diastēma 거리 418b25
diatelein 계속 하다 411b23; 지내다 427b2
diatemnein 자르다 413b21
diatithenai 어떤 상태로 놓다 414a11
didaskalia 가르침 417b11
didaskalikos 가르칠 수 있는 417b13
didonai logon 해명하다 407b29
dierchesthai 다 짚어 보다 409b22; 통과해 가다 420a6
dieros 젖은 423a25, 423b1
dieurynein 팽창시키다 422a3
diexienai 완료하다 407a14
dihairein 분할하다 406b32, 407a1, 409a9, 411b19; 판가름하다 402a23; 구분하다 402a25, 410a15, 429b30
dihairesis 분할 402a20, 430b3, 20
dihairetos 분할될 수 있는, 분할되는(divisible) 411b27, 427a3, 5, 7, 12, 430b9
dihikneisthai 전달되다 423a5
dihistanai 쪼개다 424b12
dihorizein 규정하다 402b11, 404b19, 413a9, 415a21, 416a20, 416b32, 419b4, 427a15; 경계 지어 주다 419b26; 구분하다 413a21, 415b9
dios 신적인 404b14
diōkein 추구하다 431a9, 432b29, 434a9
diōkton 추구될 431b3, 432b28
dipsa 갈증 414b12
doxa 견해 403b22; 의견 404b26, 427b25, 428a19, 20, 30, 434a10, 20
doxastikos 의견을 갖는 능력 413b30
doxazein 의견을 갖다 411a27, 413b31, 427b20, 428a20
drimys 싸한 421a30, 422b13

dyas 둘 429b20
dynamis 능력 403a27, 413a1, 33, 415a19, 25, 416a19, 432a15, 433b2; 가능태 402a26, 412a9, 412b26, 413b19, 414a16, 417a7, 21, 417b4, 419b5, 427a6, 429a16, 29, 429b8, 30, 31, 430a11, 21, 431a2, 4; 가능성 414a29
dynatos 가능적인 429a22
dyschereia 껄끄러운 점 410a27
dysmai 서쪽 418b26
dysōdēs 악취 나는 421b22

e

echein 갖고 있다 417a32
egrēgorsis 깨어 있음 412a24, 25, 412b28, 432b12
eidēsis 앎 402a1*
eidos 종(species) 402b3, 411b21, 414b27, 415b7; 형상 403b2, 412a8, 10, 414a14, 15, 17, 424a18, 429a15, 432a2, 5
eidōlopoiein 상을 만들어 내다 427b20
eikazein 추측하다 403a1
eilikrinēs 순수한 426b4
einai, to 있음 412b8; ~임 412b13, 424a25*, 425b27, 426a16, 427a3, 429b10, 431a14, 19, 435b19
eiserchesthai 들어가다 420a12
eisienai 들어오다 410b29, 420b27
ekkrinesthai 내몰려 나가다 404a14
ekleipein 빠져 있다 424b26, 27, 425a13
ekpnein 내쉬다 421a2, 421b15
ekpnoē 내쉼 432b11

enhylos 질료에 구현되어 있는 403a25
enhyparchein 안에 있다 404a14; 포함되다 413a15; 내재하다 418b8
enkatoikodomein 붙박다 420a9
enkratēs 자제하는 433a7
ensēmainein 알리다 423a4
entelecheia 현실태 402a26*, 412a10, 21, 27, 412b5, 9, 28, 413a6, 7, 8, 413b18, 414a17, 18, 25, 27, 415b15, 417a9, 21, 29, 417b4, 5, 7, 10, 13, 418a4, 418b12, 30, 419a11, 422b1, 16
entoma 곤충 411b20, 413b20
epanienai 돌아가다 403b16, 412a4
epeisienai 들어오다 404a13
eperchesthai 다루다 413a13
epharmozein 조화시키다 408a5; 들어맞다 414b23
epidosis 이행 417b7
epikalymma 덮개 422a2
epikrinein 판별하다 431a20
epilanthanesthai 망각하다 428b6
epipedon 면 402b19, 403b19, 404b23
epiponos 고달픈 407b2
episkeptesthai, episkopein 살펴보다, 살피다 405b31, 402b4, 403b20, 406a11
epistasis 멈춤 407a33
epistasthai 알다 414a5, 6, 417a29
epistēmē 앎 404b22, 412a10, 414a8, 417b22, 427b6, 10, 25, 428a17, 430a4, 20, 431a1, 431b22, 24; 학문 417b26
epistēmonikos 알 수 있는 414a10; 앎의 능력, 아는 능력 431b27, 434a16
epistēmōn 아는 자 417a22, 30, 429b6
epistēton 알려지는 430a5, 431b23

epitattein 지시하다 433a1
epithymein 욕망하다 403a7, 411a28, 435b23
epithymētikē 욕망 능력으로서의 영혼(epithymētikē [psychē]) 407a5
epithymētikos 욕망하는 [부분] 432a25, 433b4
epithymia 욕망 413b24, 414b2, 5, 432b6, 433a3, 25, 433b6, 434a3
epitithenai ~에 대다 419a29; ~에 닿게 놓다 423b24, 25
epizētein ~하고자 하다 402a7; 따지다 411a11; 탐구하다 415a16
epos 시(poem) 410b28
ergon 일 402b14, 403a10, 403b12, 433b20; 기능 416a5, 21, 432a16
erion 모(wool) 419b6
eschatos 끝의, 끝 426b16, 431a19; 표면 423a27*
eu, to 잘 삶 420b20, 22
eudihoristos 잘 규정되는 421a7
euexetastos 쉽게 반박되는 408a10
eukinētos 잘 운동하는 405a12
eulabeisthai 유의하다 402b5; 경계하다 403b24
eulogos 합당한 408a10, 34; 일리 있는 406a31
eumarēs 쉬운 403a1
euōdēs 향기 나는 421b23
euphyēs 잘 타고난 421a24
euporein 해결하다 403b21
eutēktos 잘 녹는 422a19
euthryptos 쉽사리 분산되는 420a8
euthys 곧은 402b19, 411a5, 429b18, 20; 직선 403a13
euthynoi 감사관들 407b29
euthyōria 직선형 406b31
euthyporein 곧게 나아가다 407a29
exerchesthai 밖으로 나가다 406b3, 411b8, 419b17

exhistasthai 벗어나다 406b13
exō 외부에, 바깥에 417a4, 420a5
ēchein 울리다 420a16, 19
ēchō 반향 419b25, 28
ēremein 정지해 있다 404a12, 406a24, 425a18, 434a20
ēremēsis, ēremia 정지 406b22, 406a24, 27; 정지해 있음 407a32

g

gaia 흙 404b13
gegōnein 소리 나게 하다 420a1
geloios 우스운 414b25
genesis 발생 412a26, 416b15, 424a23; 생겨남 415a27, 416a23
genētos 발생하는 434b4
gennan 생식하다 415a26; 낳다 416b24, 417b17
gennēsis 생식 415a23
gennētikos 생식을 할 수 있는, 생식하는 416a19, 432b10, 24; 낳는 능력 416b25
genomenon, to 과거 430a31
genos 유(genus) 402a23, 417a27; 부류 402b3, 412a6, 413b26
geuesthai 맛보다 422b8
geusis 미각 420b19, 421a18, 422a29, 426b1, 434b18, 21, 435b22; 맛봄 426a14
geustikos 맛을 볼 수 있는 422b5, 15, 426a15
geustos 미각 대상 422a8, 17, 422b15; 맛이 나는 422a34
gē 흙 405b8, 406a28, 416a1, 418b22, 425a6, 435a15, 23, 25, 435b1
gēïnos 흙으로 된 435a21
gēras 노령 408b22

gignesthai 되다 417b5; 있게 되다 418b22; 생겨나다 431a3; 행해지다 407b29
ginglymos 경첩 관절 433b22
ginōskein 인식하다 402a7, 402b17, 404b9, 17, 405b15, 16, 409b30, 410a26, 429a10
glaphyrōs 매끄럽게 405a8
glōtta 혀 420b18, 30, 422b6, 423a17, 435b24
glykys 단, 달콤한 421a27, 29, 421b1, 422b11
gnōrimos 잘 알려지는 413a12
gnōristikos 인지를 할 수 있는 404b28
gnōrizein 알다 403a1, 409b26; 알아보다 427b5, 429a19, 430b22~24
gnōsis 인식 402a5
gonē 씨 405b3, 4
gōnia 각(angle) 402b20
grammateion 서판 430a1
grammatikē 문법적인 417a25
grammē 선(line) 403b19, 409a4, 30
graphein 그리다 412b22; 쓰다 430a1
graphē 그림 427b24

h

haima 피 403a31, 405b4, 5
halmyros 짠 422a19, 422b12
haplous 단순한 405a16, 412b2, 417b30, 424b30, 425a3, 429b23, 434b9, 435a11
haptesthai 접촉하다 403a13, 423a24, 423b3, 11, 426b16
haptikos 촉각의 413b9; 촉각 능력 415a3, 422b20; 감촉할 수 있는

423a16, 423b26, 30, 434b13, 435a14
haptos 촉각 대상 422b19; 감촉되는 422a11, 422b25, 423b12, 27; 접촉되는 434b12
harmonia 조화 406b30, 407b30, 32, 408a6
harmonikos 조화로운 406b29
harmozein 조화롭다 408a1
haphē 촉각 413b5, 6, 414a3, 414b3, 414b7~9, 415a4, 421a19, 422b17, 18, 424a1, 424b24, 26, 434a1, 434b18, 435a13, 17, 21, 435b2; 접촉 422b6, 435a18, 435b12
heis 하나 404b20, 22, 412b8, 413b18, 415b4, 7, 420a1, 431a21, 22
helix 나선 구조 420a13
helkein 빨아들이다 412b4
helxis 당기기 433b25
heneka [~를] 위해 415b2, 11, 16, 20, 21, 420b20, 433a14, 15, 434b24, 435b21
henopoiein 단일하게 만들다 410b11
hermēneia 표현 420b19
heteromēkēs 이변의(with sides of unequal length) 413a17
heuresis 찾기 413a19
hexis 소유상태 417a32, 417b16, 432a6; 상태 418b19, 430a15
hēdesthai 쾌락을 느끼다 431a10
hēdonē 쾌락 409b16, 413b23, 414b4, 434a3
hēdys 쾌락적인 414b5, 431b9, 432b31, 433b9; 쾌적한 426b3
hēdysma 양념 414b13
hēlikia 적령의 ~ en hēlikiai 나이가 찬 417b31
hēlios 해, 태양 405b1, 428b3
hēlioun 해가 비추다 419b31
hippos 말(horse) 402b7

historia 연구 402a4
holos 전체의, 전체 410b27, 411a17, 30, 414a8; 우주 410b29, 411a7
homalos 판판한 420a25
homogenēs 동류의 431a24
homoeidēs 동종의 402b2, 411a18, 21, 411b25
homoiomerēs 자신과 같은 부분들로 되어 있는 411a23
homoios 유사한 404b17, 410a29, 416a32
homoiotēs 유사성 420b6, 421b1
homoiousthai 유사해지다 418a5
homōnymōs 이름만 같은 방식으로 412b14, 21
horan 보다 404b13, 418b3, 419a8, 9, 13, 18, 21, 420a28, 425b19
horasis 봄 412b28, 426a13, 428a7
horatos 보이는 418a26, 30, 419a1
horismos 정의(definition) 402b26, 407a25, 30, 409b13
horistikos 정의하는 413a14
horizein 정의하다 403a29, 409b19; 한정하다 407a25, 413b12, 435b16; 가두다 420a19
horma 시각적인 것 428a16; 보이는 것 435b11
hormathos 회오리 419b24
horos 정의(definition) 403a25, 413a14, 16, 18; 기준 404a9; 경계 431a22
hote, to 때(the when) 426b27
hoti, to 사실(the that, the fact that) 413a13
hydōr 물 416a26, 423a25, 429b11
hygiainein 건강하다 414a7
hygiastos 건강할 수 있는 414a10
hygieia 건강 414a9
hygiēs 건강한 416a25
hygrainesthai 습해지다 422b2~4

hygros 습한 405b3, 414b7, 422b6, 26, 423a24
hygrotēs 습기 422a18
hyios 아들 418a21, 425a25, 26, 29
hylē 질료 403b1, 18, 412a7, 9, 412b8, 20, 414a14, 16, 26, 416a18, 417a27, 430a6, 10
hymēn 막 423a3, 423b9
hyparchē 처음 412a4
hypenantiōsis 내적 상충 409b22
hyperballein 과도하다 426a30, 426b7
hyperbolē 과도함 435b8, 13; 넘어서는 정도의 것 424a4, 29
hyphainein 천을 짜다 408b13
hypnos 잠 412a25, 432b11
hypodeēs 덜한 429b4
hypographein 밑그림을 그리다 413a10
hypokeimenon, to 기체 412a19, 414a14, 422b32, 425b14, 426b8, 10
hypolēpsis 상정 427b25, 28, 428b3
hypomenein 머물러 있다 419b21
hyposmos 냄새에 끌리는 421b12

i

iasthai 치료하다 433a4
iatrikē 의술 433a4
iatros 의사 403b14
ichthys 물고기 419a5, 420b10, 421a4
idea 이데아 404b20
idios 고유한 402a9, 15, 403a4, 8, 408b34, 409b1, 414b26, 418a10, 425a19, 21, 30, 428b18, 23

k

kaiein 태우다 417a8
kairos 적절한 때 417b28
kakos 나쁜 426b25, 430b22
kalos 아름다운 402a1
kamnein 병들어 있다 416a25; 손상되어 있다 420a14; 아프다 422b8
kampylos 굽은 402b19, 411a5, 6
kanōn 자막대기 411a6*
kardia 심장 403a31, 408b8, 420b26, 432b31
karpos 열매 412b3, 27
katakamptein 구부리다 406b31
katachrēsthai 사용하다 420b17
kataphanai 긍정 진술을 하다 431a9
katapsyxis 냉각 405b29
kataxēros 몹시 건조한 422b5
katechein [자리를] 차지하다 409a23; [숨을] 참다 421a3, 421b15
katēgoreisthai 술어가 되다 402b8
katēgoria 범주 402a25, 410a15
katharos 순수한 405a17
katheudein 잠들어 있다 417a11
katholou 보편적으로 410b26, 424a17; 보편자 402b7, 417b23; 보편적인, 보편적인 것 417a1, 434a17, 20
kathoran 알아보다 402b20
katō 아래 416a3
kauma 폭염 403b5
kaustikos 태울 수 있는 417a8
kaustos 탈 수 있는 417a8

kenos 허공 419a16, 419b33; 텅 빈 420a18
kephalaion 머리, 요점 ~ en kephalaiōi eipein 요약해서 말하다 433b21
kephalē 머리 416a4, 419a5
keras 뿔 419a5, 420a16
kēros 밀납 424a19, 435a2, 9
kinein 운동을 일으키다 404a26, 406a1, 3, 426a6, 432b8, 14, 433a9, 18, 21, 433b10, 13, 14, 21, 434b32
kineisthai 운동하다 403b30*, 404a23, 411b22, 413b6; 움직여지다 406a3*, 4, 5, 406a22, 406b1, 407b2, 408b6, 420a7, 426a6, 432b17, 433b25
kinēsis 운동 405a28, 406a12, 406b15, 412b17, 415b22, 417a16, 426a2, 426b30,431a6, 432b9, 14, 28, 434b32
kinētikos 운동을 일으킬 수 있는 404b8, 405a4, 10, 19, 25, 409a3, 410b17, 414b17, 426a4, 433a13
klan 꺾다 429b16
koilos 오목한 419b16, 431b14, 433b23
koinos 공통의, 공통되는 402a12, 17, 402b8, 407b29, 408b28, 412a5, 412b4, 414b23, 25, 416b32, 418a17, 425a14, 428b22, 431b5
koinōnein 공유하다 415b3
koinōnia 상관성 407b18
korē 눈동자 413a3, 420a14; 동공 425a4, 431a17
kōlyein 막다 404a14; ~하지 말도록 하다 409a23
kōlytikos 막아 주는 403b4
kōmōidodidaskalos 희극 시인 406b17
krasis 융합 407b31*
kratein 지배하다 429a19
kreittōn 더 강력한 410b13
krinein 식별하다 411a4, 418a14, 422a21, 424a5, 425b21, 426b10, 14,

17, 427a20, 428a3, 429b13, 15, 17, 21
kritēs 판정자 405b8, 식별자 411a6
kritikos 식별할 수 있는, 식별 능력 424a6, 432a16
krokos 사프란 421b2
krouein 두드리다 420a23; 퉁기다 424a32
kybernan 조종하다 416b26
kyklophoria 원운동 407a6
kyklos 원 406b32, 407a20, 433b26; 원형 406b31, 407a16 ~ kyklōi pheresthai 원운동 하다 407b6, 10
kyōn 개 402b7
kyrios 주된 408a6, 418a3; 주도적인 410b14; 주요한 419b19, 33, 433a5
kyrtos 볼록한 433b23

l

lampein 환하다 419a4
lampros 환한 422a22
lanthanein 간과하다 402b5, 411a1, 425b5, 7, 428b8
leios 매끄러운 419b7, 15, 16, 32, 420a1, 435a8
leiotēs 매끄러움 422b31
lepis 비늘 419a5
leptomerēs 입자가 미세한 405a6, 22, 409a32, 409b21
leptos 미세한 405a24
leukos 흰 430b30
liparos 느끼한 421a30, 422b12
lithinos 돌로 된 412b21
lithos 돌 403b5, 405a20, 435a3
logismos 헤아림 409b16, 415a8, 9, 433a12, 24, 434a8

logistikos 헤아릴 수 있는, 헤아리는 432a25, 432b5, 26, 434a7; 이성적인 433b29
logizesthai 헤아리다 431b7, 433a14
logos 말 413a14, 16; 논의 403b16, 407b29, 432b8; 설명 418a27; 규정 407a25, 412a6, 414b23, 429a12, 414a25, 432a20; 정의 402b5*; 형식 403a25*, 412b16, 414a9, 13, 27, 416a18; 이치 418b24; 이성 427b14, 428a24, 433b6; 비율 408a14, 15, 19, 410a2, 416a17, 424a24, 27, 31, 426a28, 426b4, 7 (cf. logon didonai 해명하다 407b28~29)
lyein 해체하다 424a31
lypeisthai 괴로워하다 408b2, 고통을 느끼다 431a10
lypē 고통 413b23
lyra 리라 420b7
lysis 해결책 422b28

m

makarios 복된 407a34
malakos 무른 422b27
malakosarkos 살이 무른 421a26
manteusthai 짐작하다 409b18
manthanein 배우다 408b14, 417b12, 429b9, 432a7
marainesthai 쇠약해지다 408b24
martyrein 증언하다 410a29
matēn 헛되게 432b21, 434a31
mathēmata 수학 402b19
mathēmatikos 수학자 403b15; ta mathēmatika 수학적 대상들 431b15
mathēsis 배움 417a31

megethos 크기 407a3, 418a18, 422a30, 423a23, 425a16, 429a12, 429b10, 432a4, 20, 433b25
melas 검은 422b24, 424a8
meli 꿀 421b2
melitta 벌 428a11
melos 선율 420b8
meristos 부분으로 나뉘는, 부분이 있는 402b1, 407a19, 411b5, 413a5
merizein 부분들을 갖추게 하다 406b29
meros 부분 403a27, 408a10, 21, 412b18, 420a7
mesos 중명사(middle term) 407a29; 비례 중항 413a19; 중간의 것 423b7, 434b31; 중간인 것 424a6*
mesotēs 중간 424a4*, 424b1, 431a11, 19, 435a21
metabolē 변화 416a33, 417b15
metapeithein 달리 설득하다 428b6
metaphora 은유 420a29, 428a2
metapiptein 바뀌다 428b8
metaxu 사이의 406a30, 416a34*, 419a20; 매체 419a27*, 421b9, 422b22, 423a15, 423b26, 434b28, 435a16
methē 술 취함 408b23
methistasthai 자리를 옮기다 406b3
methodos 방법 402a14, 16
metrein 재다 434a9
mēkos 길이 404b20, 430b8, 10
mēninx 고막 420a14
mēnyein 알려 주다 403a19
mētis 꾀 427a23
mignynai 섞다 405a1, 407b2; 혼합하다 408a9, 411a10, 422a14, 425a7, 426b5; 섞다 429b28

mikromereia 입자의 작음 405a11
mikrotēs 작음 409a15, 422b30
misein 미워하다 403a18, 408b26
mixis 혼합 408a14, 15, 18, 22, 25, 28
mnēmoneuein 기억하다 430a24
mnēmonika 기억 체계 427b19*
monadikos 단위로서의 409a20
monas 단위 409a1, 5, 6, 8, 11, 16, 19, 22
monē 흔적 408b18
monimos 고착되어 있는, 고착되어 지내는 410b19, 432b20, 434b2
morion 부분 402b9, 10, 406a8, 407a12, 424a33
morphē 형태 407b24, 412a8, 414a9
myein [눈을] 감다 428a16
mykēs 버섯 419a5
myktēr 콧구멍 421b16
myrmēx 개미 419a17, 428a11
mythos 이야기 407b22

n

neikos 불화 410b6
neos 젊은 408b22
neuron 힘줄 410b1
nēnemia 바람 없이 고요함 404a20
noein 사유하다 402b13, 403a8, 408b24, 417b24, 427a26, 427b9, 27, 429a13, 430a5, 22, 430b12, 15, 431a8, 17, 431b13, 14, 15, 16
noēma 사유된 것 407a7, 430a28, 431b7, 432a12
noēsis 사유 407a7, 24, 32, 430a26, 433a12

noētikē 사유혼(noētikē [psychē]) 429a28
noētikos 사유 능력 429a30, 431b2
noētos 사유 대상, 사유되는(intelligible) 429a14, 429b3, 430a7, 432a5, 431b22
nosos 질병 408b24
nous 지성 404a27, 31, 404b2, 3, 5, 22, 405a9, 13, 15, 18, 405b20, 407a5, 9, 408b18, 29, 410b14, 413b24, 415a12, 415b16, 428a18, 429a6, 7, 17, 23, 429b3, 22, 23, 31, 430a2, 4, 14, 17, 25, 430b27, 431b17, 432a2, 432b26, 433a9, 13, 26

o

oiesthai 생각하다 403b29, 405a28, 411a8
oikeios 고유한 404a22, 405b6, 406a8, 414a26; 적합한 414b27, 416b31; 본연의 419a2, 6
oikia 집 403b3
oikodomein 집 짓다 408b13, 417b9
oikodomos 집 짓는 자 417b9
oikoumenē, hē 우리가 거주하는 땅 428b4*
omma 눈 408b21, 421b28, 427b18
onoma 이름 405b26, 418a3, 429a3
onomazein 이름 붙이다 405b28
ophelos 이점이 있는 410a7
ophthalmos 눈 412b20, 413a2
opsis 시력 412b19*, 413a1, 3; 시각 422a20, 424a11, 425b20, 426a13, 429a3, 435a6, 435b21
oregesthai 욕구하다 415b1
orektikos 욕구 능력 408a13, 414a32, 414b1, 431a13, 433a21, 433b11, 17;

욕구하는 [부분] 432b3
orektos 욕구 대상 433a28, 433b11
orexis 욕구 403a30, 411a28, 413b23, 414b2, 431a12, 432b7, 433a18, 26, 433b1, 5, 19, 434a12
organ 달아오르다 403a21
organikos 기관을 갖춘 412a28, 412b6; 도구적인 432b18, 25
organon 도구, 기관 407b26, 411b23, 412b1, 412b12, 415b19, 416a5, 420b22, 429a26, 432a2
orgē 분노 403a30
orgizesthai 분노하다 403a22, 26, 408b2
orthogōnion 직사각형 413a17
orthos 곧은 ~ orthē gōnia 직각 402b20
osmasthai 냄새 맡다 419b2, 421a11, 421b14, 422a4, 424b17
osmē 냄새 415a6, 419a32, 421a18, 27~30, 421b24, 422a6, 426b2, 429b2, 434b20; 후각 421a7*, 421a16
osphrainesthai 냄새 맡다 421b25, 424b4, 7
osphrantikos 냄새 맡을 수 있는 421b32, 422a7
osphrantos 후각 대상, 맡아지는 것 421a7, 11, 421b6, 424b6
osphrēsis 후각 421b5*, 9, 23, 424b6; 후각 기관 425a5
ostoun 뼈 408a15, 409b32, 410b1
ouranos 하늘 405b1, 419a17; 천구 407a2, 407b6
ous 귀 420a9, 13, 16
ousia 실체 402a24, 402b18, 24, 410a20, 412a6, 11, 16, 412b10, 19, 414a15, 415b13; 본질 402a13
oxys 날카로운 [소리] 420a29; 신 [냄새] 421a30; 신 [맛] 422b14
oxytēs 날카로움 422b30
ozein 냄새를 내다 419a29, 424b16
ōsis 밀기 433b25, 435b10

ōthein 밀다 406b6, 420b2, 434b31

p

pais 아이 417b31
panspermia 범종자 혼합체 404a4
pantelēs 완벽한 404a20
parachōrein 비켜 가다 410b25
paradechesthai 받아들이다 408a8
paradidonai 전수하다 405b29, 407b27, 409b19, 412a3
paralambanein 물려받다 403b27
paralogos 터무니없는 411a14, 15
paraskeuazein 조달하다 416b19
parechein 주다 404a9
pareinai 와 있다 427a23 ~ ta paronta 현재의 것들 431b8
paremphainesthai 안에 함께 나타나다 429a20
parhistasthai 일어나다 427a25
parousia 와 있음 418b16*, 20
paroxynein 흥분시키다 403a20
paschein 겪다 403a18; 영향 받다 407b18, 414a11, 416b35, 417a17, 20, 417b2, 418a3, 426a5, 10, 427a9, 429b25, 29, 430a19
patassein 치다 423b16
pathēma 겪는 것 403a11; 자극 403a20
pathēsis 영향 받음 426a10
pathētikos 영향 받을 수 있는, 영향 받는 424b14, 430a24
pathos 속성 402a9, 403a3, 25, 403b10, 403b17; 성질 432a6; 겪는 것 403b12, 408a4, 409b15; 겪음 427b18
peina 배고픔 414b12

peithesthai 믿다 405b3; 설득되다 408a23
pelekys 도끼 412b12, 13
pephykein 본래 ~하기 마련이다 402b11, 406b21, 422a28
pepsis 소화 416b29
peras 경계 407a24, 427a13; 한도 416a17
peratoun 경계 짓다 407a28
periechein 둘러싸다 404a10, 411a19, 418b22
perikarpion [열매의] 껍질 412b2
peripheresthai 회전하다 408a30
periphora 회전 407a21, 22, 30
periphyesthai 본성적으로 붙어 있다 423a7
periteinein 팽팽히 두르다 423a3
pettein 소화시키다 416a33, 416b5
pezos 육상의 ~ ta peza 육상 동물 420b25
pēdalion 키(rudder) 416b26
pēgnyein 응축시키다 404a15
pēroun 불구로 만들다 425a10
pērōma 불구인 415a27, 432b22, 24
phainesthai 나타나다 428a7, 428b1, 2; 분명히 ~하다 432a27
phainomenon, to 나타나는 것 404a29, 427b3; 현상 418b24; to phainomenon agathon 좋아 보이는 것 433a28
phanai 발언하다 431a8*; 진술하다 431a16
phantasia 상상 403a8, 413b22, 414b16, 415a11, 425b25, 427b14, 28, 428a1, 9, 10, 12, 18, 22, 24, 428b11, 30, 429a1, 8, 432a10, 433a10, 12, 27, 433b28, 29, 434a1, 4, 6; 나타나는 바 402b23
phantasma 심상 428a1, 431a15, 17, 431b2, 4, 7, 432a9, 13, 434a10
phantastikos 상상하는 [부분] 432a31
phantazesthai 상상하다 433b12

phaos 빛 429a3
pharynx 목구멍 420b23*, 421a4
phasis 진술 430b26, 432a10
pheresthai 이동하다 409b10, 416a6; 모이다 404a21; 실리다 410b29
pheugein 회피하다 432b28, 30, 434b17
pheuktos 피해져야 할 것, 회피될 것 407b3, 432b28
pheuktikos 회피 능력 431a13
philein 사랑하다 403a18, 408b26
philia 사랑 408a22, 430a30
philosophia 철학 404b19
philosophos 철학자 403b16
phlebion 혈관 422a3
phobeisthai 두려워하다 403a20, 24, 408b2
phoberos 두려운 403a23, 421a15, 427b22
phobos 두려움 403a17
phora 이동 406a13, 406b31, 434a15
phortikos 조야한 405b2
phōnein 목소리를 내다 420b6, 421a2
phōnē 목소리 420b5, 29, 33, 426a27
phōs 빛 418b2~3*, 9, 11, 14, 18, 419a9, 11, 419b33, 429a4, 430a15, 16
phragma 보호막 421b29
phronein 사려하다 427a19, 21, 24, 28, 427b7
phronēsis 사려 404b5, 427b10, 25
phronimos 명민한 421a22
phryktos 봉화 431b5
phthartikos 파괴적인 424a15; 엉망인 422a33
phthartos 가멸적인 413b27, 415a9, 415b4

phthinein 쇠퇴하다 415b26, 434a26
phthisis 감소 406a13; 쇠퇴 413a27, 415b26, 432b9, 434a25
phthora 파괴 403b4; 소멸 417b3, 434a23
phyesthai 자라다 434a26 (cf. ta phyomena 식물 413a25, 33; pephykein 본래 ~하기 마련이다 402b11, 406b21, 422a28; periphyestnai 본성적으로 붙어 있다 423a7)
phygē 회피 431a12
phyllon 잎 412b2
physikos 자연학자 403a28, 29, 403b7, 11; 자연적인 403b17, 412a12, 20, 28, 412b5, 16, 415a26, 415b18
physiologein 자연학적으로 설명하다 406b26
physiologos 자연학자 426a20
physis 자연 402a6, 404a5, 416a16, 420b17, 430a10, 432b21, 434a31, 434b1; 본성 402a7, 403b25, 405a4, 406a22, 407b2, 415b2, 17, 415b18, 416a9, 418b2, 31
phyta 식물 409a9, 410b23, 30, 411b19, 28, 412b1, 413b16, 414a33, 415a3, 424a33, 435b1
pikros 쓴 422b8, 12, 425b1
pisteuein 확신하다 424b24, 428a21, 428b4
pistis 확신 402a11, 428a20~23
pithanos 신뢰 받는 407b27
planē 헤맴 402a21
platos 넓이 404b21
plattein 꾸며내다 406a27, 411b19
plēgē 타격 419b10, 13, 435b11
plērēs 가득 찬 411a8
plēttein 타격을 가하다 419b21, 22
plinthos 벽돌 403b6

ploion 배 406a7, 413a9
plōtēr 선원 406a6, 413a9
pneuma 숨 420b20, 421b15
pneumōn 허파 420b24
podiaios 한 발 너비의 428b3
poiein 영향 주다 407b18; 낳다 415a28; 작용하다 415b16; 만들다 427b19, 430a15; 행동하다 433a5
poiēsis 영향 줌 426a2, 9
poiētikon 작자(作者) 430a12
poiētikos 영향 줄 수 있는 414a11, 426a4; ~하게 해 줄 수 있는 417b20
poion 질 402a24
polemios 적 431b6
polymerēs 여러 부분들로 된 411b11
poreia 어딘가로 나아감 432b26
poreutikos 어딘가로 나아가는, 나아갈 수 있는 432b14, 434a33, 434b25
poros 통로 422a3
poson 양 402a24, 409a13
poton 음료 422a14; 마셔지는 422a31, 34
pous 발 406a9
pragmateuesthai 작업하다 402a18
praktikos 실천적인 407a23, 433a14, 16, 18
praktos 행해질 수 있는 432b27, 433a29
praotēs 온화 403a17
prattein 하다 415b1; 행하다 429a5; 행동하다 433a3, 8
praxis 행동 415a19, 433a17
presbytēs 노인 408b21
proerchesthai 앞으로 논의해 가다 403b21; 가다 418a28
progenēs 이전 세대 403b27; 손위의 410b14

progeumatizein 맛보다 422b7
prohairesis 선택 406b25
proienai 나아가다 411b13
prosdihorizein 추가 규정하다 407b16, 21, 414a23
prosennoein 덧붙여 생각하다 430b1
prosginesthai 보태지다 416b3
proslambanein 추가로 취하다 407a29
prospephykenai 본성적으로 붙어 있다 423a16
proteros 앞서는 412a26, 415a18, 430a21, 431a2
protithesthai 제시해 놓다 403b24
prōtos 제일의 403b16, 404b20, 405a4; 첫 번째의 422b7, 22, 424a24; 높은 402a4
psammos 모래 419b24
psathyros 쉽게 부스러지는 419b35
pseudesthai 거짓을 말하다 427b21, 428a4; 틀리다 428b22
pseudos 거짓인 405b32
psophein 소리 내다 419b12, 420b14, 30
psophēsis 소리 냄 426a1, 7, 12
psophētikos 소리 낼 수 있는, 소리 내는 420a3, 423b5, 13
psophos 소리 414b10, 419b6, 14, 19, 420a21, 420b11, 29, 426a7
psychesthai 차가워지다 424a34
psychē 영혼 402a3, 9, 402b4, 10, 403a4, 28, 403b31, 404b12, 16, 29, 405a9, 22, 26, 405b4, 5, 6, 11, 26, 406a1, 17, 406b10, 16, 26, 407b15, 26, 27, 408a14, 408b15, 30, 33, 409b5, 410b12, 411a2, 25, 30, 411b8, 27, 28, 412a27, 412b4, 6, 413a4, 413b11, 13, 26, 414a12, 18, 20, 414b20, 29, 415b8, 18, 416a8, 416b25, 417b24, 427a17, 429a27, 431b21, 29, 432a1, 15, 19, 23, 24, 433b1 (cf. threptikē psychē 영양혼 415a24; noētikē [psychē] 사유혼 429a28;

dianoētikē psychē 사고혼 431a14)
psychikos 영혼으로서의 424a33
psychros 차가운 405b25, 414b8
psykton 냉각될 수 있는 426b6
pyr 불 404a1, 406a28, 416a2, 9, 15, 18, 419a23
pyrinos 불로 된 435a12
pyrōdēs 불 같은 모습의 419a3

r

rhapizein 때리다 419b23
rhein 흐르다 405a27
rhiza 뿌리 412b3, 416a4
rhysmos 모양 404a7

s

sarx 살 408a15, 422b21, 423a14, 19, 423b26, 426b15, 429b12, 13, 16
schēma 형태 404a2, 11, 405a11, 418a18, 425a18; 도형 414b21
seiein 진동하다 420a26
selēnē 달 405b1
sēmantikos 의미를 갖는 420b32
sēmeion 표지 419a11, 420a15, 421a23; 문양 424a21, 435a9
sēpesthai 썩다 411b9
sidēros 철 405a21, 424a19
sigē 고요 422a23
simon 오목코 429b14, 431b13
skepasma 보호처 403b4; 덮개 412b2

skepsis 검토 407b12, 415a14
skia 그림자 419b32
sklēros 단단한 422b27
sklērophthalmos 눈알이 단단한 421a13, 421b28, 30
sklērosarkos 살이 단단한 421a25
skoteinos 어두운 418b29
skotos 어둠 418b11, 18, 31, 422a21
skōlēx 애벌레 428a11
sōma 몸, 물체(body) 403a6, 406b2, 409b3, 409b5, 412a11~13*, 16, 18, 412b5, 412b6, 412b23, 413a2, 414a8, 18, 20~23, 415b8, 11, 416a28, 418b9, 13, 15, 17, 423a13, 423a25, 423b27, 425a12, 434a28, 434b9, 434b12, 435a11
sōmatikos 물체적인, 신체적인 404b31, 408a2, 410a28, 427a27, 433b19
sōmation 물체 409a11
sōros 더미 419b24
sōtēria 보존 417b3
sōzein 보존하다 411b23, 416b14, 17, 422b4, 434b26
sperma 씨 412b27
sphaira 구 403a14, 409b9; 공 419b27, 434a13
sphairion 작은 구 409a12
sphairoeidēs 구형의 404a2, 405a12
spongos 푹신한 419b6
stasis 정지 412b17
stereon 입체 404b24; 고체 423a13
sterēsis 결여 418b19, 430b21
sterētikos 결여적인 417b15
stigmē 점 403a14, 407a12, 13, 409a6, 20, 29, 427a10, 430b20
stoicheion 원소 404a5, 404b25, 405b8, 13, 423b28

synhistanai 구성해 놓다 405b16, 406b28
synkeisthai 구성되다 407b31
synkephalaioun 간추리다 431b20
synthesis 결합 407b33, 408a7, 11, 410a2, 430a27, 430b2
syntheton 결합체 410a1
syntithenai 결합하다 430b1, 3
syrrhizousthai 뿌리 내리다 415b29

t

tachos 빠름 420a33
tachys 빠른 420a32
technē 기술 407b26
technitēs 기술자 403b13
tektonikē 목공술 407b25
tektōn 목수 403b13, 416b1, 2
telein 완성하다 431a7
teleios 완전한 415a27, 432b23
teleutaios 마지막의 415a7
teleutē 끝 433b23
telos 끝 407a27; 목적 415b17, 416b24; 완성 434b1 (cf. dia telous 내내 413a30, 432b21)
temnein 나누다 431b24
tetragōnismos 테트라고니스모스 413a17*, 19
tetragōnon 사각형 414b31
tharraleos 덤벼볼 만한 427b22, 24
tharrein 대담해지다 403a7, 408b2
tharsos 대담함 403a17

thaumasios 놀라운 402a3
theasthai 보다 427b24
theion 유황 421b25
theios 신적인 405a32, 415a29
theos 신 402b7, 407b10, 411a8
theōrein 고찰하다 402a7, 402b17; 관조하다 408b24, 412a11, 417a28, 29, 417b5, 19, 432a8; 주시하다 432a9
theōrētikos 이론적인 407a25; 관조적인 413b25, 430a4, 432b27, 433a15
thermainesthai 뜨거워지다 424b1
thermos 열 403b1; 뜨거운 405b25, 414b8, 416b29; 뜨거움 423b28
thermotēs 열 416b29, 420b20
thesis 위치 408a7, 409a6, 21
thērion 짐승 428a21, 24, 429a6
thinganein 닿다 407a16, 18, 423a2
thixis 닿음 407a18, 427b4
thnēiskein 죽다 406b5
threptikē 영양을 맡는 416a19
threptikē psychē 영양혼 415a23
threptikos 영양 능력 413b5, 7, 414a33, 415a2
thrix 털 410b1, 435a24
thrypsis 분산 419b23
thryptein 분산시키다 419b26, 420a8
thymikos 기개를 발하는 432a25, 433b4
thymon 백리향 421b2
thymos 기개 403a17, 403b18, 414b2, 432b6
thyrathen 밖으로부터 404a13
thyris 창문 404a4
ti esti 무엇임 402a13, 17, 402b17, 22, 430b28

x

z

zesis 끓음 403a31
zēn 산다, 살고 있다 404a9, 405b28, 410b23, 411b19, 413a22, 30, 413b1, 17, 414a4, 414b8, 415a25, 434a23, 27
zētēma, zētēsis 탐구 402a12, 403b24
zopheros 어두침침한 426b1
zōē 생(life) 412a13, 14, 415b27
zōion 동물 409a9, 410b20, 24, 411a1, 411b20, 413b2, 4, 414b3, 415a5, 28, 425a9, 432b20, 23, 433b30, 434a6, 30, 434b12, 13, 14, 24, 30, 435a11, 435b17, 19; 생물 402a7*, 402b7, 413a3, 414a1

우리말-그리스어

손가락 표시(☞)가 가리키는 관련 번역어도 함께 찾아보기를 권한다.

ㄱ

가능적인 dynatos
가능태, 능력, 가능성 dynamis
가르침 didaskalia
각(angle) gōnia
간격 diastasis
간과하다 lanthanein
간추리다 synkephalaioun

갈증 dipsa
감각 aisthēsis; 감각하다 aisthanesthai; 감각할 수 있는, 감각하는 [부분] aisthētikos ☞ 영혼; 감각 되는, 감각 대상 aisthētos; 감각되지 않는 anaisthētos
감각 기관 aisthētērion, aisthēsis
감각 인상 aisthēma
감사관들 euthynoi
감촉되는, 접촉되는, 촉각 대상 haptos; 감촉되지 않는 anhaptos
감촉할 수 있는, 촉각의, 촉각 능력 haptikos
강제 bia
갖고 있다 echein
개 kyōn
개미 myrmēx
거리 diastēma
거짓인 pseudos; 거짓을 말하다, 틀리다 pseudesthai
거침 trachytēs
건강 hygieia; 건강한 hygiēs; 건강하다 hygiainein; 건강할 수 있는 hygiastos
건조한 xēros
걸음 badisis
검은 melas
겪다 paschein ☞ 영향 받다
견해 doxa
결론 symperasma
결속시키다 synechein
결여 sterēsis; 결여적인 sterētikos
결합 synthesis; 결합하다 syntithenai; 결합체 syntheton
경계, 한도 peras; 경계 짓다 peratoun
경첩 관절 ginglymos

고귀한, 고등한 timios; 열등한 atimos

고달픈 epiponos

고막 mēninx

고요 sigē

고유한 idios

고유한, 본연의, 적합한 oikeios

고착되어 있는, 고착되어 지내는 monimos

고체, 입체 stereon

고통 lypē; 괴로워하다, 고통을 느끼다 lypeisthai

곤충 entoma

곧은 euthys, orthos; 직선 to euthys; 직선형 euthyōria

공기 aēr; 공기로 된 aerinos

공유하다 koinōnein

공통의, 공통되는 koinos

과거 to genomenon

과도함 hyperbolē; 과도하다 hyperballein

관조하다, 고찰하다, 주시하다 theōrein; 관조적인, 이론적인 theōrētikos

구(sphere), 공(ball) sphaira; 구형의 sphairoeidēs

구별하다 aphorizein

구부리다 katakamptein

구성되다 synkeisthai

구성해 놓다 synhistanai

굽은 kampylos

귀 ous

규정, 설명, 정의, 형식, 이성, 비율, 이치, 말, 논의 logos

규정하다, 경계 지어 주다, 구분하다 dihorizein

그림 graphē; 그리다, 쓰다 graphein

그림자 skia

금(gold) chrysos, 금으로 된 chrysous
긍정 진술을 하다 kataphanai
기관 organon ☞ 도구
기관(wind-pipe) artēria
기개 thymos; 기개를 발하는 thymikos
기쁨 chara; 기뻐하다 chairein
기술 technē; 기술자 technitēs
기억하다 mnēmoneuein; 기억 체계 mnēmonika
기여하다 symballesthai
기체 to hypokeimenon
기침 bēx
길이 mēkos
깊이 bathos
깨어 있음 egrēgorsis
껍질 perikarpion
꼭 짜 맞춰져 있다 synharmozein
꾸며내다 plattein
끌어당기다 synephelkein
끓음 zesis
끝 eschatos; 끝, 목적, 완성 telos

ㄴ

나누다, 쪼개다 temnein
나쁜 kakos
나선 구조 helix
나타나다 phainesthai; 나타나는 것, 현상 to phainomenon
난제, 난점 aporia

난제를 제기하다 diaporein

날카로운, 신(acid) oxys; 날카로움 oxytēs

내몰려 나가다 ekkrinesthai

내쉬다 ekpnein

내재하다, 안에 있다, 포함되다 enhyparchein

내적 상충 hypenantiōsis

냄새, 후각 osmē; 냄새 맡다 osmasthai ☞ 후각

냄새를 내다 ozein

냄새에 끌리는 hyposmos

냉각 katapsyxis

넓이 platos

노란 xanthos

노령 gēras

노인 presbytēs

논박하다 elenchein

놀라운 thaumasios

[어떤 상태로] 놓다 diatithenai

눈 ophthalmos, omma

눈꺼풀 blepharon

느끼한 liparos

능력, 가능태, 가능성 dynamis

ㄷ

다른 alloios; 다른 것의, 다른 물체의 allotrios

단단한 sklēros

단순한 haplous

단위 monas

달 selēnē
달콤한 glykys
담그다 baptein
당기기 helix
닿다 thinganein; 닿음 thixis
대각선 diametros
대담함 tharsos; 대담해지다 tharrein
대명사(major term), 극단, 가장자리 akros
더미 sōros
덜한 hypodeēs
덤벼볼 만한 tharraleos
덩어리 athrous
덮개 epikalymma; 덮개 보호처 skepasma
도구, 기관 organ; 도구적인, 기관을 갖춘 organikos
도끼 pelekys
도장 반지 daktylios
돋아나다 blastanein
돌 lithos; 돌로 된 lithinos
동공, 눈동자 korē
동류의 homogenēs, syngenēs
동물, 생물 zōion
동종의 homoeidēs
되다, 있게 되다, 생겨나다, 행해지다 gignesthai
두더지 aspalax
두드리다, 퉁기다 krouein
두려운 phoberos; 두려움 phobos; 두려워하다 phobeisthai; 안 두려운 aphobos
둔중함 barytēs

둘 dyas
둘러싸다 periechein
듣다 akouein; 들을 수 있는 akoustikos; 들음 akousis; 들리다 akouesthai;
들리는(audible) akoustos; 안 들리는 anēkoustos ☞ 청각
따르다, 동반되다 akolouthein
딴생각을 하다 allophronein
딸려 생긴 것 symptōma
때(the when) to hote
때리다 rhapizein
떫은 austēros
뜨거운, 뜨거움, 열 thermos; 뜨거워지다 thermainesthai; 열 thermotēs

ㅁ

마지막의 teleutaios
막 hymēn
막다, ~하지 말도록 하다 kōlyein; 막아 주는 kōlytikos
말(horse) hippos
맛 chymos
맛이 안 나는 ageustos ☞ 미각
망각하다 epilanthanesthai
매끄러운 leios; 매끄러움 leiotēs
매체, 사이의 metaxu
머물러 있다 hypomenein
머리 kephalē; 머리, 요점 kephalaion
멈춤 epistasis
면 epipedon
명료히 하다 diasaphein

명백히 보여주다, 명백히 드러내다 dēloun; 명백하지 않은, 불분명한 adēlos
명증성 enargeia; 뚜렷한 enargēs
모(wool) erion
모래 psammos
모양 rhysmos
목구멍 pharynx
목소리 phōnē; 목소리를 내다 phōnein
목수 tektōn; 목공술 tektonikē
목적, 끝, 완성 telos
무른 malakos; 살이 무른 malakosarkos
무서운 deinos
무엇임 ti esti
무지 agnoia; 모르다 agnoein
무한한, 무수한 apeiros
문법적인 grammatikē
물 hydōr
물고기 ichthys
물체, 몸 sōma; 물체적인, 신체적인 sōmatikos; 비물체적인 asōmatos
뭉뚝한 amblys
미각, 맛봄 geusis; 맛보다 geuesthai
미각 대상 geustos
미끄러져 들어가다 diadynein
미세한 leptos; 입자가 미세한 leptomerēs
미워하다 misein
밀기 ōsis; 밀다 ōthein; 밀치다 apōthein
밀납 kēros
밑그림을 그리다 hypographein

ㅂ

바늘 belonē

바라다, ~하고자 하다 boulesthai

바람 boulēsis

밖으로부터 thyrathen

반대되는 enantios; 반대되는 것들의 쌍 enantiōsis

반사 anaklasis; 반사되다 anaklasthai

반향 ēchō; 울리다 ēchein

받아들이다, 들이마시다 dechesthai

받아들일 수 있는 dektikos

발(foot) pous; 발 없는 apous

발언하다, 진술하다 phanai

발생, 생겨남 genesis; 발생하는 genētos; 발생하지 않는 agenētos; 저절로 생겨남 automatē genesis

방법 methodos

방패 aspis

배(ship) ploion

배고픔 peina

배움 mathēsis; 배우다 manthanein

백리향 thymon

버섯 mykēs

범종자 혼합체 panspermia

범주 katēgoria

벗어남 ekstasis, 벗어나다 exhistasthai

벽돌 plinthos

변이 alloiōsis; 변이하다 alloiousthai

변증론자 dialektikos

변화 metabolē
별 astēr
병들어 있다, 아프다, 손상되어 있다 kamnein
보다 theasthai, blepein, horan; 봄 horasis; 보이는 horatos; 안 보이는 ahoratos
보조적 원인 synaitios
보존 sōtēria; 보존하다 sōzein
보충 boētheia
보태지다 prosginesthai
보편적으로, 보편적인, 보편자 katholou
복된 makarios
본질 to ti ēn einai
볼록한 kyrtos
봉화 phryktos
부분 meros, morion; 부분으로 나뉘는 meristos; 부분이 없는 amerēs
부수하는, 부수적인 symbebēkos
부정, 부정 진술 apophasis; 부정 진술을 하다 apophanai
분노 orgē; 분노하다 orgizesthai
분리될 수 있는 chōristos; 분리하다 chōrizein; 분리될 수 없는, 분리되지 않는 achōristos
분산 thrypsis; 분산시키다 thryptein, diaspan
분할 dihairesis; 분할하다, 구분하다 dihairein; 분할될 수 있는, 분할되는 dihairetos; 분할될 수 없는, 분할되지 않는 adihairetos
불 pyr; 불로 된 pyrinos; 불 같은 모습의 pyrōdēs
불사적인 athanatos
불화 neikos
붙박다 enkatoikodomein
비늘 lepis

비율 logos
빛 phaos, phōs
빠른 tachys; 빠름 tachos
빨아들이다 helkein
빼다 aphairein; 추상 aphairesis
뼈 ostoun
뿌리 rhiza; 뿌리 내리다 syrrhizousthai
뿔 keras

ㅅ

사각형 tetragōnon
사고, 생각 dianoia; 사고하다 dianoeisthai
사고 능력 dianoētikos
사고혼 dianoētikē psychē
사랑 philia, 사랑하다 philein
사려 phronēsis; 사려하다 phronein; 명민한 phronimos
사실(the that, the fact that) to hoti
사용하다 chrēsthai, katachrēsthai
사유 noēsis; 사유하다 noein; 사유 능력 noētikos; 사유되는, 사유 대상 noētos; 사유된 것 noēma
사유혼 noētikē [psychē]
사프란 krokos
산다, 살고 있다 zēn
살 sarx
살펴보다, 살피다 episkeptesthai, episkopein
삼각형 trigōnon
상기 anamnēsis

상관성 koinōnia
상상, 나타나는 바 phantasia; 상상하다 phantazesthai; 상상하는 [부분] phantastikos
상을 만들어 내다 eidōlopoiein
상정 hypolēpsis
색깔 chroa, chrōma; 색깔 있는 것 to kechrōsmenon; 색깔을 띠게 하다 chrōmatizein; 색깔 없는 achrous
생(life) zōē; 생물, 동물 zōion
생각하다 oiesthai
생식 gennēsis; 생식하다, 낳다 gennan
서판 grammateion
섞다, 혼합하다 mignynai; 섞이지 않은 amigēs ☞ 혼합
선(line) grammē
선원 plōtēr
선율 melos
선택 prohairesis
설득되다, 믿다 peithesthai
성장 auxē; 성장, 증가 auxēsis; 성장하다 auxanesthai, auxesthai; 성장케 하는 auxētikos
소리 psophos; 소리 내다 psophein; 소리 낼 수 있는, 소리 내는 psophētikos; 소리 냄 psophēsis; 소리가 없는 apsophos
소유상태, 상태 hexis
소화 pepsis; 소화시키다 pettein
속성, 겪는 것, 겪음, 성질 pathos
손 cheir
쇠약 amaurōsis; 희미한 amauros
쇠퇴, 감소 phthisis; phthinein
수(number) arithmos

수은 argyron chyton
수중의, 물속의 enhydros
수학 mathēmata; 수학자 mathēmatikos; 수학적 대상들 ta mathēmatika
숙고 boulēsis; 숙고하다 bouleuesthai
순수한 katharos
술어가 되다 katēgoreisthai ☞ 범주
숨 pneuma
습한 hygros; 습기 hygrotēs; 습해지다 hygrainesthai
시 epos
시각적인 것, 보이는 것 horma
시간 chronos
시력, 시각 opsis
식물 ta phyta, ta phyomena
식별하다 krinein; 식별할 수 있는, 식별 능력 kritikos; 식별자, 판정자 kritēs
신뢰 받는 pithanos
신적인 dios
실체, 본질 ousia
심상 phantasma
심장 kardia
싸개 elytron
싸한 drimys
썩다 sēpesthai
쓴 pikros
쓸개즙 cholē
씨 sperma, gonē

ㅇ

아가미 branchion
아는 자 epistēmōn
아래 katō
아름다운 kalos
아린 stryphnos
악취 나는 dysōdēs
알다 epistasthai
알리다 ensēmainein
알 수 있는, 아는 능력 epistēmonikos
알아보다, 알다 gnōrizein
앎 eidēsis
앎, 학문 epistēmē
앞서는 proteros
애벌레 skōlēx
양 poson
양념 hēdysma
어두운 skoteinos; 어둠 skotos
어딘가로 나아감 poreia; 어딘가로 나아갈 수 있는 poreutikos
어떤 이것 tode ti
어리석은 aphrōn
엄밀성 akribeia; 정확한 akribēs
없애다, 없애 버리다 anhairein
에테르 aithēr
역청 asphaltos
엮다 symplekein
연구 historia

연민 eleos, 연민하다 eleein

연속성, 끊임없음 synecheia; 연속적인 synechēs ☞ 결속시키다

열매 karpos

영양분, 먹이 trophē; 영양분을 공급 받다, 영양 활동을 하다 trephesthai; 영양분을 공급 하다, 영양 활동을 하다 trephein

영양혼 threptikē psychē; 영양 능력 threptikos

영원한, 영원한 것 aidios

영원한 것 to aei

영향 받음 pathēsis; 영향 받다, 겪다 paschein; 영향 받을 수 있는, 영향 받는 pathētikos; 겪는 것, 자극 pathēma ☞ 속성

영향 받지 않는 apathēs; 영향 받지 않음 apatheia

영향 줌 poiēsis; 영향 주다, 작용하다, 만들다, 낳다, 행동하다 poiein; 영향 줄 수 있는, 작자(作者) poiētikon

영혼 psychē (cf. 영양혼 threptikē psychē; 감각 능력으로서의 영혼 aisthētikē [psychē]; 사고혼 dianoētikē psychē; 사유혼 noētikē [psychē])

영혼이 깃든 empsychos; 영혼이 깃들지 않은 apsychos

오목코 simon

오목한 koilos

온화 praotēs

와 있음 parousia; 와 있다 pareinai; 현재의 것들 ta paronta

완료하다 diexienai

완숙 akmē

완전한 teleios; 완성하다 telein; 미완성적인, 불완전한 atelēs

완척 tripēchys

요구 aitēma

욕구 orexis; 욕구하다 oregesthai; 욕구 능력, 욕구하는 [부분] orektikos; 욕구 대상 orektos

욕망 epithymia; 욕망하다 epithymein; 욕망하는 [부분] epithymētikos
용기(vessel) angeion
우스운 geloios
운동 kinēsis; 운동을 일으키다 kinein; 운동을 일으킬 수 있는 kinētikos; 운동하다, 움직여지다 kineisthai; 움직여지지 않는 akinētos
원 kyklos; 원운동 kyklophoria; 원운동 하다 kyklōi pheresthai
원리, 출발점, 시작, 시초 archē
원소 stoicheion
원인 aitia; 원인, 이유 aitios
위, 위로 anō
위치 thesis
[~를] 위해 heneka
유, 부류 genos
유비적인, 상응하는 analogos
유사한 homoios; 유사성 homoiotēs; 유사해지다 homoiousthai; 유사하지 않은 anhomoios
유출물 aporroē, aporroia
육상의 pezos; 육상 동물 ta peza
융합 krasis
은(silver) argyros
은유 metaphora
음료, 마셔지는 poton; 안 마셔지는 apoton
음역 apotasis
음조 tonos
응축시키다 pēgnyein
의견 doxa; 의견을 갖다 doxazein
의미를 갖는 sēmantikos
의사 iatros; 의술 iatrikē

이끌다, [~에] 맞추다 agein
이데아 idea
이동 phora; 이동하다 pheresthai
이름 onoma; 이름 붙이다 onomazein; 이름이 없는 anōnymos
이름만 같은 방식으로 homōnymōs
이변의(with sides of unequal length) heteromēkēs
이성 logos ☞ 규정
이야기 mythos
이점이 있는 ophelos
이해 synesis
이행 epidosis
인간 anthrōpos; 인간의 anthrōpinos
인식하다 ginōskein
일정치 않은 ahoristos ☞ 정의하다, 한정하다
~임, 있음 to einai
입 stoma
잎 phyllon

ㅈ

자라나다 aexesthai
자라다 phyesthai
자르다 diatemnein
자막대기 kanōn
자신과 같은 부분들로 되어 있는 homoiomerēs
자연, 본성 physis; 자연적인, 자연학자 physikos
자제하는 enkratēs; 자제하지 못하는 akratēs; 자제하지 못함 akrasia
작음 mikrotēs; 입자의 작음 mikromereia

작자(作者) poiētikon
잘 규정되는 eudihoristos
잘 녹는 eutēktos
잘 삶 to eu
잘 운동하는 eukinētos
잘 타고난 euphyēs; 못 타고난 aphyēs
잠 hypnos
잠들어 있다 katheudein
장군이다, 장군직을 맡다 stratēgein
장소, 자리, 부위 topos
재다 metrein
저지하는 데 일조하다 synaneirgein
저항하다 anthelkein
적(enemy) polemios
적절한 때 kairos
전체, 우주 holos
전해 주다 diadidonai
젊은 neos
점 stigmē
접촉하다 haptesthai; 접촉되는 haptos
정의 horismos; 정의, 경계, 기준 horos; 정의하다, 한정하다 horizein; 정의하는 horistikos
정지 ēremēsis, ēremia, stasis
젖은 dieros
조달하다 paraskeuazein
조야한 phortikos
조음 dialektos
조종하다 kybernan

조합 symplokē
조화 harmonia; 조화롭다 harmozein; 조화시키다, 들어맞다 epharmozein
존속하다 diamenein
좋은, 좋음 agathos
주된, 주도적인, 주요한 kyrios
주목하다 apoblepein
죽다 thnēiskein, apothnēskein
중간의 것, 중간인 것, 중명사, 비례 중항 mesos; 중간 mesotēs
증기 anathymiasis
증명 apodeixis
증언하다 martyrein
지배적인 archikos
지배하다 kratein
지성 nous
지시하다 epitattein
직사각형 orthogōnion
진동하다 seiein
진리 alētheia ☞ 참인
질(quality) poion
질료 hylē
질료에 구현되어 있는 enhylos
질병 nosos
짐작하다 manteusthai
짐승 thērion
집 oikos; 집 짓다 oikodomein; 집 짓는 자 oikodomos
짜내다 ekthliben
짠 halmyros
쪼개다 dihistanai, temnein; 쪼갬 tmēsis

찢다 diaspan

ㅊ

차가운 psychros; 차가워지다 psychesthai
차이, 차별적 성질, 차별성, 상이한 것 diaphora; 차이가 나다 diapherein; 차이가 없는 adiaphoros
[자리를] 차지하다, [숨을] 참다 katechein
착오 apatē; 착오를 범하다 apatan
참인, 참된 alēthēs; 참을 말하다 alētheuein
창문 thyris
찾기 heuresis
천둥 brontē
천을 짜다 hyphainein
철학 philosophia; 철학자 philosophos
청각, 청각 기관 akoē
청동 chalkos; 청동으로 된 chalkous
첫 번째의, 제일의 prōtos
촉각 haphē; 촉각 능력, 촉각의, 감촉할 수 있는 haptikos
촉각 대상, 감촉되는, 접촉되는 haptos
추가 규정하다 prosdihorizein
추구하다 diōkein
추론 syllogismos
추상 aphairesis; 빼다 aphairein
추측하다 eikazein
치다 typtein
치료하다 iasthai

ㅋ

콧구멍 myktēr
쾌락 hēdonē; 쾌락적인, 쾌적한 hēdys; 쾌락을 느끼다 hēdesthai
크기 megethos
키(rudder) pēdalion

ㅌ

타격 plēgē; 타격을 가하다 plēttein
타고난 symphytos
탁월성 aretē
탐구 zētēsis, zētēma
태양, 해 hēlios; 해가 비추다 hēlioun
태우다 kaiein; 태울 수 있는 kaustikos; 탈 수 있는 kaustos
터무니없는 paralogos
털 thrix
테트라고니스모스 tetragōnismos
통과해 가다 dierchesthai
통로 poros
통약 불가능한 asymmetros
투명한 diaphanēs
튀다 aphallesthai
틀리다 diapseudesthai
티끌 xysmata

ㅍ

파괴, 소멸 phthora; 파괴적인 phthartikos, aidēlos; 파괴하다 diaphtheirein
판가름하다 dihairein
판별하다 epikrinein
판정자, 식별자 kritēs
판판한 homalos
팽창시키다 dieurynein
펴다 ekteinein
폭염 kauma
표지, 문양 sēmeion
표현 hermēneia
푹신한 spongos
피 haima; 유혈 [동물] enhaimos; 무혈 [동물] anhaimos
피리, 아울로스 aulos
피부, 막 derma
필요로 하다 deisthai

ㅎ

하나 heis
하늘 ouranos
할당하다 aponemein
~할 수 없다 adynatein
함께 생긴, 본성적으로 합쳐져 있는 symphyēs
합당한, 일리 있는 eulogos; 불합리한, 비이성적인 alogos
향기 나는 euōdēs
해명하다 didonai logon

해체하다 lyein; 해결책 lysis

핵 없는 apyrēnos

행동 praxis; 하다, 행하다, 행동하다 prattein; 실천적인 praktikos; 행해질 수 있는 praktos

허공, 텅 빈 kenos

허파 pneumōn

헛되게 matēn

헤맴 planē

헤아림 logismos; 헤아리다 logizesthai; 헤아릴 수 있는, 이성적인 logistikos

혀 glōtta

현(string) chordē

현실태 entelecheia

혈관 phlebion

형상, 종(species) eidos

형식 logos ☞ 규정

형태 morphē

형태, 도형 schēma

호흡 anapnoē; 호흡하다, 들이쉬다 anapnein

혼합 mixis; 혼합하다, 섞다 mignynai; 혼합되지 않은 amiktos; 섞이지 않은 amigēs

화음 symphōnia; 화음 어린 symphōnos

확신 pistis; 확신하다 pisteuein

환한 lampros; 환하다 lampein

활동, 활성태 energeia; 활동하다, 활성화하다, 발휘하다 energein (cf. 비활동 상태 argia)

회오리 hormathos

회전 periphora; 회전하다 peripheresthai

회피 phygē; 회피하다 pheugein; 회피 능력 pheuktikos; 회피될 것, 피해

져야 할 것 pheuktos
후각, 후각 기관 osphrēsis; 냄새 맡다 osphrainesthai; 냄새 맡을 수 있는 osphrantikos; 맡아지는, 후각 대상 osphrantos; 안 맡아지는 anosphrantos
흐르다 rhein
흔적 monē
흙 gē; 흙으로 된 gēïnos
흥분시키다 paroxynein
흩어지게 하다 diapnein
흩어지다 diachein
흩뜨리다 diaspan
희극 시인 kōmōidodidaskalos
흰 leukos
힘줄 neuron

고유명사

다이달로스 Daidalos 406b18
데모크리토스 Dēmokritos 403b31, 404a27, 405a8, 406b17, 20, 409a12, 32, 40b8, 419a15
디아레스의 아들 Diarous huios 418a21
디오게네스 Diogenēs 405a21
레우키포스 Leukippos 404a5
아낙사고라스 Anaxagoras 404a25, 404b1, 405a13, 405b19, 429a19, 429b24
아켈로오스 Achelōios 420b12

사단법인 정암학당을 후원해 주시는 분들

정암학당의 연구와 역주서 발간 사업은 연구자들의 노력과 시민들의 귀한 뜻이 모여 이루어집니다. 학당의 모든 연구는 시민들의 자발적인 후원을 바탕으로 하기 때문입니다. 그 결실을 담은 '정암고전총서'는 연구자와 시민의 연대가 만들어 내는 고전 번역 운동의 산물이라고 할 수 있습니다. 이 같은 학술 운동의 역사적 의미를 기리고자 이 사업에 참여한 후원회원 한 분 한 분의 정성을 이 책에 기록합니다.

평생후원회원

Alexandros Kwanghae Park			강대진	강상진	강선자	강성훈	강순전	강승민	강주완
강창보	강철웅	고재희	공기석	권세혁	권연경	권장용	기종석	길명근	김경랑
김경현	김귀녀	김기영	김남두	김대겸	김대오	김미성	김미옥	김병연	김상기
김상수	김상욱	김상현	김석언	김석준	김선희(58)	김성환	김숙자	김순옥	김영균
김영순	김영일	김영찬	김영희	김옥경	김운찬	김유순	김 율	김은자	김은희
김인곤	김재홍	김정락	김정란	김정례	김정명	김정신	김정화	김주일	김지윤(양희)
김지은	김진규	김진성	김진식	김창완	김창환	김출곤	김태환	김 헌	김현래
김현주	김혜경	김혜자	김효미	김휘웅	도종관	류한형	문성민	문수영	문우일
문종철	박계형	박금순	박금옥	박명준	박병복	박복득	박상태	박선미	박선영
박선희	박세호	박승찬	박윤재	박정수	박정하	박종면	박종민	박종철	박진우
박창국	박태일	박현우	박혜영	반채환	배인숙	백도형	백영경	변우희	사공엽
서광복	서동주	서 명	성 염	서지민	설현석	성중모	손병석	손성석	손윤락
손효주	송경순	송대현	송성근	송순아	송요중	송유레	송정화	신성우	심재경
안성희	안 욱	안재원	안정옥	양문흠	양호영	엄윤경	여재훈	염수균	오서영
오지은	오흥식	유익재	유재민	유태권	유 혁	유형수	윤나다	윤신중	윤정혜
윤지숙	은규호	이광영	이기백	이기석	이기연	이기용	이도헌	이두희	이명호
이무희	이미란	이민숙	이민정	이상구	이상원	이상익	이상인	이상희(69)	이상희(82)
이석호	이순이	이순정	이승재	이시연	이영원	이영호(48)	이영호(66)	이영환	이옥심
이용구	이용술	이용재	이용철	이원제	이원혁	이유인	이은미	이임순	이재경
이정선(71)	이정선(75)	이정숙	이정식	이정호	이종환(71)	이종환(75)	이주완	이주형	이지민
이지수	이 진	이창우	이창연	이창원	이충원	이춘매	이태수	이태호	이필렬
이한주	이향섭	이향자	이황희	이현숙	이현임	임대윤	임보경	임성진	임연정
임창오	임환균	장경란	장동익	장미성	장영식	전국경	전병환	전헌상	전호근
정선빈	정세환	정순희	정연교	정옥재	정은정	정 일	정정진	정제문	정준영(63)
정준영(64)	정해남	정흥교	정희영	조광제	조대호	조병훈	조성대	조익순	조준호
지도영	차경숙	차기태	차미영	채수환	최 미	최미연	최세용	최수영	최병철
최영아	최영임	최영환	최운규	최원배	최윤정(77)	최은영	최인규	최지호	최 화
표경태	풍광섭	하선규	하성권	한경자	한명희	허남진	허선순	허성도	허영현
허용우	허정환	허지현	홍섬의	홍순정	홍 훈	황규빈	황예림	황유리	황주영
황희철									

가지런e류 교정치과	나와우리 〈책방이음〉	도미니코수도회	도바세
방송대문교소담터스터디	방송대영문과07학번미아팀	법률사무소 큰숲	부북스출판사(신현부)

생각과느낌 정신건강의학과 이제이북스 카페 벨라온
(개인 289, 단체 11, 총 300)

후원위원

강성식 강용란 강진숙 강태형 고명선 곽삼근 곽성순 구미희 권소연 권영우
길양란 김경원 김나윤 김대권 김대희 김명희 김미란 김미선 김미향 김백현
김복희 김상봉 김성민 김성윤 김순희(1) 김승우 김양희 김애란 김연우 김영란
김용배 김윤선 김장생 김정수 김정이 김정자 김지수(62) 김진숙(72) 김현자 김현제
김형준 김형희 김희대 맹국재 문영희 박미라 박수영 박우진 박원빈 박정근
박태준 박현주 백선옥 서도식 성민주 손창인 손혜민 송민호 송봉근 송상호
송찬섭 신미경 신성은 신영옥 신재순 심명은 안희돈 양은경 오현주 오현주(62)
우현정 원해자 유미소 유효경 이경선 이경진 이명옥 이봉규 이봉철 이선순
이선희 이수민 이수은 이순희 이승목 이승준 이신자 이은수 이재환 이정민
이지희 이진희 이평순 임경미 임우식 장세백 장영재 전일순 정삼아 정은숙
정태윤 정태흡 정현석 조동제 조명화 조문숙 조민아 조백현 조범규 조성덕
조정희 조진희 조태현 주은영 천병희 최광호 최세실리아 최승렬 최승아
최이담 최정옥 최효임 한대규 허 광 허 민 홍순혁 홍은규 홍정수 황경화
황정숙 황훈성 정암학당1년후원
문교경기 〈처음처럼〉 문교수원3학년학생회 문교안양학생회 문교경기8대학생회
문교경기총동문회 문교대전충남학생회 문교베스트스터디 문교부산지역7기동문회
문교부산지역학우일동(2018) 문교안양동문(2024) 문교안양학습관 문교인천동문회
문교인천지역학생회 방송대동아리 〈아노도스〉 방송대동아리 〈예사모〉
방송대동아리 〈프로네시스〉 사가독서회
(개인 132, 단체 17, 총 149)

후원회원

강경훈 강경희 강규태 강보슬 강상훈 강선옥 강성만 강성심 강신은 강유선
강은미 강은정 강임향 강창조 강 항 강희석 고강민 고경효 고복미 고숙자
고승재 고창수 고효순 공경희 곽범환 곽수미 구본호 구익희 권 강 권동명
권미영 권성철 권순복 권순자 권오경 권오성 권오영 권용석 권원만 권정화
권해명 권혁민 김건아 김경미 김경원 김경화 김광석 김광성 김광택 김광호
김귀종 김길화 김나경(69) 김나경(71) 김남구 김대영 김대훈 김동근 김동찬 김두훈
김 들 김래영 김명주(1) 김명주(2) 김명하 김명화 김명희63 김문성 김미경(61) 김미경(63)
김미숙 김미정 김미형 김민경 김민웅 김민주 김범석 김병수 김병옥 김보라미
김봉습 김비단결 김선규 김선민 김선희(66) 김성곤 김성기 김성은 김성은(2) 김세은
김세원 김세진 김수진 김수환 김숙현 김순금 김순호 김순희(2) 김시인 김시형
김신태 김신판 김승원 김아영 김양식 김영선 김영숙(1) 김영숙(2) 김영애 김영준
김영효 김옥주 김용술 김용한 김용희 김유석 김은미 김은심 김은정 김은주
김은파 김인식 김인애 김인욱 김인자 김일학 김정식 김정현 김정현(96) 김정희(1)

김정희(2) 김정훈 김종태 김종호 김종희 김주미 김중우 김지수(2) 김지애 김지열
김지유 김진숙(71) 김진태 김충구 김철한 김태식 김태욱 김태헌 김태훈 김태희
김평화 김하윤 김한기 김현규 김현숙(61) 김현숙(72) 김현우 김현정 김현정(2) 김현중
김현철 김형규 김형전 김혜숙(53) 김혜숙(60) 김혜원 김혜정 김홍명 김홍일 김희경
김희성 김희정 김희준 나의열 나춘화 나혜연 남수빈 남영우 남원일 남지연
남진애 노마리아 노미경 노선이 노성숙 노채은 노혜경 도진경 도진해 류남형
류다현 류동춘 류미희 류시운 류연옥 류점용 류종덕 류지아 류진선 모영진
문경남 문상흠 문순현 문영식 문정숙 문종선 문준혁 문찬혁 문행자 민 영
민용기 민중근 민해정 박경남 박경수 박경숙 박경애 박귀자 박규철 박다연
박대길 박동심 박명화 박문영 박문형 박미경 박미숙(67) 박미숙(71) 박미자 박미정
박믿음 박배민 박보경 박상선 박상윤 박상준 박선대 박선영 박성기 박소운
박수양 박순주 박순희 박승억 박연숙 박영찬 박영호 박옥선 박원대 박원자
박유정 박윤하 박재준 박재학 박정서 박정오 박정주 박정은 박정희 박종례
박주현 박주형 박준용 박준하 박지영(58) 박지영(73) 박지창 박지희(74) 박지희(98) 박진만
박진선 박진헌 박진희 박찬수 박찬은 박춘례 박태안 박한종 박해윤 박헌민
박현숙 박현자 박현정 박현철 박형전 박혜숙 박홍기 박희열 반덕진 배기완
배수영 배영지 배제성 배효선 백기자 백선영 백수영 백승찬 박애숙 백현우
변은섭 봉성용 서강민 서경식 서근영 서두원 서민정 서범준 서봄이 서승일
서영식 서옥희 서용심 서원호 서월순 서정원 서지희 서창립 서회자 서희승
석현주 설진철 성윤수 성지영 소도영 소병문 소상욱 소선자 손금성 손금화
손동철 손민석 손상현 손정수 손지아 손태현 손한결 손혜정 송금숙 송기섭
송명화 송미희 송복순 송석현 송연화 송염만 송원욱 송원희 송용석 송유철
송인애 송진우 송태욱 송효정 신경원 신경준 신기동 신명우 신민주 신상하
신성호 신영미 신용균 신정애 신지영 신혜경 심경옥 심복섭 심은미 심은애
심재윤 심정숙 심준보 심희정 안건형 안경화 안미희 안숙현 안영숙 안정숙
안정순 안진구 안진숙 안화숙 안혜정 안희경 안희돈 양경엽 양미선 양병만
양선경 양세규 양예진 양지연 양현서 엄순영 오명순 오승연 오신명 오영수
오영순 오유석 오은영 오진세 오창진 오혁진 옥명희 온정민 왕현주 우남권
우 람 우병권 우은주 우지호 원만희 유두신 유미애 유성경 유승현 유정모
유정원 유 철 유향숙 유희선 윤경숙 윤경자 윤선애 윤수홍 윤여훈 윤영미
윤영선 윤영이 윤에스더 윤 옥 윤은경 윤재은 윤정만 윤혜영 윤혜진 이건호
이경남(1) 이경남(72) 이경미 이경아 이경옥 이경원 이경자 이경희 이관호 이광로
이광석 이군무 이궁훈 이권주 이나영 이다연 이덕제 이동래 이동조 이동춘
이명란 이명순 이미옥 이민희 이병태 이복희 이상규 이상래 이상봉 이상선
이상훈 이선민 이선이 이성은 이성준 이성호 이성훈 이성희 이세준 이소영
이소정 이수경 이수련 이숙희 이순옥 이승훈 이승훈(79) 이시현 이양미 이연희
이영민 이영숙 이영실 이영신 이영애 이영애(2) 이영철 이영호(43) 이옥경 이용숙
이용안 이용웅 이용찬 이용태 이원용 이유진 이윤열 이윤주 이윤철 이은규
이은심 이은정 이은주 이이숙 이인순 이재현 이정빈 이정석 이정선68 이정애
이정임 이종남 이종민 이종복 이준호 이중근 이지석 이지현 이진아 이진우

이창용 이철주 이춘성 이태곤 이태목 이평식 이표순 이한솔 이 혁 이현주(1)
이현주(2) 이현호 이혜영 이혜원 이호석 이호섭 이화선 이희숙 이희정 임미정
임석희 임솔내 임정환 임창근 임현찬 장모범 장선희 장시은 장영애 장오현
장재희 장지나 장지원(65) 장지원(78) 장지은 장철형 장태순 장해숙 장홍순 전경민
전다록 전미래 전병덕 전석빈 전영석 전우성 전재혁 전우진 전종호 전진호
정경회 정계란 정금숙 정금연 정금이 정금자 정난진 정미경 정미숙 정미자
정상묵 정상준 정선빈 정세영 정아연 정양민 정양욱 정 연 정연화 정영목
정영훈 정옥진 정용백 정우정 정유미 정은정 정일순 정재연 정재웅 정정녀
정지숙 정진화 정창화 정하갑 정현진 정은교 정해경 정현주 정현진 정호영
정환수 조권수 조길자 조덕근 조미선 조미숙 조병진 조성일 조성혁 조수연
조슬기 조영래 조영수 조영신 조영연 조영호 조예빈 조용수 조용준 조윤정
조은진 조정란 조정미 조정옥 조정원 조증윤 조창호 조황호 주봉희 주연옥
주은빈 지정훈 진동성 차문송 차상민 차혜진 채장열 천동환 천명옥 최경식
최명자 최미경 최보근 최석묵 최선희 최성준 최수현 최숙현 최연우 최영란
최영순 최영식 최원옥 최유숙 최유진 최윤정(66) 최은경 최일우 최자련 최재식
최재원 최재혁 최정욱 최정호 최정환 최종희 최준원 최지연 최진욱 최혁규
최현숙 최혜정 하승연 하혜용 한미영 한생곤 한선미 한연숙 한옥희 한윤주
한호경 함귀선 허미정 허성준 허 양 허 웅 허인자 허정우 홍경란 홍기표
홍병식 홍성경 홍성규 홍성은 홍순아 홍영환 홍은영 홍의중 홍지흔 황경민
황광현 황미영 황미옥 황선영 황신해 황은주 황재규 황정희 황현숙 황혜성
황희수 kai1100 익명

리테라 주식회사 문교강원동문회 문교강원학생회 문교경기 〈문사모〉
문교경기동문 〈문사모〉 문교서울총동문회 문교원주학생회 문교잠실송파스터디
문교인천졸업생 문교전국총동문회 문교졸업생 문교8대전국총학생회
문교11대서울학생회 문교K2스터디 서울대학교 철학과 학생회
(주)아트앤스터디 영일통운(주) 장승포중앙서점(김강후) 책바람

(개인 733, 단체 19, 총 752)

2024년 9월 25일 현재, 1,154분과 47개의 단체(총 1,201)가 정암학당을 후원해 주고 계십니다.

지은이

아리스토텔레스(Aristoteles)

기원전 384년 그리스 북부의 스타기라에서 의사의 아들로 태어났다. 367년 아테네의 아카데미에 입학, 플라톤의 제자가 되어 20년간 공부했다. 347년에 스승이 세상을 뜨자 소아시아로 건너가 10년 남짓 머물며 연구했고, 한동안은 마케도니아 궁정의 초청으로 어린 알렉산드로스를 가르치기도 했다. 335년 아테네로 돌아와 자신의 학원 리케이온을 설립하여 강의하고 연구했다. 마케도니아 제국을 건설한 알렉산드로스 대왕이 323년 사망하자 아테네에 반(反)마케도니아의 정치적 기운이 퍼졌는데, 이 무렵 아리스토텔레스는 칼키스로 이주했다. 그리고 이듬해인 322년 병으로 세상을 떠났다.
아리스토텔레스는 서양 철학 체계의 기틀을 마련하고 광범위한 분야를 섭렵하며 연구 및 저술 활동을 했다. 우리의 논리학에 해당하는 『범주론』, 『명제론』, 『분석론 전서』, 『분석론 후서』, 『변증론』, 『소피스트적 논박』을 썼고, 이론 철학 분야로 『형이상학』, 『자연학』, 『천체에 관하여』, 『생성과 소멸에 관하여』, 『영혼에 관하여』 등을 썼으며, 실천 철학 분야로 『니코마코스 윤리학』, 『정치학』 등을, 제작학 분야로 『수사학』, 『시학』을 썼다.

옮긴이

오지은

고려대 철학과에서 아리스토텔레스 연구로 박사학위를 받았다. 경인교대, 동덕여대, 숭실대, 고려대에서 강의했고, 고려대 철학연구소에 연구교수로 있었으며, 부산외대 파이데이아 창의인재학과에서 근무했다. 정암학당 연구원으로 활동하면서 현재 충북대 철학과에 재직 중이다. 옮긴 책으로는 『덕과 지식, 그리고 행복: 고대 희랍 윤리학 입문』이 있고, 「아리스토텔레스에서 운동과 활동의 관계」 등의 논문을 썼다.

정암고전총서는 정암학당과 아카넷이 공동으로 펼치는 고전 번역 사업입니다.
고전의 지혜를 공유하여 현재를 비판하고 미래를 내다보는 안목을 키우는
문화적 기반을 마련하고자 합니다.

정암고전총서 01
영혼에 관하여

1판 1쇄 펴냄 2018년 11월 15일
1판 4쇄 펴냄 2024년 11월 15일

지은이 아리스토텔레스
옮긴이 오지은
펴낸이 김정호
펴낸곳 아카넷

출판등록 2000년 1월 24일(제406-2000-000012호)
주소 10881 경기도 파주시 회동길 445-3 2층
전화 031-955-9511(편집) · 031-955-9514(주문)
팩스 031-955-9519
www.acanet.co.kr

© 오지은, 2018

Printed in Paju, Korea.

ISBN 978-89-5733-608-3 94160
ISBN 978-89-5733-609-0 (세트)

도서의 국립중앙도서관 출판예정도서목록(CIP)은
서지정보유통지원시스템 홈페이지(http://seoji.nl.go.kr)와
국가자료공동목록시스템(http://www.nl.go.kr/kolisnet)에서 이용하실 수 있습니다.
(CIP제어번호: CIP2018034516)